Pg 287 vocab list

MCDOUGAL LITTELL

¡En español!

AUTHORS

Estella Gahala

Patricia Hamilton Carlin

Audrey L. Heining-Boynton

Ricardo Otheguy

Barbara J. Rupert

CULTURE CONSULTANT

Jorge A. Capetillo-Ponce

McDougal Littell
A HOUGHTON MIFFLIN COMPANY
Evanston, Illinois • Boston • Dallas

CONTENIDO

UNIDAD

ETAPA 1

OBJECTIVES

- Talk about where you went and what you did
- Discuss leisure time
- Comment on airplane travel

ESTADOS UNIDOS

¿QUÉ PASA?

Visit Los Angeles, Chicago, and Miami with Francisco, his family, and friends.

EL PUEBLO DE LOS ANGELES HISTORIC MONUMENT
¡VIVA EL PUEBLO!

ETAPA **2**

Chicago - ¿Qué prefieres? 50

OBJECTIVES

- Comment on food
- Talk about the past
- Express activity preferences
- Discuss fine art

Gitana, por Arturo Gordon Vargas

v

El Universo

Robo en el museo, ladrón atrapado

¡Rescate dramático! Héroe local rescata a niño

Miami — ¿Viste las noticias? 72

OBJECTIVES

- Discuss ways to communicate
- React to news
- Ask for and give information
- Talk about things and people you know

UNIDAD 2

ETAPA 1

OBJECTIVES

- Describe childhood experiences
- Express personal reactions
- Discuss family relationships

CIUDAD DE MÉXICO MÉXICO

AYER Y HOY

Explore Mexico City with Isabel.

OBJECTIVES

- Narrate in the past
- Discuss family celebrations
- Talk about activities in progress

Había una vez...   122

UNIDAD 2

ETAPA 3

OBJECTIVES

- Order in a restaurant
- Ask for and pay a restaurant bill
- Talk about things to do in the city

Hoy en la ciudad — 144

ETAPA
1

- Discuss ways to stay fit and healthy
- Make suggestions
- Talk about daily routine and personal care

SAN JUAN
PUERTO RICO

SOL Y SOMBRA

Discover Puerto Rico while you stay fit with Francisco and his relatives.

¿Estás en forma?   172

Preparaciones 194

OBJECTIVES

- Discuss beach activities
- Tell someone what to do
- Talk about chores
- Say if something has already been done

PUERTO RICO

U N I D A D 3

ETAPA
3

OBJECTIVES

- Describe time periods
- Talk about health and illness
- Give advice

UNIDAD 4

MADRID
ESPAÑA

UN VIAJE

Explore Madrid and do some shopping with Isabel and Andrea.

ETAPA 1

OBJECTIVES

* Talk about travel plans
* Persuade others
* Describe rooms, furniture, and appliances

UNIDAD 4

ETAPA 2

Conoce la ciudad 266

OBJECTIVES

- Describe your city or town
- Make suggestions
- Ask for and give directions

ETAPA
3

OBJECTIVES

- Talk about shopping for clothes
- Ask for and give opinions
- Make comparisons
- Discuss ways to save and spend money

5

ETAPA
1

OBJECTIVES

- Describe geographic characteristics
- Make future plans
- Talk about nature and the environment

SAN JOSÉ
COSTA RICA

LA NATURALEZA

Learn about the environment and see Costa Rica with Francisco and his new friends.

UNIDAD 5

ETAPA 2

Nuestro medio ambiente 338

OBJECTIVES

- Discuss outdoor activities
- Describe the weather
- Make predictions
- Talk about ecology

UNIDAD 5

ETAPA 3

OBJECTIVES

- Comment on conservation and the environment
- Talk about how you would solve problems

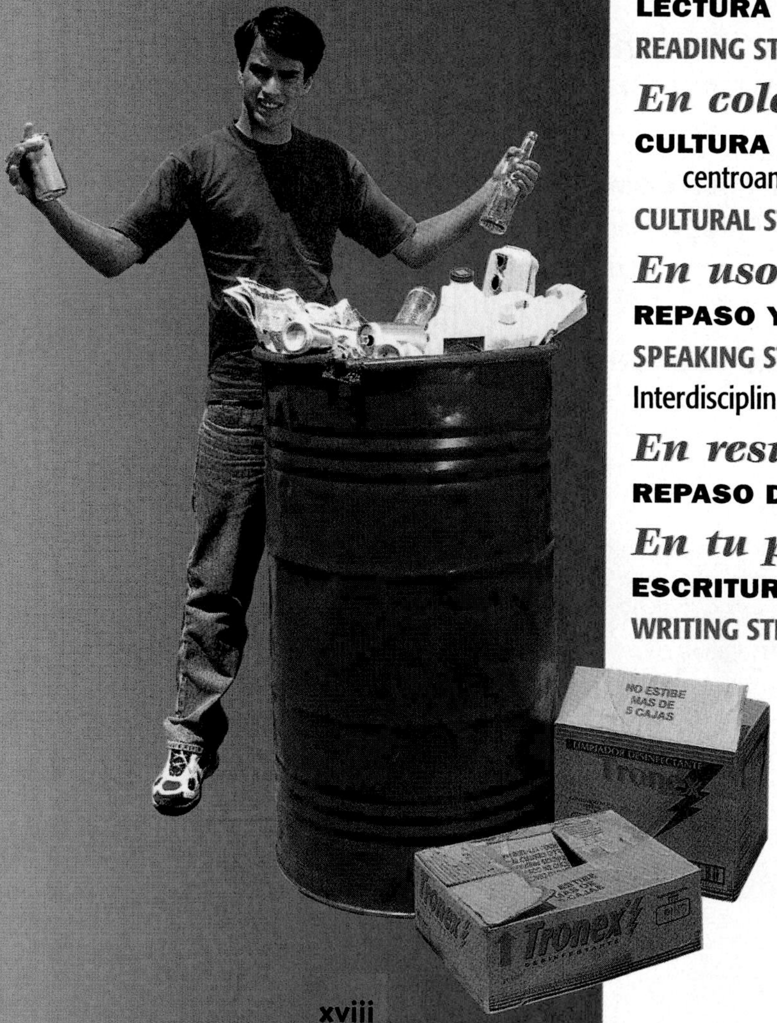

¿Cómo será el futuro? 360

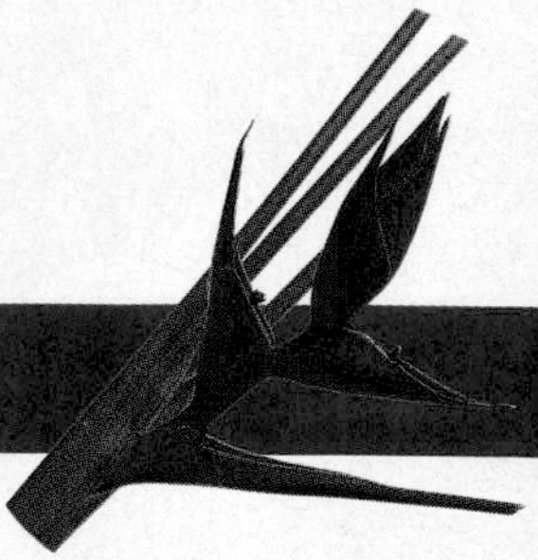

ETAPA
1

OBJECTIVES

- Discuss jobs and professions
- Describe people, places, and things
- Complete an application

OBJECTIVES

- Prepare for an interview
- Interview for a job
- Evaluate situations and people

ETAPA
3

OBJECTIVES

- Talk on the telephone
- Report on past, present, and future events
- Describe duties, people, and surroundings

MENSAJES
Sr.(a): Meche
Hora: 4:45
De:
☒ Le llamó Verónica
☐ Estuvo aquí
☐ Contestar al número
☐ Vendrá a las
☐ Llamará a las
Mensaje: Estaría en la casa de Juana.
Telefonista: Fecha: 6/7

About the Authors

Estella Gahala holds a Ph.D. in Educational Administration and Curriculum from Northwestern University. A career teacher of Spanish and French, she has worked with a wide range of students at the secondary level. She has also served as foreign language department chair and district director of curriculum and instruction. Her workshops at national, regional, and state conferences as well as numerous published articles draw upon the current research in language learning, learning strategies, articulation of foreign language sequences, and implications of the national Standards for Foreign Language Learning upon curriculum, instruction, and assessment. She has coauthored six basal textbooks.

Patricia Hamilton Carlin completed her M.A. in Spanish at the University of California, Davis, where she also taught as a lecturer. She also holds a Master of Secondary Education with specialization in foreign languages from the University of Arkansas. She has taught preschool through college, and her secondary programs in Arkansas have received national recognition. A coauthor of the *¡DIME! UNO* and *¡DIME! DOS* secondary textbooks, she currently teaches Spanish and methodology at the University of Central Arkansas, where she also supervises student teachers. She is a frequent presenter at local, regional, and national foreign language conferences.

Audrey L. Heining-Boynton received her Ph.D. in Curriculum and Instruction from Michigan State University. She is a Professor of Education and Romance Languages at The University of North Carolina at Chapel Hill, where she is a second language teacher educator and Professor of Spanish. She has also taught Spanish, French, and ESL at the K–12 level. Dr. Heining-Boynton was the president of the National Network for Early Language Learning, has been on the Executive Council of ACTFL, and involved with AATSP, Phi Delta Kappa, and state foreign language associations. She has presented both nationally and internationally, and has published over forty books, articles, and curricula.

Ricardo Otheguy received his Ph.D. in Linguistics from the City University of New York, where he is currently Professor of Linguistics at the Graduate School and University Center. He has written extensively on topics related to Spanish grammar as well as on bilingual education and the Spanish of the United States. He is coauthor of *Tu mundo: Curso para hispanohablantes,* a Spanish high school textbook for Spanish speakers, and of *Prueba de ubicación para hispanohablantes,* a high school Spanish placement test.

Barbara J. Rupert has taught Level 1 through A.P. Spanish during her many years of high school teaching. She is a graduate of Western Washington University, and has broadened her knowledge and skills base with numerous graduate level courses emphasizing language acquisition, authentic assessment, and educational leadership and reform. She serves as the World Languages Department Chair, District Trainer and Chair of her school's Site Council. Barbara is the author of CD-ROM activities for the *¡Bravo!* series and presents at a variety of foreign language conferences. In 1996, Barbara received the Christa McAuliffe Award for Excellence in Education.

Acknowledgments

Culture Consultant

Jorge A. Capetillo-Ponce is presently a Ph.D. candidate in Sociology at the New School for Social Research, where he is also Special Consultant to the Dean of The Graduate Faculty. His graduate studies at the New School and El Colegio de México include a diversity of fields such as international relations, sociopolitical analysis, cultural theory, and sociology. He has published a wide range of essays on art, politics, religion, international relations, and society in Latin America, the United States, and the Middle East; as well as being an advisor to a number of politicians and public figures, a researcher and editor, and a college professor and television producer in Mexico, Nicaragua, and the United States.

Consulting Authors

Dan Battisti
Dr. Teresa Carrera-Hanley
Bill Lionetti
Patty Murguía Bohannan
Lorena Richins Layser

Regional Language Reviewers

Dolores Acosta (Mexico)
Jaime M. Fatás Cabeza (Spain)
Grisel Lozano-Garcini (Puerto Rico)
Isabel Picado (Costa Rica)
Juan Pablo Rovayo (Ecuador)

Contributing Writers

Ronni L. Gordon
Christa Harris
Debra Lowry
Sylvia Madrigal Velasco
Sandra Rosenstiel
David M. Stillman
Jill K. Welch

Ad hoc Representatives

Vicki Armstrong
Jane Asano
Kathy Cavers
Dan Griffith
Rita McGuire
Gretchen Toole

Senior Reviewers

O. Lynn Bolton
Dr. Jane Govoni
Elías G. Rodríguez
Ann Tollefson

Teacher Reviewers

Susan Arbuckle
Mahomet-Seymour High School
Mahomet, IL

Silvia Armstrong
Mills High School
Little Rock, AR

Sandra Martín Arnold
Palisades Charter High School
Pacific Palisades, CA

Warren Bender
Duluth East High School
Duluth, MN

Adrienne Chamberlain-Parris
Mariner High School
Everett, WA

Norma Coto
Bishop Moore High School
Orlando, FL

Roberto del Valle
Shorecrest High School
Shoreline, WA

Rubén D. Elías
Roosevelt High School
Fresno, CA

José Esparza
Curie Metroplitan High School
Chicago, IL

Lorraine A. Estrada
Cabarrus County Schools
Concord, NC

Alberto Ferreiro
Harrisburg High School
Harrisburg, PA

Judith C. Floyd
Henry Foss High School
Tacoma, WA

Lucy H. García
Pueblo East High School
Pueblo, CO

Marco García
Lincoln Park High School
Chicago, IL

Raquel R. González
Odessa High School
Odessa, TX

Linda Grau
Shorecrest Preparatory School
St. Petersburg, FL

Deborah Hagen
Ionia High School
Ionia, MI

Sandra Hammond
St. Petersburg High School
St. Petersburg, FL

Bill Heller
Perry Junior/Senior High School
Perry, NY

Jody Klopp
Oklahoma State Department
    of Education
Edmond, OK

Richard Ladd
Ipswich High School
Ipswich, MA

Carol Leach
Francis Scott Key High School
Union Bridge, MD

Laura McCormick
East Seneca Senior High School
West Seneca, NY

Rafaela McLeod
Southeast Raleigh High School
Raleigh, NC

Kathleen L. Michaels
Palm Harbor University
    High School
Palm Harbor, FL

Vickie A. Mike
Horseheads High School
Horseheads, NY

Terri Nies
Mannford High School
Mannford, OK

María Emma Nunn
John Tyler High School
Tyler, TX

Lewis Olvera
Hiram Johnson West Campus
    High School
Sacramento, CA

Anne-Marie Quihuis
Paradise Valley High School
Phoenix, AZ

Rita Risco
Palm Harbor University
    High School
Palm Harbor, FL

James J. Rudy, Jr.
Glen Este High School
Cincinnati, OH

Pamela Urdal Silva
East Lake High School
Tarpon Springs, FL

Kathleen Solórzano
Homestead High School
Mequon, WI

Sarah Spiesman
Whitmer High School
Toledo, OH

M. Mercedes Stephenson
Hazelwood Central High School
Florissant, MO

Carol Thorp
East Mecklenburg High School
Charlotte, NC

Elizabeth Torosian
Doherty Middle School
Andover, MA

Wendy Villanueva
Lakeville High School
Lakeville, MN

Helen Webb
Arkadelphia High School
Arkadelphia, AR

Jena Williams
Jonesboro High School
Jonesboro, AR

Janet Wohlers
Weston Middle School
Weston, MA

Teacher Panel

Linda Amour
Highland High School
Bakersfield, CA

Dena Bachman
Lafayette Senior High School
St. Joseph, MO

Sharon Barnes
J. C. Harmon High School
Kansas City, KS

Ben Barrientos
Calvin Simmons
    Junior High School
Oakland, CA

Paula Biggar
Sumner Academy of
    Arts & Science
Kansas City, KS

Edda Cardenas
Blue Valley North High School
Leawood, KS

Joyce Chow
Crespi Junior High School
Richmond , CA

Mike Cooperider
Truman High School
Independence, MO

Judy Dozier
Shawnee Mission South
    High School
Shawnee Mission, KS

Maggie Elliott
Bell Junior High School
San Diego, CA

Dana Galloway-Grey
Ontario High School
Ontario, CA

Nieves Gerber
Chatsworth Senior High School
Chatsworth, CA

Susanne Kissane
Shawnee Mission Northwest
    High School
Shawnee Mission, KS

Ann Lopez
Pala Middle School
San Jose, CA

Beatrice Marino
Palos Verdes Peninsula
   High School
Rolling Hills Estates, CA

Barbara Mortanian
Tenaya Middle School
Fresno, CA

Vickie Musni
Pioneer High School
San Jose, CA

Rodolfo Orihuela
C. K. McClatchy High School
Sacramento, CA

Terrie Rynard
Olathe South High School
Olathe, KS

Beth Slinkard
Lee's Summit High School
Lee's Summit, MO

Rosa Stein
Park Hill High School
Kansas City, MO

Rebecca Carr
William G. Enloe High School
Raleigh, NC

Norha Franco
East Side High School
Newark, NJ

Kathryn Gardner
Riverside University High School
Milwaukee, WI

Eula Glenn
Remtec Center
Detroit, MI

Jeana Harper
Detroit Fine Arts High School
Detroit, MI

Guillermina Jauregui
Los Angeles Senior High School
Los Angeles, CA

Lula Lewis
Hyde Park Career Academy
   High School
Chicago, IL

Florence Meyers
Overbrook High School
Philadelphia, PA

Vivian Selenikas
Long Island City High School
Long Island City, NY

Sadia White
Spingarn Stay Senior High School
Washington, DC

Barbara Baker
Wichita Northwest High School
Wichita, KS

Patty Banker
Lexington High School
Lexington, NC

Beverly Blackburn
Reynoldsburg Senior High School
Reynoldsburg, OH

Henry Foust
Northwood High School
Pittsboro, NC

Gloria Hawks
A. L. Brown High School
Kannapolis, NC

Lois Hillman
North Kitsap High School
Poulsbo, WA

Nick Patterson
Central High School
Davenport, IA

Sharyn Petkus
Grafton Memorial High School
Grafton, MA

Cynthia Prieto
Mount Vernon High School
Alexandria, VA

Julie Sanchez
Western High School
Fort Lauderdale, FL

Marilyn Settlemyer
Freedom High School
Morganton, NC

Andrea Avila
Fannin Middle School
Amarillo, TX

Maya Beynishes
Edward R. Murrow High School
Brooklyn, NY

James Dock
Guilford High School
Rockford, IL

Richard Elkins
Nevin Platt Middle School
Boulder, CO

Kathryn Finn
Charles S. Pierce Middle School
Milton, MA

Robert Foulis
Stratford High School
Houston, TX

Lorrain Garcia
Luther Burbank High School
Sacramento, CA

Katie Hagen
Ionia High School
Ionia, MI

Steven Hailey
Davis Drive School
Apex, NC

Eli Harel
Thomas Edison
   Intermediate School
Westfield, NJ

Cheryl Kim
Dr. Leo Cigarroa High School
Laredo, TX

Jennifer Kim
Kellogg Middle School
Seattle, WA

Jordan Leitner
Scripps Ranch High School
San Diego, CA

Courtney McPherson
Miramar High School
Miramar, FL

Zachary Nelson
Warsaw Community High School
Warsaw, IN

Diana Parrish
Oak Crest Junior High School
Encinitas, CA

Kimberly Robinson
Perryville Senior High School
Perryville, AR

John Roland
Mountain Pointe High School
Phoenix, AZ

Nichole Ryan
Bermudian Springs High School
York Springs, PA

Ryan Shore
West Miami Middle School
Miami, FL

Tiffany Stadler
Titusville High School
Titusville, FL

Michael Szymanski
West Seneca East High School
West Seneca, NY

Anela Talic
Soldan International Studies
   High School
St. Louis, MO

Gary Thompson
Fort Dorchester High School
Charleston, SC

Bethany Traynor
Glen Este High School
Cincinnati, OH

Gerard White
Paramount High School
Paramount, CA

Nichols Wilson
Waubonsie Valley High School
Aurora, IL

Amy Wyron
Robert Frost Intermediate School
Rockville, MD

Karina Zepeda
West Mecklenburg High School
Charlotte, NC

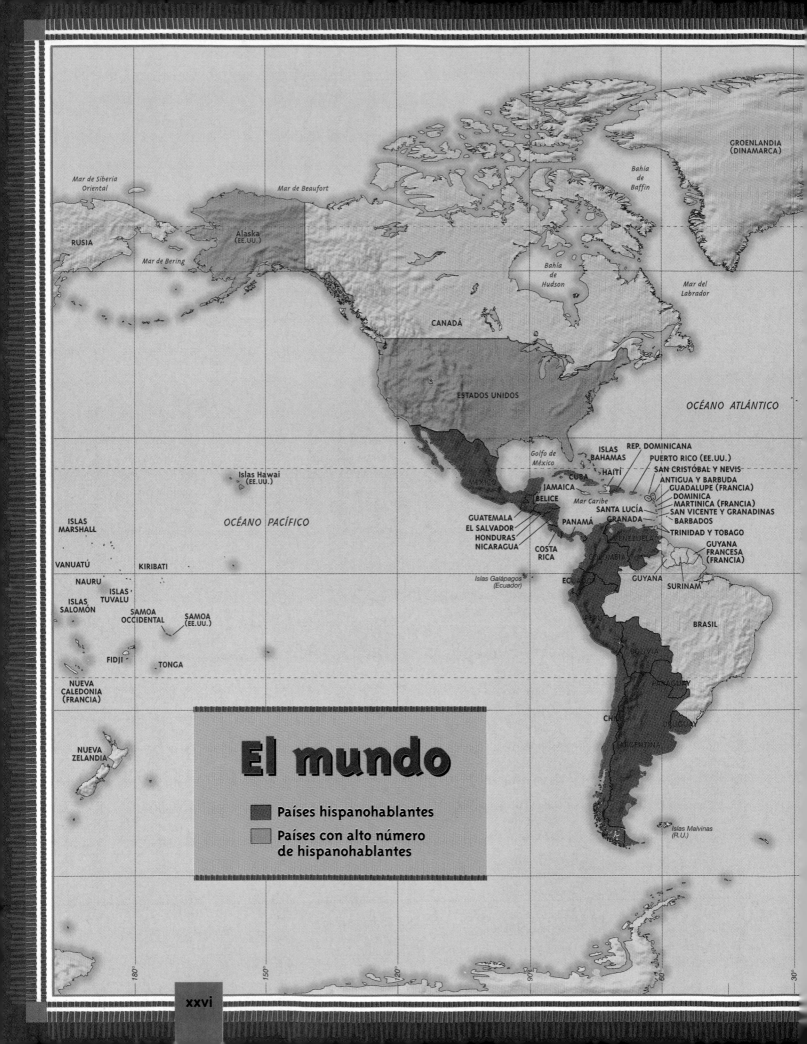

El mundo

■ Países hispanohablantes
■ Países con alto número de hispanohablantes

OCÉANO ÁRTICO

Mar de Laptev

Mar de Kara

Mar de Barents

Mar de
Noruega

ISLANDIA

SUECIA   FINLANDIA

NORUEGA

RUSIA

Mar de
Ojotsk

1   DINAMARCA   9   ESLOVENIA
2   HOLANDA   10   CROACIA
3   BÉLGICA   11   BOSNIA Y HERZEGOVINA
4   LUXEMBURGO   12   YUGOSLAVIA
5   SUIZA   13   ALBANIA
6   REPÚBLICA CHECA   14   MACEDONIA
7   ESLOVAQUIA   15   BULGARIA
8   HUNGRÍA   16   MALTA

ESTONIA
LETONIA
LITUANIA

REINO
UNIDO

Mar del
Norte

Mar
Báltico

IRLANDA

ALEMANIA

POLONIA

BIELORRUSIA

FRANCIA

AUSTRIA

UCRANIA
MOLDAVIA

Mar de
Aral

KAZAKSTÁN

MONGOLIA

COREA
DEL NORTE

Mar de
Japón

ANDORRA

ITALIA

RUMANIA

Mar Negro

GEORGIA

UZBEKISTÁN   KIRGUISTÁN

TADJIKISTÁN

CHINA

COREA
DEL SUR

JAPÓN

PORTUGAL

ESPAÑA

GRECIA

TURQUÍA
ARMENIA

TURKMENISTÁN

GIBRALTAR
(R.U.)

Islas
Canarias
(Esp.)

Mar Mediterráneo

CHIPRE
LÉBANO

SIRIA
IRAQ

AZERBAIYÁN

IRÁN

AFGANISTÁN

BHUTÁN

NEPAL

TAIWÁN

Trópico de Cáncer

GUAM
(EE.UU.)

MARRUECOS

ISRAEL

JORDANIA

KUWAIT
QATAR

PAQUISTÁN

INDIA

MYANMAR
LAOS

ARGELIA

LIBIA

EGIPTO

BAHREIN
E.A.U.

OMÁN

TAILANDIA   VIETNAM

CAMBOYA

Mar de
China

FILIPINAS

SAHARA
OCCIDENTAL

ARABIA
SAUDITA

BANGLADESH

CABO
VERDE

MAURITANIA

MALÍ

NÍGER

CHAD

ERITREA

YEMEN

JIBUTI

Mar
Arábigo

Golfo
de
Bengala

BRUNEI

PALAU   MICRONESIA

SENEGAL

BURKINA
FASO

BENIN

NIGERIA

SUDÁN

ETIOPÍA

SRI
LANKA

MALAYSIA

Ecuador

GAMBIA

GUINEA

COSTA
DE MARFIL

TOGO

REP. CENTRO-
AFRICANA

SOMALIA

ISLAS
MALDIVAS

GUINEA
BISSAU

LIBERIA

GHANA

CAMERÚN

UGANDA

KENIA

SINGAPUR

INDONESIA

PAPUASIA
NUEVA GUINEA

SIERRA
LEONA

GUINEA
ECUATORIAL

CONGO

GABÓN

REP. DEL
CONGO

RUANDA
BURUNDI

TANZANIA

CABINDA
(ANGOLA)

MALAWI

ANGOLA

ZAMBIA

SEYCHELLES

COMORES

OCÉANO
ÍNDICO

MOZAMBIQUE

NAMIBIA

ZIMBABWE

BOTSWANA

MADAGASCAR

MAURICIO

Trópico de Capricornio

AUSTRALIA

SUAZILANDIA

SUDÁFRICA   LESOTHO

N

0   1000   2000 kilómetros

0   1000   2000 millas

ANTÁRTIDA

30°   60°   90°   120°

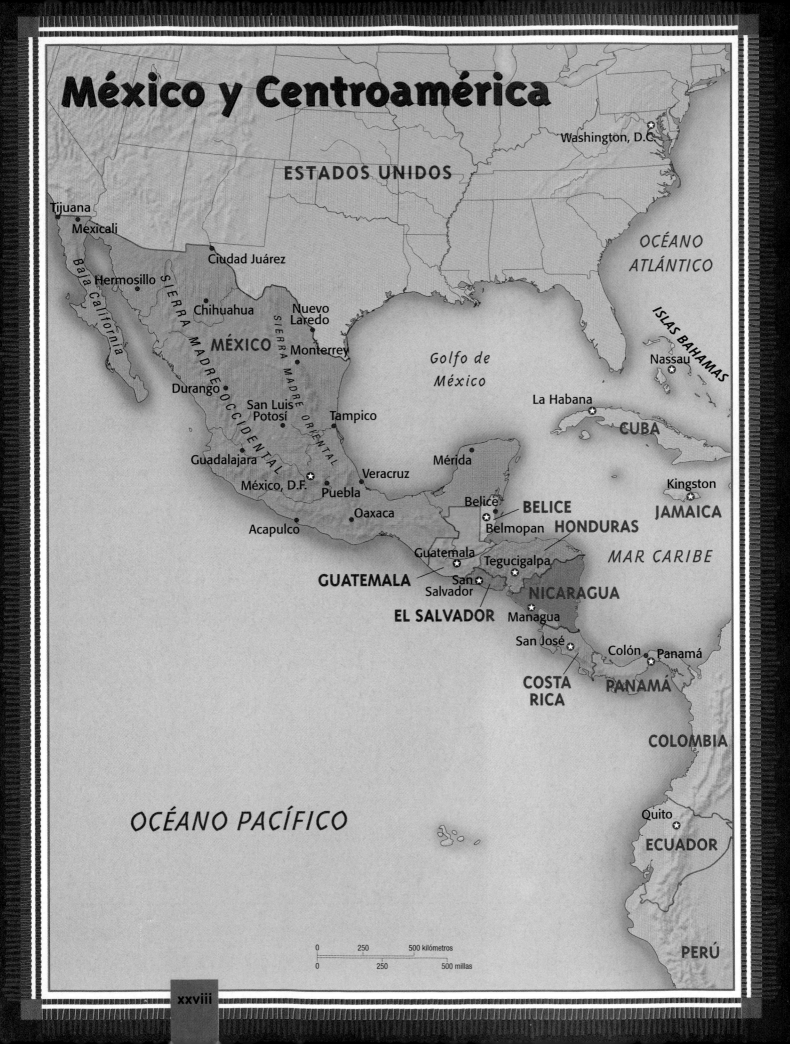

México y Centroamérica

ESTADOS UNIDOS

Washington, D.C.

OCÉANO ATLÁNTICO

Tijuana

Mexicali

Ciudad Juárez

Hermosillo

Baja California

SIERRA MADRE OCCIDENTAL

Chihuahua

Nuevo Laredo

MÉXICO

Monterrey

SIERRA MADRE ORIENTAL

Durango

San Luis Potosí

Tampico

Guadalajara

México, D.F.

Puebla

Veracruz

Acapulco

Oaxaca

Golfo de México

La Habana

CUBA

Mérida

Belice

Belmopan

BELICE

HONDURAS

Guatemala

Tegucigalpa

Kingston

JAMAICA

MAR CARIBE

GUATEMALA

San Salvador

NICARAGUA

EL SALVADOR

Managua

San José

Colón

Panamá

COSTA RICA

PANAMÁ

COLOMBIA

ISLAS BAHAMAS

Nassau

OCÉANO PACÍFICO

Quito

ECUADOR

PERÚ

| 0 | 250 | 500 kilómetros |
| 0 | 250 | 500 millas |

El Caribe

ESTADOS UNIDOS

OCÉANO ATLÁNTICO

N

Estrecho de Florida

★ Nassau

ISLAS BAHAMAS

La Habana ★

Santa Clara

CUBA

ISLAS DE TURCOS
Y CAICOS (R.U.)

Nueva
Gerona

Camagüey

Holguín

REPÚBLICA
DOMINICANA

Manzanillo

Guantánamo

Santiago
de Cuba

ANTILLAS

HAITÍ

La Española

Arecibo
San Juan

Mayagüez

Kingston

Puerto
Príncipe

Santo
Domingo

Ponce

Humacao

JAMAICA

MAYORES

PUERTO
RICO

HONDURAS

MAR CARIBE

NICARAGUA

Aruba (Hol.)

Curaçao (Hol.)

Bonaire (Hol.)

San José ★

Caracas ★

COSTA
RICA

Panamá ★

PANAMÁ

Golfo
de
Panamá

VENEZUELA

OCÉANO PACÍFICO

COLOMBIA

Bogotá ★

0	250	500 kilómetros
0	250	500 millas

Sudamérica

MAR CARIBE

OCÉANO ATLÁNTICO

Barranquilla
Cartagena
Maracaibo
Caracas
TRINIDAD Y TOBAGO
Puerto España
Lago Maracaibo
Medellín
VENEZUELA
Georgetown
Paramaribo
Manizales
Bogotá
GUYANA
Cayena
COLOMBIA
SURINAM
GUYANA FRANCESA (FRANCIA)
Cali
Otavalo
Quito
Ecuador
ECUADOR
Río Negro
Río Amazonas
Guayaquil
Cuenca
PERÚ
Río Madeira
Río Tapajóz
Río Xingú
Río Tocantins
Trujillo
CORDILLERA
Río São Francisco
Lima
BRASIL
Callao
BOLIVIA
La Paz
Cochabamba
Santa Cruz
Brasilia
Sucre
GRAN CHACO
PARAGUAY
Trópico de Capricornio
Salta
Asunción
San Miguel de Tucumán
Resistencia
Córdoba
Mendoza
Rosario
URUGUAY
OCÉANO PACÍFICO
Valparaíso
Santiago
Buenos Aires
La Plata
Montevideo
CHILE
ARGENTINA
PAMPAS
Concepción
Bahía Blanca
Mar del Plata
Temuco
PATAGONIA
ANDES
OCÉANO ATLÁNTICO

Islas Galápagos (Ecuador)

Bogotá
COLOMBIA
Quito
ECUADOR
OCÉANO PACÍFICO
PERÚ

0   250 kilómetros
0   250 millas

N

Estrecho de Magallanes
Tierra del Fuego
Islas Malvinas (R.U.)

Cabo de Hornos

0   250   500 kilómetros
0   250   500 millas

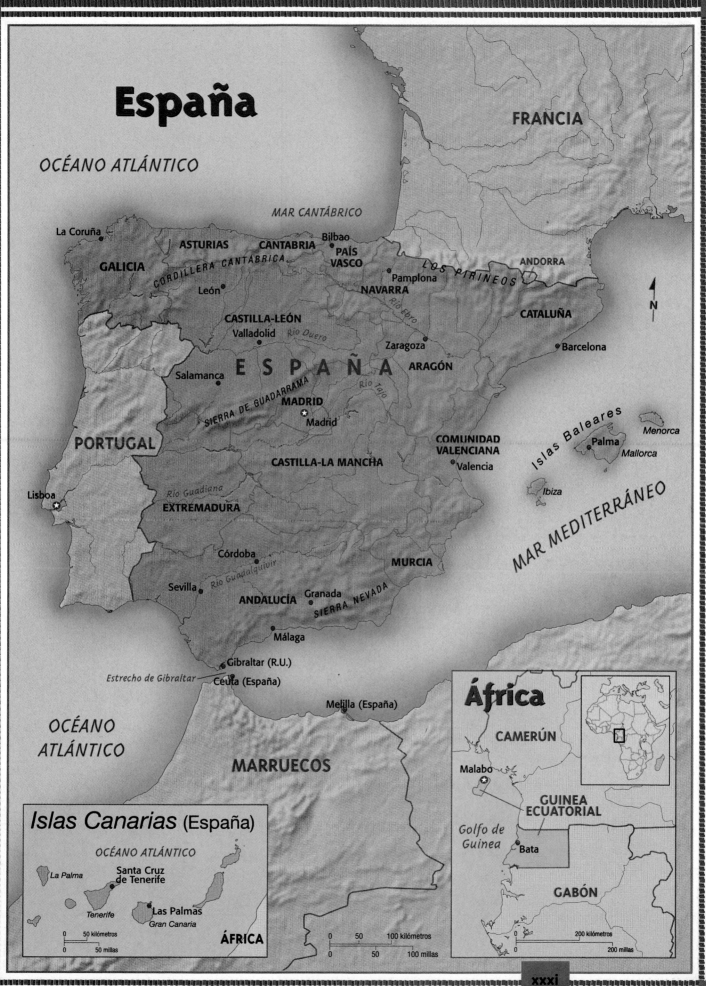

España

OCÉANO ATLÁNTICO

FRANCIA

MAR CANTÁBRICO

La Coruña

ASTURIAS   CANTABRIA   Bilbao
GALICIA   PAÍS
                       VASCO
                              LOS PIRINEOS   ANDORRA
CORDILLERA CANTÁBRICA
León   Pamplona
              NAVARRA   CATALUÑA
CASTILLA-LEÓN
Valladolid   Río Duero   Barcelona
                    Zaragoza
E S P A Ñ A   Río Ebro
Salamanca   ARAGÓN
              Río Tajo

SIERRA DE GUADARRAMA   MADRID
                       ★ Madrid

PORTUGAL   COMUNIDAD   Islas Baleares   Menorca
                                      VALENCIANA   Palma
                     CASTILLA-LA MANCHA   Mallorca
                                      Valencia
                                                    Ibiza
Lisboa   Río Guadiana
★   MAR MEDITERRÁNEO
     EXTREMADURA

                              MURCIA
        Córdoba
        Río Guadalquivir
Sevilla   Granada
        ANDALUCÍA   SIERRA NEVADA

        Málaga

        Gibraltar (R.U.)
Estrecho de Gibraltar   Ceuta (España)

OCÉANO
ATLÁNTICO   Melilla (España)

              MARRUECOS

Islas Canarias (España)

OCÉANO ATLÁNTICO

La Palma   Santa Cruz
                de Tenerife

Tenerife   Las Palmas
                Gran Canaria

0   50 kilómetros
0   50 millas

ÁFRICA

0   50   100 kilómetros
0   50   100 millas

África

CAMERÚN

Malabo
★
              GUINEA
              ECUATORIAL
Golfo de
Guinea   Bata

        GABÓN

0   200 kilómetros
0   200 millas

N

How to Study Spanish

Use Strategies

Listening strategies provide a starting point to help you understand.

Speaking strategies will help you express yourself in Spanish.

Reading strategies will show you different ways to approach reading.

Writing strategies help you out with your writing skills.

Cultural strategies help you compare Spanish-speaking cultures of the world to your own culture.

PARA CONVERSAR
STRATEGY: SPEAKING

Use all you know The models in exercises are a guide to help you get started. It is better to say more than what is shown in the model. Take risks! Recombine what you have learned in fresh new ways. That is how you become a good speaker of Spanish.

Use Study Hints

The **Apoyo para estudiar** feature provides study hints that will help you learn Spanish.

APOYO PARA ESTUDIAR

Pronoun placement

Remember that when you attach any object pronoun (direct, indirect, or reflexive) to an affirmative command of two or more syllables, you need to add a written accent to the stressed syllable of the verb. Examples: **Escríbalo. Tráigame. Siéntese. Póngase la gorra. Acuéstese. But… Hazlo. Ponlos.**

Build Your Confidence

Everyone learns differently, and there are different ways to achieve a goal. Find out what works for you. Grammar boxes are set up with an explanation, a visual representation, and examples from real-life contexts. Use this combination of words and graphics to help you learn Spanish. Focus on whatever helps you most.

GRAMÁTICA
Hacer with Expressions of Time

In Spanish, if someone asks, "How long has this been going on?" or "How long has it been?" you answer with the verb **hacer:**

hace + **the period of time** + **que** + **the present tense**

Ay, Elena, **hace quince años que quiero** venir a tu programa.
*Oh, Elena, **I've been wanting** to come to your program **for fifteen years.***

Ay, doctor, **hace una hora** que lo **espero.**
*Oh, doctor, **I've been waiting** for you **for an hour.***

Have Fun

Taking a foreign language does not have to be all serious work. The dialogs in this book present the Spanish language in **entertaining, real-life contexts.**

- Pair and group activities give you a chance to **interact with your classmates.**
- Vocabulary and grammar puzzles will test your knowledge, but will also be **fun to do.**

Listen to Spanish
Inside and Outside of Class

Hearing Spanish will help you understand it. Pay attention to the **dialogs** and the **listening activities** in class.

Take advantage of opportunities to **hear Spanish outside of class** as well.

- Do you know someone who speaks Spanish?
- Are there any Spanish-language radio and/or television stations in your area?
- Does your video store have any Spanish-language movies?

Take Risks

The goal of studying a foreign language like Spanish is to **communicate.**

Don't be afraid to **speak.**

Everyone makes mistakes, so don't worry if you make a few. When you do make a mistake, **pause and then try again.**

ETAPA PRELIMINAR

Día a día

- Exchange greetings
- Discuss likes, dislikes
- Describe people, places
- Ask for and give information
- Talk about school life
- Talk about the new school year

¿Qué ves?

Mira la foto. ¿Qué ves?

1. ¿Cuántos jóvenes hay en la foto? ¿Qué hacen?
2. ¿Dónde están?
3. ¿Adónde van si les gusta la música salsa?

LA RISA Espectáculos

En colaboración con Asociación Amigos de Puerto Rico

Presentan

la **historia** de la música

SALSA ayer y hoy

Vie. 23 de oct.
Actuación en vivo

Desde P.R. presentando todos sus éxitos de ayer
Pete "El Conde Rodríguez"

Desde Santo Domingo, presentando sus más recientes éxitos
Raulín Rosendo

Desde Nueva York, presentando sus éxitos más modernos
José Alberto "Canario"

Vestimenta apropiada, sin sombreros ni zapatos deportivos. La entrada se abre a las 9 PM

Boletos: $20 por adelantado $25 en la entrada hasta las 11 PM. $30 Hasta la medianoche

Se dan descuentos al mostrar este póster. Para comprar boletos por adelantado, llamar al 718-601-9856

¡Saludos!
🎧 VOCABULARIO Y GRAMÁTICA

Look at the pictures and read the captions to see how Spanish speakers in the United States greet one another.

¡Hola! ¿Cómo están? ¿Yo? Estoy muy bien, gracias. Aquí vamos a ver qué dicen estos chicos.

Ciudad de Nueva York

A

Sofía: Buenas tardes, Raúl y Carlos. Les presento a mi amiga, Linda.

Raúl: Mucho gusto.

Linda: Encantada.

Union City, New Jersey

B

Marcos: Hola. ¿Qué pasa? Les presento a mi prima, Luisa. Ella es de California.

Arturo: Mi nombre es Arturo Alcázar. Mucho gusto.

Luisa: El gusto es mío.

Boston, Massachusetts

Estudiantes: Hola, señora Rivera. ¿Cómo está usted?

Señora Rivera: Bien. Vamos a clase, ¿no?

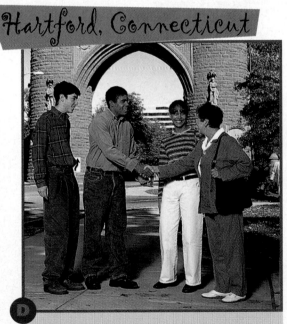

Hartford, Connecticut

Miguel: ¿Qué tal, Patricia? Hola, señora. Me llamo Miguel.

Señora: Mucho gusto. Soy la abuela de Patricia. ¿Cómo están?

Miguel y Lalo: Regular. ¿Y ustedes?

ACTIVIDAD

1 **¿Qué pasa?**

Leer/Escribir Escoge la respuesta correcta según la lectura. *(Hint: Choose the correct answer.)*

1. Sofía les presenta a su amiga a…
   a. unos chicos
   b. un restaurante
   c. Linda y otra chica

2. Marcos…
   a. es el hermano de Raúl
   b. dice que su prima es de Texas
   c. le presenta a su prima a Arturo

3. La señora Rivera va…
   a. a clase
   b. de compras
   c. a comer

4. La abuela de Patricia…
   a. se llama Lalo
   b. está regular
   c. habla con Miguel y Lalo

ACTIVIDAD

2  **Te presento a…**

Hablar En grupos pequeños, hagan presentaciones informales y formales. Usen estas expresiones. *(Hint: Practice introductions.)*

Hola.	¿Qué pasa?
Bien.	Mucho gusto.
Buenos días.	¿Cómo estás?
Te/Le presento a…	Regular.
Buenas tardes.	¿Cómo está usted?
Mi nombre es…	Terrible.
¿Qué tal?	Soy…
Me llamo…	

¿Qué te gusta?

VOCABULARIO Y GRAMÁTICA

OBJECTIVES

• Discuss likes and dislikes

Union City, New Jersey Look at the pictures and read about what young people from New Jersey like to do in their free time.

A A muchos jóvenes les gusta cantar, bailar y escuchar música.

B Me gusta escribir en mi diario en mi tiempo libre.

C Nos gusta patinar con patines en línea.

Y claro, como todos los chicos, a nosotros nos gusta comer. ¡Uuuuffff!

ACTIVIDAD 3 ¿Qué les gusta más?

Hablar/Escribir Describe lo que a las siguientes personas les gusta hacer. *(Hint: Which activities do these people prefer?)*

modelo

mi hermano(a): bailar / nadar

A mi hermano le gusta nadar. (A mi hermano no le gusta bailar.)

Nota

Remember that when you talk about what you or someone else likes to do, you use the verb **gustar** + an infinitive. **Gustar** always takes an indirect object pronoun (**me, te, le, os, nos, les**).

Me gusta cantar. *I like to sing.*

¿Te gusta cantar? *Do you like to sing?*

1. yo: cantar / escuchar música
2. tú, *(nombre)* : ir de compras / practicar deportes
3. mis padres: comer en la casa / comer en un restaurante
4. mis amigos y yo: ir a fiestas / ir al cine
5. los estudiantes: escribir / leer

ACTIVIDAD 4 ¿A quién le gusta...?

Hablar/Escribir ¿Qué les gusta hacer a ti y a tus amigos? Haz oraciones afirmativas o negativas usando estas expresiones. *(Hint: What do you like to do?)*

bailar   cantar   escribir   escuchar

comer   alquilar un video   leer

visitar a amigos

MÁS PRÁCTICA *cuaderno* p. 1

PARA HISPANOHABLANTES *cuaderno* p. 1

¡A describir!

VOCABULARIO Y GRAMÁTICA

Ciudad de Nueva York Look at the pictures and read about these teenagers in New York City.

A

¿Cómo son los jóvenes? ¿Qué tienen?

Carlos

Linda

Raúl

Sofía

Panza, el perro

Carlos es alto, de pelo castaño. Tiene un suéter verde.

Linda es baja y delgada. Tiene pelo rubio y largo. Su suéter es amarillo y su falda es de muchos colores.

Raúl tiene una camisa anaranjada y jeans. Es muy guapo.

Sofía tiene pelo corto. Su vestido y su bolsa son azules.

Panza, el perro, no es delgado. Es gordo. También es feo.

¿Cómo están?

cómico

seria

triste

alegre

tranquilo

nerviosa

ACTIVIDAD 5 Unas descripciones

Hablar/Escribir Tú conoces a Linda, Raúl, Sofía, Carlos y el perro de Carlos en Nueva York. Haz oraciones para explicar cómo son, cómo están y qué tienen. Usa estas expresiones. *(Hint: You meet Linda, Raúl, Sofía, Carlos, and Carlos's dog in New York City. Describe them, using these expressions.)*

alegre	cómico(a)	serio(a)
alto(a)	delgado(a)	un suéter
amarillo(a)	una falda	triste
azul	pelo castaño	verde
bajo(a)	pelo rubio	un vestido

REPASO

Use Adjectives to Describe

▶ Remember that **adjectives** describe nouns. They match the gender and number of the nouns they describe. In Spanish, **adjectives** usually follow the noun.

Masculine adjectives often end in **-o**.

Feminine adjectives often end in **-a**.

el chic**o** **guap****o**
the good-looking boy

la chic**a** **guap****a**
the good-looking girl

▶ Most adjectives that end with **-e** or a **consonant** refer to both genders.

same word

el chic**o** **pacient****e**   la chic**a** **pacient****e**

▶ To make an adjective **plural**, add **-s** if it ends with a vowel, **-es** if it ends with a consonant.

los chico**s** **guapo****s**
los chico**s** **trabajador****es**

▶ When an adjective describes a group containing both genders, the **masculine** form of the adjective is used.

ACTIVIDAD 6 ¿Cómo es?

Escribir ¿Cómo es la tía de Isabel? Completa la descripción. Luego dibújala con esas características. *(Hint: Complete the description of Isabel's aunt. Then draw her.)*

1. Mi tía es (alto, altos, baja, bajas).

2. Tiene pelo (larga, largas, corto, cortos) y (rubia, rubias, castaño, castaños).

3. Ella es un poco (gorda, gordas, delgado, delgados).

4. Tiene ojos (grande, grandes, pequeña, pequeñas) y (azul, verdes).

5. Sus blusas favoritas son (rojo, rojos, amarilla, amarillas).

6. Le gusta llevarlas con sus pantalones (negro, negra, azul, azules).

7. Ella es muy (simpática, simpáticas, perezoso, perezosos).

8. Mi tía tiene un nombre (bonito, bonitos, cómica, cómicas). Se llama Gloria.

TAMBIÉN SE DICE

Si caminas por la calle y alguien te dice «¡Oye, flaco!», no te enojes (*don't get mad*). Es una forma cariñosa que usan en los países hispanos.

Viejo(a) es otra de estas palabras cariñosas que puedes oír.

ACTIVIDAD 7 ¿De qué color?

Hablar Pregúntales a tus compañeros(as) sobre la ropa que llevan hoy. Usa estos colores en tu conversación. *(Hint: Ask what people are wearing today.)*

amarillo(a)

morado(a)

anaranjado(a)

negro(a)

azul

rojo(a)

blanco(a)

rosado(a)

marrón

verde

modelo

Tú: ¿Quién lleva una chaqueta roja?

Compañero(a): Teresa lleva una chaqueta roja.

1. 2. 3. 4. 5. 6.

ACTIVIDAD 8 — ¡Adivina!

Leer/Escribir Escribe tres descripciones: una sobre un(a) estudiante de tu clase, otra sobre un(a) profesor(a) y otra sobre alguien famoso (real o imaginario). Léeles cada descripción a tus compañeros(as). Ellos van a adivinar quién es. (*Hint: Write three descriptions of people for classmates to guess.*)

alto(a)	joven
bajo(a)	largo(a)
bonito(a)	mayor
castaño(a)	menor
corto(a)	moreno(a)
delgado(a)	pelirrojo(a)
fuerte	pequeño(a)
gordo(a)	rubio(a)
guapo(a)	viejo(a)

MÁS PRÁCTICA *cuaderno* p. 2

PARA HISPANOHABLANTES
cuaderno p. 2

NOTA CULTURAL

En Nueva York y New Jersey encontramos grupos latinos de todos los países de habla hispana, incluyendo México, España, América Central, el Caribe y América del Sur. Pero la gran mayoría vienen de tres islas del Caribe: Puerto Rico, República Dominicana y Cuba.

REPASO

The Verb **tener**

▶ When you want to talk about what you have, use the verb **tener**.

tengo	tenemos
tienes	tenéis
tiene	tienen

La chica **tiene** pelo rubio.
*The girl **has** blond hair.*

▶ Tener is also used to talk about how old a person is.

El chico **tiene** quince **años**.
*The boy **is** fifteen **years old**.*

ACTIVIDAD 9 — La edad

Hablar/Escribir ¿Cuántos años tienen las siguientes personas? Si no sabes la edad exacta, adivina. Escribe tus respuestas y luego habla con un(a) compañero(a). (*Hint: Tell the ages of these people.*)

modelo

mi tía

Mi tía tiene treinta y ocho años.

1. mi amigo *(nombre)*
2. mis amigas *(nombre)* y *(nombre)*
3. yo
4. mi hermano(a)
5. mi madre/padre
6. mi primo(a)
7. mi perro/gato/pez/pájaro/¿?
8. *(una persona famosa)*

ACTIVIDAD 10 ¿Se parecen?

Hablar/Escribir ¿Tú y tu familia se parecen? ¿Y tus amigos(as)? Describe el pelo y los ojos de tu familia y de tus amigos(as), combinando elementos de cada columna. ¡Ojo! Cuidado con las formas de los adjetivos. (*Hint: Describe your family and friends.*)

modelo

Mi amiga Lupita y yo tenemos pelo largo.

mi madre/madrastra	tengo		largo(s)
mi hermano(a) y yo	tienes		rubio(s)
yo	tiene		azul(es)
tú, (*nombre*)	tenemos	pelo	corto(s)
mi amigo(a) y yo	tenéis	ojos	verde(s)
mis hermanos(as)	tienen		castaño(s)
mi amiga, (*nombre*)			negro(s)
mi madre/padre y yo			marrón(es)

MÁS PRÁCTICA *cuaderno* p. 3

PARA HISPANOHABLANTES *cuaderno* p. 3

REPASO

Describe People and Things: ser vs. estar

▶ Remember that even though **ser** and **estar** both correspond to the English verb *to be,* their uses are very different.

soy	somos
eres	sois
es	son

Ser is used

- to tell who the subject is or what the subject is like.
- to describe origin, profession, and basic characteristics.

Ella es alta. Es de Nueva York.
She is tall. She is from New York.

estoy	estamos
estás	estáis
está	están

Estar is used

- to tell where the subject is or how the subject feels.
- to describe location and feelings that may change.

El chico está bien. Está en Nueva York.
The boy is O.K. He is in New York.

¡Saludos desde Nueva York!

Escribir Linda está visitando Nueva York con su amiga y le escribe esta carta a su familia. Complétala con la forma correcta de **ser** o **estar**. *(Hint: Complete the postcard with the correct forms of ser and estar.)*

Querida familia:

¿Saben dónde ___1___? Hoy ___2___ en la Estatua de la Libertad con Sofía y su amigo. Su amigo se llama Raúl. ___3___ de Nueva York también. ___4___ muy simpático. También ___5___ muy guapo.

¡___6___ muy bien y muy contenta!

Un abrazo,

Linda

NOTA CULTURAL

La población latina El censo (*census*) de 1845 menciona «508 personas de México y Sudamérica» en Nueva York. La población latina de esta ciudad ha crecido (*has grown*) mucho. Se estima (*it is estimated*) que en el año 2000, cerca de tres millones de habitantes de Nueva York serán (*will be*) de origen latino.

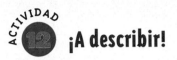

¡A describir!

Hablar/Escribir Usa las expresiones entre paréntesis y la forma apropiada de **ser** o **estar** para describir a las siguientes personas. Luego, describe a dos personas de tu clase. *(Hint: Describe these people using ser and estar.)*

modelo

Mary (rubia / alta / de New Hampshire)

Mary es rubia. Es alta. Es de New Hampshire.

1. Carlos (de Buenos Aires / en Nueva York / alegre)
2. Melisa (en casa / de Santo Domingo / triste)
3. Miguel (preocupado / maestro / de San Francisco)
4. Ana (de México / simpática / en Italia)
5. ¿?
6. ¿?

Un retrato

Escuchar/Escribir Unos chicos le piden a Raúl que describa a Linda. Escucha su descripción. Luego, contesta las preguntas. *(Hint: Listen to the tape and answer the questions.)*

1. ¿Cuántos años tiene Linda?
2. ¿De dónde es ella?
3. ¿Dónde está ahora?
4. ¿Qué ropa tiene ella?
5. ¿Cómo es?

MÁS PRÁCTICA *cuaderno* p. 4

PARA HISPANOHABLANTES *cuaderno* p. 4

¡A preguntar!

VOCABULARIO Y GRAMÁTICA

OBJECTIVES

- Ask for and give information

Hartford, Connecticut Look at the pictures and read about Patricia's plans for a Saturday afternoon in Hartford.

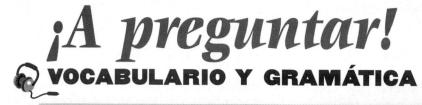

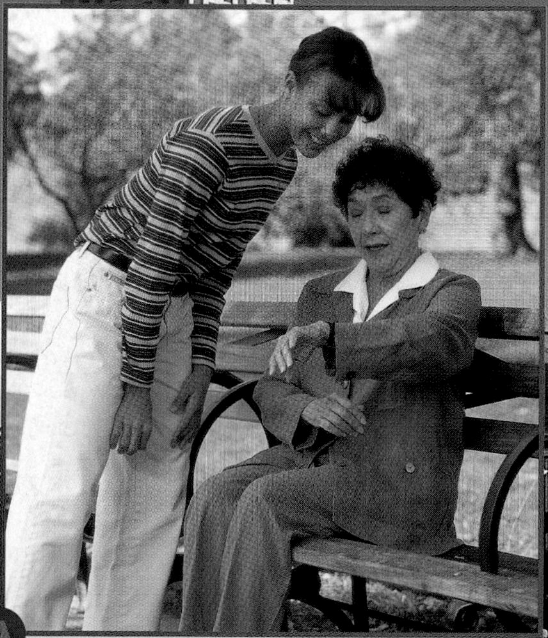

A

Patricia: Abuela, ¿qué hora es?

Abuela: Son las tres de la tarde. ¿Por qué?

Patricia: Tengo la fiesta de Miguel esta noche. ¡Ay! No tengo la dirección. Le hablo a Lalo. Él tiene su teléfono.

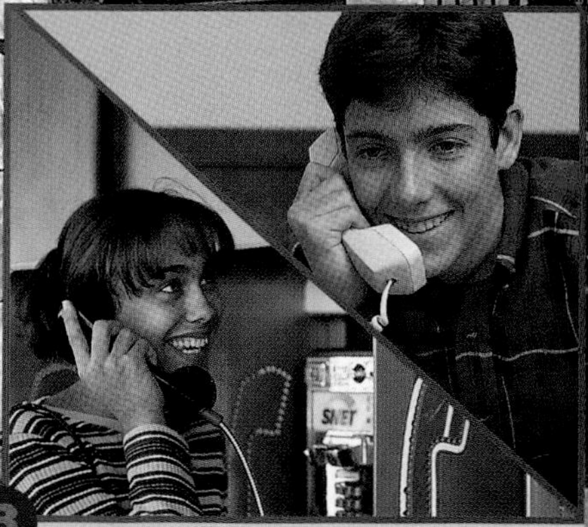

B

Lalo: Aló.

Patricia: Hola, Lalo. Soy Patricia. ¿Cuál es el teléfono de Miguel?

Lalo: 531-4275. Pero, ¿por qué?

Patricia: No tengo su dirección.

Lalo: ¿Por qué no vas conmigo a la fiesta?

Patricia: Muy bien. Chao.

Lalo: Sí. Aquí está el apartamento. Está en esta calle.

Patricia: ¡Ay, qué bien!

Miguel: Hola. Bienvenidos.

Patricia: ¿Qué tal?

Lalo: ¿Cómo estás, hombre?

ACTIVIDAD 14 En Hartford...

Leer/Escribir Contesta las preguntas sobre lo que Patricia, su abuela y sus amigos hacen en la ciudad. *(Hint: Answer questions about Patricia's plans.)*

1. Según la abuela, ¿qué hora es?
2. ¿Por qué quiere saber Patricia la hora?
3. ¿Cuál es el teléfono de Miguel?
4. ¿Vive Miguel en un apartamento o una casa?
5. ¿Por qué van Lalo y Patricia a la casa de Miguel?

REPASO

Interrogative Words

Remember that Spanish has many words that introduce a question. These words are called **interrogatives.** Some questions are formed by putting a **conjugated verb** after the **question word.**

Each interrogative word has an accent on the appropriate vowel.

All questions are preceded by an inverted question mark and followed by a question mark.

adónde (to) where	¿Adónde vas con Ana?
cómo how	¿Cómo está el chico?
cuál(es) which (ones)	¿Cuál es el libro?
cuándo when	¿Cuándo estudias?
cuánto how much	¿Cuánto cuesta?
cuántos(as) how many	¿Cuántos años tienes?
dónde where	¿Dónde está el carro?
por qué why	¿Por qué vas a casa?
qué what	¿Qué es?
quién(es) who	¿Quién(es) habla(n)?

Una conversación

ACTIVIDAD 15

Hablar/Escribir Completa las preguntas y las respuestas. Luego practícalas con un(a) compañero(a). *(Hint: Complete the questions. Practice them with a classmate.)*

adónde   cómo   cuál(es)   cuándo

dónde   por qué   qué   cuántos(as)

de dónde   quién(es)

1. ¿ _____ te llamas?	Me llamo…
2. ¿ _____ eres?	Soy de…
3. ¿ _____ eres?	Soy…
4. ¿ _____ vives?	Vivo en…
5. ¿ _____ es tu dirección?	Mi dirección es…
6. ¿ _____ años tienes?	Tengo…
7. ¿ _____ es tu clase favorita?	Me gusta más la clase de…
8. ¿ _____ te gusta esa clase?	Es mi favorita porque…
9. ¿ _____ es tu mejor profesor(a)?	Mi mejor profesor(a) es…
10. ¿ _____ es tu mejor amigo(a)?	Mi mejor amigo(a) es…

¿Cuál es…?

ACTIVIDAD 16

Hablar/Escribir Tu maestro(a) te va a dar tres minutos para preguntarles a tus amigos(as) su número de teléfono y dirección. Escribe la información en un papel. La persona que tenga la lista más larga y correcta gana. ¡Ojo! Sólo puedes hablar español. *(Hint: Race to see how many phone numbers and addresses you can collect in three minutes. You are only allowed to give information when asked in Spanish!)*

¿Cuál es tu teléfono?   ¿Cuál es tu dirección?

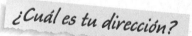

Escríbelas

ACTIVIDAD 17

Hablar/Escribir Escribe las direcciones en español de tres lugares de tu pueblo o ciudad. Usa la guía telefónica si es necesario. Luego dile las direcciones a un grupo de compañeros(as). ¿Conocen el lugar? *(Hint: Write addresses of three places in your city or town. Tell a group. Can they name the place?)*

MÁS PRÁCTICA *cuaderno* p. 5

PARA HISPANOHABLANTES *cuaderno* p. 5

NOTA CULTURAL

De Connecticut La gente de habla hispana de Connecticut es reconocida (*recognized*) por ser políticamente fuerte, creando asociaciones latinas y eventos culturales por todo el estado.

REPASO

Tell Time

To talk about what time it is, use:

¿Qué hora es?
What time is it?

Son las doce y *minutes*

Use **y** + *minutes* for the number of minutes **after** the hour.

Son las doce. (12:00)

Son las doce **y diez**. (12:10)

Son las doce **y media**. (12:30)

Use **cuarto** for a quarter of an hour and **media** for half an hour.

Es la una menos *minutes*

Use **menos** + *minutes* for the number of minutes **before** the hour.

Es la una. (1:00)

Es la una **menos cuarto**. (12:45)

To talk about when something will happen, use:

¿A qué hora es la clase? *What time is the class?*
A las (dos, tres). *At (two o'clock, three o'clock).*
A la una. *At one o'clock.*

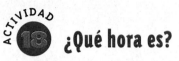

¿Qué hora es?

Leer/Escribir Isabel llama a casa durante el día para decirles a sus padres dónde está. Según su calendario, ¿qué hora es cada vez que llama? (*Hint: Tell what time it is.*)

5	septiembre
9:10	caminar con el perro
10:30	comprar fruta para la fiesta
11:15	gimnasio
12:00	tomar algo con Patricia
12:45	sacar un libro
1:00	buscar zapatos nuevos
1:20	ir a la tienda de videos
2:00	comer con mi familia

1. «Hola, estoy en el mercado.»

2. «Bueno, mis amigas y yo vamos a jugar al baloncesto.»

3. «Acabo de llegar al café.»

4. «Oye, estoy en la biblioteca.»

5. «Voy a alquilar un video. ¿Quieres uno también?»

¿A qué hora?

Hablar/Escribir ¿A qué hora es cada uno de estas actividades? Habla con un grupo de compañeros(as). (*Hint: Tell at what time these activities begin.*)

tu programa favorito de televisión

la clase de español   **el almuerzo**

la escuela

las películas baratas en el cine

la práctica de deportes escolares

MÁS PRÁCTICA *cuaderno* p. 6

PARA HISPANOHABLANTES *cuaderno* p. 6

En la escuela
VOCABULARIO Y GRAMÁTICA

Boston, Massachusetts Look at the photos and read about what these students do in Boston.

A

Antes de la escuela…

Susana: Voy a tomar la clase de arte este año. ¿Y tú?

Luis: ¿Arte? No. Voy a tomar otra clase de música para practicar con mi guitarra. Mi banda está en un concurso.

B

Luego, Luis y Susana van a la clase de español. Le preguntan a la señora Rivera si van a hablar español todo el tiempo. La señora Rivera contesta que sólo van a usar español.

C

Todos los estudiantes descansan durante el día. Estos jóvenes comen su almuerzo.

- Review: Use regular present tense verbs
- Review: Use **ir**

Después de la escuela, David corre con un equipo.

Entrenador Santiago: ¿Corres en tu tiempo libre, David?

David: Sí, un poco. Pero, como no vivo cerca de aquí, corro en mi barrio.

Entrenador Santiago: Está bien.

Susana y Luis caminan a la biblioteca después de la escuela. Tienen mucha tarea y van a estudiar. ¿Tienes mucha tarea?

ACTIVIDAD 20 Durante el día

Leer/Escribir Contesta las preguntas sobre lo que hacen los jóvenes durante el día escolar. (**Hint:** *Answer questions about the school day.*)

1. ¿Qué clase va a tomar Susana? ¿y Luis?
2. ¿Van a hablar español e inglés en la clase de español?
3. ¿Qué clase da la señora Rivera?
4. ¿Qué hace David después de la escuela? ¿y Susana y Luis?

REPASO

Regular Present Tense Verbs

To talk about things you do, you use the present tense. To form the present tense of a regular verb, drop the **-ar**, **-er**, or **-ir** and add the appropriate ending.

Regular Verbs

	-ar hablar	-er comer	-ir vivir
yo	**hablo**	**como**	**vivo**
tú	**hablas**	**comes**	**vives**
usted, él, ella	**habla**	**come**	**vive**
nosotros	**hablamos**	**comemos**	**vivimos**
vosotros	**habláis**	**coméis**	**vivís**
ustedes, ellos, ellas	**hablan**	**comen**	**viven**

¿Dónde?

Escribir Tú describes las actividades de varias personas en la escuela. Completa las oraciones e indica dónde tienen lugar las actividades. (*Hint: Complete the sentences and tell where the activity takes place.*)

la biblioteca   la cafetería

el auditorio

el campo   la cancha   el gimnasio

la clase de ¿?   el estadio   la piscina

1. Nosotros (comer) el almuerzo en _____.
2. Mis amigos (nadar) en _____.
3. Tú (leer) literatura en _____.
4. Yo (hablar) en español en _____.
5. En la clase de educación física, ustedes (correr) en _____.

En nuestra escuela

Hablar/Escribir Completa las oraciones y explica si estas actividades pasan en tu escuela. Si la actividad no pasa en tu escuela, cambia la oración para describir una actividad que sí pasa. (*Hint: Complete the sentences. Change any that do not apply.*)

modelo

Los estudiantes / preparar / jugo / en la cafetería

Los estudiantes preparan jugo en la cafetería. (Los estudiantes no preparan jugo en la cafetería. Beben jugo en la cafetería.)

Nota

Remember that using the right verb ending is important. Sometimes an incorrect ending changes a word's meaning, even with regular verbs like **preguntar**.

Pregunto a la maestra. *I ask the teacher.*

Pregunta a la maestra. *He asks the teacher.*

1. Yo / llegar / a clase a tiempo
2. Mis amigos / vender / la tarea
3. El (La) director(a) / caminar / a la escuela
4. Tú _(nombre)_ / visitar / durante las clases
5. Mis amigos y yo / beber / refrescos en clase

Las clases

Hablar/Escribir Habla sobre las clases con un grupo de compañeros(as). Describe lo que haces en cada clase, cómo es y dónde tiene lugar (*takes place*). (*Hint: Talk about classes with a group.*)

modelo

Tú: *¿Qué hacen ustedes en la clase de francés?*

Compañero(a) 1: *Hablamos mucho francés y aprendemos mucho.*

Tú: *¿Cómo es?*

Compañero(a) 2: *Es interesante y divertida.*

Tú: *¿Dónde tiene lugar?*

Compañero(a) 3: *Es en el salón número mil trescientos cuatro.*

el arte
la biología
las ciencias
la computación
la educación física
los estudios sociales
la física
la historia
la literatura
las matemáticas
la música

MÁS PRÁCTICA *cuaderno* p. 7

PARA HISPANOHABLANTES
cuaderno p. 7

REPASO

The Verb ir

▶ Remember that when you talk about where someone is going, you use the verb **ir**, *to go*.

voy	vamos
vas	vais
va	van

Remember that forms of **ir** are usually followed by the preposition *a*.

Susana y Luis **van** a la biblioteca.
*Susana and Luis **go** to the library.*

ACTIVIDAD 24 ¿Adónde van?

Hablar/Escribir ¿Adónde van estas personas en la escuela? *(Hint: Tell where these people are going.)*

modelo

Jorge necesita tomar una prueba de computadoras.

Va a la clase de computación.

1. Comemos el almuerzo.
2. Buscas información sobre Puerto Rico.
3. Practico deportes en mi próxima clase.
4. Juegan al tenis.
5. Nadamos hoy en la clase de educación física.
6. Tomo una prueba de plantas y animales.

ACTIVIDAD 25  ¿Qué haces allí?

Hablar Imagínate que vas a los siguientes lugares. Habla con un(a) compañero(a) sobre adónde vas y qué vas a hacer allí. *(Hint: Tell where you are going and what you will do there.)*

la oficina   la biblioteca   el español

la cafetería   el gimnasio   las ciencias

modelo

Compañero(a): *¿Adónde vas?*

Tú: *Voy al auditorio.*

Compañero(a): *¿Qué vas a hacer allí?*

Tú: …

MÁS PRÁCTICA *cuaderno* p. 8

PARA HISPANOHABLANTES *cuaderno* p. 8

TAMBIÉN SE DICE

Muchas palabras en inglés vienen del español u otros idiomas romanos. ¿Crees que la palabra **cafetería** tiene sus orígenes en el inglés o el español? ¿Qué tal estas palabras: **el rodeo, la plaza, el récord, la televisión**? Si no sabes, ¿dónde puedes buscar esta información?

¿Qué haces?

VOCABULARIO Y GRAMÁTICA

Boston, Massachusetts Look at the pictures and read about these students' goals for the upcoming school year.

A

Luis: ¿Qué quieres hacer en el futuro?

Susana: No sé. ¿Y ustedes?

David: Yo pienso estar en City Year, un programa de servicio comunitario. Hacen ejercicio aquí mismo.

B Aquí Susana y Luis están trabajando en la computadora. Encuentran información sobre los trabajos y las universidades.

- *Review: Use stem-changing verbs (e → ie, o → ue)*
- *Review: Use verbs with irregular **yo** forms*

C

Durante el año escolar, puedes comer con los amigos.

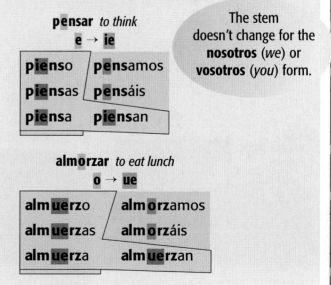

D

También puedes entrar en la universidad. ¡Hay muchas universidades aquí en Boston!

Unas preguntas personales

Hablar/Escribir Ya sabes lo que hacen Luis, Susana y David. Luego contesta las preguntas sobre lo que haces tú. (*Hint: Answer the questions.*)

1. ¿Qué quieres hacer este año?
2. ¿Encuentras información por computadora? ¿Qué tipo?
3. ¿Dónde almuerzas?
4. ¿Qué piensas hacer este fin de semana?
5. ¿Vuelves a la misma escuela el año que viene?
6. ¿Prefieres salir con tus amigos(as) o hacer la tarea?

REPASO

Stem-Changing Verbs

As you know, Spanish has many stem-changing verbs. Review the ones that follow.

pensar *to think*
e → ie

p**ie**nso	p**e**nsamos
p**ie**nsas	p**e**nsáis
p**ie**nsa	p**ie**nsan

The stem doesn't change for the **nosotros** (*we*) or **vosotros** (*you*) form.

almorzar *to eat lunch*
o → ue

alm**ue**rzo	alm**o**rzamos
alm**ue**rzas	alm**o**rzáis
alm**ue**rza	alm**ue**rzan

For a complete list of stem-changing verbs, refer to pp. R30–R31.

ACTIVIDAD 27 ¿Qué pasa?

Leer/Escribir Meche participa en un concurso en su escuela. Completa su descripción. *(Hint: Complete Meche's description of a contest at her school.)*

Mi amiga me __1__ (contar) de un concurso en nuestra escuela para ganar dinero para nuevos uniformes. Los uniformes __2__ (costar) mucho. El concurso es un maratón de tenis y los estudiantes __3__ (poder) participar por doce horas. Nosotros __4__ (poder) ganar un premio. Pero yo no __5__ (encontrar) mi raqueta. Entonces __6__ (volver) a casa y la __7__ (encontrar) en mi cuarto. Terminamos y... ¡qué cansada estoy! Ahora voy a dormir mucho. ¿ __8__ (Dormir) tú mucho después de jugar tanto?

City Year es un programa nacional para jóvenes que tienen de 17 a 23 años. Los participantes ofrecen un año de servicio para los habitantes de una comunidad estadounidense. En la página 20 los jóvenes de **City Year** hacen ejercicio. ¿Por qué crees que lo hacen?

ACTIVIDAD 28 ¿Cuántas veces?

Hablar/Escribir ¿Cuántas veces haces las siguientes actividades? Usa expresiones como **nunca, rara vez, de vez en cuando, mucho** y **siempre** en tus respuestas. *(Hint: How often do you do these things?)*

modelo

dormir en casa de un(a) amigo(a)

De vez en cuando duermo en casa de un amigo.

Nota

| nunca | rara vez | de vez en cuando | mucho | siempre |

To say how often you do something, you can use **nunca** (*never*), **rara vez** (*rarely*), **de vez en cuando** (*sometimes*), and **mucho** (*often*) or **siempre** (*always*). In negative sentences, you can use a negative word and the word **no**.

No, no como en restaurantes **nunca.**   *No, I **never** eat in restaurants.*

1. contar tu dinero
2. dormir en clase
3. almorzar con tus padres
4. perder un partido
5. pensar en el pasado
6. entender las matemáticas
7. cerrar la casa con llave
8. volver a casa después de las once

ACTIVIDAD 29 Después de la escuela

Escuchar/Hablar ¿Qué hacen los chicos después de clases? Escucha la descripción y ordena las fotos según lo que escuchaste. *(Hint: Listen to the description. Then put photos in chronological order.)*

MÁS PRÁCTICA *cuaderno* pp. 8–9

PARA HISPANOHABLANTES *cuaderno* pp. 8–9

REPASO

Irregular yo Verbs

Remember that some verbs are only irregular in the first person singular **(yo)** form. Compare the **yo** and **tú** forms of these verbs.

- These take the ending **-go.**

	caer *to fall*	**hacer** *to make, to do*	**poner** *to put*	**salir** *to go out, to leave*	**traer** *to bring*
yo	caigo	hago	pongo	salgo	traigo
tú	caes	haces	pones	sales	traes

- Other verbs that are irregular in the **yo** form only are **conocer, dar, saber,** and **ver.**

	conocer *to know, to meet*	**dar** *to give*	**saber** *to know*	**ver** *to see*
yo	conozco	doy	sé	veo
tú	conoces	das	sabes	ves

ACTIVIDAD 30 · Unas actividades

Hablar/Escribir ¿Haces estas cosas? Completa las oraciones para explicar si haces las siguientes actividades. *(Hint: Do you do these things?)*

modelo

hacer la tarea por la mañana

Yo no hago la tarea por la mañana.

1. traer el cuaderno a clase
2. hacer la cama todos los días
3. poner la ropa en su lugar todos los días
4. dar fiestas para tus padres
5. siempre saber las respuestas de la tarea
6. ver la televisión hasta la medianoche
7. conocer a una persona famosa
8. salir de la casa a las cinco de la mañana

ACTIVIDAD 31 · ¿Y tú?

Hablar/Leer Lee sobre David, un estudiante de Boston. Dile a un(a) compañero(a) si las situaciones también te pasan a ti. *(Hint: Read the descriptions and tell a classmate if they are true for you.)*

modelo

David ve pájaros de su ventana por la mañana.

Sí, (No, no) veo pájaros de mi ventana por la mañana.

Nota

Remember that the verbs **decir** *to say, to tell* and **venir** *to come* are irregular. Like the irregular **yo** verbs, they have first person singular forms ending in **-go** (**digo, vengo**).

Vengo del mercado. *I come from the market.*

1. Generalmente hace la tarea por la mañana.
2. Él ve todas las películas que salen.
3. Él les dice sus problemas a sus amigos.
4. Sale para la escuela muy temprano.
5. David trae sus libros en una mochila.
6. Él les da papel a sus amigos en clase.
7. David sabe hablar español bien.
8. Viene a la escuela en moto.

MÁS PRÁCTICA *cuaderno* p. 10

PARA HISPANOHABLANTES *cuaderno* p. 10

 **Unas preguntas**

Hablar/Escribir Contesta estas preguntas con un grupo de compañeros(as). Luego escribe un resumen de las respuestas. (*Hint: Answer these questions with a group of classmates.*)

1. ¿Qué traes a clase todos los días?
2. ¿Prefieres ir a la escuela o trabajar? Explica.
3. ¿Sabes hacer algo bien? ¿Puedes enseñarles la actividad a otros?
4. ¿Le das dinero a alguien o a una institución? ¿Por qué?
5. ¿Qué quieres aprender este año?
6. ¿Qué cosa nueva quieres hacer este año?

ACTIVIDAD 33 **¿Quién soy yo?**

Hablar/Escribir Completa las oraciones y presenta la información en una forma artística que simbolice lo que escribes. (*Hint: Make a poster that represents you. Present the information in a symbolic manner.*)

1. Me llamo (*nombre*).
2. Soy (*dos descripciones físicas*).
3. También soy (*dos descripciones de tu personalidad*).
4. Mi familia es (*dos descripciones*).
5. Mis amigos son (*dos descripciones*).
6. Me gusta (*tres actividades*).

ACTIVIDAD 34  **Las presentaciones**

PARA CONVERSAR

STRATEGY: SPEAKING

Give and get personal information Getting acquainted involves sharing information about yourself as well as getting information about others.

For example, tell something about yourself and then ask your new classmate a related question: **—A mí me gusta estudiar después de la cena. Y tú, ¿cuándo prefieres estudiar?**

Or after asking the question, react to the answer: **—Prefiero estudiar antes de la cena cuando no estoy cansado.**
—¡Qué buena idea!

Hablar/Escribir Haz una entrevista con un(a) compañero(a) de clase que no conozcas bien. Primero, escribe una lista de preguntas e incluye todos los elementos de la lista. Luego preséntale la persona a la clase y comparte cinco cosas nuevas que ya sabes. (*Hint: Interview a classmate and then introduce him or her to the class.*)

nombre	gustos	clases
origen	dirección	actividades
edad	teléfono	metas (*goals*)

MÁS COMUNICACIÓN p. R1

En resumen

YA SABES ♻

DISCUSS LIKES AND DISLIKES

gustar	*to like*

Activities

bailar	*to dance*
cantar	*to sing*
comer	*to eat*
escribir	*to write*
escuchar música	*to listen to music*
patinar	*to skate*

DESCRIBE PEOPLE AND PLACES

estar	*to be*
ser	*to be*
tener	*to have*

Appearance and Personality

alegre	*happy*
alto(a)	*tall*
bajo(a)	*short (height)*
castaño(a)	*brown (hair)*
cómico(a)	*funny, comical*
corto(a)	*short (length)*
delgado(a)	*thin*
guapo(a)	*good-looking*
largo(a)	*long*
moreno(a)	*dark (hair and skin)*
nervioso(a)	*nervous*
rubio(a)	*blond*
serio(a)	*serious*
tranquilo(a)	*calm*
triste	*sad*

EXCHANGE GREETINGS

Buenas tardes.	*Good afternoon.*
¿Cómo estás?	*How are you?*
¿Cómo te llamas?	*What is your name?*
¿De dónde eres?	*Where are you from?*
El gusto es mío.	*The pleasure is mine.*
Encantado(a).	*Delighted.*
Les presento a…	*I'd like to introduce you to…*
Me llamo…	*My name is…*
Se llama…	*His/Her name is…*
Soy de…	*I am from…*

THE NEW SCHOOL YEAR

Stem-Changing Verbs

almorzar (o →ue)	*to eat lunch*
cerrar (e →ie)	*to close*
costar (o →ue)	*to cost*
dormir (o →ue)	*to sleep*
encontrar (o →ue)	*to find, to meet*
entender (e →ie)	*to understand*
pensar (e →ie)	*to think, to plan*
poder (o →ue)	*to be able, can*
preferir (e →ie)	*to prefer*
querer (e →ie)	*to want*
recordar (o →ue)	*to remember*
volver (o →ue)	*to return, to come back*

TALK ABOUT SCHOOL LIFE

caminar	*to walk*
contestar	*to answer*
correr	*to run*
descansar	*to rest*
estudiar	*to study*
hablar	*to talk, to speak*
ir	*to go*
preguntar	*to ask*
terminar	*to finish*
tomar	*to take, to eat or drink*
vivir	*to live*

ASK FOR/GIVE INFORMATION

adónde	*(to) where*
cómo	*how*
cuál(es)	*which (ones), what*
cuándo	*when*
¿Cuántos años tiene…?	*How old is …?*
dónde	*where*
por qué	*why*
qué	*what*
quién(es)	*who*

Jueg

Adriana y Paula se encuentran por la calle.

Adriana: ¿Cómo están tus hijas? ¿Cuántos años tienen?

Paula: El producto de las tres edades es 36 y la suma es el mismo que el número de tu casa.

Adriana: Sé que vivo en el 13. Pero todavía necesito más información.

Paula: Sí. Es cierto. Mi hija mayor toca el piano.

¿Cuántos años tiene cada hija?

UNIDAD

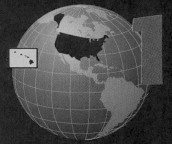

ESTADOS UNIDOS

¿QUÉ PASA?

OBJECTIVES

ETAPA 1

Pasatiempos

- Talk about where you went and what you did
- Discuss leisure time
- Comment on airplane travel

ETAPA 2

¿Qué prefieres?

- Comment on food
- Talk about the past
- Express activity preferences
- Discuss fine art

ETAPA 3

¿Viste las noticias?

- Discuss ways to communicate
- React to news
- Ask for and give information
- Talk about things and people you know

LA MISIÓN SAN FERNANDO REY DE ESPAÑA, fundada por el Padre Fermín Lasuén en 1797, está cerca de Los Ángeles. Puedes ver la misión en las películas y en la televisión. ¿Conoces otras misiones en California?

• SAN JOSÉ

LOS ÁNGELES
•
SAN DIEGO
•

HISPANOS EN HOLLYWOOD Edward James Olmos, Jennifer López y Jimmy Smits están entre los actores latinos más famosos de Hollywood. Todos salen en esta película, *Mi familia,* que cuenta de una familia que llegó a California en 1920.

ALASKA

ISLAS HAWAI

26

Población total: 265,557,000
Población de descendencia hispana: 28,269,000
Ciudad con más latinos: Nueva York
Ciudad con mayor porcentaje (%): El Paso

En Estados Unidos... ¿Qué tienen en común todas las ciudades que ves en el mapa? Son las 10 ciudades con el mayor número de gente de descendencia hispana. Los Ángeles, Chicago y Miami son las ciudades que vas a conocer en esta unidad. ¡Vamos!

INTERNET Ve a www.mcdougallittell.com para más información sobre Estados Unidos.

CANADÁ

TOSTONES Se puede encontrar esta comida típica de Puerto Rico y otros países del área caribeña en los restaurantes de Chicago. Tostones son plátanos verdes fritos. ¿Conoces algún plato como éste?

NUEVA YORK

CHICAGO

ESTADOS UNIDOS

ARTISTAS Y LA COMUNIDAD Alejandro Romero es un artista de México que celebra la comunidad latina en Chicago. ¿Qué otros artistas conoces?

DALLAS

EL PASO

HOUSTON

TELEVISIÓN Hay muchos canales de televisión en español. Los dos más populares son Univisión y Telemundo, que tienen oficinas en Miami y en Los Ángeles. ¿Ves la tele en español?

SAN ANTONIO

MÉXICO

MIAMI

NOTICIAS 23

GLORIA ESTEFAN es una cantante famosa que vive en Florida. ¿Conoces sus canciones?

JORGE RAMOS Y MARÍA ELENA SALINAS son reporteros famosos que trabajan desde Miami.

UNIDAD 1

ETAPA 1

Pasatiempos

- Talk about where you went and what you did
- Discuss leisure time
- Comment on airplane travel

¿Qué ves?

Mira la foto y contesta las preguntas.

1. ¿Dónde están las personas de la foto?
2. ¿Qué hacen?
3. ¿Qué relación crees que hay entre ellos?
4. ¿Puedes nombrar un monumento histórico de Los Ángeles?

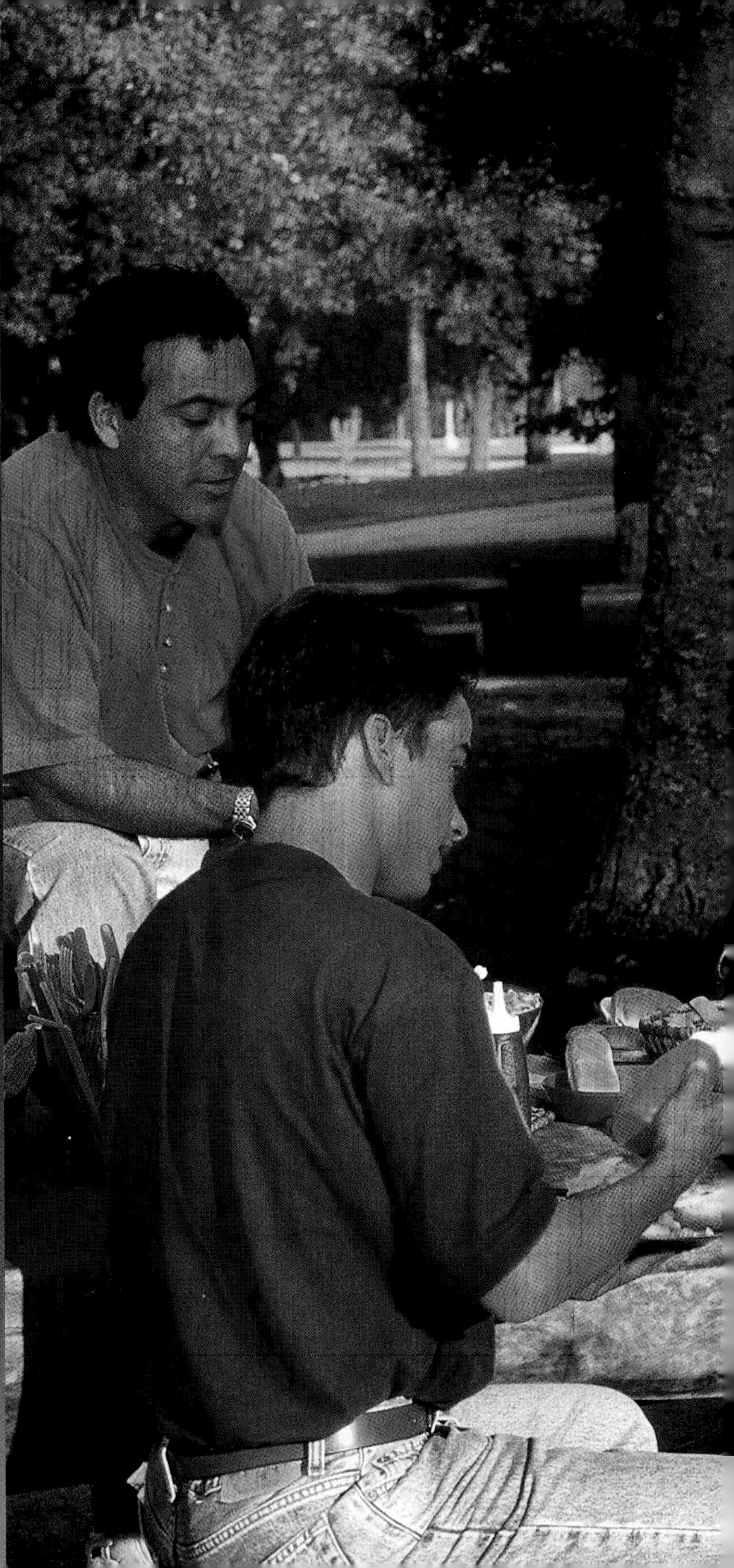

EL PUEBLO DE LOS ÁNGELES HISTORIC MONUMENT

¡VIVA EL PUEBLO!

En contexto

VOCABULARIO

Francisco va a viajar. Mira las ilustraciones de sus preparaciones. Te ayudan a comprender las palabras en **azul** y a responder a las preguntas personales.

¡**Hola!** Como ya saben, voy de **viaje**. Soy **el pasajero**. Tengo todo listo. Tengo **la identificación**, **el pasaporte** y **el boleto**.

Mira mi **equipaje**. Va a ser un problema. Tengo muchísimas **maletas**. ¡Voy a tener **un exceso de equipaje**!

A En **el mostrador** de la **aerolínea**, me van a dar un pase de **abordar**. **La agente de viajes** me va a indicar dónde esperar. **Los letreros** me ayudan a ver adónde ir. Tengo que pasar por **seguridad**.

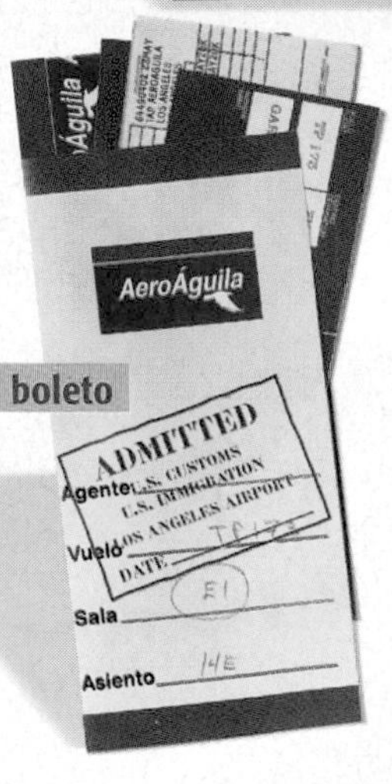

Francisco, el pasajero

el equipaje

la maleta

el pasaporte

la identificación

el boleto

B Antes de entrar al aeropuerto, todas las personas que vienen de otros países tienen que pasar por **la aduana**.

Como yo, todos los pasajeros pasan por **un pasillo** para abordar el avión. En el avión, **la auxiliar de vuelo** ayuda a los pasajeros a encontrar sus **asientos.** ¡Yo quiero un asiento de **ventanilla** porque me gusta ver cosas por la ventana!

la auxiliar de vuelo

la ventanilla

el asiento

el pasillo

el letrero

el mostrador

Aquí todos **los vuelos** llegan al aeropuerto. En una sala, la gente espera **la salida** de su vuelo para ir a otro destino. En otra sala, la gente espera **la llegada** de un vuelo.

Me gusta viajar. Quiero ser **piloto** algún día.

la salida

la llegada

Preguntas personales

1. ¿Te gusta viajar o te gusta estar en tu casa?
2. ¿Adónde te gustaría ir de viaje?
3. ¿Prefieres llevar mucho o poco equipaje?
4. ¿Prefieres un asiento de ventanilla o de pasillo? ¿Por qué?
5. ¿Qué debes llevar para ser un(a) pasajero(a) preparado(a)?

En vivo

 **DIÁLOGO**

| Verónica | Francisco | Abuela | Tío Javier |

PARA ESCUCHAR • STRATEGY: LISTENING

Identify key words In these scenes, some events have already happened; others are happening now. Verb tenses **(fue, viajé)** and key expressions of time **(el verano pasado)** give valuable clues about when things take place. What events happened in the past? Can you hear other clues to past events?

1▶ Verónica: ¿Cómo fue que ganaste?

Francisco: Mandé mi material a la revista, y me llamaron. ¡Gané!

Verónica: Qué bien, viajar a Chicago, Puerto Rico y Costa Rica.

5▶ Verónica: Sabes, me gustaría ser auxiliar de vuelo algún día... o mejor, piloto.

Francisco: No sé... tantos pasajeros todos los días, llegadas y salidas a cada hora...

6▶ Francisco: Ya es hora. Mi vuelo sale a las cuatro. ¿A qué hora viene tu padre?

Verónica: Debe llegar pronto. Fue al banco primero, y después, a hacer unas compras.

7▶ Francisco: Tengo que presentarme en el mostrador, registrar mi equipaje y cambiar mi asiento. Tengo asiento de pasillo, y quiero asiento de ventanilla. Y tengo que pasar por seguridad.

2 ▶ Abuela: Yo viajé a Costa Rica el verano pasado. Fui con unas amigas. Fuimos al bosque tropical, acampamos en un parque y caminamos por San José. Fue un viaje inolvidable.

3 ▶ Francisco: ¿Qué más hiciste, abuela?

Abuela: Pues, hicimos mucho. Fuimos a la playa. Nadamos, tomamos el sol… Mi amiga Rocío esquió en el agua.

Verónica: Abuela, ¿y esquiaste tú?

Abuela: Ay, no. No me interesa.

4 ▶ Tío Javier: ¡Hola, Paco! Así que te vas mañana.

Francisco: Sí, tío Javier. El avión sale para Chicago a las cuatro.

Abuela: Mira, tu abuelo está quemando la carne. ¡Héctor!

8 ▶ Francisco: Aquí está la identificación… ¡Ay, no! ¿Qué hice con los boletos?

Verónica: ¿Dónde los dejaste?

Francisco: No sé… No sé.

9 ▶ Verónica: ¡Francisco! ¡Bobo! Los boletos están en tu bolsillo.

Francisco: En mi… ah. Bueno, vamos.

10 ▶ Verónica: ¿Qué tienes en esta maleta? ¿Rocas? Paquito, vas a tener exceso de equipaje.

En acción

VOCABULARIO Y GRAMÁTICA

OBJECTIVES
- Talk about where you went and what you did
- Discuss leisure time
- Comment on airplane travel

¿Qué pasa?

Escuchar Escoge la(s) respuesta(s) correcta(s), según el diálogo. ¡Ojo! Algunas oraciones tienen más de una respuesta correcta.
(*Hint: Choose the correct answers.*)

1. Francisco gana un premio. Él va…
   a. a Chicago
   b. al parque
   c. a Costa Rica

2. El verano pasado en Costa Rica, la abuela de Francisco…
   a. fue al bosque tropical
   b. caminó por San José
   c. esquió en el agua

3. El abuelo de Francisco…
   a. se va a Costa Rica
   b. quema la carne
   c. es auxiliar de vuelo

4. La persona que quiere ser piloto es…
   a. Francisco
   b. Abuela
   c. Verónica

5. En el aeropuerto, Francisco tiene que…
   a. comprar el boleto de avión
   b. registrar su equipaje
   c. pedir un asiento de ventanilla

6. Francisco deja los boletos de avión en…
   a. el equipaje
   b. el banco
   c. el bolsillo

¿Quién habla?

Escuchar ¿Quién habla: Francisco, Verónica, el tío Javier o la abuela? (*Hint: Who speaks?*)

Francisco   Verónica   Tío Javier   Abuela

1. «Mandé mi material a la revista, y… ¡Gané!»

2. «Fuimos a la playa. Nadamos, tomamos el sol…»

3. «Así que te vas mañana.»

4. «Sabes, me gustaría ser auxiliar de vuelo algún día…»

5. «Y tengo que pasar por seguridad.»

6. «¿Qué tienes en esta maleta?»

TAMBIÉN SE DICE Se usa **maleta** en todo el mundo hispano. En algunas regiones puedes oír
valija (Argentina)   **petaca** (México)
Pero si vas a hacer un viaje corto, llevas una **mochila** (*backpack*) o un **bolso** (*duffel bag*).

- *Review: Use regular preterite verbs*
- *Review: Use irregular preterite verbs:*
  ir, ser, hacer, dar, ver

Un viaje en avión

Hablar Tu compañero(a) va a hacer su primer viaje en avión. Dile dónde debe hacer estas cosas. *(Hint: Tell where the following things are done.)*

modelo

Compañero(a): *¿Dónde paso por la aduana?*

Tú: *En el aeropuerto.*

la agencia de viajes

la casa

el mostrador

el aeropuerto

1. ¿Dónde hago las maletas *(pack)*?
2. ¿Dónde compro los boletos?
3. ¿Dónde miran mi pasaporte?
4. ¿Dónde registro mi equipaje?
5. ¿Dónde pido un asiento de ventanilla?
6. ¿Dónde hablo con un agente de viajes?
7. ¿Dónde miran mis documentos de identificación?
8. ¿Dónde me dan un pase de abordar?
9. ¿Dónde paso por seguridad?
10. ¿Dónde tienen información turística?

¿Estás listo?

Hablar Mañana tu amigo(a) viaja a San José, Costa Rica. Pregúntale si tiene todo lo necesario. *(Hint: Is your friend ready to go to San José?)*

modelo

Tú: *¿Tienes la identificación?*

Tu amigo(a): *Sí, (No, no) tengo la identificación.*

REPASO

▶ The **preterite tense** tells what happened or what you did. It is used when the action described has already been completed. Regular preterite verbs, like present tense verbs, are formed by adding **tense endings** to the stem.

	-ar hablar	**-er** comer	**-ir** vivir
yo	hablé	comí	viví
tú	hablaste	comiste	viviste
usted, él, ella	habló	comió	vivió
nosotros(as)	hablamos	comimos	vivimos
vosotros(as)	hablasteis	comisteis	vivisteis
ustedes, ellos, ellas	hablaron	comieron	vivieron

Regular **-er** and **-ir** verbs take the same endings.

The **nosotros** forms of **-ar** and **-ir** verbs are the same in the preterite and present tense.

▶ Look at the chart above. The **nosotros** forms of **-ar** and **-ir** verbs are the same in the preterite and in the present tense. But we can usually tell if someone is referring to the past or present from the context.

Abuela says:

—Yo **viajé** a Costa Rica el verano pasado. **Acampamos** en un parque y **caminamos** por San José.

*I **traveled** to Costa Rica last summer. We **camped** in a park and **walked** through San José.*

Even though Abuela uses the words **acampamos** and **caminamos**, we know that she is talking about an event that happened in the past because she used the word **viajé** in the previous sentence.

ACTIVIDAD 5 — Gramática

El verano pasado

Hablar/Escribir Explica lo que pasó el verano pasado. *(Hint: Tell what they did.)*

modelo

mi hermana / caminar con el perro

Mi hermana (no) caminó con el perro.

1. yo / alquilar un video
2. mi primo / bajar un río en canoa
3. los estudiantes / cantar en el coro
4. yo / comprar un juego de ajedrez
5. mis padres / disfrutar con los amigos
6. yo / tomar un curso de natación
7. mi mejor amigo(a) / estudiar las artes marciales
8. tú / acampar en las montañas

MÁS PRÁCTICA *cuaderno* pp. 15–16
PARA HISPANOHABLANTES *cuaderno* pp. 13–14

Vocabulario

El tiempo libre

acampar en las montañas *to camp in the mountains*
bajar un río en canoa *to go down a river by canoe*
cantar en el coro *to sing in the chorus*
disfrutar con los amigos *to enjoy time with friends*
estudiar las artes marciales *to study martial arts*
jugar (u→ue) al ajedrez *to play chess*
tomar un curso de natación *to take a swimming class*

¿Qué te gusta hacer?

ACTIVIDAD 6

Saliendo de Los Ángeles

Escribir Antes de salir de Los Ángeles, Francisco le escribió esta tarjeta postal a su familia. Ayúdalo a completarla con el pretérito.
(Hint: Complete the postcard.)

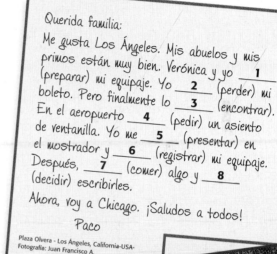

> Querida familia:
>
> Me gusta Los Ángeles. Mis abuelos y mis primos están muy bien. Verónica y yo __1__ (preparar) mi equipaje. Yo __2__ (perder) mi boleto. Pero finalmente lo __3__ (encontrar). En el aeropuerto __4__ (pedir) un asiento de ventanilla. Yo me __5__ (presentar) en el mostrador y __6__ (registrar) mi equipaje. Después, __7__ (comer) algo y __8__ (decidir) escribirles.
>
> Ahora, voy a Chicago. ¡Saludos a todos!
>
> Paco

POST CARD

Editions Bestviews - Los Ángeles, California

Plaza Olvera - Los Ángeles, California-USA-
Fotografía: Juan Francisco A.

NOTA CULTURAL

La calle Olvera es parte de un parque histórico que se llama El Pueblo de Los Ángeles. Muchas personas de México vivieron en El Pueblo hace más de cien años. Hoy en la calle Olvera hay muchos restaurantes mexicanos y tiendas que venden artesanías de Latinoamérica.

Las vacaciones

Hablar Pregúntales a tus compañeros(as) sobre sus actividades durante las vacaciones pasadas. *(Hint: Ask classmates about activities.)*

modelo

acampar en las montañas

Tú: *¿Acampaste en las montañas?*

Compañero(a) 1: *Sí, acampé en las montañas.*

Compañero(a) 2: *No, no acampé en las montañas.*

1. comer en casa de un amigo
2. hablar con tus amigos por teléfono
3. caminar con el perro
4. tomar un curso
5. escribir una carta
6. volver a casa después de las once

Ay, ¡qué verano!

Escuchar/Hablar Mariana disfrutó mucho las vacaciones de verano. Escucha lo que dice sobre las fotos. Luego, haz un resumen de lo que hizo. *(Hint: Listen to the audiotape and look at the pictures. Then summarize what happened.)*

REPASO

Talk About the Past Using the Preterite: -car, -gar, and -zar

In the preterite, verbs that end in **-car, -gar,** and **-zar** are spelled differently in the **yo** form. The spelling changes in order to keep the pronunciation the same.

Compare the **yo** form with the **tú** form of these verbs:

	Tú Form	becomes	Yo Form
sacar	¿**Sac**aste fotos del aeropuerto? *Did you take photos of the airport?*	sac → saqu	Sí, **saqu**é fotos del aeropuerto. *Yes, I took photos of the airport.*
jugar	¿Con quién **jug**aste al fútbol? *With whom did you play soccer?*	jug → jugu	**Jugu**é con mi primo. *I played with my cousin.*
almorzar	¿Dónde **almorz**aste ayer? *Where did you eat lunch yesterday?*	almorz → almorc	**Almorc**é con mi familia en Griffith Park. *I ate lunch with my family in Griffith Park.*

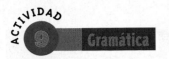

El viaje de Francisco

Escribir Francisco pasó el verano en Los Ángeles con su familia. Según Francisco, ¿qué hicieron? *(Hint: Tell what they did last summer.)*

modelo

Yo / buscar unas maletas

Yo busqué unas maletas.

1. Verónica y yo / almorzar temprano
2. Mi tío / pagar mi boleto de avión
3. Yo / explicarle mis planes a mi tío
4. Tú / sacar libros de la biblioteca
5. Mi primo / jugar al baloncesto
6. Yo / practicar deportes
7. Mis abuelos / comenzar a hacer ejercicio
8. Yo / llegar tarde del cine

MÁS PRÁCTICA *cuaderno* pp. 17–18

PARA HISPANOHABLANTES *cuaderno* pp. 15–16

Vocabulario

Verbs with -car, -gar, and -zar Spelling Changes

$c \rightarrow qu$ **explicar** *to explain*

$z \rightarrow c$ **comenzar** (e→ie) *to start*

♻ Ya sabes

$c \rightarrow qu$ **buscar** *to look for*

practicar *to practice*

tocar *to touch, to play (a musical instrument)*

$g \rightarrow gu$ **llegar** *to arrive*

pagar *to pay*

$z \rightarrow c$ **empezar** (e→ie) *to begin*

¿Qué vas a hacer, buscar a tus amigos o practicar un deporte?

Unas actividades

Hablar/Escribir Pregúntales a cinco compañeros(as) de clase si participaron en estas actividades el verano pasado. Completa una tabla como la siguiente. *(Hint: Ask about activities and complete a chart.)*

modelo

Nombre	Actividad
1. René	tocó el piano
2.	
3.	
4.	
5.	

Tú: ¿Tocaste el piano?

René: Sí, toqué el piano.

1. acampar en las montañas
2. recibir correspondencia
3. comer en un restaurante mexicano
4. pasar un rato con los amigos
5. practicar deportes
6. jugar al ajedrez
7. tomar un curso de artes marciales
8. escribir una carta
9. bajar un río en canoa
10. beber muchos refrescos
11. disfrutar de la playa
12. viajar a otro estado o país

ACTIVIDAD 11

El fin de semana pasado

Hablar Pregúntales a tus compañeros(as) qué hicieron durante el fin de semana. *(Hint: Ask your friends what they did.)*

modelo

hablar (¿con quién?)

Tú: *¿Con quién hablaste durante el fin de semana?*

Compañero(a): *Hablé con un chico de mi clase de matemáticas.*

1. llamar por teléfono (¿a quiénes?)
2. visitar (¿a quiénes?)
3. encontrar (¿qué?)
4. jugar (¿a qué?)
5. almorzar (¿dónde?)
6. comprar (¿qué?)
7. bailar (¿dónde?)
8. buscar (¿qué?)

MÁS COMUNICACIÓN p. R2

♻ **¿RECUERDAS?** *p. 36* You learned that the preterite is used to tell what happened or what you did. You also learned that regular preterite verbs attach specific preterite **tense endings** to the stem.

▶The verbs **ir, ser,** and **hacer,** which are all frequently used, are irregular in the preterite.

ir and **ser** have the same irregular forms

ir	ser	hacer
fui	fui	hice
fuiste	fuiste	hiciste
fue	fue	hizo
fuimos	fuimos	hicimos
fuisteis	fuisteis	hicisteis
fueron	fueron	hicieron

Abuela says:

—Yo **viajé** a Costa Rica el verano pasado. **Fui** con unas amigas.
I traveled to Costa Rica last summer. I went with some friends.

The context makes it clear that **fui** means *I went.*

▶The verbs **dar** and **ver** take regular **-er/-ir** past tense endings in the preterite but have no written accent marks.

dar	ver
di	vi
diste	viste
dio	vio
dimos	vimos
disteis	visteis
dieron	vieron

¡Una fiesta!

Escribir Verónica celebró su cumpleaños el domingo. Para saber lo que pasó, completa el párrafo con la forma apropiada de **ir, ser, hacer, dar** o **ver.** *(Hint: Complete the paragraph.)*

Ayer yo **fui** (ir) a la fiesta de Verónica. Yo __1__ (ver) a todos nuestros amigos. ¡La fiesta __2__ (ser) inolvidable! Nosotros __3__ (hacer) muchas cosas interesantes: bailar, escuchar música y comer. Los padres de Verónica le regalaron una computadora. El novio de Verónica __4__ (hacer) algo muy especial al final de la fiesta: le cantó una canción original. Después, él le __5__ (dar) unas flores muy bonitas. ¡Qué romántico! ¿Por qué no __6__ (ir) tú?

▊ **MÁS PRÁCTICA** *cuaderno* pp. 19–20

▊ **PARA HISPANOHABLANTES**
cuaderno pp. 17–18

Unos viajes

Hablar Imagínate que tú, tu familia y tus amigos viajaron por todo el mundo. Habla con tu compañero(a) sobre el viaje. Usa el pretérito de **ir** y **hacer** y escoge una actividad. *(Hint: Tell where you went and what you did.)*

modelo

mi amigo: España → tomar un curso de español

Tú: *Mi amigo fue a España.*

Compañero(a): *¿Qué hizo allí?*

Tú: *Tomó un curso de español.*

1. mis padres: México
2. mis hermanos y yo: Inglaterra
3. mi abuelo: Chicago
4. mi mamá: Ecuador
5. mis primos: Miami
6. yo: Nueva York

a. dar un paseo por la ciudad
b. ir a un concierto de la orquesta
c. acampar en las montañas
d. almorzar en un restaurante mexicano
e. buscar regalos para sus amigos
f. ver una película

APOYO PARA ESTUDIAR

The Preterite

A good way to learn new verbs is to practice them with other students in a question-and-answer exercise. Replace the words in parentheses to create your own meaning.

¿Adónde fuiste? Fui (a la agencia de viajes).

¿Qué hiciste? Compré (un boleto de avión).

¿Qué / A quién viste? Vi (a la agente de viajes).

¿Adónde fueron ustedes? Fuimos (a Los Ángeles).

¿Qué hicieron? Visitamos (el parque).

Un viaje estupendo

Leer/Escribir Imagínate que hiciste un viaje a Los Ángeles. Pon las oraciones en orden cronológico y escribe el pretérito de cada verbo entre paréntesis. *(Hint: Order sentences and conjugate verbs in the preterite.)*

a. En Los Ángeles mis nuevos amigos y yo (hacer) y (ver) muchas cosas interesantes.

b. Antes de salir, mi madre y yo (ir) a la agencia de viajes.

c. Yo (ir) a Hollywood, (ver) unos murales y (conocer) a unos nuevos amigos.

d. Todos nosotros (ir) al aeropuerto.

e. Yo (hacer) las maletas.

f. El agente de viajes (hacer) las reservaciones.

g. Yo (llegar) a Los Ángeles por la tarde.

¿Cómo pasaron el verano?

Hablar/Escribir Pregúntales a unos(as) compañeros(as) con qué frecuencia hicieron estas actividades en el verano. *(Hint: How frequently were these activities done?)*

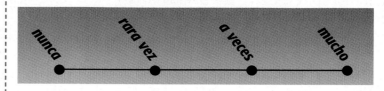

nunca   rara vez   a veces   mucho

modelo

descansar durante el verano

Tú: *¿Descansaste durante el verano?*

Compañero(a) 1: *Sí, descansé mucho.*

Compañero(a) 2: *No, no descansé.*

1. ir de compras
2. tomar un curso
3. practicar artes marciales
4. ir a fiestas con tus amigos
5. ver conciertos
6. hacer ejercicio
7. descansar
8. trabajar

NOTA CULTURAL

Los murales Se puede aprender mucho de la historia y de la cultura de Los Ángeles a través de los murales que están pintados por toda la ciudad. Este mural que se encuentra en el este de la ciudad se llama *Tree of Knowledge* porque muestra la importancia de la lectura.

¡Puro juego en Los Ángeles!

Escuchar Escucha lo que hizo Francisco en Los Ángeles. Luego ordena las fotos según lo que escuchaste. *(Hint: Put photos in chronological order.)*

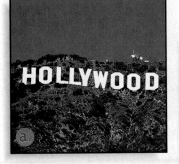

Para conocerte mejor

Hablar Usa estas preguntas para charlar con un(a) compañero(a). Luego preséntale las respuestas a la clase. *(Hint: Ask these questions. Then share answers.)*

1. ¿Cómo te fue el verano pasado? ¿Por qué?
2. ¿Qué actividades interesantes hiciste? ¿Con quién?
3. ¿Trabajaste? ¿Dónde?
4. ¿Fuiste al cine? ¿Qué película te gustó más?
5. ¿Adónde fuiste para pasarlo bien? ¿Con quién?

■ **MÁS COMUNICACIÓN** p. R2

Refrán

En la tierra a que fuiste, haz lo que viste.

Este refrán quiere decir que debes hacer las cosas como la gente del lugar donde estás. Por ejemplo, en Los Ángeles casi nadie camina por la ciudad; siempre van en carro. En grupos, presenten situaciones en que una persona tiene que adaptarse y hacer algo como los demás.

En voces

LECTURA

¿CUÁNTO SABES?

La ciudad de Los Ángeles tiene todo tipo de arte. Pero el arte que puedes encontrar en paredes de edificios y en carreteras tiene el nombre de
a. murales.
b. cerámica.
c. estatuas.

¿Qué porcentaje de la población de Los Ángeles es de descendencia hispana?
a. 21%
b. 38%
c. 43%

¿Cuál queda más cerca de Los Ángeles?
a. el mar Caribe
b. el océano Pacífico
c. el río Grande

LA CIENEGA BLVD

Sepulveda, Ventura, La Cienega y Santa Monica son
a. nombres de ciudades de España.
b. nombres de los primeros exploradores.
c. calles o avenidas de Los Ángeles.

44

¿Cuáles de estos tipos de música puedes escuchar en los clubes de Los Ángeles?

a. reggae

b. salsa

c. rock en español

En Hollywood hay muchas personas que quieren ser estrellas. De las siguientes actrices, ¿cuáles son latinas?

a. Jennifer López

b. Salma Hayek

c. Rosie Pérez

La casa más vieja de Los Ángeles se llama Ávila Adobe. El ranchero mexicano Francisco Ávila vivió allí en los años 1800. Esta casa está en

a. Olvera Street.

b. Rodeo Drive.

c. Sunset Boulevard.

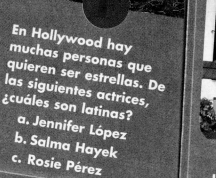

¿Cuáles de estas comidas puedes comprar en Los Ángeles?

a. chiles rellenos

b. una hamburguesa y papas fritas

c. un sándwich cubano

12 PUNTOS

5 PUNTOS

2 PUNTOS

REGRESA 3

Respuestas:

D. c   H. a, b, c

C. a   G. a

B. b   F. a, b, c

A. b   E. a, b, c

¿Comprendiste?

1. ¿Dónde queda Los Ángeles?
2. ¿Qué tipo de comida encuentras en Los Ángeles?
3. ¿Qué tipo de música se escucha allí?

¿Qué piensas?

Los Ángeles es una ciudad que tiene gente de varios países. ¿Cuáles crees que son las ventajas y desventajas (*advantages and disadvantages*) de vivir en una ciudad con gente de todas partes?

En uso
REPASO Y MÁS COMUNICACIÓN

Now you can...

- talk about where you went and what you did.

To review

- regular preterite verbs, see p. 36.

ACTIVIDAD 1 Muchas actividades

Todos hablan del verano pasado. ¿Qué hicieron? (*Hint: Tell what they did.*)

modelo

Ana y Roberto / jugar al ajedrez

Ana y Roberto jugaron al ajedrez.

1. Manuel / disfrutar con los amigos
2. la profesora / escribir poemas
3. nosotros / tomar un curso de arte
4. yo / comer mucha pizza
5. mis hermanas / cantar en el coro
6. mis amigos y yo / asistir a conciertos
7. tú / viajar a México
8. Sarita y Homero / vender libros
9. yo / trabajar en un restaurante
10. tú / recibir muchas cartas

Now you can...

- discuss leisure time.

To review

- regular preterite verbs, see p. 36.

ACTIVIDAD 2 En el parque

Explica lo que hicieron estas personas en el parque el sábado pasado. (*Hint: Tell what people did.*)

modelo

yo

Yo descansé.

1. mi mejor amiga y yo
2. tú
3. Jorge

4. yo
5. ustedes
6. Lilia

 **¡Qué viaje!**

Ramón salió de viaje el viernes pasado. Para saber lo que pasó, completa el párrafo con la forma apropiada de los verbos indicados. *(Hint: Complete the paragraph.)*

> El viernes pasado yo __1__ (jugar) al tenis hasta las once y __2__ (llegar) tarde al aeropuerto. Me __3__ (presentar) en el mostrador con mis cinco maletas y __4__ (empezar) a buscar mi boleto. Yo __5__ (buscar) en mi mochila y mi madre __6__ (buscar) en las maletas. Por fin, yo __7__ (sacar) mi identificación del bolsillo y __8__ (encontrar) el boleto. Entonces, __9__ (pagar) el exceso de equipaje y __10__ (correr) a abordar el avión. Esa tarde mis padres __11__ (almorzar) bistec en el restaurante del aeropuerto y yo __12__ (almorzar) un sándwich en el avión.

 ¿Qué hicieron?

Di lo que hicieron o no hicieron estas personas ayer. *(Hint: Tell what these people did or did not do.)*

modelo

Estela / ver a su mejor amiga (sí)

Estela vio a su mejor amiga.

1. ustedes / dar una fiesta (no)
2. Mariano / hacer unas enchiladas (sí)
3. Ernesto y yo / ver una película (sí)
4. él / ir a la escuela (no)
5. nosotros / hacer la tarea (sí)
6. Soledad y Raúl / hacer la tarea (no)
7. yo / dar un paseo (sí)
8. tú / ir de compras (no)
9. Mónica / hacer la cena (no)
10. mi hermano(a) / ver la televisión (no)
11. Jorge / viajar en moto (sí)
12. mis abuelos(as) / jugar al ajedrez (sí)

ACTIVIDAD 5 — ¿Y tú?

PARA CONVERSAR
STRATEGY: SPEAKING

Get more information How do you keep a conversation going? One way is to ask questions that cannot be answered with **sí** or **no**. Find out more from your partner by asking an additional question that uses **qué, cómo, cuándo, quién, cuál, dónde,** or **por qué.**

Pregúntale a tu compañero(a) de clase si participó en varias actividades el verano pasado. Completa una tabla como la siguiente. (*Hint: Ask your partner about activities and complete a chart.*)

modelo

Tú: *¿Trabajaste?*

Compañero(a): *Sí, trabajé en un restaurante.*

Tú: *¿Qué hiciste? ¿Estudiaste?*

Compañero(a): *No, no estudié. Fui a Florida.*

Sí	No	Más información
1. Trabajó en un restaurante.	1. No estudió.	1. Fue a Florida.
2.	2.	2.
3.	3.	3.

ACTIVIDAD 6 — El verano

Usando la información de la Actividad 5, conversen en grupos de cuatro sobre las actividades de los compañeros. Después, completen las oraciones con las actividades más interesantes del grupo. (*Hint: Discuss your partners' summer activities, and complete the sentences.*)

1. Una persona <u>trabajó en un restaurante</u>.
2. Otra persona _____.
3. Dos personas _____.
4. Todos nosotros _____, _____ y _____.

ACTIVIDAD 7 — En tu propia voz

ESCRITURA Imagínate que fuiste de viaje a otro país. Describe el viaje, contestando las preguntas. Luego escribe un párrafo. (*Hint: Describe an imaginary trip. Write a paragraph using your answers to the questions.*)

1. ¿Adónde fuiste?
2. ¿Qué hiciste en preparación para el viaje? ¿Hablaste con un agente de viajes?
3. ¿Qué pasó en el aeropuerto?
4. ¿Qué hiciste en el otro país?

TÚ EN LA COMUNIDAD

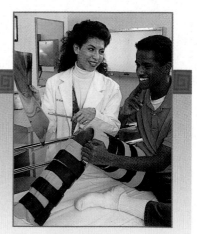

Francisco nació en la República Dominicana y ahora es estudiante en New Jersey. Él trabaja después de las clases y frecuentemente usa el español cuando tiene que ayudar a su jefe a conversar con clientes. También, en su trabajo de voluntario en un hospital, usó su español para ayudar a un paciente a comunicarse con los doctores. ¿Usas tu español para ayudar a los demás?

En resumen
REPASO DE VOCABULARIO

♻ Ya sabes: Regular Preterite Verbs

comer	to eat
hablar	to speak, to talk
vivir	to live

The Preterite: -car, -gar, and -zar

comenzar (e→ie)	to start
explicar	to explain

♻ Ya sabes

almorzar (o→ue)	to eat lunch
buscar	to look for
empezar (e→ie)	to begin
jugar (u→ue)	to play
llegar	to arrive
pagar	to pay
practicar	to practice
sacar	to take
tocar	to touch, to play (a musical instrument)

♻ Ya sabes: Irregular Preterite Verbs

dar	to give
hacer	to make, to do
ir	to go
ser	to be
ver	to see

acampar en las montañas	to camp in the mountains
bajar un río en canoa	to go down a river by canoe
cantar en el coro	to sing in the chorus
disfrutar con los amigos	to enjoy time with friends
estudiar las artes marciales	to study martial arts
jugar (u→ue) al ajedrez	to play chess
tomar un curso de natación	to take a swimming class

abordar	to board
la aduana	customs
la aerolínea	airline
el (la) agente de viajes	travel agent
el asiento	seat
el (la) auxiliar de vuelo	flight attendant
el boleto	ticket
el equipaje	luggage
el exceso de equipaje	excess luggage
la identificación	identification
el letrero	sign
la llegada	arrival
la maleta	suitcase
el mostrador	counter
el (la) pasajero(a)	passenger
el pasaporte	passport
el pasillo	aisle
el piloto	pilot
la salida	departure
la seguridad	security
la ventanilla	window
el viaje	trip
el vuelo	flight

Jueg

Pablo, Tania, Luis y Josefa hacen actividades diferentes. Usa las frases y la tabla para decidir a quién le gusta cantar en el coro, a quién le gusta jugar al ajedrez, a quién le gusta acampar y a quién le gusta practicar las artes marciales.

1. A Pablo no le gusta el ajedrez.
2. Luis tiene que cuidar su voz.
3. Josefa ganó un cinturón negro.
4. Una chica juega al ajedrez.

	coro	ajedrez	artes marciales	acampar
Pablo				
Tania				
Luis				
Josefa				

ETAPA

2

¿Qué prefieres?

- Comment on food

- Talk about the past

- Express activity preferences

- Discuss fine art

¿Qué ves?

Mira la foto de la galería. ¿Qué ves?

1. Haz una lista de todo lo que ves en la foto.

2. ¿Dónde crees que están Francisco y las otras personas?

3. ¿Qué hacen allí?

EL ARTE LATINO

DE
CHICAGO

En contexto

VOCABULARIO

Francisco está en Chicago. Las ilustraciones y las palabras en **azul** te ayudan a comprender lo que dice y a responder a las preguntas personales.

En Chicago hay lugares muy modernos. Hay muchas cosas que ver y hacer. Y claro, ¡hay comida sabrosa!

la pintura

la escultura

GALERÍA

FOTOS

A En la galería de arte, puedes encontrar arte tradicional y arte que es un poco raro. **Los escultores, artistas** que hacen **esculturas**, son diferentes de **los pintores**. Los pintores hacen **retratos** y **pinturas**. ¡Qué talento!

el retrato

B Hay muchos restaurantes en Chicago. En los restaurantes puedes hablar con algunos artistas mientras tomas un café. Los meseros son muy simpáticos y te pueden **recomendar** algo rico.

¡Bienvenidos!
Especialidades del día

✳ Habichuelas coloradas
red beans

✳ Tostones
fried plantains

✳ Pollo asado
barbecued chicken

✳ Batido de plátano
banana milk shake

¡Sabroso!

las uvas

el melón

C Si **deseas** comer, aquí vas a encontrar **las especialidades de la casa:** arroz con **habichuelas coloradas, tostones** de **plátano verde** y **pollo asado.** Si tienes sed, tal vez te gustaría un **batido.** También puedes comer frutas como **melón** o **uvas.**

¡Me encanta Chicago! Lo debes visitar algún día.

CAFÉ SAN JUAN

RITA'S

Preguntas personales

1. A mucha gente le gustan los museos. ¿Hay un museo cerca de tu comunidad?

2. ¿Fuiste a un museo con tu escuela? ¿A cuál fuiste?

3. ¿Prefieres la escultura o la pintura? ¿Por qué?

4. A Francisco le gusta la comida de Puerto Rico. ¿A ti te gusta la comida puertorriqueña o la comida china?

5. ¿Cuál es tu comida favorita? ¿Qué postres te gustan?

En vivo

DIÁLOGO

Pedro

Francisco

Señora Álvarez

PARA ESCUCHAR • STRATEGY: LISTENING

Identify the main idea Listening for the gist of a conversation is like skimming a reading to see what it's about. Try not to let the details distract you from the main idea. Listen for nouns and verbs as they carry the meaning. What task is Francisco getting ready for?

1 ▶ **Pedro:** Bienvenido a Chicago, Francisco. Viniste directamente de Los Ángeles, ¿no?

Francisco: Sí, estuve con mi familia. Vi a mis abuelos y mis tíos, y salí con mi prima Verónica.

5 ▶ **Francisco:** ¡Qué buena exposición! Hay pinturas, retratos, esculturas. Mira esta escultura. ¡Qué bella!

Pedro: Sí, es excelente. Pero no conozco al escultor.

6 ▶ **Señora Álvarez:** Buenas tardes.

Pedro: Gracias por su tiempo.

Señora Álvarez: Es un placer. ¿Así que tú eres Francisco García, y vas a entrevistar a Alejandro Romero? Vamos, y les cuento algo del pintor.

7 ▶ **Pedro:** ¿Trajiste tu cuaderno? Debes tomar apuntes.

Francisco: Sí, lo traje. Aquí está.

2 ▶ Pedro: ¿Estás listo para tu trabajo?

Francisco: Estoy un poco nervioso. ¿Cuándo empezamos?

Pedro: Esta tarde, en la galería de arte. Ahora, vamos a comer.

3 ▶ Pedro: ¿Qué deseas —comida puertorriqueña o comida china? No muy lejos de aquí encuentras las dos.

Francisco: Pues, prefiero el restaurante puertorriqueño.

4 ▶ Pedro: Perfecto. La última vez que estuve allí, me sirvieron un postre de uvas y melón delicioso. Y la especialidad de la casa es pollo asado con tostones, arroz y habichuelas coloradas. Lo recomiendo.

8 ▶ Señora Álvarez: Alejandro Romero es uno de nuestros artistas más famosos. Nació en México pero ahora vive en Chicago. Esta pintura es de él. Es una de mis favoritas.

9 ▶ Francisco: ¿Qué debo preguntarle a Alejandro Romero? ¡No sé! ¡No sé!

Pedro: Cálmate, Francisco. Pronto estamos en mi casa. ¿Por qué no duermes una hora? Después, podemos hablar de la entrevista.

10 ▶ Francisco: Sí, perfecto. A ver… Le puedo preguntar cuándo vino a Chicago, o le puedo preguntar si prefiere colores brillantes o colores suaves…

En acción
VOCABULARIO Y GRAMÁTICA

OBJECTIVES
- Comment on food
- Talk about the past
- Express activity preferences
- Discuss fine art

ACTIVIDAD 1

¿Es cierto?

Escuchar Según el diálogo, ¿son las oraciones **ciertas** o **falsas**? *(Hint: Are these sentences true or false?)*

1. Antes de llegar a Chicago, Francisco visitó a su familia en Los Ángeles.
2. A Francisco le gusta la comida puertorriqueña.
3. A Francisco no le gusta la exposición.
4. La exposición sólo tiene retratos.
5. Francisco va a entrevistar a un artista que se llama Alejandro Romero.
6. La señora Álvarez no sabe nada sobre el artista.
7. Antes de la entrevista, Francisco está nervioso.
8. Francisco va a la casa de Pedro.

TAMBIÉN SE DICE

En el diálogo, tal vez notaste que Pedro y la señora Álvarez usan la segunda persona, **tú.** Aparte de **tú, usted** y **ustedes,** en otros países puedes escuchar

- **vos,** una forma de la segunda persona singular que se usa en Costa Rica, Argentina, Nicaragua, Uruguay y Paraguay
- **vosotros,** una forma de la segunda persona plural, que se usa en España

---

ACTIVIDAD 2

¿Quién habla?

Escuchar ¿Quién habla: Pedro, Francisco o la señora Álvarez? *(Hint: Say who speaks.)*

Pedro

Francisco

Señora Álvarez

1. «Bienvenido a Chicago.»
2. «¿Estás listo para tu trabajo?»
3. «Estoy un poco nervioso.»
4. «Y la especialidad de la casa es pollo asado con tostones…»
5. «¿Así que tú eres Francisco García…?»
6. «Vamos, y les cuento algo del pintor.»
7. «¿Trajiste tu cuaderno? Debes tomar apuntes.»
8. «Después, podemos hablar de la entrevista.»

♻ ¡A viajar!

Hablar/Escribir Describe el viaje en avión que Francisco hizo a Chicago, usando estas palabras y las ilustraciones. *(Hint: Describe Francisco's trip to Chicago.)*

abordar

la aerolínea

el asiento

el equipaje

el pasajero

la llegada

el viaje

el mostrador

la ventanilla

En la cafetería

Hablar ¿Qué piensas de la cafetería de tu escuela? Habla con un(a) compañero(a) para ver si están de acuerdo. *(Hint: Do you and your partner agree?)*

modelo

En la cafetería venden comida buena.

Tú: *En la cafetería venden comida buena. ¿Estás de acuerdo?*

Compañero(a): *No, no (Sí,) estoy de acuerdo.*

Nota

To explain whether or not you agree with someone or something, use **estar de acuerdo**.

La comida está buena. **¿Estás de acuerdo?**
*The food is good. **Do you agree?***

Sí, **estoy de acuerdo** contigo.
*Yes, **I agree** with you.*

1. Traigo mi almuerzo. Es mejor que comprarlo.
2. Tienen batidos deliciosos.
3. Generalmente, la especialidad de la casa es riquísima.
4. Por la mañana, deseo comprar el desayuno caliente en la cafetería.
5. A mí me gusta el pollo asado con fruta. Es sabroso.

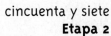

REPASO

Stem-Changing Verbs: e → i, u → ue

♻ **¿RECUERDAS?** *p. 21* You've seen several stem-changing verbs in which the stem changes or alternates between **e** and **ie**, **o** and **ue** in the present tense.

recomendar *to recommend*

recom**ie**ndo	recomendamos
recom**ie**ndas	recomendáis
recom**ie**nda	recom**ie**ndan

mostrar *to show*

m**ue**stro	mostramos
m**ue**stras	mostráis
m**ue**stra	m**ue**stran

▶ Other Spanish verbs have stems that alternate between **e** and **i**, such as **competir** *to compete*, **pedir** *to ask for*, **repetir** *to repeat*, and **servir** *to serve*.

servir *to serve*

s**i**rvo	servimos
s**i**rves	servís
s**i**rve	s**i**rven

Pedro says:

—**Sirven** un delicioso postre de uvas y melón.
They serve a delicious grape and melon dessert.

▶ **Jugar** *to play* has the stem change **u** → **ue** in the present tense.

jugar *to play*

j**ue**go	jugamos
j**ue**gas	jugáis
j**ue**ga	j**ue**gan

¡A pasarlo bien!

Escribir ¿Qué hacen Francisco, Pedro y la familia de Pedro en Chicago? ¿Qué haces tú? *(Hint: What do they do?)*

modelo

la esposa de Pedro / pedir ropa por correo

La esposa de Pedro pide ropa por correo.

1. Francisco y Pedro / jugar al tenis con unos vecinos
2. yo / pedir direcciones para ir a un restaurante
3. Francisco / pedir ayuda con su entrevista
4. mi amigo(a) y yo / competir en un concurso de arte
5. Pedro y su esposa / mostrarle unas fotos a Francisco
6. Pedro y su hija / repetir las canciones del radio
7. tú / jugar al baloncesto con unos amigos
8. la esposa de Pedro / servir una cena deliciosa

■ **MÁS PRÁCTICA** *cuaderno* pp. 25–26

■ **PARA HISPANOHABLANTES** *cuaderno* pp. 23–24

ACTIVIDAD 6

¿Lo hacen o no?

ACTIVIDAD 7

Las diversiones

PARA CONVERSAR

STRATEGY: SPEAKING

Use all you know The models in exercises are a guide to help you get started. It is better to say more than what is shown in the model. Take risks! Recombine what you have learned in fresh new ways. That is how you become a good speaker of Spanish.

Hablar Di lo que hacen y no hacen tú y varias personas que conoces, combinando frases de cada columna. *(Hint: Tell what you and others do.)*

modelo

yo: dormir tarde → los sábados

Yo (no) duermo tarde los sábados.

1. tú siempre: pedir
2. ellos: repetir
3. yo: competir
4. mis amigos y yo: practicar deportes
5. mi amiga: perder
6. mi tía: servir
7. ustedes: recomendar
8. mi hermano(a): entender

a. las clases de arte
b. mis problemas
c. las llaves del carro
d. al aire libre
e. las instrucciones del maestro
f. comidas deliciosas
g. en un partido el sábado
h. ayuda con la tarea

Hablar Pregúntales a tus amigos(as) si juegan a los siguientes deportes y con quién. *(Hint: Do your friends play these sports?)*

modelo

Tú: ¿Juegas al voleibol?

Tu amigo(a): Sí, (No, no) juego al voleibol.

Tú: ¿Con quién juegas?

Tu amigo(a): Juego con…

A cada uno, su gusto

Hablar Pregúntales a tus compañeros(as) qué prefieren comprar en el supermercado. *(Hint: Ask classmates what they prefer to buy.)*

modelo

¿un sándwich de jamón o de atún?

Tú: *¿Prefieres un sándwich de jamón o de atún?*

Compañero(a): *Prefiero un sándwich de jamón (atún).*

1. ¿yogur con sabor a fresa o helado?
2. ¿cereal o huevos?
3. ¿atún o jamón?
4. ¿jugo o leche?
5. ¿galletas con sabor a chocolate o un sabroso pastel de crema?
6. ¿mantequilla de cacahuate o mantequilla?

En Chicago

Escuchar/Escribir Escucha la descripción de lo que hace Francisco en Chicago. Luego, contesta las preguntas. *(Hint: Listen to the description. Then answer the questions.)*

1. ¿Qué ve Francisco en el museo?
2. ¿Qué compra en las tiendas?
3. ¿Prefiere Francisco esculturas, retratos o pinturas? ¿Por qué?
4. ¿Adónde va después de ver el arte en la galería? ¿Con quién?
5. ¿Qué hacen allí?
6. ¿A Francisco qué le gusta comer?

■ **MÁS COMUNICACIÓN** p. R3

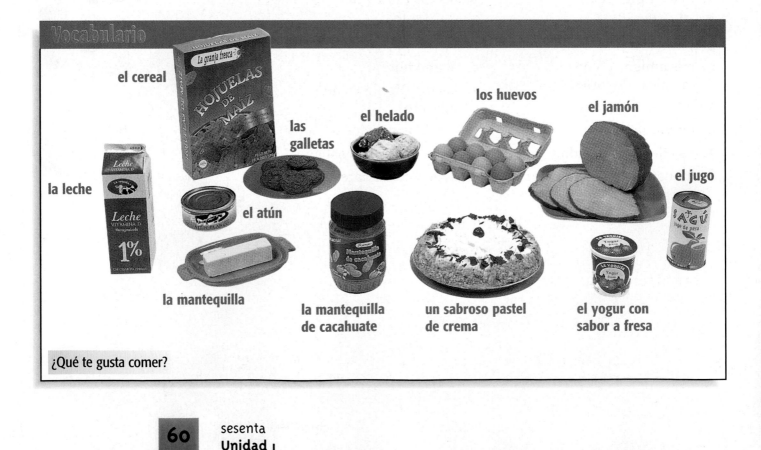

Vocabulario

el cereal

los huevos

el jamón

las galletas

el helado

la leche

el jugo

el atún

la mantequilla

la mantequilla de cacahuate

un sabroso pastel de crema

el yogur con sabor a fresa

¿Qué te gusta comer?

Talk About the Past Using Irregular Preterite Verbs

♻ **¿RECUERDAS?** *p. 40* In Etapa 1, you reviewed five irregular verbs in the preterite: **ir, ser, dar, ver,** and **hacer.**

▶ Like the verb **hacer,** the following verbs have **irregular stems** in the **preterite.** They take these **irregular preterite verb endings** .

There are other verbs that end in **-cir** that follow the same pattern as **decir.** These include

conducir *to drive*
producir *to produce*
traducir *to translate*

verb		stem	preterite endings
andar	*to walk*	**anduv-**	**-e**
decir	*to say, to tell*	**dij-**	
estar	*to be*	**estuv-**	**-iste**
poder	*to be able*	**pud-**	
poner	*to put*	**pus-**	**-o**
querer	*to want, to love*	**quis-**	**-imos**
saber	*to know*	**sup-**	
tener	*to have*	**tuv-**	**-isteis**
traer	*to bring*	**traj-**	
venir	*to come*	**vin-**	**-ieron/-eron**

Verbs with stems that end in **j** drop the **i** and add **-eron** to the **ustedes/ellos/ellas** ending.
For example,

decir → **dij** + **ieron** → **dijeron**

traer → **trajeron**

Trajeron un cuaderno para tomar apuntes.
*They **brought** a notebook to take notes.*

Excusas, excusas

Escribir La señora Álvarez organizó una fiesta para sus empleados, pero no vinieron. Haz una oración dando la excusa de cada uno. *(Hint: Explain why each person didn't come.)*

modelo

Carmen: tiene un accidente

Carmen no vino porque tuvo un accidente.

1. Fernando: tiene que ayudar a su tía
2. yo: no puedo encontrar la casa
3. Inés: no sabe de la fiesta
4. Enrique y Luis: están en el hospital
5. Susana y yo: estamos en México

MÁS PRÁCTICA *cuaderno* pp. 27–30

PARA HISPANOHABLANTES *cuaderno* pp. 25–28

¿Qué pasó?

Hablar Pregúntales a tus compañeros(as) si hicieron las siguientes cosas la semana pasada. *(Hint: Ask classmates if they did these things.)*

modelo

estar en la escuela a tiempo

Tú: *¿Estuviste en la escuela a tiempo?*

Compañero(a): *Sí, (No, no) estuve en la escuela a tiempo.*

1. andar por las calles con tus amigos
2. hacer una fiesta
3. estar en casa de tus amigos
4. traer la ropa de la lavandería

Un buen día

Hablar/Escribir Recibiste una carta de un(a) amigo(a) y quieres contarle a tu mamá lo que te dijo. Cambia los verbos y otras palabras según se necesite. *(Hint: Tell what your friend said.)*

modelo

Tuve un día maravilloso ayer.

Tuvo un día maravilloso ayer.

Tuve un día maravilloso ayer. **Fui** (1) a la cancha con mi raqueta y **vi** (2) al campeón de tenis de mi ciudad. Luego, mi mejor amigo y yo **estuvimos** (3) en un museo del barrio Pilsen y **conocimos** (4) a una escultora magnífica. **Vimos** (5) muchas pinturas muy bonitas. Después, **fuimos** (6) a comer en un restaurante de la ciudad. ¡Qué buen día!

El Centro Museo de Bellas Artes Mexicanas de Chicago tiene las obras de muchos artistas. También ofrece clases y programas sobre la cultura mexicana. En el otoño el museo organiza excursiones a las panaderías mexicanas del barrio Pilsen.

El viernes pasado

Leer/Escribir Lee la agenda de Pedro del viernes pasado. Luego mira la lista de cosas que hizo. ¿Cuándo crees que las hizo? *(Hint: Say when Pedro did these things.)*

viernes 29

8:00	llegar a la oficina
9:00	
10:00	
11:00	
12:00	
1:00	almorzar en el restaurante San José
2:00	
3:00	ir al club para nadar
4:00	
5:00	la fiesta de María Elena

modelo

hacer un reporte en la computadora

Pedro probablemente hizo un reporte en la computadora después de las ocho.

1. estar en el restaurante San José
2. tomar un curso de natación
3. salir de la oficina
4. poner dinero en la mesa
5. traer un regalo a la fiesta
6. comer un pastel de chocolate
7. manejar su carro a la oficina
8. decirle «buenas noches» a su hija

 ¿Cuántas veces?

Hablar/Escribir ¿Haces las siguientes actividades? Usa expresiones como **nunca, rara vez, de vez en cuando, casi siempre** o **siempre** en tus respuestas. *(Hint: Do you do these activities? Use expressions of frequency in your answers.)*

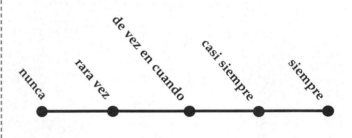

modelo

visitar a los abuelos

De vez en cuando, visito a mis abuelos.

1. tomar clases de natación
2. devolver los libros a la biblioteca
3. ser ganador(a) de un premio
4. dormir una siesta
5. competir en un partido de fútbol
6. jugar al dominó
7. ir al cine
8. participar en un concurso
9. ver la televisión
10. hablar por teléfono

Tus opiniones

Hablar/Escribir Expresa lo que piensas de *Blue Chicago*, usando los elementos de las tres columnas y tus propias palabras también. *(Hint: Say what you think of the painting, using elements from all three columns.)*

modelo

La pintura es muy moderna y rara.

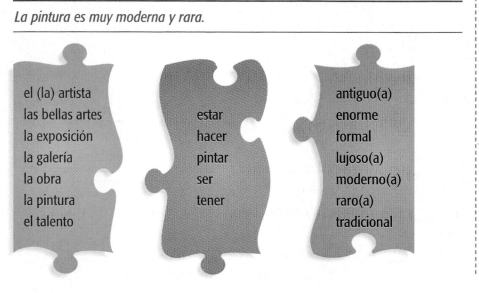

el (la) artista		antiguo(a)
las bellas artes	estar	enorme
la exposición	hacer	formal
la galería	pintar	lujoso(a)
la obra	ser	moderno(a)
la pintura	tener	raro(a)
el talento		tradicional

Una semana internacional

Escuchar/Escribir Para celebrar *La semana internacional de lenguas extranjeras*, muchos estudiantes hicieron cosas especiales. Escucha la descripción. Luego, escribe lo que hicieron las siguientes personas. *(Hint: Listen to the description. Then write down what each person did.)*

1. la señorita Martín
2. Sara
3. los estudiantes de francés
4. la clase de español
5. Rocío y Emilio
6. el director de la escuela
7. yo, la narradora
8. Y tú, ¿qué hiciste para celebrar?

Blue Chicago, por Alejandro Nava

Vocabulario

El arte

las bellas artes *fine arts*
la exposición *exhibit*
la galería *gallery*
la obra *work of art*
el talento *talent*

Unas descripciones

antiguo(a) *old*
enorme *enormous*
formal *formal*
lujoso(a) *luxurious*
moderno(a) *modern*
raro(a) *rare, strange*
tradicional *traditional*

Cuando piensas en arte, ¿qué prefieres?

¿Cuál es el problema?

Hablar/Escribir Mira el dibujo del restaurante. Trabaja con un(a) compañero(a) para anotar qué está mal. *(Hint: What's wrong with the drawing?)*

La cena En Estados Unidos, la mayoría de la gente cena alrededor de las seis de la tarde. Pero en muchos países hispanos, la gente cena más tarde —cerca de las diez de la noche. ¿La razón? Toman un descanso o **una siesta** durante el día y no terminan de trabajar hasta las siete u ocho de la noche.

■ **MÁS COMUNICACIÓN** p. R3

Refrán

Muchas manos en un plato siempre causan arrebato.

Este refrán quiere decir que si muchas personas desean participar en una cosa al mismo tiempo, todo se puede echar a perder (*get ruined*). Con un(a) compañero(a), presenta una situación en que pase algo así.

En colores
CULTURA Y COMPARACIONES

El arte latino de Chicago

PARA CONOCERNOS

STRATEGIES: CONNECTING CULTURES

Learn about other cultures as well as your own
Learning about other people who share a
language, a way of life, traditions, and
world contributions helps you understand
your own culture.

Describe the nature of murals What is a mural?
Are there murals in your town? How do
people feel about them? Use a Venn
diagram to chart the similarities between a
mural and graffiti.

1. ____
2. ____
3. ____

MURAL LOS DOS GRAFFITI

Después de su visita a
Chicago y su entrevista
con Alejandro Romero y
su hermano Oscar,
Francisco escribe
un artículo para
Onda Internacional.

Unas estudiantes de Madonna
High School pintan un mural.

¡Me encantó Chicago —por su arte e historia!
Tiene una gran diversidad de cultura que se ve
cuando caminas por sus calles. Venden todo
tipo de comida y tienen arte que representa
muchas culturas distintas.

Entrevisté a dos artistas latinos, Alejandro
y Oscar Romero. Son hermanos y desde niños
pintaron y dibujaron juntos. Ellos llevan el
estilo del arte mexicano a la comunidad.

A los dos les gusta pintar murales porque
«puedes pintar un mural en tu casa, o en
una pared del campo».

A Oscar y Alejandro les encanta trabajar con gente joven. Alejandro y unos jóvenes de Chicago pintaron un mural muy grande. Oscar ayudó a las estudiantes de Madonna High School a pintar un mural. Según él, para decidir el tema uno tiene que imaginar que está «poniendo un mensaje en una botella y lanzándola al mar».

Alejandro y Oscar enseñan a los jóvenes a expresarse por medio del arte. «Todos tienen acceso a la pintura», dice Oscar. «Nadie te detiene las manos.»

¿Comprendiste?

1. ¿Cuándo empezaron los hermanos Romero a pintar?
2. ¿Por qué les gusta pintar murales?
3. ¿Qué hicieron Alejandro y Oscar para ayudar a los jóvenes de Chicago?

¿Qué piensas?

1. Ya sabes más sobre los murales. Repasa tu diagrama de Venn. ¿Quieres añadir algo? ¿Quieres cambiar algo?
2. ¿Por qué crees que Oscar piensa que el tema de un mural es como «un mensaje en una botella»? ¿Qué tienen en común una botella en el mar y un mural?

Hazlo tú

Con unos(as) compañeros(as) escojan un tema para un mural. Luego hagan un dibujo de lo que quieren expresar. Después pinten el mural y pónganlo en una pared de la escuela.

En uso
REPASO Y MÁS COMUNICACIÓN

OBJECTIVES
- Comment on food
- Talk about the past
- Express activity preferences
- Discuss fine art

Now you can...
- comment on food.

To review
- present-tense stem-changing verbs, see p. 58.

ACTIVIDAD 1 Un nuevo café

Gabriel describe un nuevo café que le gusta mucho. ¿Qué dice?
(*Hint:* Complete the paragraph.)

Yo ___1___ (recomendar) el Café Caribeño. Ellos ___2___ (servir) comida excelente. Yo casi siempre ___3___ (pedir) la especialidad de la casa: el arroz con pollo. Mis padres ___4___ (preferir) el jamón. Mi hermana Mariela siempre ___5___ (pedir) un plato nuevo. Ella nunca ___6___ (repetir). Mariela ___7___ (decir) que todos los platos son muy sabrosos. ¿Y tú? ¿Dónde ___8___ (preferir) comer? ¿Cuál es tu restaurante favorito?

Now you can...
- express activity preferences.

To review
- present-tense stem-changing verbs, see p. 58.

ACTIVIDAD 2 ¡A jugar!

Describe los pasatiempos favoritos de estas personas. (*Hint:* Tell people's hobbies.)

modelo

Sancho

Sancho juega al ajedrez.

1. Soledad

2. Tú

3. Rubén y Leticia

4. Yo

5. Ustedes

6. Mis amigos y yo

Un fin de semana típico

Di si estas cosas pasan o no pasan durante un fin de semana típico. *(Hint: Tell whether these things happen.)*

modelo

yo / servir comida en un restaurante

Yo (no) sirvo comida en un restaurante.

1. la profesora / servir una cena

2. yo / dormir mucho

3. yo / competir en un concurso

4. mis amigos y yo / pedir una pizza

5. mi familia y yo / jugar al ajedrez

6. los estudiantes / querer estudiar

Un día terrible

Ayer fue un día terrible para Horacio. Para saber por qué, cambia los verbos al pretérito. *(Hint: Change the underlined verbs to the preterite.)*

La galería de arte de la ciudad <u>pone</u> nuevas pinturas de una
                                    1
famosa artista hoy. Horacio <u>quiere</u> ir a las tres de la tarde.
                               2
Él <u>va</u> caminando. <u>Anda</u> lentamente y no <u>está</u> cuando <u>abre</u>
   3   **4**   **5**   **6**
la galería. Cuando <u>llega</u> , no <u>puede</u> abrir la puerta. Horacio no
                      7   **8**
<u>dice</u> nada; sólo <u>vuelve</u> a casa.
 9   **10**

¡Una gran fiesta!

Adela hizo una fiesta el viernes pasado y todos participaron. ¿Qué hicieron? *(Hint: Tell how people participated in Adela's party.)*

1. Rigo y yo / venir muy temprano para ayudar

2. Adela / poner la mesa

3. tú / traer los platos a la mesa

4. Andrea / querer tocar la guitarra

5. nosotros / estar presentes a las seis

6. tú / hacer los sándwiches de atún

Now you can...

• express activity preferences.

To review

• present-tense stem-changing verbs, see p. 58.

Now you can...

• discuss fine art.

To review

• irregular preterite verbs, see p. 61.

Now you can...

• talk about the past.

To review

• irregular preterite verbs, see p. 61.

sesenta y nueve
Etapa 2
 69

ACTIVIDAD 6 — Preferencias

PARA CONVERSAR

STRATEGY: SPEAKING

Give reasons why When presented with a choice, give more than just a brief answer. Be inventive when explaining your choices in this activity. Perhaps there is a certain quality, a personal liking, or a personal skill that you can use in your response. Scan the previous activities to get ideas for reasons.

Habla con tu compañero(a) sobre sus preferencias. ¿Por qué prefieren estas cosas? *(Hint: Find out what your partner prefers and why.)*

el pollo asado   **el pollo frito**

una ensalada   **un sándwich**

las pinturas antiguas

el voleibol   **las pinturas modernas**

                       el ajedrez

la comida china

               la comida italiana

modelo

Tú: *¿Prefieres la comida china o la comida italiana?*

Compañero(a): *Prefiero la comida china porque es más sabrosa y porque me encanta el arroz.*

ACTIVIDAD 7 — ¿Cierto o falso?

Conversando en grupos, adivinen cuáles de los otros estudiantes participaron en estas actividades la semana pasada. Escriban cinco oraciones. *(Hint: Discuss who in your class might have done these activities. Write five sentences with your guesses.)*

modelo

ir a un partido
José y Elena fueron a un partido.

1. comer una pizza
2. hablar español en casa
3. venir a la escuela el sábado
4. manejar un coche nuevo
5. ganar un premio
6. participar en un concurso

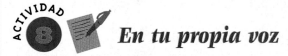

ACTIVIDAD 8 — *En tu propia voz*

ESCRITURA Describe un festival internacional (real o imaginario) que tuvo lugar en tu escuela. Incluye la siguiente información. *(Hint: Describe a real or imaginary international festival.)*

- cuándo y dónde celebraron el festival
- quiénes participaron
- qué cosas trajeron
- qué hicieron todos

CONEXIONES

El arte ¿De dónde viene la inspiración de los artistas? Algunos dicen que viene de la naturaleza. Otros dicen que viene de personas o lugares. Hay muchos artistas estadounidenses y cada uno tiene su propio estilo. Selecciona un artista que te guste y haz una investigación sobre sus inspiraciones. Explícales a tus compañeros(as) de clase qué inspira a este artista y muéstrales ejemplos de su arte.

En resumen
REPASO DE VOCABULARIO

Types of Foods

el atún	tuna
el batido	milk shake
el cereal	cereal
la crema	cream
la fresa	strawberry
las galletas	cookies
las habichuelas coloradas	red beans
el helado	ice cream
los huevos	eggs
el jamón	ham
el jugo	juice
la leche	milk
la mantequilla	butter
la mantequilla de cacahuate	peanut butter
el melón	melon
el plátano verde	plantain
el pollo asado	barbecued chicken
los tostones	fried plantains
las uvas	grapes
el yogur	yogurt

Talk About Food

desear	to desire
la especialidad de la casa	specialty of the house
estar de acuerdo	to be in agreement
el sabor	taste, flavor
sabroso(a)	tasty

Art

el (la) artista	artist
las bellas artes	fine arts
el (la) escultor(a)	sculptor
la escultura	sculpture
la exposición	exhibit
la galería	gallery
la obra	work of art
el (la) pintor(a)	painter
la pintura	painting
el retrato	portrait
el talento	talent

Describing Art

antiguo(a)	old
enorme	enormous
formal	formal
lujoso(a)	luxurious
moderno(a)	modern
raro(a)	rare, strange
tradicional	traditional

Irregular Preterite Verbs

andar	to walk

♻ **Ya sabes**

decir	to say, to tell
estar	to be
poder (o→ue)	to be able
poner	to put
querer (e→ie)	to want, to love
saber	to know
tener	to have
traer	to bring
venir	to come

Present Tense Stem-Changing Verbs

competir (e→i)	to compete
mostrar (o→ue)	to show
recomendar (e→ie)	to recommend
repetir (e→i)	to repeat

♻ **Ya sabes**

jugar (u→ue)	to play
pedir (e→i)	to ask for, to order
servir (e→i)	to serve

Juego

El pato pintó un retrato del gato.

O, ¿el gato pintó un retrato del pato?

ETAPA 3

¿Viste las noticias?

- Discuss ways to communicate

- React to news

- Ask for and give information

- Talk about things and people you know

¿Qué ves?

Mira la foto del canal y contesta las preguntas.

1. ¿Cuántas personas hay en la foto? ¿Qué hacen?

2. ¿Conoces a algunas personas de la foto? ¿Quiénes son?

3. ¿Qué programa quieres ver?

72

PROGRAMACIÓN DE 7 A.M. A MEDIANOCHE

LO MEJOR PARA HOY

7:00 p.m.
(GALA)
La Tocada
Emmanuel
es el invita-
do en el pro-
grama de
entrevistas y
música con-
ducido por
Verónica
Castro.

Emmanuel

**9:00 p.m. 17 Swellegant
Elegance** Harvey Fierstein y
la leyenda del jazz Diane Schuur
se unen al Seattle's Men's Choir
en un homenaje al compositor
Cole Porter. 🎧

---

17 The Big Comfy Couch (cc) 🎧
51 CINE
FSA Noticias
GALA ECO Noticiero
GEMS El Rosa y el Azul
HBO MOVIE Once Upon a Forest ★★ G
(1:15) 🎧 ESP
OLETV El Cuerpo Humano
SHO The Busy World of Richard
Scarry 🅨 (cc) 🎧
SHO (8:25) The Busy World of Richard
Scarry 🅨 🎧

8:30 AM

2 Arthur (cc) 🎧
17 Zoobilee Zoo (cc) 🎧
CINE (8:45) MOVIE Meatballs ★ PG (1:45)
OLETV El Cerebro: Un Cosmo
Misterioso

---

4 The Price Is Right 🆑 (cc) 🎧
6 News (cc)
7 Hawaii Five-0
10 Sally Jessy Raphael
17 HealthWeek (cc) 🎧
23 Agujetas de Color de Rosa 🆀
40 Vídeos, Vídeos
51 Las Juanas
FSA Noticias
GALA Home Shopping Network: En
Español
GEMS Menú del Día
HBO MOVIE Dominick and Eugene
★★★ PG-13 (2:00) 🎧
OLETV Reporte Medicinal
SHO (11:20) The Busy World of
Richard Scarry 🅨 🎧
SUR El Noticiero Venezuela- 2da
Edición

11:30 AM

2 Reading Rainbow 🅨 (cc)
13 40 Programa pagado
17 Breakthrough: Television's Journal
of Science and Medicine 🆑
GEMS La Otra Familia
OLETV El Cerebro: Un Cosmo
Misterioso
SHO (11:45) MOVIE The Mugger ★ 🆀
(1:15)

Mediodía

2 America's Historic Trails With Tom
Bodett 🎧
4 News (cc)
6 Another World 🔞 (cc)
7 10 News (cc)
13 En una Hora 🎧
17 Jenkins' Art Workshop 🎧
40 Espejo Público
CINE Carrera Contra la Muerte
CINE (12:15) MOVIE The Evening Star
★★ PG-13 (2:15) 🎧 ESP
FSA Programa pagado
GEMS Sabor Latino
OLETV Caminos Hacia el Arte
SUR Noticiero P.A.T. Bolivia

12:30 PM

En contexto

VOCABULARIO

Mira las ilustraciones de periódico y de la estación de televisión en Miami. Te ayudan a comprender las palabras en **azul** y a responder a las preguntas personales.

A ¿Por qué lees el periódico? Lees el periódico para saber lo que pasa en la ciudad y en el mundo. Muchos periódicos publican **críticas** de **las noticias** en diferentes **ediciones**. Algunos tienen una edición por la mañana y otra por la tarde. **El titular** de este periódico reporta sobre **un ladrón** que **robó** pinturas y esculturas. **El robo** es una noticia importante de la primera página.

5B Noticias internacionales	**1D** Anuncios clasificados	**6A** Crítica	**8B** Noticias locales	**1C** Diversiones

Primera edición

Primera edición

El Universo

Robo en el museo, ladrón atrapado

Festival d

¡Rescate dramático! Héroe local rescata a niño

B También los periódicos reportan de personas que son **héroes** o **heroínas** porque **rescatan** a otras. Si **de repente** una persona necesita ayuda, el héroe está preparado. En este **rescate**, los señores ayudan a otras personas.

el anuncio

C Las noticias **locales** te dicen lo que pasa en tu ciudad. Por ejemplo, te dicen los resultados de juegos locales. Las noticias **internacionales** tienen **reportajes** sobre otros países, incluyendo noticias de deportes de todo el mundo.

D **Los canales** de televisión transmiten diferentes tipos de programas. Hay programas históricos y cómicos. Hay programas de deportes y programas de noticias, como **los noticieros**. En este noticiero, **el reportero** cuenta las noticias más importantes del día. Muchos **televidentes** miran el noticiero todos los días.

el reportero

los televidentes

E Los canales también tienen muchos **anuncios**. Los anuncios te hablan de cosas para comprar, lugares adonde ir, comida, otros programas... ¡todo lo que ves en la vida diaria!

Preguntas personales

1. ¿Cuál es tu programa de televisión favorito?
2. Nombra una noticia importante del noticiero de esta semana.
3. ¿Cuál es la noticia en la primera página del periódico de hoy?
4. Nombra dos productos que ves en los anuncios de la televisión.
5. ¿Qué anuncios te gustan más? ¿Por qué?

En vivo

DIÁLOGO

Francisco

Alma

Señor Campos

PARA ESCUCHAR • STRATEGY: LISTENING

Listen with a purpose Listening for a specific piece of information is like scanning a reading. Try listening for one idea: how does Alma get Francisco's attention? Do you think she is **seria** or **cómica**? Explain.

1▶ Francisco: ¿Aló?
Alma: Hola, Francisco. Soy yo. Estoy leyendo el periódico. ¿Lo leíste?
Francisco: No; estoy trabajando en mi artículo. ¿Por qué?

5▶ Señor Campos: Aquí preparamos los noticieros; trabajamos en estas computadoras. A veces usamos Internet en el proceso de investigar los reportajes.

6▶ Señor Campos: Nuestra programación incluye noticias internacionales y locales. Los televidentes saben lo que está pasando en el mundo.
Alma: Ví su noticiero sobre los cubanoamericanos. Fue interesante.

7▶ Alma: Ésa es la reportera que dio el reportaje anoche. Es famosa.
Señor Campos: ¿Les gustaría conocerla?
Francisco: Sí, nos encantaría. Muchísimas gracias.

2 ▶ Alma: Hay un titular que dice «Hubo rescate ayer. Francisco García es héroe porque rescató un gato.»
Francisco: ¡Alma!
Alma: No es verdad.

3 ▶ Alma: ¿Cómo va tu artículo?
Francisco: Bien. Pidieron un artículo sobre un canal de televisión en Miami. Mañana voy a ir al estudio.
Alma: ¿Puedo ir contigo?
Francisco: Sí, claro. Salimos a las tres.

4 ▶ Francisco: (*escribiendo su artículo*) Hay varios canales de televisión en español que transmiten desde Miami. Las transmisiones llegan a toda Latinoamérica. Los países reciben los canales a través de los satélites y el cable.

8 ▶ Alma: Francisco, ¿escribiste tú este poema?
Francisco: ¡Alma! Dame ese cuaderno. Eso es personal.
Alma: ¿Qué cuaderno? ¿Éste? ¡Vamos! Léeme el poema.

9 ▶ Francisco: Bueno, ¿por qué no? «Nos conocimos esa tarde tranquila Yo, una puerta cerrada, la llave perdida. Llamaste, tocaste y fue tu sonrisa Que abrió lo cerrado y entró una amiga.»

10 ▶ Alma: ¡Qué bonito! ¿Y quién es la amiga?
Francisco: ¿Quién es? ¡Boba! Eres tú.
Alma: ¿Yo? Gracias, Paco. Es la primera vez que alguien me escribe un poema.

En acción

VOCABULARIO Y GRAMÁTICA

OBJECTIVES
- Discuss ways to communicate
- React to news
- Ask for and give information
- Talk about things and people you know

ACTIVIDAD 1

Todo parejo

Escuchar Empareja las dos columnas de acuerdo con el diálogo.
(Hint: Match columns.)

1. «Hay varios canales de televisión en español

2. «Los televidentes saben

3. «Francisco García es héroe

4. «Es la primera vez que

5. «¿Y quién es la amiga?

6. «Los países reciben los canales

a. ¿Quién es? ¡Boba! Eres tú.»

b. porque rescató un gato.»

c. lo que está pasando en el mundo.»

d. alguien me escribe un poema.»

e. a través de los satélites y el cable.»

f. que transmiten desde Miami.»

TAMBIÉN SE DICE Cuando el señor Campos habla de las telecomunicaciones, él usa la palabra **Internet.** En los países hispanos, también se usa **la red** para referirse al ciberespacio.

| Regresar | Adelantar | Inicio | | Recargar | Imágenes | Abrir | Imprimir | Buscar | | Finalizar |

Dirección: http://www.busqueda.net

| ¿Novedades? | ¿Interesante? | Búsqueda | Directorio | Software |

Búsqueda de Internet

CENTRO DEL CIBERESPACIO

| Gran búsqueda | Directorio | En breve |

Ⓑ **BÚSQUEDA en español**
Escriba una **pregunta**, una **frase** o un **nombre**.

Busque en la red de España o en la red mundial
la RED [buscar]

Búsqueda | Alemania | Brasil | Dinamarca | Francia | Italia
Japón | Países Bajos | Reino Unido | Suecia

ACTIVIDAD 2

¿Quién lo hizo?

Escuchar ¿Quién hizo las siguientes actividades: Alma, Francisco o el señor Campos?
(Hint: Who did these things?)

Alma

Francisco

Señor Campos

1. Llamó a Francisco por teléfono.

2. Inventó un titular de un rescate espectacular.

3. Fue con Alma al estudio donde transmiten noticieros.

4. Dijo que el estudio usa Internet para preparar reportajes.

5. Les presentó una reportera a los jóvenes.

6. Escribió un poema romántico.

¡Qué reunión!

Hablar/Escribir La familia de Francisco hizo una reunión de bienvenida para él. ¿Por qué salió mal? *(Hint: Why did the party turn out badly?)*

modelo

Alma / no traer los refrescos

Alma no trajo los refrescos.

1. La mamá de Francisco / no saber de la fiesta
2. La comida / estar malísima
3. Los amigos de Francisco / venir tarde
4. Alma / no poner la música
5. Los invitados / no querer bailar
6. El papá de Francisco / no poder encontrar la casa

NOTA CULTURAL

A la fiesta Cuando te invitan a una fiesta en los Estados Unidos, es muy común ver en las invitaciones la hora que empieza y la hora que termina la fiesta. Pero, en muchos países hispanos, la misma invitación solamente te dice a qué hora empieza la diversión.

¿Están bien informados?

Hablar En pares, decidan si las siguientes personas están bien informadas. *(Hint: Are they well informed?)*

Nota

When you want to talk about knowing something well, use **estar bien informado(a).**

Francisco **está bien informado** sobre Internet.
*Francisco **is well informed** about the Internet.*

modelo

los televidentes (los rescates)

Tú: *¿Están bien informados los televidentes sobre los rescates?*

Compañero(a): *Sí, (No, no) están bien informados.*

1. los reporteros (los eventos de la escuela)
2. los profesores (las noticias internacionales)
3. tu vecino(a) (la música popular)
4. el (la) crítico(a) de películas (los gustos de los jóvenes)
5. tú y tus amigos (Internet)
6. tú (las noticias locales)
7. tus amigos (la ropa popular)
8. tus padres (los eventos de la comunidad)

* Use demonstrative adjectives and pronouns
* Use stem-changing preterite verbs (e→i, o→u)

ACTIVIDAD 5

¿De dónde?

Hablar/Escribir Francisco tiene amigos de todas partes. ¿Cuál es la nacionalidad de cada uno? *(Hint: What are their nationalities?)*

modelo

Bob: Estados Unidos   Bob es estadounidense.

Nota

Adjectives of nationality agree in gender and number with the noun they modify.

Juan es **peruano.** *Juan is **Peruvian**.*

María y Ana son **peruanas.** *María and Ana are **Peruvian**.*

1. Gerardo: México
2. Yanitzia: Cuba
3. Rick: China
4. Teresa: Ecuador
5. los hermanos Vázquez: Bolivia
6. José: España

ACTIVIDAD 6

¿De qué país?

Hablar Tu amigo(a) no sabe las nacionalidades de sus compañeros(as) en español. Explícale de qué país son. *(Hint: Where are they from?)*

modelo

Carlos: Buenos Aires

Amigo(a): Carlos es de Buenos Aires, ¿no?

Tú: Sí. Carlos es argentino.

1. Jane: Londres
2. Rubén: Lima
3. Pablo: Barcelona
4. Tomoko: Tokio
5. Peter: Nueva York

Algunas nacionalidades

guatemalteco(a)
cubano(a)
dominicano(a)
puertorriqueño(a)
nicaragüense
colombiano(a)
salvadoreño(a)
venezolano(a)
hondureño(a)
costarricense
panameño(a)
ecuatoriano(a)
peruano(a)
boliviano(a)
paraguayo(a)
uruguayo(a)
chileno(a)
argentino(a)

mexicano(a) canadiense inglés(esa) japonés(esa)
estadounidense francés(esa) italiano(a)
español(a) alemán(ana) chino(a)

ACTIVIDAD 7

¿De dónde vino tu familia?

Hablar/Escribir ¿De qué país es tu familia? ¿De qué países son las familias de tus compañeros(as)? Habla con tus compañeros(as) y haz una tabla con los resultados. *(Hint: Talk about nationalities. Then make a chart.)*

modelo

Tú: *Mi familia es de España. Es española.*

Compañero(a): *Mi familia es de Italia. Es italiana.*

Nombre	País	Nacionalidad
María	España	española
Javier	México	mexicana
Collette	Francia	francesa

Juego

Un inglés, un francés y un mexicano fueron a un restaurante internacional y pidieron pan francés, arroz mexicano y un sándwich cubano. El que vive en Francia no comió nada de Europa. Y alguien comió algo de su propio país. ¿Qué comió cada persona?

ACTIVIDAD 8

¡Socorro!

Leer/Escribir Francisco recibió esta postal, pero su hermanito borró (*erased*) algunas palabras. Ayuda a Francisco a leerla. Pon el presente o el pretérito de **saber** o **conocer** en los espacios en blanco. *(Hint: Complete the postcard.)*

Nota

Saber and **conocer** both mean *to know.* Use **saber** with facts, information, and when telling how to do something. Use **conocer** to express being familiar or acquainted with a person, place, or thing.

¿Saben quién es esa reportera? *Do **you know** who that reporter is?*

Yo la **conozco.** ¿Les gustaría **conocerla**? *I **know** her. Would you like **to meet her**?*

Querido Paquito:

Decidí escribirte para contarte lo que pasó. ¿___1___ a Marta? Pues, el otro día ella fue de compras. Entró en una tienda y cuando salió, vio un gato en un árbol. Ella no ___2___ qué hacer. Y ¿___3___ qué? ¡Lo rescató! Es el gato de la famosa estrella de cine. Tú la ___4___. Es la que ganó el premio. Ahora todo el barrio ___5___ que Marta es la heroína de la ciudad. Todo el mundo la quiere ___6___.

¡Hasta luego!

Graciela

Francisco García
37 SW 25th St.
Miami, Florida
33423

Todos los derechos reservados, distribuido por el Nuevo Mundo S.A.

■ **MÁS COMUNICACIÓN** p. R4

As you know, there are three kinds of demonstratives in Spanish:

- one that points out someone or something **near** the speaker
- one that points out someone or something **farther away**
- one that points out someone or something **at a great distance**

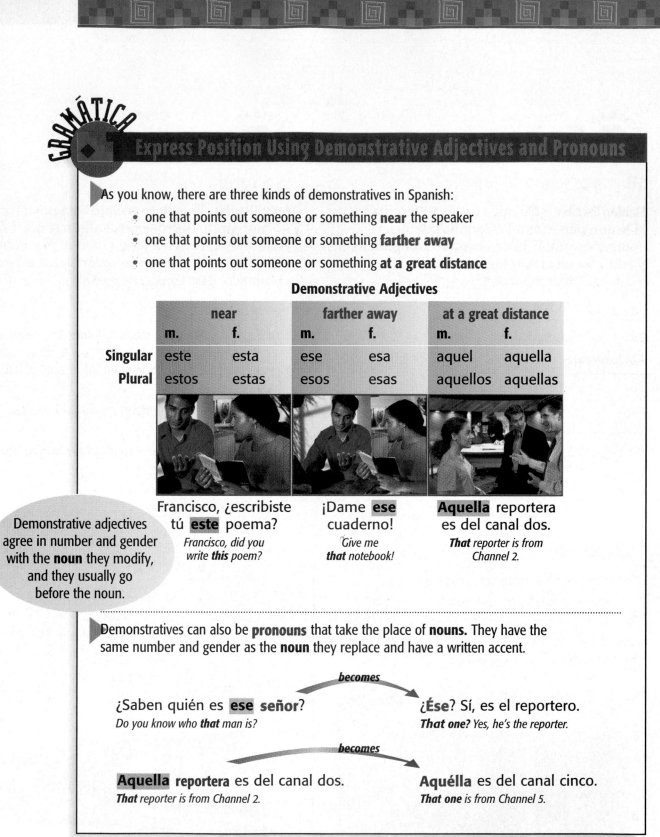

Demonstrative Adjectives

	near		farther away		at a great distance	
	m.	f.	m.	f.	m.	f.
Singular	este	esta	ese	esa	aquel	aquella
Plural	estos	estas	esos	esas	aquellos	aquellas

Demonstrative adjectives agree in number and gender with the **noun** they modify, and they usually go before the noun.

Francisco, ¿escribiste tú **este** poema?
*Francisco, did you write **this** poem?*

¡Dame **ese** cuaderno!
*Give me **that** notebook!*

Aquella reportera es del canal dos.
That reporter is from Channel 2.

Demonstratives can also be **pronouns** that take the place of **nouns**. They have the same number and gender as the **noun** they replace and have a written accent.

¿Saben quién es **ese** señor?
*Do you know who **that** man is?*

becomes

¿**Ése**? Sí, es el reportero.
***That one?** Yes, he's the reporter.*

Aquella reportera es del canal dos.
***That** reporter is from Channel 2.*

becomes

Aquélla es del canal cinco.
***That one** is from Channel 5.*

Problemas del periódico

Escribir Cambia el artículo definido a la forma correcta del adjetivo demostrativo para hablar de los problemas del periódico. Escribe cada oración de tres maneras. (*Hint:* Write sentences with demonstratives.)

modelo

__El__ artículo sobre los ladrones está mal escrito.

Este artículo sobre los ladrones está mal escrito.

Ese artículo sobre los ladrones está mal escrito.

Aquel artículo sobre los ladrones está mal escrito.

1. __La__ cámara no sirve.
2. __Las__ tiras cómicas no tienen color.
3. El escritor no investigó __los__ detalles.
4. Los hechos __del__ artículo no son correctos.
5. __Las__ noticias no son muy interesantes.
6. __El__ autor no estudió periodismo.
7. No funciona el programa en __la__ computadora.
8. __La__ editora duerme durante el día de trabajo.

MÁS PRÁCTICA
cuaderno pp. 35–38

PARA HISPANOHABLANTES
cuaderno pp. 33–36

La oficina de periodismo

Hablar/Escribir Tú trabajas en una oficina de periodismo. Explícales a unos amigos lo que hacen el periodista, la editora y la fotógrafa. Usa **éste(a)**, **ése(a)** o **aquél(la)** en tus respuestas. (*Hint:* Tell what each person does.)

| el periodista | la editora | la fotógrafa |

modelo

investiga los hechos y las causas y escribe detalles

Éste es el periodista. Él investiga los hechos y las causas y escribe detalles.

1. habla por teléfono
2. busca errores en los artículos
3. tiene una cámara
4. tiene un periódico y una computadora
5. lee las tiras cómicas

Vocabulario

Las telecomunicaciones

el artículo *article*
el (la) autor(a) *author*
la cámara *camera*
la causa *cause*
el detalle *detail*
el (la) editor(a) *editor*
el (la) escritor(a) *writer*

el (la) fotógrafo(a) *photographer*
el hecho *fact*
el periodismo *journalism*
el (la) periodista *journalist*
el programa *program*
la tira cómica *comic strip*

Cuando piensas en las telecomunicaciones, ¿en qué piensas?

¿Dónde hubo...?

Escuchar/Hablar Escucha este noticiero internacional. Usa la lista de países para ayudarte a contestar las preguntas. Luego haz un resumen de lo que escuchaste. (*Hint: Answer the questions and summarize the tape.*)

Nota

To express "there was" or "there were," you may use **hubo,** the preterite of **hay.**

Hubo dos personas que ganaron.
***There were** two people who won.*

Cuba   **Chile**

España

Estados Unidos

Paraguay   **Honduras**

Bolivia

1. ¿Dónde hubo un huracán?
2. ¿Dónde hubo un rescate?
3. ¿Dónde hubo un señor que tuvo millones?
4. ¿Dónde hubo un anuncio sobre el precio de los plátanos?

GRAMÁTICA — Stem-Changing Verbs in the Preterite

 ¿RECUERDAS? *pp. 21, 58* Remember that many Spanish verbs have stem changes in the present tense. These changes take place in the **singular** and in the **ellos/ellas/ustedes** forms.

For example, the verb **pedir** *to ask for* alternates between **e** and **i** in the present tense.

pedir *to ask for*

p**i**do	p**e**dimos
p**i**des	p**e**dís
p**i**de	p**i**den

▶ Stem-changing **-ir** verbs change vowels in the **preterite** too. However, the change only occurs in the **él/ella/usted** and the **ellos/ellas/ustedes** forms.

e → i

pedir *to ask for*

p**e**dí	p**e**dimos
p**e**diste	p**e**disteis
p**i**dió	p**i**dieron

o → u

dormir *to sleep*

d**o**rmí	d**o**rmimos
d**o**rmiste	d**o**rmisteis
d**u**rmió	d**u**rmieron

—¿Qué **pidió** *Onda Internacional*?
*What **did** Onda Internacional **ask for**?*

—**Pidieron** un artículo sobre un canal de televisión.
***They asked for** an article about a television station.*

Vocabulario

Preterite Stem-Changing Verbs

♻ **Ya Sabes** e→i

competir *to compete*
preferir *to prefer*
repetir *to repeat*
servir *to serve*

o→u

morir *to die*

Additional stem-changing verbs are listed on pp. R30–R31.

¿Qué hicieron?

Escribir ¿Qué hicieron las personas en las siguientes situaciones? Completa las oraciones con el pretérito del verbo indicado. *(Hint: Complete the sentences.)*

1. La editora les _____ (pedir) muchos más detalles a los escritores.

2. Los escritores no _____ (repetir) el titular en la segunda edición.

3. Yo _____ (preferir) el artículo sobre el héroe que rescató al niño.

4. Los amigos de la reportera _____ (competir) en un concurso de baile.

5. Los televidentes escucharon que el presidente _____ (morir).

6. Los fotógrafos _____ (pedir) unas cámaras nuevas.

7. La reportera mexicana _____ (preferir) escribir en español.

8. La periodista guatemalteca escribió un artículo sobre unas plantas que _____ (morir).

En clase

Hablar/Escribir Describe lo que hicieron o no hicieron estas personas en la clase de español ayer. *(Hint: Tell what these people did.)*

modelo

(La profesora / Yo) / (no) escribir en el pizarrón

La profesora escribió en el pizarrón. / Yo no escribí en el pizarrón.

Nota

Verbs such as **leer** *to read*, **creer** *to believe*, and **oír** *to hear* change the **i** to **y** in the **él/ella/usted** and in the **ellos/ellas/ustedes** forms of the preterite.

Alma **leyó** el poema. *Alma **read** the poem.*

Mis hermanos **no creyeron** las noticias. *My brothers **didn't believe** the news.*

1. (Mi amigo(a)/Yo) / (no) oír las palabras
2. (La profesora/Los estudiantes) / (no) leer el artículo
3. (Mi hermano/Tu hermana) / (no) pedir ayuda
4. (Tú/Yo) / (no) preferir escribir poemas
5. (María y yo/Ana) / (no) servir los helados

MÁS PRÁCTICA *cuaderno* pp. 39–40

PARA HISPANOHABLANTES *cuaderno* pp. 37–38

¿Es cierto?

Escuchar/Escribir Escucha lo que dice Víctor, un estudiante de Paraguay. Luego, contesta **cierto** o **falso** a las preguntas. Si son falsas, explica por qué. *(Hint: Answer true or false. Then correct false answers.)*

1. Vino a Miami en diciembre.
2. Víctor le pidió a su mamá norteamericana una hamburguesa con queso y papas fritas.
3. No hizo nada durante las vacaciones.
4. Víctor no está muy contento.
5. El artículo sobre Víctor va a salir en el periódico escolar.

¿Qué hacen?

Hablar Margarita durmió en la casa de una amiga. Habla con un(a) compañero(a) y di qué hicieron o no hicieron otras personas. Luego, responde a tu compañero(a). (**Hint:** *Talk about what others did.*)

modelo

Margarita: dormir en la casa de una amiga (sí)

Tú: *¿Durmió Margarita en la casa de una amiga?*

Compañero(a): *Sí, Margarita durmió en la casa de una amiga.*

Tú: *Yo dormí en la casa de una amiga también.*

Compañero(a): *¡No me digas!*

1. Geraldo: leer un libro (sí)
2. Graciela y Alegra: escribir una carta (no)
3. Nosotros: dormir en clase (sí)
4. Yo: pedirle más tarea al maestro (sí)
5. La profesora: creer las noticias (no)
6. Vicente: preferir estudiar a bailar (sí)

Vocabulario

Cuando hablas...

¿De veras? *Really?*

¡No me digas! *Don't tell me!*

¿Tú crees? *Do you think so?*

¡Ya lo sé! *I already know!*

¿Con qué palabras te gusta responder?

Ay, ¡qué cansados!

Hablar/Escribir A veces hay personas que no duermen lo suficiente. Habla con tus compañeros(as) para ver cuántas horas ellos(as) y sus familias durmieron anoche. Luego haz una tabla con las respuestas y preséntale los resultados a la clase. (**Hint:** *Make a chart.*)

¿Quién?	¿Cuánto?	¿Fue suficiente?
Yo dormí	ocho horas	Fue suficiente.
Mi hermano durmió	seis horas	No fue suficiente.
Mis padres…		
Susana…		

ACTIVIDAD 17

Las noticias

Hablar/Leer El periódico siempre tiene noticias de todo tipo. En pares, lean estos titulares y reaccionen a cada uno. *(Hint: Read and react to headlines.)*

Presidente quiere 11 meses de escuela

Anoche en el noticier... Presid...

EL INFORMANTE MATUTINO

Chicos rescatan a un bebé

Rigoberto Centeno, Daniel Araiza y Melissa Rojas, tres estudiantes del Colegio Santa Rosa, escucharon ... llorando. Resulta que el bebé,

contra viento y m lo cierto es que si siempre sucede co

Señora con 20 gatos busca casa

¿Vives en tiene que los gatos número de al final de

■ **MÁS COMUNICACIÓN** p. R4

Refrán

Antes de hablar es bueno pensar.

Lo que quiere decir este refrán es muy claro: debes pensar en lo que vas a decir antes de decirlo, o puedes tener problemas. En pares, hablen de situaciones en que hablaron sin pensar. ¿Es cierto lo que dice el refrán?

¿Qué...? ¿Cómo es...? ¿Cree Ud....?

En voces
🎧 LECTURA

¿Leíste el periódico hoy?

PARA LEER • STRATEGIES: READING

Skim for the general idea Let your eyes run quickly over the text of this article. What seems to be the gist?

Scan for specific information Look quickly for the names of the newspapers mentioned. What are their names? Where are they located?

¿**Q**ué sección del periódico te gusta más? ¿Los deportes? ¿Los editoriales? Si visitas Miami, puedes leer tu sección favorita del periódico en español. *El Nuevo Herald*, una edición del *Miami Herald*, es el periódico en español más grande de Estados Unidos.

Además de las secciones que tienen todos los periódicos, *El Nuevo Herald* ofrece secciones especiales sobre lo que pasa en diversos países latinoamericanos. También publica artículos sobre las noticias locales de interés para las personas de origen hispano que viven en Miami.

¿Qué pasa si quieres leer *El Nuevo Herald* y no estás en Miami? Con una computadora puedes leerlo sin levantarte[1] de tu silla, porque *El Nuevo Herald* está en Internet todos los días.

---

[1] getting out

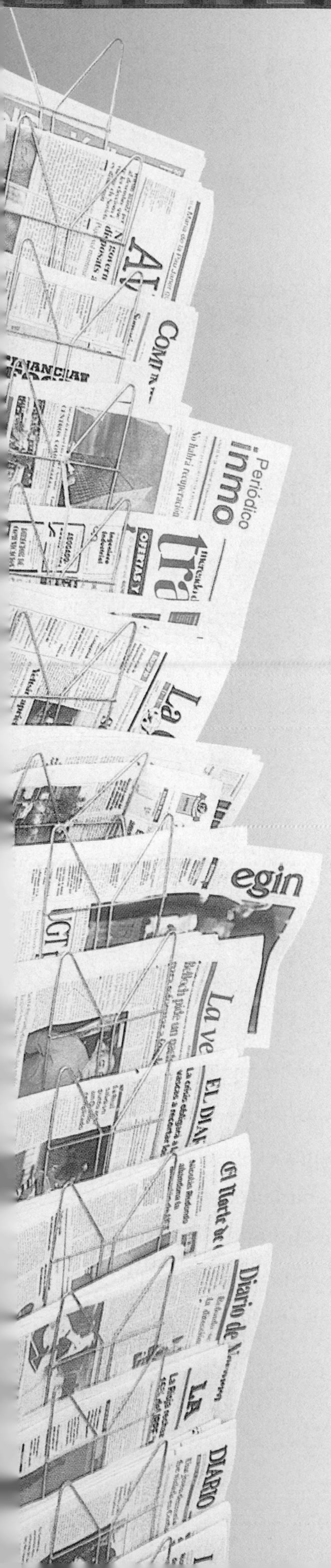

«La Voz» de los estudiantes

Volumen 4

La Voz Mundial

Miami Springs Senior High 751 Dove Avenue Miami Springs, FL 33166

Mejoras Salariales Relacionadas al Conocimiento de Idiomas

Por: Rodney Castillo
Editor

Muchas personas no conocen cuan importante es saber diferentes idiomas. Esta importancia se puede muy bien expresar en una sola oración: El tener dominio sobre los idiomas es poseer la habilidad de comunicarse en más de una lengua con cualquier persona en el mundo.

No importa que carrera el estudiante piense estudiar. El ser políglota le da ventajas sobre los otros jóvenes en todos los sentidos. Tomemos por ejemplo cualquier carrera en el campo de las ciencias como la física o la química. ... de trabajo.

Tener dominio sobre múltiples idiomas nos enseña más sobre nosotros mismos y aprendemos a comprender a las personas que nos rodean. Otra ventaja es que nos enseña a tener una postura más positiva ante otras culturas. También los idiomas son importantes cuando se habla de sentimientos ya que puedes expresar lo que sientes a cualquier persona en el mundo sin importar su nacionalidad. También cuando aprendemos un idioma, este nos facilita el aprendizaje de otras lenguas haciéndose así ... problemas de la vida cotidiana, el aprender a pensar analíticamente y con mayor creatividad y para obtener mayores calificaciones en exámenes como el HSCT o el SAT ya que aunque son en inglés todos los idiomas están relacionados entre sí. También es sabido que a todos los estudiantes se les exige que tomen dos clases de un mismo idioma para poder graduarse de High School.

El departamento de idiomas extranjeros de M.S.S.H. ofrece una amplia selección de lenguas tales como español, francés, alemán y ...

Editoriales Pg. 2

Locales Pg. 3

Deportes Pg. 5

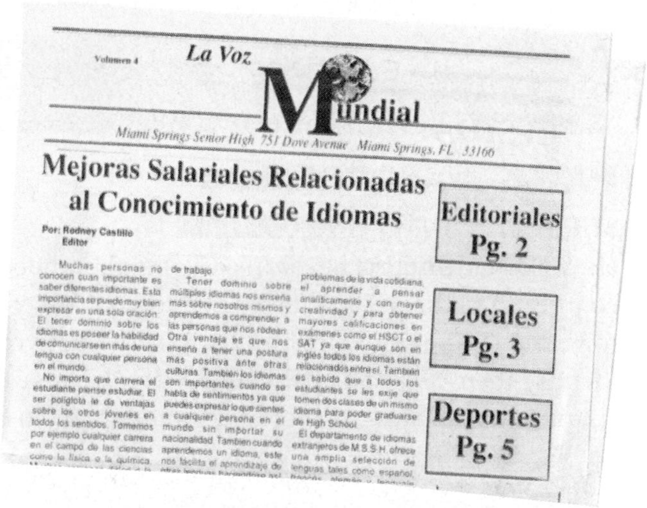

¿Te gustaría saber tu horóscopo, leer las noticias y practicar tu español al mismo tiempo? *La Voz Mundial*, una publicación de los estudiantes de Miami Springs Senior High School, te da esta oportunidad. El periódico es completamente en español y contiene noticias del mundo, poesía estudiantil y mucho más.

Es popular no sólo[2] entre hispanohablantes[3] sino también[4] entre los que aprenden el español y los que tienen interés en las lenguas y culturas del mundo.

---

[2] not only [3] speakers of Spanish [4] but also

¿Comprendiste?

1. ¿Qué es *El Nuevo Herald*?
2. ¿Una persona que no vive en Miami puede leer este periódico? ¿Cómo?
3. ¿Quién publica *La Voz Mundial*?
4. ¿En qué es diferente *La Voz Mundial* de otros periódicos escolares?

¿Qué piensas?

¿Son los periódicos, la televisión y la radio partes importantes de nuestra sociedad? ¿Por qué? Habla con tus compañeros(as) de clase y compartan sus ideas.

En colores
CULTURA Y COMPARACIONES

Miami
Puerta de las Américas

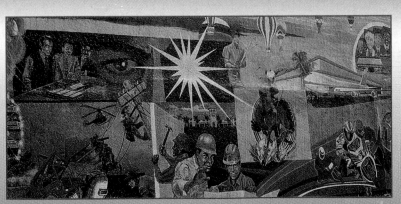

Sin título, Carolina Zuniga

Miami es un imán[1] para viajeros[2] de todas partes del mundo. Vienen para tomar el sol en las playas blancas, nadar en el océano azul y visitar los hoteles lujosos. Pero muchas otras personas vienen a Miami para vivir.

---

[1] magnet   [2] travelers

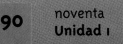

Florida está cerca de la isla[3] de Cuba —solamente a 90 millas— y tiene un clima parecido[4].

En los años 60 muchos cubanos emigraron a la ciudad de Miami. Después de los cubanos vinieron personas de Colombia, Nicaragua y otros países hispanoamericanos.

Estos emigrantes convirtieron a Miami en una ciudad bilingüe y un lugar donde se unen[5] culturas diferentes. En la Pequeña Habana, el barrio cubano más grande de Miami, se puede comprar helado de guayaba y bailar la música salsa al aire libre en la Calle Ocho.

Miami también es un lugar de comercio internacional y un gran centro financiero. Muchos barcos extranjeros, sobre todo barcos de Latinoamérica, paran[6] en Miami porque esta ciudad tiene conexiones con todos los países de las Américas.

[3] island [4] similar [5] unite [6] stop

El cantante y compositor Jon Secada nació en Cuba y vino a Miami con su familia cuando era niño. Estudió la música vocal de jazz y participó en el grupo Miami Sound Machine.

¿Comprendiste?

1. ¿Para qué vienen los turistas a Miami?
2. ¿Cómo ayudaron los hispanoamericanos a transformar la ciudad de Miami?
3. ¿Qué es la Pequeña Habana?
4. ¿En qué aspectos de la vida comercial tiene Miami una importancia internacional?

¿Qué piensas?

1. ¿Es importante saber español en Miami? ¿Por qué?
2. ¿Hay gente de tu comunidad que viene de otros países? ¿Qué sabes de sus culturas?

Hazlo tú

En grupos pequeños, hablen de los diferentes vecindarios de tu comunidad. ¿Qué tienen en común? Luego, compartan tus resultados.

ETAPA 3

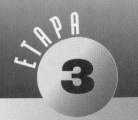

En uso

REPASO Y MÁS COMUNICACIÓN

OBJECTIVES

- Discuss ways to communicate
- React to news
- Ask for and give information
- Talk about things and people you know

Now you can...

- talk about things and people you know.

To review

- demonstrative adjectives, see p. 82.

ACTIVIDAD 1 ¿De dónde son?

Di las personas que conoces y de dónde son. *(Hint: Tell the people you know.)*

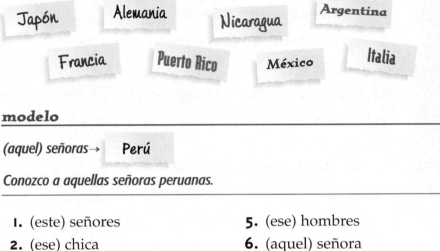

Japón | Alemania | Nicaragua | Argentina | Francia | Puerto Rico | México | Italia

modelo

(aquel) señoras→ Perú

Conozco a aquellas señoras peruanas.

1. (este) señores
2. (ese) chica
3. (aquel) muchacho
4. (este) niñas
5. (ese) hombres
6. (aquel) señora
7. (este) niño
8. (aquel) chicos

Now you can...

- talk about things and people you know.

To review

- demonstrative pronouns, see p. 82.

ACTIVIDAD 2 En la tienda

Tú y un(a) amigo(a) están en una tienda. Ustedes hablan de sus preferencias. ¿Qué dicen? *(Hint: Discuss preferences.)*

modelo

un libro

Tú: *¿Prefieres este libro o éste?*

Amigo(a): *Prefiero aquél.*

1. la pluma
2. un sándwich
3. una bebida
4. una revista
5. una computadora
6. un juego
7. un sombrero
8. una videograbadora

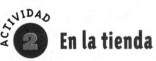

Now you can...

• talk about things and people you know.

To review

• **saber** and **conocer**, see p. 81.

3 Un sabelotodo

¿Eres un «sabelotodo»? Para saberlo, escribe oraciones con **sé** o **conozco**. *(Hint: Complete the sentences.)*

modelo

el presidente

Sí, (No, no) conozco al presidente.

1. qué hora es
2. los compañeros de clase
3. hablar italiano
4. la Casa Blanca
5. nadar bien
6. un buen restaurante francés

Now you can...

• discuss ways to communicate.

• react to news.

To review

• verbs with preterite spelling changes (i → y), see p. 85.

4 ¿Crees en las noticias?

Todos leyeron el periódico esta mañana pero no creyeron nada. Explica lo que leyeron. *(Hint: Tell who read what in the newspaper.)*

modelo

María: los anuncios

María leyó los anuncios pero no creyó nada.

1. yo: los editoriales
2. Samuel: los anuncios clasificados
3. mis padres: las noticias locales
4. tú: las noticias internacionales
5. nosotros: los titulares
6. ustedes: todo el periódico

Now you can...

• ask for and give information.

To review

• stem-changing preterite verbs, see p. 84.

5 ¿Y tú?

¿Qué hicieron tú, tus amigos y tu familia? Habla con un(a) compañero(a) sobre lo que hicieron. *(Hint: What did you do?)*

1. tus amigos: pedir comida china
2. tu hermano: dormir en casa de un amigo
3. tu tío: preferir ver la televisión en el sofá
4. tu vecino(a): competir en un concurso
5. mis amigos y yo: servir una comida deliciosa

ACTIVIDAD 6 ¿Cuál prefieres?

PARA CONVERSAR

STRATEGY: SPEAKING

Provide additional information Sometimes you have certain preferences because something is missing: **Prefiero … porque no es aburrido / porque no me gusta(n) / porque no tengo / porque no puedo…** Try using these phrases in your response.

Habla con tu compañero(a) sobre las cosas que ven en la clase. ¿Qué ven? ¿Qué cosas prefieren? ¿Por qué? *(Hint: What does your partner prefer?)*

modelo

Tú: *¿Prefieres este libro o ése?*

Compañero(a): *Prefiero éste porque no es aburrido.*

Tú: *¿Prefieres esa falda o aquélla?*

Compañero(a): *Prefiero ésa porque no es de cuadros.*

ACTIVIDAD 7 Un tour

Hagan un tour imaginario de un estudio de televisión y expliquen lo que ven. Una persona va a servir de guía y las otras van a hacerle preguntas. *(Hint: Conduct an imaginary tour.)*

modelo

Estudiante: *¿Quién es esa señora?*

Guía: *Ella es una reportera muy famosa.*

ACTIVIDAD 8 *En tu propia voz*

ESCRITURA Combina las siguientes frases para describir las experiencias de Francisco. Usa palabras como **por eso** *(that's why)*, **y, entonces, luego, después** y **finalmente.** Puedes añadir otros detalles. *(Hint: Describe Francisco's experiences.)*

- ganar el concurso de una revista
- viajar a Chicago
- regresar a Miami
- visitar un estudio de televisión con su amiga Alma
- conocer a una reportera famosa
- leerle un poema a Alma

CONEXIONES

Las matemáticas Háblales a tus amigos para saber lo siguiente sobre las telecomunicaciones. Luego, haz un gráfico de las respuestas, calculando los porcentajes de la gente que tiene respuestas en común.

- ¿Cuál es tu anuncio favorito?
- ¿Qué canal ves más?
- ¿Qué noticiero ves más?
- ¿Qué tipo de programación no te gusta?

En resumen
REPASO DE VOCABULARIO

TALK ABOUT THINGS AND PEOPLE YOU KNOW

Stem-Changing Preterite Verbs

morir (o→ue, u)	to die

♻ **Ya sabes**

competir (e→i, i)	to compete
dormir (o→ue, u)	to sleep
pedir (e→i, i)	to ask for, to order
preferir (e→ie, i)	to prefer
repetir (e→i, i)	to repeat
servir (e→i, i)	to serve

Spelling Changes in the Preterite (i → y)

creer	to believe
leer	to read
oír	to hear

♻ **Ya sabes**

conocer	to know, to meet
saber	to know

DISCUSS WAYS TO COMMUNICATE

Newspapers

el artículo	article
el (la) autor(a)	author
la crítica	criticism, review
la edición	edition
el (la) editor(a)	editor
el (la) escritor(a)	writer
el (la) fotógrafo(a)	photographer
el periodismo	journalism
el (la) periodista	journalist
la tira cómica	comic strip
el titular	headline

Television

el anuncio	commercial
la cámara	camera
el canal	channel, station
el noticiero	news program
el programa	program
el reportaje	report
el (la) reportero(a)	reporter
el (la) televidente	viewer

REACT TO NEWS

¿De veras?	Really?
¡No me digas!	Don't tell me!
¿Tú crees?	Do you think so?
¡Ya lo sé!	I already know!

ASK FOR AND GIVE INFORMATION

la causa	cause
de repente	suddenly
el detalle	detail
estar bien informado(a)	to be well informed
el hecho	fact
el héroe	hero
la heroína	heroine
hubo	there was, there were
internacional	international
el (la) ladrón(ona)	thief
local	local
las noticias	news
rescatar	to rescue
el rescate	rescue
robar	to steal
el robo	robbery

Juego

Yo no soy un editor,
ni un televidente.

Tampoco soy un escritor;
si me ves, es evidente.

Siempre te cuento las
noticias con mucho coraje[1].

¿Sabes quién soy, quizás?
¡Te doy el reportaje!

[1] courage

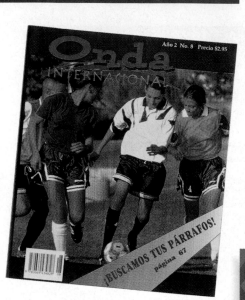

En tu propia voz

ESCRITURA

¿Qué hicieron?

Next month's *Onda Internacional* will feature Spanish students from around the world. One segment will highlight school break activities. Write a one-paragraph description of an event that took place during a recent school break to submit to the magazine.

Purpose: Describe an event that took place during school break
Audience: Magazine readers
Subject: School break event
Structure: Descriptive paragraph

PARA ESCRIBIR • STRATEGY: WRITING

Bring your event to life Describing an event or personal experience means more than giving out a few facts. Share how you feel about what is happening—about the people, places, and objects that make the event memorable. Bring your subject to life by using sensory details in your writing.

Modelo del estudiante

The writer introduces the main idea of her paragraph.

The writer adds sensory details, including **taste,** to bring the event to life.

The writer uses references to the **sounds** of the party to make readers feel as if they were there.

Una fiesta sensacional

Dimos una fiesta muy buena durante el verano pasado. Mi hermana y yo invitamos a unos amigos. Pero llegó mucha gente, ¡como cincuenta personas!

La comida quedó muy rica. Mi hermana y yo hicimos nachos y papas fritas y pedimos unas pizzas. Mucha gente trajo comida, como pasteles y sándwiches, y bebidas. Una chica hizo un pastel de vainilla con piezas de chocolate. Quedó delicioso. También bailamos.

Pusimos la música muy fuerte. Después no oí nada. Sé bailar pero aprendí algunas cosas nuevas también. Dormí muchas horas después de la fiesta. Lo pasé muy bien. ¡Todos dijeron que fue una fiesta sensacional!

The writer concludes by describing her feelings about the event.

Estrategias para escribir

Antes de escribir...

Begin by freewriting about your recent school break experience. Remember that when freewriting, you write down everything you can think of, and select from it later. Be sure to include people you met, things you saw and did, details about actions and events, and why it was a meaningful experience.

After selecting an event, create an idea tree like this one to organize the sensory details of your experience.

MI FIESTA

mucha gente
decoraciones
vista (sight)

música fuerte
salsa
rock
oído (sound)

nachos
papas fritas
pasteles
gusto/olfato
(taste/smell)

bailar
poco espacio
tacto (touch)

nuevos amigos
cansada
contenta
sentimientos (feelings)

Revisiones

Share your draft with a partner. Then ask

- *How does the first sentence attract your attention?*
- *What else would you like to know?*
- *Did the paragraph hold your attention? What could be added to better hold your attention?*

You may want to make revisions based on your partner's answers to these questions.

La versión final

Before you create the final draft of your paragraph, use proofreading symbols to mark any errors in grammar, usage, spelling, and punctuation. As you check your work, keep the following question in mind:

- *Did I use correct preterite verb forms?*

Try this: Circle every past-tense verb and identify its subject. Have the correct preterite forms been used?

 Share your writing on www.mcdougallittell.com

PROOFREADING SYMBOLS

∧ Add letters, words, or punctuation marks.

∼ Switch the position of letters or words.

≡ Capitalize a letter.

⌐ Take out letters or words.

∕ Make a capital letter lowercase.

La Øportunidad de mi vida

En agosto tuvo la oportunidad de mi vida. En mi escuela, me recomendaron para un internacional equipo de «All-Stars» porque jugo muy bien. Y jugué con el equipo por en seis estados del sur. Conocí a muchos jugadores fantásticos de latinoamérica. Todos conocen saben mucho del deporte de el fútbol y me enseñaron mucho.

UNIDAD

2

OBJECTIVES

ETAPA 1

De pequeño

- Describe childhood experiences
- Express personal reactions
- Discuss family relationships

ETAPA 2

Había una vez...

- Narrate in the past
- Discuss family celebrations
- Talk about activities in progress

ETAPA 3

Hoy en la ciudad

- Order in a restaurant
- Ask for and pay a restaurant bill
- Talk about things to do in the city

ESTADOS UNIDOS

CIUDAD DE MÉXICO
MÉXICO

AYER Y HOY

GOLFO DE CALIFORNIA

CHIHUAHUA •

BAJA CALIFORNIA

LOS TAMALES Hace más de mil años, los indios de México los hacían de maíz, y así se hacen hoy día. ¿Conoces otras comidas que vienen de poblaciones indígenas?

MÉXICO •

GUADALAJARA •

LA PIÑATA Donde hay una piñata, hay fiesta. ¿Qué puedes encontrar en una piñata?

OCÉANO PACÍFICO

ALMANAQUE

Población: 16.900.000

Altura: 2.309 metros (7.575 pies)

Clima: 19°C (66°F), diciembre; 26°C (79°F), mayo

Moneda: el peso

Comida típica: pozole, natillas, tamales

Gente famosa de México: Cristian Castro (cantante), Frida Kahlo (pintora), Octavio Paz (escritor), Diego Rivera (pintor)

¿Vas a la Ciudad de México? Hay muchos jóvenes en México. ¿Sabes que 50% de la población tiene menos de 18 años?

INTERNET Ve a www.mcdougallittell.com para más información sobre la Ciudad de México.

El Popocatépetl

EL POPOCATÉPETL es un volcán activo cerca de la Ciudad de México. Una leyenda azteca cuenta que Popocatépetl era guerrero (*warrior*). ¿Por qué crees que los aztecas le dieron el nombre de un guerrero a un volcán?

OCÉANO ATLÁNTICO

GOLFO DE MÉXICO

HOY NO CIRCULA Para mantener más limpio el aire de la ciudad, el gobierno empezó un programa para reducir el número de conductores diarios. Cada conductor puede circular su carro seis días por semana, basado en el último número de su placa (*license plate*). ¿Qué hace tu ciudad para mantenerse limpia?

CRISTIAN CASTRO es un cantante popular de la Ciudad de México. Su estilo de música se llama «balada». Por su segundo álbum Castro ganó el premio Lo Nuestro de música latina. ¿Qué tipo de música prefieres?

BAHÍA DE CAMPECHE

PENÍNSULA DE YUCATÁN

★ CIUDAD DE MÉXICO

OAXACA

MAR CARIBE

BELICE

GUATEMALA

PADRE MIGUEL HIDALGO Y COSTILLA (1753–1811) fue un líder del movimiento mexicano para ganar la independencia. ¿Por qué piensas que en el Día de la Independencia todavía es posible oír sus palabras famosas, «Mexicanos, ¡Viva México!»?

FRIDA KAHLO (1907–1954) pintó muchos autorretratos, o pinturas sobre ella misma y su vida. En esta pintura, *Frida y Diego Rivera* (1931), Kahlo aparece con su esposo, Diego Rivera, un muralista importante. ¿Qué piensas de Kahlo y Rivera al mirar la pintura?

ETAPA

1

De pequeño

- Describe childhood experiences

- Express personal reactions

- Discuss family relationships

Parque Hundido

Ciudad de México

¿Qué ves?

Mira la foto y contesta las preguntas.

1. ¿Cuántas personas hay en la foto?

2. ¿Qué hacen?

3. ¿Dónde crees que están?

4. Mira el folleto. ¿Qué hora es?

En contexto

VOCABULARIO

Mira las fotos y las ilustraciones de lo que hacía Isabel cuando era niña.

A A los niños les gusta jugar con **juguetes** como **muñecas**, **marionetas** y **muñecos de peluche.** A muchas niñas les gusta jugar a la casita con las muñecas como **bebés.**

los muñecos de peluche

la muñeca

la marioneta

trepar a un árbol

saltar la cuerda

esconderse

B Los niños **se esconden** en los árboles cuando juegan a las escondidas. También suben o **trepan a los árboles.** Muchos niños **saltan la cuerda. A veces** cuando no están contentos… **se pelean.**

C Pero es mejor **contar chistes** y **sonreírse** que pelearse. Por eso, los niños **se sientan** y **se ríen** al oír cuentos que dan **risa**.

D **Cuando era niña,** me gustaba **dibujar** igual que a mi **bisabuelo,** el papá de mi abuelo, **un pariente** que no conocí. Todavía me gusta dibujar. Algún día quiero **construir** edificios. ¿Qué quieres hacer tú?

el bisabuelo

Preguntas personales

1. De niño(a), ¿te gustaba jugar con muñecas, marionetas o muñecos de peluche?
2. ¿Te gustaba saltar la cuerda o trepar a los árboles?
3. ¿Cuál era tu juguete favorito?
4. ¿Qué hacen los niños?
5. ¿Qué te gusta hacer ahora?

En vivo

DIÁLOGO

| Isabel | Ricardo | Laura | Don Miguel |

PARA ESCUCHAR • STRATEGY: LISTENING

Listen for related details First get the general idea about a conversation. Then listen for details that explain that idea. Here Isabel asks Don Miguel about his childhood. After he says, **"Cuando yo era niño,"** he relates many details. He includes childhood activities that you have just learned. How many can you name? If the action words (verbs) sound different, that is because he is talking about the past.

Buenas noticias

1 ▶ Isabel: Me llamaron por teléfono. ¡Gané!
Ricardo: ¡Qué suerte!
Isabel: Mi primer proyecto es aquí en la Ciudad de México.
(Suena el teléfono.)

5 ▶ Isabel: ¿Y su familia es grande?
Don Miguel: No, pero mi nieta tiene un bebé, así que soy bisabuelo.
Ricardo: ¿Es usted de la Ciudad de México?

6 ▶ Don Miguel: Sí. Todos mis parientes son de aquí también.
Isabel: ¿Cómo era la Ciudad de México cuando usted era niño?
Don Miguel: Diferente, y en aquellos tiempos hacíamos cosas diferentes.

7 ▶ Don Miguel: Los niños tienen tantos juguetes electrónicos hoy. Cuando yo era niño, no había videojuegos. Pasábamos más tiempo afuera. A veces trepábamos a los árboles o nos escondíamos.

2▶ Laura: Tengo malas noticias. No voy a llegar a México hoy.

Isabel: ¡Tenemos una entrevista con don Miguel esta tarde!

Laura: Estoy segura que tú lo puedes hacer sin mí.

3▶ *(En el parque)*

Don Miguel: Y después de ese día, todo cambió. Antes los dos amigos se portaban mal y se peleaban mucho. Ahora se portan bien. Bueno, niños, es todo por hoy. ¡Hasta mañana!

4▶ Isabel: ¿Viene todos los días al parque con sus marionetas?

Don Miguel: No, estoy aquí cuatro días por semana. Me siento bien cuando los niños se sonríen y cuando escucho sus risas.

8▶ Isabel: Yo saltaba la cuerda cuando era niña. Y jugaba con mis muñecos de peluche.

Don Miguel: Además yo dibujaba. Y mi hermano construía edificios con bloques.

9▶ Ricardo: Yo todavía construyo casas con bloques.

Isabel: Pero los tuyos son bloques especiales, ¿no?

Ricardo: Sí, los míos son para arquitectos. Son de mi padre.

10▶ Ricardo: Don Miguel, ¿qué más hacían ustedes en aquellos días?

Don Miguel: Hablábamos mucho… y mi bisabuelo contaba chistes. Me acuerdo que me reía mucho. Bueno, hijos, pronto estamos en mi casa.

En acción
VOCABULARIO Y GRAMÁTICA

OBJECTIVES

- Describe childhood experiences
- Express personal reactions
- Discuss family relationships

ACTIVIDAD 1

¿Qué pasó?

Escuchar/Escribir Completa las oraciones según el diálogo. *(Hint: Complete the sentences.)*

1. _____ (Isabel / Ricardo) ganó el concurso de la revista *Onda Internacional*.

2. Su primer proyecto tiene lugar en _____ (Madrid / la Ciudad de México).

3. _____ (Ricardo / Laura) va a la entrevista con Isabel.

4. Don Miguel usa _____ (marionetas / muñecos de peluche).

5. Los parientes de don Miguel son _____ (de la Ciudad de México / de Quito).

6. Cuando don Miguel era jóven, _____ (veía mucha televisión / trepaba a los árboles).

7. Cuando era niña, Isabel _____ (contaba chistes / saltaba la cuerda).

8. _____ (Ricardo / El nieto de don Miguel) todavía construye casas con bloques.

ACTIVIDAD 2

¿Lo sabes?

Escuchar/Escribir Indica si las oraciones son **ciertas** o **falsas**. Si son falsas, explica por qué. *(Hint: True or false? If false, explain why.)*

1. Laura tiene buenas noticias.

2. Laura puede ayudar con la entrevista.

3. Don Miguel va al parque todos los días.

4. La nieta de don Miguel tiene un bebé.

5. A veces don Miguel y sus hermanos se peleaban.

6. Cuando era niña, Isabel trepaba a los árboles.

7. Ricardo jugaba con muñecos de peluche.

8. Cuando era niño, don Miguel no se reía mucho.

TAMBIÉN SE DICE

Muchos mexicanos dicen **D.F.** o **México** en vez de **la Ciudad de México**. Estas expresiones se refieren a la ciudad capital. Se usan las letras **D.F.** para hablar del Distrito Federal de la ciudad. Desde el piso cuarenta y dos de la Torre Latino Americana hay una vista panorámica de la ciudad entera.

• Use possessive adjectives and pronouns
• Review: Use reflexives
• Use the imperfect tense

ACTIVIDAD 3

♻ ¡Los conozco!

Hablar Tu compañero(a) quiere saber si conoces a gente de otros países. ¿Qué le dices?
(Hint: Tell nationalities.)

modelo

Margarita: México

Compañero(a): *¿Conoces a alguien de México?*

Tú: *Sí, conozco a una chica que se llama Margarita. Ella es mexicana.*

1. Lupita: Guatemala
2. Pablo: El Salvador
3. Carlota y Marta: Honduras
4. Enrique: Nicaragua
5. Luz María: Costa Rica
6. Tomás y Andrés: Panamá
7. Carina: Cuba
8. Ana Paula y Manuel: la República Dominicana
9. Michel: Francia
10. Andrew y Brian: Estados Unidos
11. María y Érica: Venezuela
12. Sue: China

ACTIVIDAD 4

De niño

Hablar/Escribir ¿Qué hacen los niños? Usando estas expresiones y tus propias ideas, haz varias oraciones sobre cada dibujo.
(Hint: Write sentences about the illustrations.)

los muñecos de peluche

saltar la cuerda

construir con bloques

los juguetes

trepar a los árboles

las muñecas

disfrutar con los amigos

jugar al béisbol

GRAMÁTICA

Possessive Adjectives and Pronouns

▶ As you know, **possessive adjectives** show personal relationships or possession. All **possessive adjectives**—including **mi(s)**, **tu(s)**, **su(s)**, **nuestro(a/os/as)**, and **vuestro(a/os/as)**—agree in gender and number with the nouns they describe.

▶ Possessive adjectives also have a **long form.** It is more expressive. You use it, for example, when talking of a special friend.

un **amigo mío**
a friend of mine

> Unlike the regular (or short) form, the **long form** follows the **noun.**

Comemos con unos **amigos nuestros.**
We are eating with some friends of ours.

Possessives Long Form – Singular		Possessives Long Form – Plural	
mío(a)	nuestro(a)	míos(as)	nuestros(as)
tuyo(a)	vuestro(a)	tuyos(as)	vuestros(as)
suyo(a)	suyo(a)	suyos(as)	suyos(as)

▶ **Possessive pronouns** also show personal relationships. To form a possessive pronoun,

1. Use the **long form** of the possessive adjective.

2. Add **el, la, los, las** according to the gender and number of the **noun** it replaces.

—Sus **viajes** son a diferentes lugares.
*His **trips** are to different places.*

—Y **los tuyos,** ¿adónde son?
*And **yours,** where are they to?*

ACTIVIDAD 5 Gramática

¿Qué trajiste?

Hablar/Escribir Todos trajeron objetos de su niñez para una presentación en la escuela. ¿Qué trajeron? Haz oraciones con **mi(s)**, **tu(s)**, **su(s)**, **nuestro(a/os/as)**. *(Hint: Tell what people brought.)*

modelo

Silvia trajo una cuerda.

Silvia trajo su cuerda.

1. Yo traje un video de «Plaza Sésamo».

2. Ustedes trajeron unas fotos.

3. Alex trajo unas marionetas.

4. Tú trajiste libros de chistes.

5. Tavo e Irene trajeron una marioneta.

6. María y yo trajimos muñecas.

MÁS PRÁCTICA *cuaderno* p. 45

PARA HISPANOHABLANTES
cuaderno p. 43

NOTA CULTURAL

Las marionetas, como las de don Miguel, son juguetes muy comunes en México. Se manipulan con cuerdas.

ACTIVIDAD 6

Durante las vacaciones

Hablar/Escribir Estas personas van a visitar a varios amigos y parientes durante las vacaciones. Sigue el modelo para decir a quiénes van a visitar. *(Hint: Say whom they're visiting.)*

modelo

Don Miguel (una nieta)

Don Miguel va a visitar a una nieta suya.

1. nosotros (el padrastro)
2. tú (la madrastra)
3. Ricardo (una novia)
4. el tío (un sobrino)
5. usted (una hermanastra)
6. Isabel (una compañera)
7. mi tía (unos amigos)
8. ustedes (un cuñado)

Vocabulario

Familia, amigos, amigas

la amistad *friendship, acquaintance*

el (la) compañero(a) *classmate, companion*

el (la) cuñado(a) *brother-in-law, sister-in-law*

los (las) gemelos(as) *twins*

el (la) hermanastro(a) *stepbrother, stepsister*

la madrastra *stepmother*

el (la) novio(a) *boyfriend, girlfriend; groom, bride*

el padrastro *stepfather*

el (la) sobrino(a) *nephew, niece*

¿Quién eres tú?

ACTIVIDAD 7

¿Puedo...?

Hablar No tienes estas cosas. Pregúntale a tu compañero(a) si puedes usar las suyas. *(Hint: Ask for items.)*

modelo

Tú: *No tengo calculadora. ¿Puedo usar la tuya?*

Compañero(a): *Claro, (No, no) puedes usar la mía.*

Reflexive Pronouns and Verbs

You've already learned that you can use **direct object pronouns** (**me, te, lo, la, nos, os, los, las**) with verbs. For example, in this photograph the girl is hiding a doll behind a tree. She says,

different

La escond**o**.
I'm hiding it.

Notice that the subject (**yo**) and the direct object pronoun (**la**) are **different**.

Reflexive verbs take a special direct object pronoun called a **reflexive pronoun.** While the usual direct object is different from the subject, a reflexive pronoun is the **same** person, place, or thing as the **subject.**

same

Me escond**o**.
I'm hiding (myself).

The subject (**yo**) and the direct object pronoun (**me**) are the **same** person; you call this object **reflexive.**

Reflexive Pronouns

same　　　*same*

me escond**o**	**nos** escond**emos**
te escond**es**	**os** escond**éis**
se escond**e**	**se** escond**en**

A verb used reflexively tells you that *only* the subject of the verb is involved in the action. When using a reflexive verb in the infinitive form, attach the **pronoun** to the **infinitive.**

Vamos a **pelearnos** por el cuaderno.
We are going to fight over the notebook.

Vocabulario

Reflexive Verbs

aburrirse *to get bored*
asustarse de *to be scared of*
caerse *to fall down*
cansarse *to get tired*
darse cuenta de *to realize*
despedirse (e→i, i) de *to say good-bye to*
disculparse *to apologize*
divertirse (e→ie, i) *to enjoy oneself*
enojarse con *to get angry with*
portarse bien/mal *to behave well/badly*
preocuparse por *to be worried about*
reunirse *to get together*
sentirse (e→ie, i) *to feel*

Amigos y familia

Hablar/Escribir A Margarita le gusta hablar de su familia y de sus amigos. ¡También le gusta hablar de sí misma (*herself*)! Completa sus oraciones para saber lo que dice. (*Hint: What does Margarita say?*)

1. Mi familia y yo (asustarse) de las películas de terror.

2. Yo (aburrirse) con mis amigos en el centro comercial.

3. Tú (sonreírse) cuando ves a tus compañeros.

4. Mis abuelos (divertirse) cuando (reunirse) con los jóvenes.

5. Yo (disculparse) cuando (portarse) mal.

6. Mi hermano (enojarse) con su prima.

7. Mis amigos (preocuparse) por la clase de ciencia.

8. Mi hermanito (caerse) al trepar a un árbol.

9. Después de un día de compras, yo (cansarse).

10. Mi mamá (preocuparse) cuando salimos de noche.

MÁS PRÁCTICA *cuaderno* p. 46

PARA HISPANOHABLANTES
cuaderno p. 44

En el parque

Hablar/Escribir Antonio y sus amigos están en el parque. ¿Qué hacen? Usa estas expresiones en tus respuestas. (*Hint: Tell what everyone is doing.*)

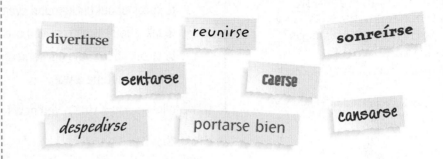

divertirse   reunirse   sonreírse

sentarse   caerse

despedirse   portarse bien   cansarse

ACTIVIDAD 10

¿Bien o mal?

Escuchar/Escribir Escucha lo que dicen los hijos de la familia Villarreal. ¿Quién se porta mejor, Rubén o sus hermanas? En tu casa, ¿se portan bien los chicos? Explica tu respuesta.
(Hint: Who behaves better?)

■ **MÁS COMUNICACIÓN** p. R5

Juego

¿Qué dices?

Escribe la forma correcta de cada verbo. Luego usa las letras de colores para formar tu respuesta.

I. (Paco / sonreírse)

__ __   __ __ __ __ __

2. (yo / divertirse)

__ __   __ __ __ __ __ __ __

3. (Raúl y Silvia /aburrirse)

__ __   __ __ __ __ __

4. (tú / caerse)

__ __ __ __ __

5. (María / enojarse)

__ __   __ __ __ __ __

¿Qué es lo que haces cuando un amigo te cuenta un chiste divertido?

□ □   □ □ □

GRAMÁTICA — Talk About the Past Using the Imperfect

♻ **¿RECUERDAS?** *p. 36* You've already learned to use the preterite tense to speak about completed actions in the past. Now you'll find out about another past tense, called the **imperfect**.

You can use the **imperfect** in the following ways:

* to speak about background events in a story
* to talk about something you used to do as a matter of habit
* to speak about how old someone was
* to say what time it was

▶ The following chart shows you how to form the **imperfect** of regular verbs.

Note that **-ar** verb endings include **-aba/-ába.**

Note that **-er** and **-ir** verb endings include **-ía.**

-ar cant**ar**	**-er** ten**er**	**-ir** sal**ir**
cant**aba**	ten**ía**	sal**ía**
cant**abas**	ten**ías**	sal**ías**
cant**aba**	ten**ía**	sal**ía**
cant**ábamos**	ten**íamos**	sal**íamos**
cant**abais**	ten**íais**	sal**íais**
cant**aban**	ten**ían**	sal**ían**

The following examples use the **imperfect** because they describe continuing actions in the past.

Don Miguel **trabajaba** en el banco todos las días.
*Don Miguel **worked** in the bank every day.*

—Mi abuelo siempre **decía** chistes muy divertidos.
*My grandfather always **told** very funny jokes.*

▶ Here are the only verbs that don't follow the regular pattern.

Eran las tres.
It was three o'clock.

ser	ir	ver
era	iba	veía
eras	ibas	veías
era	iba	veía
éramos	íbamos	veíamos
erais	ibais	veíais
eran	iban	veían

Todos cambiamos

Hablar/Escribir ¿Qué cosas hacían estas personas en el pasado que no hacen ahora? *(Hint: Tell what these people used to do.)*

modelo

No hablo en situaciones nuevas.

Antes, hablaba en situaciones nuevas.

1. Mi abuela no trepa a los árboles.

2. Mis hermanos y yo no nos peleamos.

3. Mi tía no juega con muñecos de peluche.

4. Ustedes no tienen una muñeca favorita.

5. Tú no ves los dibujos animados.

6. Yo no me porto mal.

■ MÁS PRÁCTICA
cuaderno pp. 47–48

■ PARA HISPANOHABLANTES
cuaderno pp. 45–46

Un perrito para ti

Hablar/Escribir Tu vecino(a) te regala su perrito porque no puede cuidarlo. Para saber más sobre el animal, pregúntale a tu vecino(a) dónde hacía el perrito ciertas cosas. Cambien de papel. *(Hint: Ask about a puppy.)*

modelo

comer

Tú: *¿Dónde comía?*

Vecino(a): *Comía fuera de la casa.*

Nota

You can use **dentro de** *inside* and **fuera de** *outside* just as you do in English.

Yo estoy **dentro de** mi cuarto. *I am **inside** my room.*

Él dejó su carro **fuera de** la casa. *He left his car **outside** the house.*

1. tomar agua
2. jugar
3. dormir
4. tomar la siesta
5. divertirse con la pelota
6. caminar

En el Bosque de Chapultepec

Escuchar/Hablar Escucha lo que hizo Isabel en el bosque. Luego haz un resumen de lo que escuchaste. *(Hint: Tell what Isabel did.)*

El Bosque de Chapultepec Mucha gente va al Bosque de Chapultepec para disfrutar del aire libre. Camina con el perro, anda en bicicleta, corre y descansa. Este parque famoso tiene lagos, un jardín botánico, restaurantes y nueve museos, incluyendo el Museo Nacional de Antropología.

ACTIVIDAD 14 ¿Qué tenías?

Hablar/Leer Tu amigo(a) te cuenta todo lo que le pasaba. Reacciona a lo que te dice, usando una expresión con **tener**. *(Hint: Talk to a friend, using tener expressions.)*

modelo

Amigo(a): *Me sentía mal porque yo no ayudaba a mis padres.*

Tú: *¿Tenías vergüenza?*

Amigo(a): *Sí, yo tenía vergüenza.*

Nota

In Spanish, instead of saying "to be hungry" or "to be thirsty," you say **tener hambre** *to have hunger* and **tener sed** *to have thirst*. Here are some other ways to use **tener**:

tener cuidado *to be careful*	**tener éxito** *to be successful*
tener envidia *to be envious*	**tener vergüenza** *to be ashamed*

1. Me portaba mal en la escuela y mi padre estaba enojado.

2. Yo tenía catorce años cuando era el campeón (*champion*) de matemáticas.

3. Tomábamos mucho jugo después de la escuela.

4. Mi madre le daba mucha atención al bebé.

5. Yo estaba muy alegre porque mi mejor amiga ganó la lotería.

6. Comíamos muy poco.

ACTIVIDAD 15

Háblame de tu familia

Hablar/Escribir Pregúntales a tus compañeros(as) cómo eran sus parientes. Luego escribe las respuestas en otra hoja de papel. ¡Ojo con las formas de los adjetivos! *(Hint: Ask classmates about their families and write the responses.)*

modelo

abuelos

Tú: *¿Cómo eran tus abuelos cuando eran jóvenes?*

Compañero(a): *Mis abuelos eran trabajadores.*

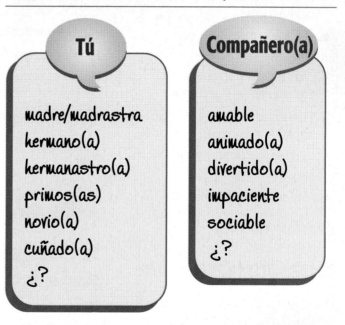

Tú

madre/madrastra
hermano(a)
hermanastro(a)
primos(as)
novio(a)
cuñado(a)
¿?

Compañero(a)

amable
animado(a)
divertido(a)
impaciente
sociable
¿?

Vocabulario

Unas características

amable *nice*	**pobre** *poor*
animado(a) *lively, animated*	**rico(a)** *rich*
divertido(a) *entertaining, fun*	**sociable** *sociable*
impaciente *impatient*	**tímido(a)** *shy*
obediente *obedient*	

¿Cómo te describes?

Tu niñez

Hablar/Escribir ¿Qué les vas a decir a tus hijos, nietos o sobrinos de tu niñez? Contesta las preguntas y comparte tus respuestas con tus compañeros(as). Si no sabes qué decir, habla sobre la niñez de un(a) amigo(a). *(Hint: Answer questions about your childhood or the childhood of a friend.)*

Nota

When you want to say what there used to be, use **había,** the imperfect form of **hay. Había** is only used in the singular form.

No había videojuegos. *There were no video games.*

Cuando eras niño(a)…

1. ¿Dónde vivías?
2. ¿Con quién(es) vivías?
3. ¿Qué juguetes tenías?
4. ¿A qué jugabas? ¿Con quién(es) jugabas?
5. ¿Qué había en tu cuarto?
6. ¿Te gustaba ver la televisión?

Había una vez en la Ciudad de México

Hablar Mira la foto de una celebración que pasó el año pasado en la Ciudad de México. Túrnense para hacer oraciones sobre lo que pasaba en esta foto. ¡Ojo! Cada persona tiene que repetir las oraciones de los demás. *(Hint: Take turns making sentences about the photo, repeating the sentences of the others in your group.)*

modelo

Tú: *La gente caminaba por las calles.*

Compañero(a) 1: *La gente caminaba por las calles y…*

■ MÁS COMUNICACIÓN p. R5

Refrán

No sabes en qué palo te trepas.

Este refrán quiere decir que no sabes lo que va a pasar cuando haces algo. Con un(a) compañero(a), habla de una situación en que este refrán sea apropiado. Luego presenten la situación en clase.

En voces

PARA LEER • **STRATEGY: READING**

Analyze folkloric traditions Among the oral traditions of ancient people are mythic legends about important origins in their culture. In these stories gods or semidivine heroes bring important gifts to the people through supernatural means. What aspects of «**El monte de nuestro alimento** (*nourishment*)» reflect these characteristics?

- **Personajes sobrenaturales**
- **Sucesos sobrenaturales**
- **El regalo a la gente**

What other stories like this do you know?

El monte de nuestro alimento
Una leyenda náhuatl de México

Antes de la llegada de Colón ya había poblaciones indígenas que tenían sus propias culturas, idiomas y religiones. Entre ellas estaban los aztecas, los mayas y los incas. Esta leyenda viene del náhuatl, el idioma de los aztecas.

Un día, Quetzalcóatl[1] vio una hormiga[2] en la ciudad de Teotihuacán. La hormiga tenía un grano de maíz.

—Señora hormiga, ¿dónde encontró ese maíz? —preguntó Quetzalcóatl.

—En el monte de nuestro alimento —respondió la hormiga y lo invitó a seguirla.

---

[1] an Aztec god   [2] ant

Quetzalcóatl siguió a la hormiga hasta el monte pero el dios era demasiado grande para entrar con las hormigas. Entonces se transformó en hormiga y así entró.

Al entrar Quetzalcóatl vio muchísimo maíz. —Toma —dijo la hormiga. Y le dio suficiente para compartir con los otros dioses. Quetzalcóatl le dijo «gracias» a la hormiga y se despidieron. Llevó su maíz y se lo dio a los otros dioses. Luego ellos le dieron de comer a la humanidad.

Algún tiempo después los dioses necesitaron más maíz. Pero era muy difícil para Quetzalcóatl transformarse en hormiga y sacar los granos poco a poco. Entonces trató de llevar el monte entero pero no pudo.

Los dioses le pidieron ayuda al sabio [3] Oxomo. —Con un rayo de Nanáhuatl, el dios del sol, el monte se puede abrir —les dijo.

---

[3] sage, wise man

Al otro día pidieron la ayuda del dios del sol. Cuando Nanáhuatl lanzaba [4] su rayo, el monte se abrió y cayeron los granos de nuestro alimento, el maíz y el frijol. Los dioses tomaron los granos para la humanidad.

Todavía hoy en México, el maíz y los frijoles son alimentos básicos de la dieta mexicana.

---

[4] cast

¿Comprendiste?

1. ¿De qué grupo indígena es el cuento?
2. ¿Qué llevaba la hormiga?
3. ¿Qué hizo Quetzalcóatl con el maíz?
4. ¿Por qué pidieron ayuda los dioses?
5. ¿Qué pasó cuando Nanáhuatl lanzó su rayo?

¿Qué piensas?

¿Conoces otros cuentos parecidos a esta leyenda que expliquen algún suceso u objeto en la naturaleza? ¿Cómo crees que pasaron de una generación a otra? ¿Es importante conservarlos para generaciones futuras?

Now you can...

• discuss family relationships.

To review

• possessive adjectives and pronouns, see p. 108.

En uso
REPASO Y MÁS COMUNICACIÓN

OBJECTIVES

• Describe childhood experiences
• Express personal reactions
• Discuss family relationships

ACTIVIDAD 1 ¿Cómo son?

Todos se encuentran con sus parientes en la reunión familiar. ¿Cómo son las personas que ven? *(Hint: Who is at the reunion and what are the people like?)*

modelo

Rosalía: una prima (bonito)

Rosalía ve a una prima suya. Su prima es bonita.

1. ustedes: los cuñados (amable)
2. tú: la novia (sociable)
3. nosotros: unos compañeros (divertido)
4. yo: la madrastra (rico)
5. el bebé: los bisabuelos (animado)
6. Horacio y Anita: el padrastro (pobre)
7. tú: unos sobrinos (tímido)
8. las gemelas: un primo (impaciente)

Now you can...

• describe childhood experiences.

To review

• possessive adjectives and pronouns, see p. 108.

ACTIVIDAD 2  **¿Es tuyo?**

¿De quién es cada juguete? Contesta las preguntas. *(Hint: Whose toys are these?)*

modelo

Tú: *Los bloques, ¿son de Rosa? (pequeño)*

Compañero(a): *No, no son suyos. Los suyos son más pequeños.*

1. La pelota, ¿es de Jorge? (grande)
2. La muñeca, ¿es de Dolores? (bonito)
3. Las marionetas, ¿son de ustedes? (alto)
4. El bate, ¿es tuyo? (viejo)
5. El muñeco de peluche, ¿es de Miguel? (gordo)
6. La cuerda de saltar, ¿es de ellas? (nuevo)

Now you can...

• express personal reactions.

To review

• reflexives, see p. 110.

ACTIVIDAD

3 **Un nuevo director de la escuela**

¿Cómo reaccionan estas personas cuando llega el nuevo director? *(Hint: How do people react to the new principal?)*

modelo

los profesores / sonreírse / porque están contentos

Los profesores se sonríen porque están contentos.

1. Andrés / preocuparse / porque el director es amigo de su padrastro
2. mis amigos y yo / sentirse / contentos porque él es divertido
3. tú / darse cuenta / de que no lo conoces
4. Elena / aburrirse / porque no tiene interés en esas cosas
5. Ramón y Susana / asustarse / porque siempre se portan mal en las clases
6. nadie / enojarse / porque el director es amable

Now you can...

• describe childhood experiences.

To review

• the imperfect tense, see p. 112.

ACTIVIDAD

4 **En mi época...**

La señora Pérez te habla de su niñez. Para saber lo que dice, completa los párrafos con la forma apropiada de los verbos indicados. Usa el imperfecto. *(Hint: Find out about her childhood.)*

Cuando yo __1__ (ser) niña, mi familia __2__ (vivir) en un apartamento pequeño en el centro de la ciudad. Mis hermanos y yo __3__ (asistir) a una escuela en otra parte de la ciudad. Nosotros __4__ (tener) que ir en autobús porque la escuela __5__ (estar) bastante lejos de nuestro apartamento.

Después de las clases, mis hermanos y yo __6__ (ir) a la casa de los abuelos para jugar un rato. Yo siempre __7__ (jugar) con unos muñecos de peluche y __8__ (salir) para saltar la cuerda. Mis hermanos __9__ (construir) cosas con bloques o __10__ (trepar) a los árboles.

¿Qué __11__ (hacer) tú cuando __12__ (ser) más joven? ¿También __13__ (ver) mucho a tus abuelos? ¿Con qué juguetes __14__ (jugar)?

ACTIVIDAD 5 — En mi niñez

PARA CONVERSAR

STRATEGY: SPEAKING

Add variety to your conversation To add interest to a conversation, you can

- tell how often: **siempre, mucho, a veces, de vez en cuando, poco, rara vez, nunca.**
- give reasons: **Era difícil / fácil / peligroso / divertido / sociable. Prefería… (No) me gustaba…**

Tú y tu compañero(a) hablan de su niñez. Háganse preguntas sobre lo que hacían para divertirse cuando eran niños(as). *(Hint: What did you do when you were small? Did your friend do the same things?)*

modelo

Tú: *¿Jugabas con muñecos de peluche?*

Compañero(a): *No, no jugaba mucho con muñecos de peluche. ¿Y tú?*

Tú: *Sí, siempre jugaba con muñecos de peluche.*

Compañero(a): *¿Contabas chistes a veces?*

Tú: *No, no contaba chistes porque era tímido(a). ¿Y tú?*

Compañero(a): *Sí, contaba muchos chistes. También jugaba a la pelota. ¿Qué hacías tú?*

ACTIVIDAD 6 — Una reunión familiar

Imagínate que estás en una reunión familiar. Dibuja la situación si quieres. Incluye un mínimo de cinco parientes. Entonces, háblales a tus compañeros(as) de tus parientes. *(Hint: Draw a picture of a family reunion and tell your classmates about your relatives.)*

modelo

En la reunión hay muchos parientes míos. Esta chica es una prima mía. Ella es muy amable, pero su hermano Daniel es impaciente.

ACTIVIDAD 7 — En tu propia voz

ESCRITURA Entrevista a un(a) pariente(a) o a un(a) amigo(a) sobre su niñez. Luego escribe un párrafo con la información de la entrevista. Escribe sobre su familia, sus actividades y su experiencia en la escuela primaria. *(Hint: Interview someone you know about his or her childhood, and write what the person said.)*

modelo

Mi tío era un niño muy inteligente. No le gustaba la escuela porque se aburría mucho. Después de las clases, se reunía con sus amigos en el parque. Ellos jugaban a la pelota o trepaban a los árboles. A veces…

CONEXIONES

Los estudios sociales Los aztecas hicieron su propio calendario, usando muchas ideas del calendario maya. Basaron el calendario en el sol, la luna y las estrellas. Su calendario tenía 365 días. Cada 52 años empezaban un calendario nuevo para hacer las correcciones. En la biblioteca o por Internet busca información sobre el calendario azteca. Luego escribe un reportaje sobre el calendario. Comparte información de tu reportaje con tus compañeros(as) de clase.

En resumen
REPASO DE VOCABULARIO

DESCRIBE CHILDHOOD EXPERIENCES

Toys and Games

el juguete	*toy*
la marioneta	*marionette*
la muñeca	*doll*
el muñeco de peluche	*stuffed animal*

Activities

caerse	*to fall down*
construir	*to construct*
contar (o→ue) chistes	*to tell jokes*
dibujar	*to draw*
esconderse	*to hide*
pelearse	*to fight*
saltar la cuerda	*to jump rope*
trepar a los árboles	*to climb trees*

Descriptions and Expressions

a veces	*sometimes*
amable	*nice*
animado(a)	*lively, animated*
cuando era niño(a)	*when I/he/she was young*
dentro de	*inside*
divertido(a)	*entertaining, fun*
fuera de	*outside*
impaciente	*impatient*
obediente	*obedient*
la risa	*laugh, laughter*
sociable	*sociable*
tímido(a)	*shy*

OTHER WORDS AND PHRASES

despedirse (e→i, i) de	*to say good-bye to*
había	*there was, there were*
reunirse	*to get together*
sentarse (e→ie)	*to sit down*
tener cuidado	*to be careful*
tener envidia	*to be envious*
tener éxito	*to be successful*
tener vergüenza	*to be ashamed*

EXPRESS PERSONAL REACTIONS

aburrirse	*to get bored*
asustarse de	*to be scared of*
cansarse	*to get tired*
darse cuenta de	*to realize*
disculparse	*to apologize*
divertirse (e→ie, i)	*to enjoy oneself*
enojarse con	*to get angry with*
portarse bien/mal	*to behave well/badly*
preocuparse por	*to be worried about*
reírse	*to laugh*
sentirse (e→ie, i)	*to feel*
sonreírse	*to smile*

DISCUSS FAMILY RELATIONSHIPS

la amistad	*friendship, acquaintance*
el bebé	*baby*
el (la) bisabuelo(a)	*great grandfather/grandmother*
el (la) compañero(a)	*classmate, companion*
el (la) cuñado(a)	*brother-in-law, sister-in-law*
los (las) gemelos(as)	*twins*
el (la) hermanastro(a)	*stepbrother, stepsister*
la madrastra	*stepmother*
el (la) novio(a)	*boyfriend, girlfriend; groom, bride*
el padrastro	*stepfather*
el (la) pariente(a)	*relative*
pobre	*poor*
rico(a)	*rich*
el (la) sobrino(a)	*nephew, niece*

Juego

Oso te digo que soy,
con camisa y pantalón.
Amigo de niños también,
me quieren un montón.
¿Quién soy?

ETAPA

2

Había una vez...

- Narrate in the past

- Discuss family celebrations

- Talk about activities in progress

¿Qué ves?

Mira la foto y contesta las preguntas.

1. ¿Puedes identificar las personas de esta foto? ¿Quiénes son?

2. ¿Dónde están?

3. ¿Qué hacen?

4. ¿Te gusta recibir tarjetas de cumpleaños?

Feliz Cumpleaños

En contexto
VOCABULARIO

Mira las fotos que cuentan una historia de amor.

A

En esta **historia de amor,** la chica (Isabel) y el chico (Ricardo) **se llevan bien.**

B Por eso **se enamoraron. Se casaron** y celebraron **una boda de maravilla** con mucha **felicidad.**

C Pasaron los años y celebraron... ¡su quinto **aniversario!**

F Por suerte y como es **común** después de una pelea, se dieron **un abrazo…**

la vela

los globos

E Fue **una reunión** muy divertida. Pero después de la fiesta **ocurrió** una pelea por **una mentira** que dijo alguien. Fue **una tristeza.**

G …y se dieron **un beso.** ¡**Así fue que** terminó una verdadera historia de amor!

D Hicieron una gran **fiesta** de aniversario. Enviaron **invitaciones** y vinieron muchas personas. También pusieron muchos **adornos,** como **globos** y **velas,** pero no piñatas. Sólo en los cumpleaños se **rompe la piñata,** no en una fiesta de aniversario.

Preguntas personales

1. ¿Lees historias de amor o de risa?
2. ¿Qué historias de amor conoces?
3. ¿Fuiste a una fiesta de aniversario alguna vez?
4. ¿Qué adornos tenían?
5. ¿Qué tipos de fiestas celebras?

En vivo

 DIÁLOGO

| Don Miguel | Doña Regina | Isabel | Ricardo |

PARA ESCUCHAR • STRATEGY: LISTENING

Listen for a series of events Enjoying a story depends on understanding what happened when. Don Miguel's story about the earthquake uses words to indicate time and sequence, and the preterite tense to tell the order of events. What expressions do you hear that help you keep track of the story's chronology?

En la casa...

1 ▶ Don Miguel: Isabel, Ricardo, les presento a mi esposa, Regina.
Doña Regina: Es un placer.
Isabel: Igualmente, señora.
Doña Regina: Les sirvo unas limonadas, ¿no?

5 ▶ Don Miguel: ¿Dónde estaba?
Isabel: Nos contaba de la noche antes de ocurrir el temblor.
Don Miguel: Ah, sí, es verdad.

6 ▶ Don Miguel: Así fue que estuvimos juntos hasta muy tarde, y después fuimos a la casa. El temblor ocurrió a las siete y diecinueve de la mañana. Era temprano. Regina y yo estábamos durmiendo.

7 ▶ Don Miguel: De repente, me desperté. ¡La tierra temblaba! Un compañero mío murió.
Isabel: Qué tristeza. Mi familia también tiene una historia. Una prima de mi madre murió.

2 ▶ **Don Miguel:** Tengo prisa porque esta noche estamos celebrando el cumpleaños de mi nieta. ¿Por qué no comenzamos la entrevista?

3 ▶ **Isabel:** Bueno, usted vivía en la Ciudad de México en el año de 1985, cuando ocurrió el temblor. ¿Me puede contar qué pasó?

Don Miguel: El día antes del temblor fue nuestro aniversario de boda. Esa noche nos reunimos con unos amigos.

4 ▶ **Doña Regina:** Nos llevábamos muy bien en esos días, y todavía nos llevamos bien. Tenemos mucho en común. Ricardo, ¿me haces el favor de ayudarme con los adornos?

Ricardo: Sí, cómo no, señora.

8 ▶ **Don Miguel:** Pero después ocurrió algo increíble, algo maravilloso. Todo el mundo respondió a la emergencia con acciones positivas. Todos ayudaban a sus vecinos.

9 ▶ **Isabel:** Voy a escribir sobre eso, sobre la solidaridad de la gente y su participación en la reconstrucción de la ciudad. Gracias, don Miguel. Creo que tengo suficiente información para empezar.

10 ▶ **Doña Regina:** ¿Nos ayudan? Estamos poniendo estos adornos. Aquí tienen los globos. Estas velas son para el pastel. Y vamos a romper una piñata.

Isabel: ¡Qué divertido! Va a ser una fiesta de maravilla.

En acción
VOCABULARIO Y GRAMÁTICA

OBJECTIVES
- Narrate in the past
- Discuss family celebrations
- Talk about activities in progress

Todo parejo

Escuchar Empareja las dos columnas de acuerdo con el diálogo. *(Hint: Match the columns.)*

1. Don Miguel les presentó
2. Doña Regina sirvió
3. Están celebrando
4. El día antes del temblor fue
5. Don Miguel vivía en la Ciudad de México cuando
6. El temblor ocurrió

a. un cumpleaños.
b. a su esposa, Regina.
c. el aniversario de don Miguel y su esposa.
d. a las siete y diecinueve de la mañana.
e. unas limonadas.
f. ocurrió el temblor.

TAMBIÉN SE DICE ¿Qué palabra usas para hablar de lo que pasa cuando la tierra tiembla? La palabra más común es **temblor,** pero en muchos países también se usa **terremoto** o, a veces, **sismo.**

¿Cierto o falso?

Escuchar/Escribir Según el diálogo, ¿son las oraciones **ciertas** o **falsas**? Si son falsas, explica por qué. *(Hint: True or false? If false, explain why.)*

1. En la casa de don Miguel celebran el aniversario de su hija.
2. Ricardo ayuda a doña Regina a preparar para la fiesta.
3. El temblor ocurrió a las siete de la tarde.
4. Don Miguel dice que todo el mundo ayudó a sus vecinos a recuperarse del temblor.
5. Don Miguel y su esposa estaban afuera cuando la tierra temblaba.
6. Isabel va a escribir sobre el temblor.
7. Isabel no tiene suficiente información para empezar su artículo.
8. En la fiesta, van a tener una piñata, unos globos y un pastel.

Una fiesta

Hablar Para la fiesta de su nieta, doña Regina no tiene todo lo necesario. Mira su lista y mira la foto. Luego habla con un(a) compañero(a) de qué necesita todavía. *(Hint: Tell what she still needs.)*

modelo

regalos

Tú: *¿Necesita regalos?*

Compañero(a):
No, ya tiene regalos.

Para la Fiesta...

~~regalos~~

1. helado
2. adornos
3. globos
4. invitaciones
5. una piñata
6. el pastel

♻ Una reunión escolar

Hablar/Escribir Tú y tus compañeros(as) de la escuela se reúnen después de no verse por mucho tiempo. Contesta las preguntas que se hacen en la reunión. *(Hint: Answer these questions.)*

modelo

Tú: *Oye, Demetrio, ¿todavía eres miembro del club de deportes?*

Compañero: *Antes era miembro, pero ya no.*

1. Oye, Dolores, ¿todavía sales con Salvador?
2. Oye, Juan Manuel, ¿todavía vives en la calle 18?
3. Oye, Ernesto, ¿todavía te gusta la comida mexicana?
4. Oye, Adriana, ¿todavía vas de vacaciones a Valle del Bravo?
5. Oye, Claudia, ¿todavía practicas deportes?
6. Oye, Jorge, ¿todavía vas a clases de artes marciales?
7. Oye, Daniel, ¿todavía estudias en el colegio americano?
8. Oye, Mónica, ¿todavía das clases de inglés?

ACTIVIDAD 5

♻ Reacciones

Hablar En grupos, hablen de cómo respondiste en las siguientes situaciones. *(Hint: Tell how you responded.)*

modelo

…sacaste una mala nota?

Compañero(a): *¿Cómo respondiste la última vez que sacaste una mala nota?*

Tú: *Me sentí mal.*

reírse   sentirse

aburrirse

esconderse

divertirse

¿Cómo respondiste la última vez que…

1. …viste una película en el cine?

2. …leíste las tiras cómicas?

3. …tu equipo favorito perdió un partido?

4. …fuiste a una fiesta?

5. …hiciste mucha tarea?

6. …ganaste un juego?

GRAMÁTICA ◆ The Progressive Tenses

▶ Remember that you form the **present progressive** by using

the **present tense of estar** + **-ando**, **-iendo**/**-yendo** forms

▶ To make these forms, drop the ending of the infinitive and add **-ando** or **-iendo**/**-yendo**.

becomes

hablar	hablando
comer	comiendo
escribir	escribiendo
leer	leyendo

> When the stem of an **-er** or **-ir** verb ends in a **vowel,** there is a spelling change in the ending.

▶ Remember that some **-ir** stem-changing verbs have a stem vowel change.

pedir ⟶ pidiendo

dormir ⟶ durmiendo

▶ The progressive can also be used in the past. To form the **past progressive,** use

the **imperfect tense of estar** + **-ando**, **-iendo**/**-yendo** forms

▶ When do you use the progressive tenses? You only use them for an action that is actually going on at the time of the sentence.

Present Progressive

Isabel **está hablando** con don Miguel.
*Isabel **is talking** with Don Miguel.*

Past Progressive

Isabel **estaba escribiendo** un artículo sobre el temblor.
*Isabel **was writing** an article about the earthquake.*

Un reportaje del temblor

Hablar/Escribir Un reportero hizo un reportaje de radio durante el temblor de 1985. Completa su descripción con el presente progresivo. *(Hint: Complete the report using the present progressive.)*

modelo

la policía/ayudar a la gente

La policía está ayudando a la gente.

1. yo / recibir los detalles todavía
2. los oficiales / investigar los efectos del temblor
3. la gente / buscar a sus parientes y amigos y otros / limpiar la devastación
4. nosotros / reportar que hubo un temblor en la capital
5. tú / escuchar las noticias de la estación 710

APOYO PARA ESTUDIAR

The Progressive Tenses

These verb tenses are similar in English. Remember to use the form of **estar** that fits the subject plus the **-ando** or **-iendo/-yendo** form of the verb. If you want to use **no,** where does it go? Place it before **estar.** For a very strange broadcast, make all of the sentences negative: **La policía no está ayudando a la gente.**

Muchos años después

Hablar/Escribir Ahora, muchos años después, el mismo reportero describe aquella noche. Completa su descripción con el imperfecto progresivo. *(Hint: Complete the report using the past progressive.)*

modelo

la mayoría de las familias / dormir

La mayoría de las familias estaba durmiendo.

1. la tierra / temblar
2. para empezar, no sabíamos qué / pasar, pero momentos después, nosotros / exclamar que hubo un temblor
3. nosotros / salir de las casas
4. aunque tenían miedo, muchos valientes / rescatar a gente atrapada
5. yo / escribir el reportaje para informar a todo el mundo

Vocabulario

Cuando charlas...

aunque *even though*

exclamar *to exclaim*

la mayoría *majority*

mientras *while*

para empezar *to begin with*

todo el mundo *everyone*

¿Cuáles de estas palabras usas en tus conversaciones?

MÁS PRÁCTICA *cuaderno* pp. 53–54

PARA HISPANOHABLANTES *cuaderno* pp. 51–52

 **Muchas emociones**

Escuchar/Escribir Escucha estas seis descripciones del temblor de 1985. Decide si la persona expresa tristeza o felicidad. Luego escribe sobre un momento de tristeza o de felicidad en tu vida. *(Hint: Is each person sad or happy? What about you?)*

NOTA CULTURAL

La piñata
*No quiero oro
ni quiero plata,
yo lo que quiero,
es romper la piñata.*

La historia de la piñata es muy antigua —¡algunos dicen que Marco Polo la trajo desde China! Luego los españoles la trajeron a México. Una cosa sí es segura: donde hay una piñata, hay fiesta. Antes, la gente hacía las piñatas cubriendo una olla de barro (*clay*). Hoy en día, las hacen de cartón. Adentro, les ponen dulces y sorpresas.

 **¡Sorpresa!**

PARA CONVERSAR • STRATEGY: SPEAKING

Brainstorm to get ideas In your group, brainstorm to get lots of ideas about what you might do for a surprise party. See how long a list you can make. You can be serious or silly; just be in Spanish! Then take turns saying what your tasks will be.

Hablar Tú y un grupo de compañeros(as) quieren sorprender a un(a) amigo(a) para su cumpleaños. Usen el presente progresivo y estas expresiones para explicar qué están haciendo. *(Hint: What are you doing?)*

velas
piñata
invitaciones
pastel
adornos

modelo

Compañero(a): *Para el cumpleaños, ¿qué estás haciendo?*

Tú: *Primero estoy limpiando la casa. Segundo…*

■ MÁS COMUNICACIÓN p. R6

Vocabulario

¿Qué haces?

la sorpresa *surprise*   **sorprender** *to surprise*

Números ordinales

primero(a) *first*	**quinto(a)** *fifth*	**octavo(a)** *eighth*
segundo(a) *second*	**sexto(a)** *sixth*	**noveno(a)** *ninth*
tercero(a) *third*	**séptimo(a)** *seventh*	**décimo(a)** *tenth*
cuarto(a) *fourth*		

Un sábado típico

Hablar/Escribir Roberto tiene la misma rutina casi todos los sábados. Mira las fotos y el reloj para decir qué está haciendo a cada hora. Exprésate usando el presente progresivo y las palabras útiles. Luego escribe lo que tú estabas haciendo a esas horas el sábado pasado. Usa el imperfecto progresivo. *(Hint: Tell what Roberto was doing. What were you doing?)*

modelo

Por la mañana, Roberto está durmiendo. Son las siete…
A las siete, yo estaba…

antes de   por la mañana   por la tarde

después de   primero   luego

entonces   por la noche   para empezar

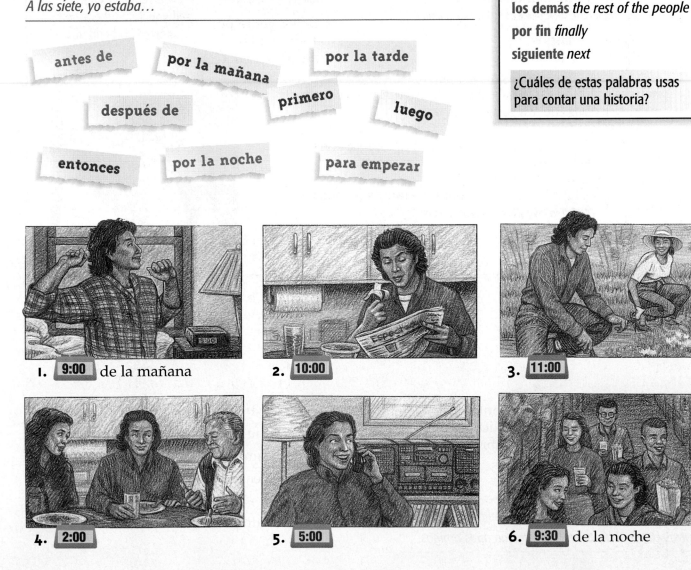

1. 9:00 de la mañana

2. 10:00

3. 11:00

4. 2:00

5. 5:00

6. 9:30 de la noche

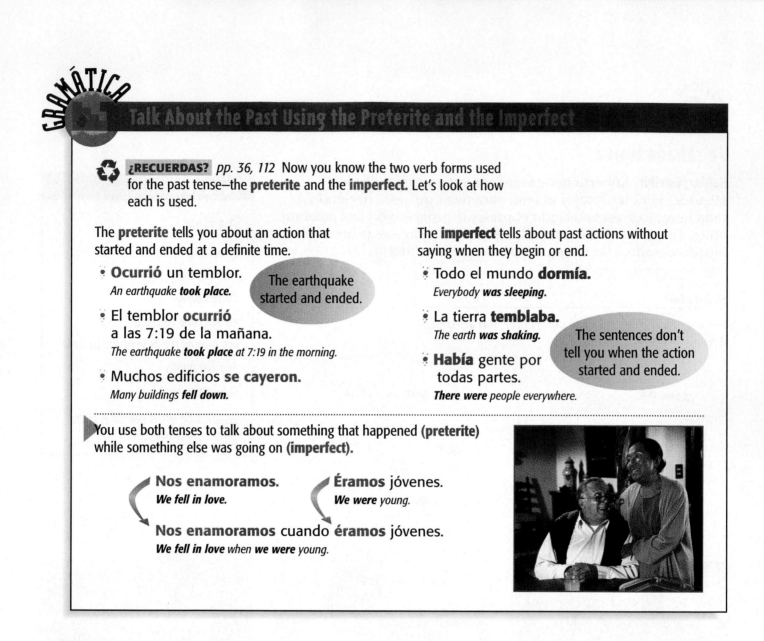

♻ **¿RECUERDAS?** *pp. 36, 112* Now you know the two verb forms used for the past tense—the **preterite** and the **imperfect.** Let's look at how each is used.

The **preterite** tells you about an action that started and ended at a definite time.

- **Ocurrió** un temblor.
  *An earthquake **took place.***

  > The earthquake started and ended.

- El temblor **ocurrió** a las 7:19 de la mañana.
  *The earthquake **took place** at 7:19 in the morning.*

- Muchos edificios **se cayeron.**
  *Many buildings **fell down.***

The **imperfect** tells about past actions without saying when they begin or end.

- Todo el mundo **dormía.**
  *Everybody **was sleeping.***

- La tierra **temblaba.**
  *The earth **was shaking.***

  > The sentences don't tell you when the action started and ended.

- **Había** gente por todas partes.
  ***There were** people everywhere.*

You use both tenses to talk about something that happened **(preterite)** while something else was going on **(imperfect).**

Nos enamoramos.
We fell in love.

Éramos jóvenes.
We were young.

Nos enamoramos cuando **éramos** jóvenes.
We fell in love when we were young.

ACTIVIDAD 11 Gramática

Durante las vacaciones

Escribir Escribe lo que pasó durante unas vacaciones en la Ciudad de México. Usa el pretérito, el imperfecto y la palabra **mientras.**
(Hint: Write what happened.)

modelo

tú: caminar → encontrarse con unos amigos

Mientras caminabas, te encontraste con unos amigos.

1. yo: almorzar → terminar un libro
2. Emilia: ir de compras → comer un taco
3. ustedes: caminar → ver un pájaro bonito
4. nosotros: leer revistas → oír el teléfono
5. tú: comer → haber un accidente
6. las niñas: almorzar → empezar a llover

ACTIVIDAD 12 Gramática

¡Feliz aniversario!

Leer/Escribir Mateo recibió buenas noticias. Completa la historia con las formas correctas de los verbos para saber las noticias. *(Hint: Choose the correct forms of the verbs.)*

El sábado por la noche Mateo y su esposa María __1__ (celebraron / celebraban) su aniversario cuando Mateo __2__ (sorprendió / sorprendía) a María. Ellos __3__ (ganaron / ganaban) la lotería. ¡Qué sorpresa! __4__ (Estuvieron / Estaban) muy alegres. El día siguiente Mateo __5__ (se dio / se daba) cuenta de que se __6__ (perdió / perdía) el boleto. —Lo siento, mi amor —le __7__ (dijo / decía) con tristeza a su esposa. Pero María __8__ (quiso / quería) investigar un poco más. __9__ (Fue / Era) cuando lo __10__ (encontró / encontraba) debajo de la cama. Esta vez María __11__ (sorprendió / sorprendía) a su esposo. Aquella noche __12__ (celebraron / celebraban) con una cena en un restaurante elegante. Luego __13__ (fueron / iban) al teatro. __14__ (Se divirtieron / Se divertían) muchísimo.

■ **MÁS PRÁCTICA** *cuaderno* pp. 55–56
■ **PARA HISPANOHABLANTES** *cuaderno* pp. 53–54

ACTIVIDAD 13

Unas actividades

Hablar Las actividades de Isabel y sus amigos(as) cambian de un día para otro. Explica lo que hacían antes y lo que hicieron ayer. *(Hint: Tell what they used to do and what they did yesterday.)*

modelo

Ricardo: pasar mucho tiempo en Internet

Compañero(a): *¿Qué hacía Ricardo antes?*

Tú: *Pasaba mucho tiempo en Internet.*

Compañero(a): *¿Qué hizo ayer?*

Tú: *Al contrario, ayer no pasó mucho tiempo en Internet.*

1. Tú: olvidar la tarea
2. Isabel y tú: visitar el Museo Nacional de Antropología
3. Juana: no decir la verdad
4. Tú: contar chistes malos
5. Mi prima: dormir hasta muy tarde
6. Ustedes: asistir a clases

NOTA CULTURAL

El Museo Nacional de Antropología en el Bosque de Chapultepec contiene miles de artefactos de las culturas indígenas de México. Uno de los objetos más conocidos del museo es la Piedra del Sol, un enorme calendario azteca.

Un mes ocupado

Hablar/Leer Isabel escribió cinco actividades en su calendario. Habla de dónde fue y adivina cómo se sentía allí. Usa la lista para encontrar ideas. *(Hint: Talk about where Isabel was and how she probably felt.)*

modelo

Tú: ¿Cuál fue su primera actividad?

Compañero(a): *Su primera actividad fue ir al dentista.*

Tú: ¿Cómo se sentía?

Compañero(a): *Probablemente se sentía nerviosa.*

alegre   emocionada   tranquila   ocupada

cansada   segundo(a)   feliz   triste

contenta   primero(a)   tercero(a)   cuarto(a)

Unas celebraciones

Escuchar/Hablar Tres personas fueron a varias celebraciones. Escucha sus descripciones. Luego di a qué celebración asistió cada persona. Después descríbele a un grupo de compañeros(as) tuyos(as) una celebración a la que tú asististe. *(Hint: Decide which type of celebration these people attended. Then talk about a celebration that you attended.)*

una fiesta de graduación
una fiesta de cumpleaños
una boda
una reunión del décimo aniversario de graduación
una fiesta de Navidad
una reunión familiar

septiembre

7 lunes	10 jueves
el dentista 3:30	examen de cálculo

8 martes	11 viernes
aniversario de mis abuelos	

9 miércoles	12 sábado	13 domingo
reunión en la escuela 7:00	boda de Carlos y Victoria	

Dibujos

Hablar Haz cuatro dibujos de algo que te pasó durante algunos de estos períodos de tiempo: el año pasado, anteayer, ayer y anoche. Luego muéstrale los dibujos a un grupo de compañeros(as) y descríbeselos usando el pretérito y el imperfecto. (*Hint: Make and describe four simple drawings.*)

modelo

Tú: *Anoche, mientras trabajaba en un restaurante de comida rápida, mis amigos me hicieron una visita y pidieron batidos.*

Vocabulario

El pasado

anoche *last night*

anteayer *day before yesterday*

el año pasado *last year*

ayer *yesterday*

¿Cuándo tuviste mucha tarea?

Tu mejor amigo(a)

Hablar/Escribir Tú no viste a tu mejor amigo(a) por una semana entera. Ahora le tienes que decir exactamente lo que hiciste. Haz una lista de todo lo que hiciste, siguiendo el modelo. Luego comparte los detalles de tu semana con tu amigo(a), usando las palabras útiles cuando sea necesario. (*Hint: Make a list of everything you did this week. Then share it with a friend.*)

de repente   en seguida   al contrario

a continuación   exclamar   de maravilla

para empezar   siguiente   ocurrir   por fin

lunes	martes	miércoles	jueves
8:00 a.m. ir a la escuela	8:00 a.m. ir a la escuela	9:00 a.m. llegar tarde a la escuela	8:00 a.m.
4:00 p.m. dar clases de natación	4:00 p.m. dar clases de natación	4:00 p.m. dar clases de natación	
6:00 p.m. cenar en casa de Bobby	6:00 p.m. cenar con mis papás	7:00 p.m. salir a una reunión del club	
	7:00 p.m. ir al cine		

MÁS COMUNICACIÓN p. R6

Refrán

Colorín, colorado, este cuento se ha acabado.

Este refrán se usa al final de un cuento para decir «El cuento se termina». Haz un cuento y preséntaselo a tus compañeros(as) de clase. Al final, usa el refrán.

En colores
CULTURA Y
COMPARACIONES

¡Temblor!

El 19 de septiembre de 1985, a las 7:19 de la mañana el suelo tembló por un minuto y medio en la Ciudad de México. Así fue que en ese instante mientras unos se levantaban y otros dormían, los edificios de la Ciudad de México cayeron encima de sus habitantes. En el sector más afectado, el centro de la ciudad, más del cincuenta por ciento (50%) de los edificios destruidos fueron casas y apartamentos.

Al día siguiente hubo otro temblor casi intenso. Más de 9.500 personas se murieron en el primer temblor y el segundo.

Después del temblor, el gobierno de México cambió las reglas de construcción.

En el rescate los vecinos se ayudaron entre sí.

Al principio todo el mundo estaba paralizado. Pero poco a poco la gente se dio cuenta de la magnitud de la destrucción, y se organizaron brigadas de auxilio. El pánico y el horror del primer momento fueron reemplazados por la solidaridad de la gente que sobrevivió.

Algunos se dedicaron a recolectar ropa, comida y dinero para la gente que sufría de la destrucción. Esta ayuda entre vecinos (de lejos y cerca) continuó por varias semanas.

¿Comprendiste?

1. ¿Cuándo ocurrió el temblor en la Ciudad de México?
2. ¿Qué hacían los habitantes cuando empezó el temblor?
3. ¿Cómo reaccionó la gente al temblor y a los efectos?

¿Qué piensas?

1. ¿Sentiste los efectos de un temblor alguna vez? ¿Fueron suaves o fuertes los movimientos del terreno?
2. ¿Hubo algún desastre causado por la naturaleza en tu comunidad? ¿Qué pasó? ¿Cómo reaccionó la gente?

Hazlo tú

Muchas personas necesitaban ayuda durante el temblor de 1985. En grupos pequeños, presenten una situación en que unas personas necesitan la ayuda de otras personas que no conocen. ¿Qué pasó? ¿Qué van a hacer?

En uso
REPASO Y MÁS COMUNICACIÓN

OBJECTIVES

- Narrate in the past
- Discuss family celebrations
- Talk about activities in progress

ACTIVIDAD 1 **La fiesta de sorpresa**

Todos están ayudando a Silvia a prepararle una fiesta de sorpresa a su hermanita Pepita. ¿Qué están haciendo? *(Hint: How is everyone preparing?)*

Now you can...

- talk about activities in progress.

To review

- the progressive tenses, see p. 130.

modelo

los vecinos: sacar

Los vecinos están sacando la basura.

1. Arturo: hacer

2. tú: poner

3. Cecilia: buscar

4. todos nosotros: comprar

5. su madre: preparar

ACTIVIDAD 2 **¡Un temblor!**

¿Qué estaban haciendo estas personas cuando ocurrió el temblor? *(Hint: What were they doing?)*

Now you can...

- talk about activities in progress.

To review

- the progressive tenses, see p. 130.

modelo

la señora Guzmán / desayunar

La señora Guzmán estaba desayunando.

1. nosotros / salir de la casa

2. el señor Arenas / comer

3. yo / limpiar la casa

4. Berta y José / dormir en casa

5. la vecina / bañarse

6. Eduardo / correr en el parque

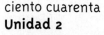

Now you can...

• discuss family celebrations

• narrate in the past.

To review

• the preterite and the imperfect, see p. 134.

ACTIVIDAD 3 **Una boda de maravilla**

Rosa y Felipe se casaron anoche. Describe su boda usando el imperfecto y el pretérito en cada oración. *(Hint: Describe the wedding.)*

modelo

El organista tocaba música bonita cuando Rosa entró.

1. Cuando Rosa (llegar) al altar, Felipe ya (estar) esperándola.
2. Él (sonreír) cuando ella le (dar) su anillo.
3. En el salón de recepción algunas personas (saludar) a los novios mientras los demás (comer).
4. Tú (hablar) con Rosa cuando (llegar) su bisabuelo.
5. Mientras los novios (bailar), yo (sacar) muchas fotos.
6. Todo el mundo (exclamar), «¡Felicidades!» mientras los novios (salir) para Cancún en su carro.

Now you can...

• narrate in the past.

To review

• the preterite and the imperfect, see p. 134.

ACTIVIDAD 4  **Me enamoré de Antonia**

Un abuelo le cuenta a su nieta cómo él conoció a su esposa. Completa la descripción con el pretérito o el imperfecto. *(Hint: Tell how a grandfather met his wife.)*

Cuando tu abuela y yo __1__ (ser) niños, nuestras familias __2__ (vivir) en el mismo pueblo. Tu abuela __3__ (asistir) a una escuela para niñas con mi hermana Beatriz. Yo, al contrario, __4__ (ir) a una escuela sólo para niños.

Un día __5__ (ocurrir) algo muy especial. Para empezar, Beatriz __6__ (decidir) invitar a su amiga Antonia a su fiesta de cumpleaños. Cuando Antonia __7__ (llegar), yo __8__ (estar) en la cocina ayudando a mi madre. Por fin, mamá y yo __9__ (salir) a servir la limonada. Fue entonces cuando yo __10__ (ver) a tu abuela por primera vez. Ella __11__ (ser) una muchacha alta, delgada y muy bonita. En seguida yo me __12__ (presentar) y nosotros __13__ (empezar) a hablar. El día siguiente __14__ (ir) al teatro. Pronto nos __15__ (dar) cuenta de que __16__ (tener) mucho en común.

Así fue que tu abuela y yo nos __17__ (conocer) y nos __18__ (enamorar). ¿Qué te parece?

¡Una fiesta!

Mira el dibujo y conversa con tu compañero(a) sobre las actividades de las personas. *(Hint: What are they doing?)*

modelo

Alguien le está dando un regalo al chico.

¡A celebrar!

PARA CONVERSAR

STRATEGY: SPEAKING

Interact by expressing approval, disapproval, or astonishment React to your partner's statements. Here are some ideas:

- **¡Qué fiesta/felicidad/lástima/maravilla/ sorpresa/tristeza/vergüenza!**
- **¡Qué amable/bueno/cómico/divertido/ horrible/loco/malo/maravilloso/serio/raro!**
- **¡No me digas! ¡No lo creo!**

Imagínate que es el fin del año escolar. Tú y tus compañeros(as) están en una fiesta en la casa de su profesor(a) de español. ¿Qué están haciendo? *(Hint: Tell what is happening at your teacher's party.)*

modelo

Raúl está bailando sobre la mesa.

En tu propia voz

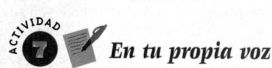

ESCRITURA Imagínate que le escribes a tu amigo que vive en México. Escríbele una carta sobre lo que pasó en una fiesta de tu escuela. *(Hint: Write a letter about what happened at a party.)*

CONEXIONES

El arte El muralista Diego Rivera vivió en la Ciudad de México y pintó murales por toda la ciudad. ¿Qué murales pintó y dónde están? Escríbele una carta a un consulado mexicano o una agencia de viajes, pidiéndoles un mapa de la Ciudad de México e información sobre dónde se encuentra el arte de Diego Rivera. Luego usa el mapa para localizar todos los lugares dónde se encuentran los famosos murales: el Parque Alameda, el Palacio Nacional, etc.

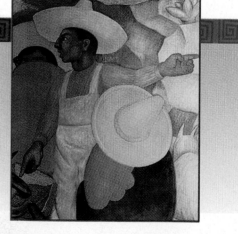

En resumen
REPASO DE VOCABULARIO

The Past

anoche	*last night*
anteayer	*day before yesterday*
el año pasado	*last year*
ayer	*yesterday*

Transitional Words

al contrario	*on the contrary*
así fue que	*and so it was that*
aunque	*even though*
casi	*almost*
de maravilla	*marvelous*
en seguida	*at once*
exclamar	*to exclaim*
los demás	*the rest of the people*
la mayoría	*majority*
mientras	*while*
ocurrir	*to occur*
para empezar	*to begin with*
por fin	*finally*
siguiente	*next*
todo el mundo	*everyone*

Ordinal Numbers

primero(a)	*first*
segundo(a)	*second*
tercero(a)	*third*
cuarto(a)	*fourth*
quinto(a)	*fifth*
sexto(a)	*sixth*
séptimo(a)	*seventh*
octavo(a)	*eighth*
noveno(a)	*ninth*
décimo(a)	*tenth*

los adornos	*decorations*
el aniversario	*anniversary*
la boda	*wedding*
la fiesta	*party*
los globos	*balloons*
la invitación	*invitation*
la reunión	*gathering*
romper la piñata	*to break the piñata*
sorprender	*to surprise*
la sorpresa	*surprise*
las velas	*candles*

el abrazo	*hug*
el amor	*love*
el beso	*kiss*
casarse (con)	*to get married (to)*
común	*common*
diario	*daily*
enamorarse (de)	*to fall in love (with)*
la felicidad	*happiness*
la historia	*story*
llevarse bien	*to get along well*
la mentira	*lie*
la tristeza	*sadness*

Juego

Si Julia cambia de lugar con José y José cambia con Javier y Jorge cambia con Julia, ¿quién es el primero? ¿el cuarto? ¿el tercero? ¿el segundo?

JULIA JAVIER JORGE JOSÉ

ETAPA 3

Hoy en la ciudad

- Order in a restaurant
- Ask for and pay a restaurant bill
- Talk about things to do in the city

Mira la foto y contesta las preguntas.

1. ¿Dónde están Isabel y Laura?
2. ¿Qué cosas están en la mesa?
3. ¿Qué trae el mesero?
4. ¿Te gustaría alguna de las especialidades de la casa?

Especialidades de la casa

Tamales de mole
Chilaquiles al horno
Sopa azteca
Pollo en salsa verde
Flan

En contexto

VOCABULARIO

Mira las ilustraciones de Laura e Isabel en la Ciudad de México.

A

Fui a **cenar** con Laura, de la revista *Onda Internacional*. Al entrar al restaurante, el mesero nos preguntó: —¿**Qué desean** comer?

Contestamos: —¿**Qué nos recomienda?**

el mantel

B

El mesero nos dijo: —Aquí sirven unos sándwiches o **tortas** de pollo y **frijoles**. Para comer la torta no necesitas **cubiertos**, pero para comer los frijoles sí. También se necesita **una servilleta**. ¡No hay que ensuciar **el mantel!**

la torta

la servilleta

los frijoles

los cubiertos

C Aquí brindamos con los vasos:
—¡**Salud!**

D Después de comer, el mesero nos
preguntó: —¿**Se les ofrece algo más?**
Ya queríamos ir. Entonces pedimos
la cuenta y dejamos **la propina.**

la cuenta

PERDER
LA
CABEZA

E

Luego queríamos
ir a **una obra de teatro**
que no era muy seria.
Decidimos ir a **un
musical romántico**
para escuchar a **una
cantante** famosa.

F Pero… ¡todavía teníamos
hambre! Fuimos a **una
taquería** a comer **tacos…**
Ay, ¡qué sabrosos!

Preguntas personales

1. ¿Te gusta salir a comer en restaurantes?
2. Cuando sales a comer, ¿qué comida te gusta?
3. ¿Alguna vez comiste tacos? ¿Te gustan?
4. ¿Vas al cine o al teatro? ¿Te gusta?
5. ¿Qué obras de teatro conoces?
6. ¿Qué cantantes famosos conoces?

En vivo

DIÁLOGO

Laura   Isabel   Mesero

En un restaurante...

PARA ESCUCHAR • STRATEGY: LISTENING

Listen for useful expressions When traveling in another country, observe the local customs of politeness. What expressions can you borrow from Isabel and Laura when you are in a restaurant?

1 ► **Laura:** Me encanta la comida mexicana, pero hay algunos platillos en el menú que no conozco.
Isabel: ¿Como qué? Yo te explico.
Laura: ¿Qué son los chilaquiles?

5 ► **Mesero:** ¿Qué les traigo de tomar?
Laura: Un agua de sandía, por favor.
Isabel: Una botella de agua, gracias. Y señor, me faltan unos cubiertos y una servilleta.

6 ► **Laura:** Sentí mucho no estar contigo para la entrevista con don Miguel. ¿Cómo estuvo?
Isabel: Todo salió muy bien. Creo que vas a estar muy contenta.

7 ► *(después de comer)*
Mesero: ¿Se les ofrece algo más?
Isabel: No, gracias, nada más. Nos trae la cuenta, por favor.
Mesero: Sí, cómo no. Se la traigo en seguida.

2 ▶ Isabel: Los chilaquiles… aquí los preparan con tortillas, salsa verde, queso, pollo…

Laura: No tengo mucha hambre. Prefiero una torta o unos tacos.

3 ▶ Isabel: Si quieres tacos, vamos mañana a una taquería.

Mesero: ¿Qué desean comer?

Laura: Para mí, una torta de pollo con guacamole. Y también me trae frijoles. Gracias.

4 ▶ Isabel: ¿Qué me recomienda hoy?

Mesero: Los tamales de mole están deliciosos. Se los recomiendo.

Isabel: Muy bien, entonces, ¿me los trae, por favor?

8 ▶ Isabel: ¿Qué te interesa hacer?

Laura: Podemos ir a una obra de teatro.

Isabel: Hay una nueva obra musical. La cantante que tiene el papel principal es extraordinaria.

9 ▶ Mesero: Aquí tienen la cuenta. Muchas gracias.

Laura: Yo voy a pagarla.

Isabel: Muchísimas gracias, Laura.

Laura: De nada. Gracias a ti por hacer la entrevista ayer.

10 ▶ Laura: Oye, quiero dejarle una buena propina. El mesero fue muy amable. ¿Cuánto dejo?

Isabel: A ver… ¿cuánto fue?

En acción
VOCABULARIO Y GRAMÁTICA

OBJECTIVES
- Order in a restaurant
- Ask for and pay a restaurant bill
- Talk about things to do in the city

¿Quién?

Escuchar ¿A quién se refiere cada frase: a Isabel, a Laura o al mesero? *(Hint: Whom are these sentences about?)*

1. Hay platos en el menú que no conoce.
2. Prefiere una torta.
3. Recomienda los tamales.
4. Quiere tomar una botella de agua.
5. Le faltan cubiertos.
6. Sintió mucho no estar en la entrevista.
7. Le gustaría ver el nuevo musical.
8. Les trae la cuenta en seguida.
9. Paga la cuenta.
10. Quiere dejar una buena propina.

Palabras perdidas

Escuchar/Escribir Usa estas palabras para completar la descripción del diálogo.
(Hint: Complete each description.)

> una taquería
>
> hambre
>
> la cuenta
>
> una obra de teatro
>
> unos cubiertos
>
> propina

1. Laura no tiene mucha _____.
2. Mañana Isabel y Laura van a ir a _____ para comer.
3. No había ni una servilleta ni _____ en la mesa.
4. Isabel y Laura sólo querían _____.
5. Ellas pensaron ir a _____ para divertirse.
6. Laura quería dejar una buena _____ porque el mesero era amable.

- *Review: Use direct object pronouns*
- *Review: Use indirect object pronouns*
- *Use double object pronouns*

ACTIVIDAD 3

♻️ ¡A divertirse en la ciudad!

Escribir Laura cuenta de su primer día en la Ciudad de México. Termina su historia con el pretérito o el imperfecto. *(Hint: Complete the story with the preterite or the imperfect.)*

El primer día que ___1___ (estar) en México, ___2___ (ir) al Bosque de Chapultepec. ___3___ (Hacer) mucho sol. ___4___ (Haber) mucha gente en el parque. Los niños ___5___ (estar) trepando a los árboles. Mientras ___6___ (caminar) por el parque, ___7___ (ver) el Árbol de Moctezuma y el Castillo de Chapultepec. ___8___ (Llegar) al Museo Nacional de Antropología y ___9___ (entrar). ___10___ (Andar) de salón a salón. Luego ___11___ (ir) a ver unos bailarines folklóricos. ¡ ___12___ (Pasar) un día maravilloso!

ACTIVIDAD 4

¿A qué corresponde?

Hablar/Leer ¿A qué corresponde cada oración: el restaurante o el teatro? *(Hint: Say which: the restaurant or the theater?)*

1. Leí que la cantante es extraordinaria.
2. Vamos a cenar a las nueve.
3. ¿Qué desea beber?
4. ¿Qué me recomienda para tomar?
5. ¿Se les ofrece algo más?
6. Dicen que la obra es muy romántica.
7. El musical abre mañana.
8. Cuando hay buen servicio, siempre dejo una buena propina.

El restaurante

El teatro

NOTA CULTURAL

El baile folklórico de México varía mucho entre las regiones del país. Una persona puede ver los bailarines en los centros culturales de los diferentes estados. Pero una cosa es cierta —los trajes de los bailarines siempre son elegantes y de muchos colores.

Adivínala

Hablar Escoge una palabra o frase de la lista. Luego ayuda a un(a) compañero(a) a adivinar tu palabra. *(Hint: Give clues to help your partner guess each word.)*

modelo

una obra de teatro

Tú: *Es algo con actores y actrices que ves en el teatro.*

Compañero(a): *Es una obra de teatro.*

una obra de teatro
una taquería
una servilleta
una torta
un(a) cantante
unos cubiertos
un musical

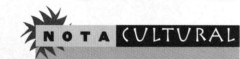

NOTA CULTURAL

En el magnífico Palacio de Bellas Artes se presentan obras de teatro y obras musicales de todo tipo. El telón *(stage curtain)* es un mosaico de casi un millón de pedazos de cristal que representa dos volcanes mexicanos.

REPASO

Direct Object Pronouns

▶ Remember that you use **direct object pronouns** when you don't want to keep repeating the **direct object nouns**.

becomes

Comemos **tamales.**   **Los** comemos.
*We eat **tamales.***   *We eat **them.***

becomes

Llamamos al **mesero.**   **Lo** llamamos.
*We called the **waiter.***   *We called **him.***

Note that **mesero** is the **direct object** even though it takes a personal **a**.

Direct Object Pronouns

me	nos
te	os
lo/la	los/las

▶ Direct object pronouns are usually placed before **conjugated verbs**. They may follow **infinitives** and **-ndo forms**.

When you put the pronoun after the **infinitive** or **-ndo** form, it attaches to the verb.

Lo llamamos.
*We called **him.***

attaches

Lo vamos a llamar. ⟷ Vamos a **llamarlo.**
*We're going to call **him.***

attaches

Lo estamos llamando. ⟷ Estamos **llamándolo.**
*We're calling **him.***

becomes

La mesera puso la **mesa** con cubiertos.   **La puso** con cubiertos.
*The waitress set the **table** with silverware.*   *She set **it** with silverware.*

¿Lo comió?

Hablar Pregúntale a un(a) compañero(a) si comió o tomó lo siguiente durante la semana pasada. *(Hint: Ask a classmate the following.)*

modelo

comer frijoles

Tú: *¿Comiste frijoles?*

Compañero(a): *Sí, (No, no) los comí.*

1. tomar un batido de chocolate
2. comer una zanahoria
3. comer arroz
4. comer unas salchichas
5. tomar jugo de manzana
6. comer pan con mantequilla

MÁS PRÁCTICA *cuaderno* p. 61
PARA HISPANOHABLANTES *cuaderno* p. 59

La sopa del día

Hablar Imagínate que preparas una sopa riquísima. Pregúntale a un(a) compañero(a) si quiere poner estos ingredientes en la sopa. *(Hint: Does your friend like these ingredients?)*

modelo

el queso

Tú: *¿Quieres poner el queso en la sopa?*

Compañero(a): *Sí, (No, no) lo quiero poner en la sopa.*
(Sí, [No, no] quiero ponerlo en la sopa.)

1. las papas
2. el aceite
3. las verduras
4. la carne de res
5. el azúcar
6. la sal y la pimienta
7. las cerezas
8. los tomates
9. las cebollas
10. la pasta
11. la harina
12. el pescado

Vocabulario   Unas comidas

el aceite
la carne de res
las cebollas
las cerezas
la harina
las manzanas
el pan
las papas
la pasta

HARINA

las peras
el pescado
la pimienta
la sal
las salchichas
los tomates
las verduras
las zanahorias

¿Cuál es tu comida preferida?

¡A comer!

Escuchar/Hablar Escucha lo que dicen Isabel y Laura de la comida en este menú. Luego contesta las preguntas. *(Hint: Listen to the audiotape. Then answer the questions.)*

1. ¿Qué va a pedir Laura?
2. ¿Qué va a pedir Isabel?
3. ¿Qué trae el mesero?
4. ¿Qué toma Isabel?
5. ¿Qué toma Laura?

Especialidades del día

Tamales de mole
56 pesos

Torta de pollo con guacamole
40 pesos

Frijoles
30 pesos

Chilaquiles
38 pesos

Agua de sandía
7 pesos

Tacos de carne
56 pesos

Flan
22 pesos

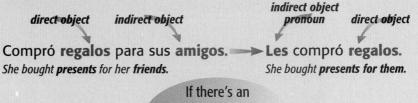

REPASO
Indirect Object Pronouns

Remember that, as with direct object pronouns, you use **indirect object pronouns** when you don't want to keep repeating the **indirect object nouns**.

| direct object | indirect object | | indirect object pronoun | direct object |

Compró **regalos** para sus **amigos.** ➔ **Les** compró **regalos.**
*She bought **presents** for her **friends**.* *She bought **presents for them**.*

> If there's an **indirect object**, there's usually also a **direct object**.

The first and second person indirect object pronouns are the same as the direct object pronouns: **me, te, nos,** and **os.**

Indirect Object Pronouns

me	nos
te	os
le	les

Like direct object pronouns, **indirect object pronouns** are usually placed before **conjugated verbs**, and may be attached to **infinitives** and **-ndo forms** .

becomes

El mesero **dio** la **cuenta** a Laura. ➔ El mesero **le dio** la **cuenta.**
*The waiter **gave Laura** the bill.* *The waiter **gave her** the bill.*

attaches

El mesero va a **dar**le la **cuenta.**
*The waiter is going **to give her** the bill.*

attaches

El mesero está **dándo**le la **cuenta.**
*The waiter is **giving her** the bill.*

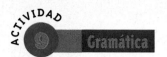

¿A quién?

Escribir Isabel fue al centro ayer. Completa las oraciones sobre su visita usando **me, te, le, nos** o **les.** *(Hint: Complete the sentences.)*

modelo

La mesera trajo las bebidas.
(a nosotras)

La mesera nos trajo las bebidas.

1. La mesera sirvió los tamales. (a nosotros)
2. La vendedora dijo el precio de la camisa. (a mí)
3. Tú diste flores. (a ella)
4. La señorita ofreció los boletos a un buen precio. (a ustedes)
5. Recomendamos el musical. (a nuestros amigos)
6. Mandé una tarjeta postal. (a ti)
7. Yo dejé una propina. (al mesero)
8. Un señor preguntó la hora. (a usted)

MÁS PRÁCTICA *cuaderno* p. 62

PARA HISPANOHABLANTES
cuaderno p. 60

En la ciudad

Leer/Escribir Lee las descripciones de algunas situaciones en la ciudad y completa las oraciones. *(Hint: Read the descriptions and complete the sentences.)*

modelo

Vas a la galería de arte todas las semanas. (fascinar el arte)

Te fascina el arte.

Nota

Remember that with **gustar,** the subject (the thing liked) follows the verb, and the indirect object (**me, te, le, nos, os, les**) comes before the subject.

Me gusta el pescado, pero **no me gustan** las salchichas.

*I **like** fish, but I **don't like** hot dogs.*

Other verbs that follow the same rule are listed in the vocabulary box.

1. La señora Rojas admira mucho a su cantante favorito. (encantar los musicales)
2. En el restaurante, ustedes piden sopa y sólo tienen un tenedor. (faltar una cuchara)
3. Voy al teatro todos los viernes. (fascinar las obras de teatro)
4. Tomamos el autobús. (importar los precios de los taxis)
5. Catalina siempre compra un periódico. (interesar las noticias)
6. Queremos ver el nuevo musical, pero los boletos son caros. (faltar dinero)

Vocabulario

Verbs Similar to gustar

encantar *to delight*

faltar *to lack*

fascinar *to fascinate, to love (sports, food, etc.)*

importar *to be important to, to matter*

interesar *to interest*

molestar *to bother*

¿Te fascina el cine?

ACTIVIDAD 11 **¡Opiniones!**

PARA CONVERSAR • STRATEGY: SPEAKING

Personalize responses Perhaps you see a great many films and even some plays. You've probably also read or seen reviews of these productions. Do you usually agree with the critics? Here's a chance for you to express your own personal preferences and feelings about show business.

Las telenovelas ¿Te gusta ver la tele? Entonces debes saber que en el mundo hispano a mucha gente le gusta ver las telenovelas. Son diferentes porque sólo duran unos meses en contraste con las de Estados Unidos, que duran décadas.

Hablar Habla con un(a) compañero(a) de las opiniones de las siguientes personas sobre el mundo del espectáculo. *(Hint: Talk with a classmate about opinions related to show business.)*

modelo

Tú: *¿A tus amigos les fascinan las series de ciencia ficción?*

Compañero(a): *No, no (Sí,) les fascinan.*

a ti		el actor/la actriz (*nombre*)
a tu mejor amigo(a)	me	encantar	las películas de aventuras
a tu madre/padre	te	fascinar	las series de ciencia ficción
a tu profesor(a) de [clase]	le	gustar	el (la) comediante (*nombre*)
a tus amigos(as)	nos	importar	las escenas de horror y violencia
a tu hermano(a)	os	interesar	el estreno (*nombre de la película*)
a ti y tus amigos(as)	les	molestar	las telenovelas
¿?			la obra de teatro *Les Misérables*

Vocabulario

El mundo del espectáculo

el actor/la actriz *actor, actress*

las aventuras *adventures*

la ciencia ficción *science fiction*

la comedia *comedy*

el (la) comediante *comedian*

la escena *scene*

el estreno *new release*

el horror *horror*

el papel *role*

la serie *series*

la telenovela *soap opera*

el tema *theme, subject*

¿Cuáles te encantan?

¿Qué te interesa?

Hablar Usa las palabras útiles para charlar con unos(as) compañeros(as) sobre lo que les interesa hacer en la ciudad.
(Hint: Talk about interests.)

modelo

Tú: *Cuando das una vuelta, ¿qué te interesa hacer?*

Compañero(a): *Me interesa ir a los museos. ¿Y a ti?*

Nota

When you are in the city, you could take a stroll (**dar una vuelta**).

Podemos también **dar una vuelta** por la ciudad, ¿no?

*We can also **take a stroll** around the city, right?*

el parque

el cine

el centro comercial

los museos

el teatro

el restaurante

MÁS COMUNICACIÓN p. R7

GRAMÁTICA — Double Object Pronouns

♻ **¿RECUERDAS?** *pp. 152, 154* You have learned about both **direct** and **indirect** object pronouns. They both go before the **conjugated verb**.

▶ What happens if you want to have both **direct** and **indirect** object pronouns in the same sentence? The **indirect** object goes **first**.

indirect object → *direct object* →

Te los **compramos**.
*We bought **them for you**.*

indirect object → *direct object* →

El mesero **me los** **dio**.
*The waiter gave **them to me**.*

▶ Remember that when a **conjugated verb** appears with an **infinitive** or an **-ndo form,** you have two choices. You can put the pronouns before the **conjugated verb**, or you can attach them to the **infinitive** or **-ndo form.** Either way, the sentences mean the same thing:

indirect object → *direct object* →

Me los **vas** a **comprar**.
You are going to buy them for me.

indirect object → *direct object* →

Vas a **comprárme**los.
You are going to buy them for me.

Me los **estás** **comprando**.
You are buying them for me.

Estás **comprándome**los.
You are buying them for me.

▶ There is a special rule for verbs with two pronouns when both are **third person:** change the **indirect** object pronoun to **se**.

Le pedí una **servilleta** al **mesero**.
*I asked the **waiter** for a **napkin**.*

indirect object → *direct object* →

Se la pedimos.
*We asked **him** for **it**.*

A dar una vuelta

Escribir Isabel da una vuelta por la ciudad. Mira lo que dicen varias personas. Condensa las oraciones usando doble pronombres. *(Hint: Use double object pronouns to condense the sentences.)*

modelo

La mesera les sirve los tacos a las señoras.

La mesera se los sirve.

1. Tú les das dinero a los pobres.
2. ¿Me vas a escribir muchas cartas?
3. Mis nietos me dan muchos abrazos a mí.
4. Siempre me dicen la verdad.
5. Le estoy explicando la información a la señora.
6. Compramos boletos para nuestros amigos.
7. Ese chavo compra una bolsa para su novia.
8. El cine vende boletos más baratos para estudiantes.

TAMBIÉN SE DICE

En México se usa la palabra **chavo(a)** para referirse a **un(a) chico(a)** o **un(a) muchacho(a).** Si ves la tele en español tal vez escuchaste la palabra antes porque hay un programa famoso para niños que se llama «El chavo del ocho».

Muchos favores

Leer/Escribir Hoy todo el mundo te pide favores. ¿Qué te pide? *(Hint: What favors does everyone want from you? Match the columns.)*

modelo

Nosotros queremos más postre.

¿Nos lo pasas, por favor?

Nota

The verb **ofrecer** *to offer* is often used with an indirect object pronoun.

Me **ofrecieron** un trabajo. *They **offered** me a job.*

1. No entiendo el tema de la obra de teatro.
2. Me gustaría unas enchiladas.
3. Tu hermanito necesita zapatos nuevos.
4. Tu amigo perdió los boletos para el concierto.
5. Tu mamá quiere otra taza de café.
6. No recordamos el nombre de una nueva comediante.

a. ¿Se los buscas?
b. ¿Me lo explicas?
c. ¿Me las preparas?
d. ¿Nos lo dices?
e. ¿Se la ofreces?
f. ¿Se los compras?

MÁS PRÁCTICA *cuaderno* pp. 63–64

PARA HISPANOHABLANTES *cuaderno* pp. 61–62

¿Un estreno fenomenal?

Escribir Con tus compañeros(as), mira el anuncio. Luego prepara una crítica de la película, usando las palabras de la lista. (*Hint: Write a movie review.*)

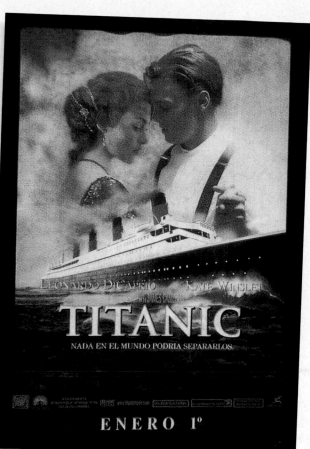

LEONARDO DiCAPRIO   KATE WINSLET

TITANIC
NADA EN EL MUNDO PODRIA SEPARARLOS

ENERO 1º

Vocabulario

Para tu crítica...

bastante *enough*

demasiado(a) *too much*

llenar *to fill*

lleno(a) *full*

mojado(a) *wet*

seco(a) *dry*

vacío(a) *empty*

¿Qué palabras pertenecen a esta película?

Las recomendaciones

Escuchar/Escribir Escucha las siguientes descripciones de varios programas y decide si las personas que hablan se los recomiendan a sus amigos(as) o no. (*Hint: Do the speakers recommend the performances?*)

modelo

el tema

No se lo recomienda.

1. el estreno
2. las aventuras
3. la obra de teatro
4. los comediantes
5. el drama

En un restaurante elegante

Hablar Con dos compañeros(as), presenta una escena en un restaurante elegante. Sé creativo(a). (*Hint: Present a creative restaurant scene.*)

MÁS COMUNICACIÓN p. R7

Refrán

Se me hace la boca agua.

Este refrán quiere decir que unas comidas son tan deliciosas que tenemos hambre cuando las vemos. Con un(a) compañero(a), hagan una lista de las comidas que «se les hace la boca agua».

En voces
LECTURA

Los artefactos de Teotihuacán incluyen joyas, máscaras, ollas y estatuas.

Teotihuacán: Ciudad misteriosa

En el siglo XIV los aztecas descubrieron una ciudad gigante pero abandonada en un valle. La llamaron Teotihuacán o la Ciudad de los Dioses. Hay un misterio sobre el origen de la gente que construyó las pirámides y templos de esta ciudad. Por las esculturas y cerámicas que dejaron parece que ellos fueron una gente pacífica[1].

Parece que Teotihuacán fue diseñada por un plan maestro[2]. Tiene una avenida central, la Avenida de los Muertos. Aquí están las pirámides principales. Desde la avenida las calles secundarias salen en forma cuadriculada[3]. Alrededor de la avenida central hay ruinas de casas lujosas y en los sectores exteriores, casas más sencillas.

En un lado de la Avenida de los Muertos hay un sector grande que probablemente fue un mercado. Los arqueólogos piensan que aquí

---

[1] peaceful   [2] master plan   [3] square

Avenida de los Muertos, Teotihuacán

Si vas al Museo Nacional de Antropología, puedes ver esta máscara de jade y coral de Teotihuacán.

llegaron negociantes de otras partes de México a comprar la obsidiana[4] y la cerámica fabricada en Teotihuacán, y a vender sus propios productos.

Teotihuacán fue el centro urbano más grande e importante en el Valle Central de México durante la época precolombina. Llegó a tener una población de más de 150.000 personas alrededor del siglo III o IV[5]. Pero aproximadamente en el año 750, por razones desconocidas hasta hoy, la ciudad fue quemada o destruida[6] y, al final, abandonada.

[4] hard, black, volcanic rock
[5] third or fourth century
[6] burned or destroyed

¿Comprendiste?

1. ¿De dónde viene el nombre Teotihuacán?
2. ¿Por qué parece que Teotihuacán fue diseñada por un plan maestro?
3. ¿Qué productos estaban de venta en el mercado?
4. ¿Sabemos exactamente por qué la civilización desapareció? Explica tu respuesta.

¿Qué piensas?

1. ¿Puedes hacer unas comparaciones entre Teotihuacán y tu ciudad?
2. ¿Tienen las calles de tu ciudad un plano regular o irregular? ¿Qué son los edificios importantes? ¿Cómo son las casas? ¿Dónde están con relación al centro?

En colores
CULTURA Y COMPARACIONES

PARA CONOCERNOS

STRATEGY: CONNECTING CULTURES

Compare meals and mealtimes Interview three people of different ages or backgrounds to find out at what time of day they eat their main meal and the name for that meal. Make a chart like the one here and then compare your answers.

Nombre	Edad	Comida principal	Hora
Adriana	15	almuerzo	1:00 p.m.

La cochinita pibil, puerco asado en una hoja de plátano y servido en tacos o tamales, es típico del sur de México.

El flan es un postre que se ve por todo el país. Los ingredientes varían un poco según la región.

¡BUEN PROVECHO!
LA COMIDA MEXICANA

La cocina[1] mexicana es una de las más variadas del mundo. La mayor parte de platos mexicanos tienen su origen en el mundo precolombino, pero hay otros que son variantes de platos españoles. En Estados Unidos se comen algunos platos mexicanos típicos como los tacos, las enchiladas, el guacamole y la salsa picante.

La cocina mexicana es a base de maíz[2]. De la harina de maíz se hacen las tortillas, el

---

[1] cuisine   [2] corn

Las flautas A estos tacos fritos se les llaman «flautas» porque tienen la forma del instrumento musical. Los sirven por todo México.

Los chiles rellenos de este tipo se vende mucho en Veracruz, una ciudad en el centro de México.

El mole negro Puedes pedir mole negro, un platillo que incluye una salsa con más de 20 ingredientes, cuando visitas Oaxaca, una ciudad en el sur del país.

¿Comprendiste?

1. ¿Qué orígenes tiene la comida mexicana?
2. ¿Qué platos mexicanos se comen en Estados Unidos?
3. ¿Cuál es el alimento básico en México?
4. Describe las tres comidas del día en México.

¿Qué piensas?

1. ¿Cuáles son los alimentos que se usan en más de un plato?
2. ¿Por qué crees que algunos platos mexicanos son de origen precolombino y otros de origen español?

Hazlo tú

Con unos(as) compañeros(as), busquen unas recetas mexicanas. Estúdienlas para ver cuáles pueden hacer en Estados Unidos. Escojan una, háganla y preséntensela a la clase. Sírvanles el plato a sus compañeros(as), contándoles de qué región viene y cómo se hace. ¡Buen provecho!

equivalente mexicano del pan. Las tortillas son un elemento importante en muchas recetas. Otros alimentos importantes en México son el arroz, los frijoles, el chocolate, los chiles y los tomates.

En cuanto a[3] las costumbres de comida, lo que es tradicional en México es un desayuno y, generalmente alrededor de las dos de la tarde, un almuerzo fuerte (la comida principal del día) que se llama *la comida*. Típicamente, la cena es ligera[4], como un yogur o un sándwich.

---

[3] as for   [4] light

ETAPA 3

Now you can...

• order in a restaurant.

To review

• direct object pronouns, see p. 152.

Now you can...

• talk about things to do in the city.

To review

• indirect object pronouns, see p. 154.

• verbs similar to **gustar,** see p. 155.

OBJECTIVES

• Order in a restaurant
• Ask for and pay a restaurant bill
• Talk about things to do in the city

En uso
REPASO y MÁS COMUNICACIÓN

ACTIVIDAD 1 ¿Me ayudas?

Estás comiendo en un restaurante con un niño pequeño. Explícale cómo comer las siguientes cosas. *(Hint: Tell a child how to eat the different foods.)*

modelo

¿Cerezas o tomate?

¿Los tacos? Puedes comerlos con tomate.

1. ¿El cuchillo o la cuchara?

2. ¿Sal o azúcar?

3. ¿La cuchara o las manos?

4. ¿Las manos o el tenedor?

5. ¿Mantequilla o mantequilla de cacahuate?

6. ¿Aceite o harina?

ACTIVIDAD 2 ¡Vamos al centro!

Todos están hablando de actividades en la ciudad. ¿Qué dicen?
(Hint: Tell people's opinions of city activities.)

modelo

Juan y yo (interesar) visitar los museos

A Juan y a mí nos interesa visitar los museos.

1. mis padres (encantar) las galerías de arte

2. yo (gustar) los actores mexicanos

3. tú (importar) ver los estrenos

4. nosotros (molestar) pagar los precios de los boletos

5. Tomás y Berta (fascinar) las obras de teatro

6. ustedes (faltar) dinero para salir

Now you can...

• order in a restaurant.

To review

• indirect object pronouns, see p. 154.

• double object pronouns, see p. 157.

¿Qué nos recomienda?

Raúl y sus amigos piden la comida en un restaurante mexicano. ¿Qué les recomiendan los meseros? ¿Cómo se lo van a servir? *(Hint: Tell what the waiters recommend and how it will be served.)*

modelo

María: la sopa (una torta)

Le recomiendan la sopa. Van a servírsela con una torta.

1. nosotros: los tacos (salsa picante)
2. yo: el pescado (cebolla)
3. Gabriel: las verduras (sal y pimienta)
4. Salvador y yo: el melón (azúcar)
5. tú: el pollo (tortillas)
6. ustedes: la carne de res (frijoles)
7. yo: las papas asadas (mantequilla)
8. Alex y Sandra: la pasta (queso)

Now you can...

• order in a restaurant.

• ask for and pay a restaurant bill.

To review

• double object pronouns, see p. 157.

¿Qué desean?

Imagínate que trabajas en un restaurante como mesero(a). Contesta que sí a las preguntas de los clientes. *(Hint: You are a waiter or waitress at a restaurant. Answer yes to the customers' questions.)*

modelo

¿Me trae unos cubiertos, por favor?

Sí, se los traigo.

1. ¿Me trae el menú, por favor?
2. ¿Nos recomienda las enchiladas?
3. ¿Le sirve un café a mi esposa, por favor?
4. ¿Nos trae más pan, por favor?
5. ¿Les sirve más limonada a mis hijos, por favor?
6. ¿Me trae la cuenta, por favor?
7. ¿Le doy la tarjeta de crédito a usted?
8. ¿Le dejo la propina en la mesa?

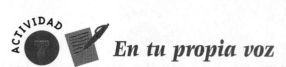

¿Me pasas...?

Estás comiendo en un restaurante con tu amigo(a). Dibuja cuatro cosas, comidas o cubiertos, en papeles separados. Entonces, pídeselas a tu amigo(a). *(Hint: You and a partner draw restaurant items and ask each other for them.)*

modelo

Tú: *Las cerezas... ¿me las pasas, por favor?*

Amigo(a): *¡Cómo no! Te las paso en seguida.*

¡Problemas!

Tú y dos compañeros(as) están en un restaurante. Una persona hace el papel del (de la) mesero(a) y las otras hacen el papel de los clientes. El (La) pobre mesero(a) tiene problemas porque un cliente lo critica todo y el otro le hace muchas preguntas. *(Hint: A server is trying to please two difficult customers. Act out the scene.)*

En tu propia voz

ESCRITURA Imagínate que estás de vacaciones con tu familia. Escríbele una tarjeta postal a un(a) amigo(a). Incluye las reacciones de varios miembros de la familia a cinco actividades que hicieron durante el viaje.
(Hint: Write a postcard describing a vacation.)

> Querida Sonia:
>
> Me gusta mucho México. Me fascinan los museos pero a mamá no le gusta visitarlos. Prefiere ir al teatro. Le encantan las obras musicales. Los cantantes mexicanos son muy buenos.
>
> ¡Saludos!   —Catarina
>
> Sonia Díaz
> 2 Main St.
> Rye, NY 01580
> U.S.A.

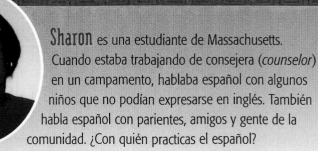

Sharon es una estudiante de Massachusetts. Cuando estaba trabajando de consejera (*counselor*) en un campamento, hablaba español con algunos niños que no podían expresarse en inglés. También habla español con parientes, amigos y gente de la comunidad. ¿Con quién practicas el español?

En resumen
REPASO DE VOCABULARIO

At the Restaurant

el aceite	oil
la carne de res	beef
las cebollas	onions
las cerezas	cherries
los cubiertos	silverware
los frijoles	beans
la harina	flour
el mantel	tablecloth
las manzanas	apples
el pan	bread
las papas	potatoes
la pasta	pasta
las peras	pears
el pescado	fish
la pimienta	pepper
la sal	salt
las salchichas	hot dogs, sausages
la servilleta	napkin
el taco	taco
la taquería	taco restaurant
los tomates	tomatoes
la torta	sandwich
las verduras	vegetables
las zanahorias	carrots

Common Expressions

¿Qué desea(n)?	What would you like?
¿Qué me (nos) recomienda?	What do you recommend?
¡Salud!	Cheers!
¿Se le(s) ofrece algo más?	May I offer you anything more?

la cuenta	bill
dejar la propina	to leave the tip

People

el actor	actor
la actriz	actress
el (la) cantante	singer
el (la) comediante	comedian

Activities and Events

las aventuras	adventures
la ciencia ficción	science fiction
la comedia	comedy
dar una vuelta	to take a walk, stroll, or ride
la escena	scene
el estreno	new release
el horror	horror
el musical	musical
la obra de teatro	theatrical production
romántico(a)	romantic
la serie	series
la telenovela	soap opera
el tema	theme, subject

bastante	enough
cenar	to eat dinner
demasiado(a)	too much
llenar	to fill
lleno(a)	full
mojado(a)	wet
ofrecer	to offer
el papel	role
seco(a)	dry
vacío(a)	empty

Verbs Similar to *gustar*

encantar	to delight
faltar	to lack
fascinar	to fascinate, to love (sports, food, etc.)
importar	to be important to, to matter
interesar	to interest
molestar	to bother

Jueg

¿Qué soy yo?

Puedo ser feliz o triste, y tal vez romántica. Te puedo llevar a muchos lugares. Alguien me escribió y otros me presentan. Necesito personas que se ven, personas que no se ven y personas que ven para salir bien. Tal vez necesitas boletos para verme. ¿Qué soy yo?

En tu propia voz
ESCRITURA y

Escribe un cuento

The Spanish classes at your school were invited to write and illustrate children's picture books in Spanish for local elementary schools. Write a short story that would appeal to young children.

Purpose: Provide books in Spanish for local children
Audience: Elementary schoolchildren
Subject: Story writing
Structure: Picture book

> **PARA ESCRIBIR • STRATEGY: WRITING**
> **Develop your story** An interesting, well-planned story will hold your reader's attention. Remember to thoroughly develop your ideas for characters and plot.

Modelo del estudiante

The writer tells where the story takes place.

Había una vez una granja pequeña en México. En la granja vivía un cerdito pequeño, Quique. Quique era muy amable: obediente, sociable y animado. Le gustaba contar chistes y jugar con los otros animales.

The writer describes the main character of the story.

El día de su cumpleaños empezó muy mal para Quique. Se levantó tarde por la mañana y no había más desayuno. —No hay problema —dijo Quique—. Voy a celebrar con mis amigos.

The story contains a series of events that make up the plot.

Entonces, salió del corral en busca de los otros animales, pero no había nadie por ninguna parte. El pobre cerdito estaba muy triste.

Quique regresó al corral, solito. De repente, todos sus amigos saltaron de los rincones del corral y gritaron: —¡Feliz cumpleaños, Quiquito!

—¡Qué sorpresa! —exclamó Quique alegremente. Luego todos los animales celebraron con una fiesta magnífica y Quique rompió la piñata.

The story has a happy ending.

Estrategias para escribir

Antes de escribir...

A good children's story contains a setting (time, place), a few characters, and a basic plot (series of events). The action of the story moves along quickly, usually toward a happy ending. Before you write, create a story map like this one to plan and organize your ideas.

Personaje central:	un pato tímido
Lugar:	un río de Nueva York
Situación:	El pato no sabía nadar. No podía ir de vacaciones con la familia.
Lo que pasa:	1. Consultó con otros.
	2. Miraba a sus hermanos.
	3. Practicaba cada mañana.
	4.
	5.
Fin:	Aprendió a nadar.

Revisiones

Share your draft with a partner.
Then ask

- *Do the characters' words and actions make sense?*
- *Is there a real problem or situation that moves the story along?*
- *Does the story come to a natural or interesting stopping point?*

Revise your draft based on your partner's answers.

La versión final

Before you create the final draft of your story, check your writing and use proofreading symbols (p. 97) to correct any errors you find. Look over your work with the following questions in mind:

- *Did I use the preterite in the right places?*

Try this: Find each preterite form and make sure it refers to a completed action in the past. If not, change to the imperfect.

- *Did I use the imperfect correctly?*

Try this: Locate each imperfect form. Does each refer to an ongoing action or description in the past? If not, change to the preterite.

 Share your writing on www.mcdougallittell.com

Cerca de un río de Nueva York vivía un pato tímido con su familia. Todos los días el pato Danilo miraba las nubes o corrió de un lugar a otro. Sus ía hermanos siempre jugaron en ban el río, pero Danilo no.

Un día los padres llamó aron a sus hijos y les dicieron j sus planes para ir de vacaciones.

UNIDAD 3

OBJECTIVES

ETAPA 1

¿Estás en forma?

- Discuss ways to stay fit and healthy
- Make suggestions
- Talk about daily routine and personal care

ETAPA 2

Preparaciones

- Discuss beach activities
- Tell someone what to do
- Talk about chores
- Say if something has already been done

ETAPA 3

¿Cómo te sientes?

- Describe time periods
- Talk about health and illness
- Give advice

SAN JUAN PUERTO RICO

SOL Y SOMBRA

EL OBSERVATORIO DE ARECIBO

ARECIBO

MAYAGÜEZ

PONCE

EL OBSERVATORIO DE ARECIBO
Puedes encontrar el radiotelescopio más grande del mundo en Arecibo, Puerto Rico. ¿Qué se puede estudiar desde un observatorio?

LOS PASTELES Estos deliciosos tamales se hacen de plátanos verdes o yautías (un vegetal parecido a la papa) y carne. Son una comida típica de Puerto Rico. ¿Conoces otro plato como éste?

170

ALMANAQUE

Población: 3.522.000

Altura: nivel del mar

Clima: 23°C (73°F), enero; 27°C (81°F), julio

Moneda: el dólar

Comida típica: pasta de guayaba, arroz con gandules, pernil, pasteles

Gente famosa de Puerto Rico: Gigi Fernández (deportista), Luis Muñoz Marín (político), Francisco Oller (pintor), Luis Rafael Sánchez (escritor)

¿Vas a San Juan? Si eres estadounidense y viajas a Puerto Rico, no necesitas tu pasaporte. Puerto Rico es parte de Estados Unidos.

Ve a www.mcdougallittell.com para más información sobre San Juan.

PIRATAS Realmente existían los piratas y fueron un peligro para los barcos españoles que navegaban en el Atlántico. Para defenderse contra los piratas, el gobierno español construyó un fuerte masivo en San Juan. ¿Qué otra información sabes sobre los piratas?

★ SAN JUAN

EL YUNQUE

PUERTO RICO

HUMACAO

LA CEIBA DE PONCE es uno de los árboles más antiguos de Puerto Rico. Está en la ciudad de Ponce, llamada así por Ponce de León. Aquí ves una pintura del árbol. La pintó Francisco Oller, uno de los pintores puertorriqueños más famosos. ¿Qué otros pintores conoces?

EL YUNQUE, un magnífico bosque tropical, es el único en Estados Unidos. Allí caen más de 200 pulgadas (*inches*) de lluvia al año. Toda esta lluvia contribuye a la vida de los animales y plantas que viven allí. ¿Qué clase de animales y plantas crees que puedes encontrar en El Yunque?

MARC ANTHONY Tal vez lo viste en películas como *Hackers*. Marc Anthony, cantante y actor puertorriqueño, es uno de los cantantes de salsa más importantes. ¿Qué otros actores o cantantes latinos conoces?

EL CARIBE

Estados Unidos

Islas Bahamas

Cuba

República Dominicana

Jamaica   Haití   Puerto Rico

Antillas Menores

ETAPA 1

¿Estás en forma?

- Discuss ways to stay fit and healthy

- Make suggestions

- Talk about daily routine and personal care

¿Qué ves?

Mira la foto del Viejo San Juan. Luego contesta las preguntas.

1. ¿Quiénes son las personas de esta foto?

2. ¿Qué hacen?

3. ¿Dónde puedes leer de actividades para hacer en San Juan?

PUERTO RICO

Revista de viajes y deportes

172

En contexto
VOCABULARIO

Lee lo que dice Francisco sobre cómo mantenerse saludable.

¡Hola! Si quieres **mantenerte sano,** sigue mis **consejos.**

Consejos para mantenerse sano

Dieta balanceada

A Para tener mucha **energía** y estar **saludable,** les **aconsejo** seguir **una dieta balanceada.**

B En tu **alimentación,** come comidas o **alimentos** de **calorías nutritivas,** sin mucho azúcar.

A veces **me entreno** con mis amigos, pero a veces me entreno solo. Siempre **sudo** mucho.

Consejos para mantenerse sano

ejercicio

ENTRENARSE

ESTIRARSE Y RELAJARSE

ATLETISMO

Después de entrenarte, es importante **estirarte** para **relajarte...** como yo estoy haciendo.

Así vas a lograr tu **bienestar** y **crecer** fuerte y sano, sin tener **estrés.**

El ejercicio también es importante. Tal vez te gusta **el atletismo.**

Preguntas personales

1. ¿Qué te gusta comer cada día? ¿Es balanceada tu dieta?

2. ¿Haces ejercicio? ¿Qué tipo?

3. ¿Prefieres entrenarte solo(a) o con tus amigos(as)? ¿Por qué?

4. ¿Cómo te sientes cuando haces ejercicio? Explica tu respuesta.

En vivo
DIÁLOGO

Francisco   Elena   Juana   Miguel

PARA ESCUCHAR • STRATEGY: LISTENING

Listen and sort details Elena's **consejos** (advice) are in three categories: **ejercicio** (exercise), **dieta** (diet), and **actitudes** (attitudes). Listen for these three categories. What words do you hear?

En San Juan...

1 ▶ Francisco: *(escribiendo su artículo)* Elena Suárez es la estrella de un programa de televisión de ejercicio y salud. La voy a entrevistar. Vamos a correr un poco y luego hablar de la entrevista.

5 ▶ Miguel: Entonces veo su programa. Estábamos mirándolo el sábado pasado cuando usted habló de la dieta y el estrés. Sus consejos nos ayudaron mucho.
Elena: Muchas gracias, muy amable.

6 ▶ Miguel: Ahora tratamos de comer más alimentos sanos.
Juana: Sí, y estamos tratando de eliminar el estrés. Y los ejercicios ayudan mucho. Los hago todos los días.
Elena: Me alegra oírlo, señora.

7 ▶ Miguel: Por favor, señorita Suárez, dénos su autógrafo. Ponga, por favor, «a Miguel y Juana, de su amiga Elena Suárez».
Juana: Por favor, diga la frase con la que usted cierra su programa.

2 ▶ Francisco: Y tu programa de televisión es muy popular aquí, ¿no?

Elena: Sí, súper popular. Lo pasan en el canal siete todos los sábados.

3 ▶ Juana: Con permiso… ¿Es usted Elena Suárez? ¿La del programa de televisión?

Elena: Sí, soy yo.

Juana: ¡Ay, me encanta su programa! Venga, por favor, a conocer a mi esposo.

4 ▶ Miguel: Sabe, su programa es maravilloso. Lo veo todos los sábados. Los sábados por la mañana, me levanto temprano y me lavo la boca. Luego…

Juana: ¡Miguel! A la señorita Suárez no le interesa tu rutina.

8 ▶ Elena: «Adiós, queridos televidentes, y acuérdense —para mantenerse sanos, lleven una dieta balanceada y nutritiva, no fumen nunca, y ¡hagan ejercicio!»

9 ▶ Elena: Bueno, Francisco. Vas a venir a ver la producción de mi programa, ¿no? ¿Y estás con tu familia aquí?

Francisco: Sí, con mis tíos y mi prima.

Elena: Ellos también pueden venir. Ustedes pueden participar.

10 ▶ Francisco: ¿Qué tenemos que hacer?

Elena: Primero, nos estiramos un poco, después hacemos los ejercicios. Y hay una parte sobre la dieta y la alimentación, el bienestar y la vida saludable. Pónganse ropa ligera.

En acción
VOCABULARIO Y GRAMÁTICA

OBJECTIVES

- Discuss ways to stay fit and healthy
- Make suggestions
- Talk about daily routine and personal care

¿Quién habla?

Escuchar Según el diálogo, ¿quién habla?
(Hint: Say who speaks.)

Francisco

Elena

Juana

Miguel

1. «Vamos a correr un poco y luego hablar de la entrevista.»
2. «¡Ay, me encanta su programa!»
3. «Los sábados por la mañana, me levanto temprano y me lavo la boca.»
4. «Sus consejos nos ayudaron mucho.»
5. «Adiós, queridos televidentes, y acuérdense…»

No es cierto

Escuchar/Escribir Todas estas oraciones son falsas. Escribe la verdad según el diálogo. *(Hint: Change these false sentences to true ones.)*

1. El programa de Elena Suárez está en la televisión los jueves.
2. Inmediatamente después de levantarse, Miguel ve el programa.
3. Juana sólo hace ejercicios los sábados.
4. Según Elena, no es importante comer alimentos nutritivos.
5. En el autógrafo, Miguel quiere poner el nombre de su esposa primero.
6. Después del autógrafo, Miguel y Juana le piden unos consejos a Elena.
7. El programa de Elena es a las dos de la tarde.
8. Elena dice que la familia de Francisco no puede venir a ver el programa.

TAMBIÉN SE DICE

En Puerto Rico, mucha gente usa la palabra **súper** en lugar de **muy**. Por ejemplo, Elena dice «súper popular». Pero si quieres decir que algo es muy bueno, puedes usar las palabras **chévere, fenomenal, genial, fantástico, maravilloso** o **buenísimo.**

Consejos

Hablar/Escribir Tus compañeros(as) necesitan consejos sobre cómo mantenerse sanos(as). Dales unos buenos consejos. *(Hint: Give advice.)*

modelo

dormir más de siete horas cada noche

Debes dormir más de siete horas cada noche. (No debes dormir más de siete horas cada noche.)

1. comer alimentos nutritivos
2. sudar mucho cuando haces ejercicio
3. comer muchos dulces y comida rápida
4. estirarte antes y después de hacer ejercicio
5. vivir una vida balanceada
6. participar en el atletismo
7. entrenarte todos los días
8. pensar en la alimentación en tu dieta
9. usar comida para bajar el estrés
10. relajarte un poco todos los días

♻ ¿Siempre o nunca?

Hablar/Escribir Tu compañero(a) quiere saber con qué frecuencia haces estas cosas. ¿Qué le dices? *(Hint: How often do you do these activities?)*

modelo

darle regalos a tu hermano

Compañero(a): *¿Con qué frecuencia le das regalos a tu hermano?*

Tú: *Siempre se los doy.*

nunca — rara vez — de vez en cuando — mucho — siempre

1. dejarle una buena propina al (a la) mesero(a)
2. contarle chistes a tu hermano(a) en un restaurante
3. comprar un refresco para mí
4. darles servilletas a los miembros de tu familia
5. pagarles la cuenta a tus amigos
6. recomendarle un plato a un(a) compañero(a)
7. pedirles dinero a tus padres para cenar en un restaurante
8. preparar comida para tu familia

Pronoun Placement

▶ Where do you put **direct** or **indirect object pronouns**? Sometimes they are placed **before** the verb, and sometimes they **attach** to the verb.

▶ Is the verb **conjugated**? You can put the pronoun **before** the verb.

Sus consejos **nos ayudaron** mucho.
*Your advice **helped us** a lot.*

▶ Is the verb in the **infinitive** or in the **-ndo** form? You can **attach** the pronoun to the verb.

attached

Voy a **entrevistarla**.
*I am going **to interview her**.*

Estábamos **mirándolo**
el sábado pasado.
*We were **watching it** last Saturday.*

Remember that a written accent is often needed to retain correct pronunciation.

NOTA CULTURAL

El béisbol es el deporte más popular de Puerto Rico. Cuando la temporada profesional se termina en Estados Unidos, comienza la liga del invierno en Puerto Rico, que corre desde finales de octubre hasta principios de febrero.

ACTIVIDAD 5 Gramática

No dejes para mañana...

Escribir Tu profesor(a) de educación física te pregunta qué vas a hacer hoy para estar en forma, pero siempre le dices que vas a hacerlo mañana.
(*Hint: Say what you'll do.*)

modelo

¿Haces ejercicio hoy?
No, voy a hacerlo mañana.
(No, lo voy a hacer mañana.)

1. ¿Comes alimentos saludables?
2. ¿Te entrenas hoy?
3. ¿Comes comidas con pocas calorías?
4. ¿Andas en bicicleta hoy?
5. ¿Practicas el atletismo hoy?
6. ¿Te estiras hoy?
7. ¿Bajas el estrés?
8. ¿Te relajas un poco hoy?

■ **MÁS PRÁCTICA** *cuaderno*
pp. 69–70

■ **PARA HISPANOHABLANTES**
cuaderno pp. 67–68

Primero

Hablar Pregúntale a tu compañero(a) en qué orden estas personas van a hacer las actividades mañana. *(Hint: Tell in what order these people will do these activities tomorrow.)*

modelo

tú: lavarse los dientes / ponerse la ropa

Compañero(a): *¿Qué vas a hacer primero mañana, lavarte los dientes o ponerte la ropa?*

Tú: *Voy a lavarme los dientes primero.*
(Me voy a lavar los dientes primero.)

1. nosotros: despertarse / levantarse
2. tu hermano(a): cepillarse el pelo / lavarse el pelo
3. ustedes: acostarse / quitarse la ropa
4. unos amigos: secarse / bañarse
5. tu padre: ponerse la ropa / afeitarse
6. tú: peinarse / secarse el pelo
7. tú: arreglarse / acostarse

Vocabulario

Las preparaciones

acostarse (o → ue) *to lie down, to go to bed*

arreglarse *to get ready*

cepillarse el pelo *to brush one's hair*

quitarse la ropa *to take off one's clothes*

♻ Ya sabes

afeitarse *to shave oneself*

bañarse *to take a bath*

despertarse (e → ie) *to wake up*

ducharse *to take a shower*

lavarse *to wash oneself*

lavarse los dientes *to brush one's teeth*

levantarse *to get up*

maquillarse *to put on makeup*

peinarse *to comb one's hair*

ponerse la ropa *to get dressed*

secarse *to dry oneself*

¿Qué actividad haces primero?

El día de deportes

Hablar Tú y tus amigos están planeando un día de deportes en el parque. Pregúntale a tu padre qué necesitan ustedes. Luego cambien de papel. *(Hint: What do you need for your sports day?)*

modelo

Hijo(a): *¿Traigo los patines?*

Padre: *No, no necesitas traerlos. (No los necesitas traer.)*

¿Lógico o no?

Escuchar/Escribir Escucha las descripciones dos veces. La segunda vez, indica si son lógicas o ilógicas. *(Hint: Are the descriptions logical?)*

1. _____   5. _____

2. _____   6. _____

3. _____   7. _____

4. _____   8. _____

■ **MÁS COMUNICACIÓN** p. R8

Tu tío Tito te dio tu trompeta y te dijo: —La vas a tocar todos los días con tu tía Tania.

¿De quién es la trompeta?

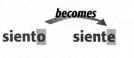

GRAMÁTICA ◆ Give Formal Commands Using usted/ustedes

▶ For **affirmative tú commands,** you know that you use the third person singular form of the verb in the present tense. But what do you use for **usted commands**?

• For **-ar** verbs, take the **yo form** of the verb and change the ending to **-e**.

becomes

sient**o** → sient**e**

No **siente** al niño delante de la televisión.
*Don't **sit** the child in front of the television.*

• For **-er** and **-ir** verbs, take the **yo form** of the verb and change the ending to **-a**.

becomes

com**o** → com**a**

Coma comidas nutritivas.
***Eat** nutritious foods.*

▶ For **ustedes commands,** use plural endings.

becomes

habl**o** → habl**en**

Hablen español, por favor.
***Speak** Spanish, please.*

becomes

escrib**o** → escrib**an**

Escriban las respuestas.
***Write** the answers.*

▶ Some common verbs have irregular **usted commands:**

	dar	estar	ir	saber	ser
usted	dé	esté	vaya	sepa	sea
ustedes	den	estén	vayan	sepan	sean

Elena dice:
—Por favor, **vayan** a hacer ejercicio hoy, no mañana.

*Please, **go** exercise today, not tomorrow.*

Verbs ending in **-car, -gar,** and **-zar** have a spelling change to preserve pronunciation: empezar→empiece

¡Mejore su clase!

Escribir Imagínate que le aconsejas a un(a) profesor(a) cómo mejorar su clase. Escribe mandatos afirmativos o negativos. *(Hint: Write affirmative or negative commands.)*

modelo

cantar *(más / menos)* en clase

Cante más en clase.

(No cante más en clase.)

1. hablar (más/menos)
2. escuchar a los estudiantes
3. dar (más/menos) tarea
4. leer (más/menos) en clase
5. escribir (más/menos) en el pizarrón
6. traer comida para los estudiantes
7. tocar música en clase
8. llegar a tiempo todos los días

MÁS PRÁCTICA *cuaderno* p. 71

PARA HISPANOHABLANTES *cuaderno* p. 69

Para su bienestar

Hablar/Escribir Imagínate que trabajas en un club y un señor te pide consejos. ¿Qué le dices? *(Hint: Give advice.)*

modelo

¿Cuántas horas debo dormir? (ocho o nueve horas)

Señor: ¿Cuántas horas debo dormir?

Tú: Duerma ocho o nueve horas cada noche.

1. ¿Hago ejercicios aeróbicos? (casi todos los días)
2. ¿Qué como? (alimentos nutritivos)
3. ¿Bebo café? (muy poco)
4. ¿Voy al club? (con frecuencia)
5. ¿Practico el atletismo? (para aliviar el estrés)
6. ¿Juego al béisbol? (después de estirarse)

Los diez consejos

Hablar/Escribir En un grupo, escriban una lista de diez consejos en orden de importancia para los adultos. Léanle la lista al resto de la clase, empezando con el último consejo. *(Hint: Write a "top ten" list of advice for adults, and read it backwards to the class.)*

modelo

1. Compren un carro nuevo.
2. Tengan paciencia.
3. Denles mucho dinero a sus hijos.

Commands and Pronoun Placement

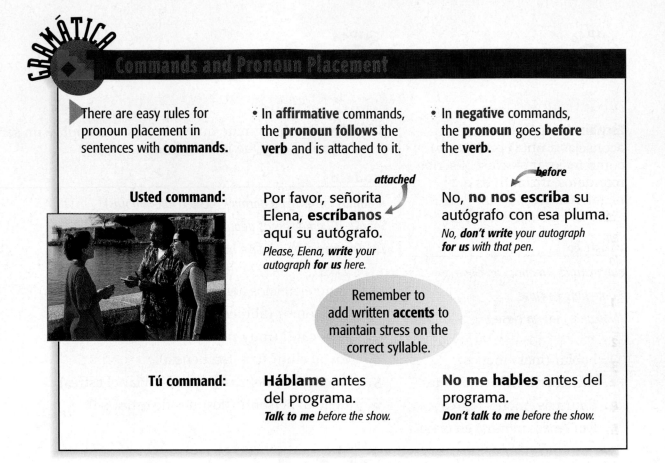

▶ There are easy rules for pronoun placement in sentences with **commands**.

• In **affirmative** commands, the **pronoun follows** the **verb** and is attached to it.

• In **negative** commands, the **pronoun** goes **before** the **verb**.

Usted command:

attached

Por favor, señorita Elena, **escríbanos** aquí su autógrafo.
*Please, Elena, **write** your autograph **for us** here.*

before

No, **no nos escriba** su autógrafo con esa pluma.
*No, **don't write** your autograph **for us** with that pen.*

Remember to add written **accents** to maintain stress on the correct syllable.

Tú command:

Háblame antes del programa.
***Talk to me** before the show.*

No me **hables** antes del programa.
***Don't talk to me** before the show.*

ACTIVIDAD 12 Gramática

¡Salud!

Hablar/Escribir Elena sabe mucho sobre cómo mantenerse saludable. Tomó unos apuntes de lo que piensa aconsejarle a la gente. Cambia cada apunte del infinitivo al imperativo. *(Hint: Give commands.)*

modelo

mantenerse sanos con comida nutritiva (sí)
Manténganse sanos con comida nutritiva.

1. divertirse con una rutina de ejercicio (sí)
2. dormirse tarde todos los días (no)
3. lavarse los dientes (sí)
4. relajarse (sí)
5. acostarse muy tarde (no)
6. ponerse ropa ligera (sí)

ACTIVIDAD 13 Gramática

¿Qué deben comprar?

Leer/Escribir ¿Deben las siguientes personas comprar el artículo mencionado? Usa mandatos afirmativos y negativos para hacerles recomendaciones. (*Hint: Should these people buy these items?*)

modelo

Tenemos pelo sucio. (el perfume)

No lo compren.

1. En la mañana el sabor en la boca es feo. (la pasta de dientes)

2. Corro y levanto pesas. (el desodorante)

3. Tenemos las manos bastante secas. (el maquillaje)

4. Tenemos el pelo muy sucio. (el champú)

5. Queremos tener pelo más rizado. (los cepillos de dientes)

6. Necesito un regalo para una señorita elegante. (el perfume)

MÁS PRÁCTICA *cuaderno* p. 72

PARA HISPANOHABLANTES *cuaderno* p. 70

APOYO PARA ESTUDIAR

Pronoun placement with affirmative commands

When you attach any object pronoun (direct, indirect, or reflexive) to an affirmative command of two or more syllables, add a written accent to the stressed syllable of the verb. Examples: **Escríbalo. Tráigame. Siéntese. Póngase la gorra. Acuéstese.** But... **Hazlo. Ponlos.**

Vocabulario

¡Ponte bien!

la loción

el desodorante

el perfume

el jabón

el maquillaje

la pasta de dientes

el cepillo de dientes

el champú

el cepillo

el secador de pelo

el peine

pelo rizado

pelo lacio

¿Qué productos usas tú?

¿Qué venden?

Escuchar Escucha los seis anuncios del radio. ¿Qué producto quieren vender en cada anuncio? *(Hint: Tell what product is being advertised.)*

los cepillos

los cepillos de dientes

el jabón

el peine

la pasta de dientes

el champú

el desodorante

el maquillaje

la loción

el secador de pelo

NOTA CULTURAL

El Viejo San Juan Puerto Rico recibe mucha influencia de Estados Unidos, sobre todo en sus productos. Pero también tiene influencia de otros lugares. Esto se puede ver en los edificios del Viejo San Juan, que tienen un estilo colonial español que llegó con Ponce de León en el siglo XVI.

Consejos locos

Hablar/Escribir Con otros(as) compañeros(as), usa el imperativo de algunos verbos reflexivos para escribir cinco frases creativas que pueden actuar en clase. *(Hint: Give five commands with reflexive verbs for classmates to act out.)*

modelo

Siéntense y levántense cinco veces.

Lávense los dientes con un lápiz.

Dúchense con agua fría.

Péinense.

Maquíllense.

¡Háganlo!

Hablar Tú y tu compañero(a) de clase van a enseñarles a unos niños de la escuela primaria a hacer algo. Decidan qué van a enseñar usando las ideas de abajo. Luego practíquenlo con sus compañeros(as) de clase. *(Hint: Teach children to do something new.)*

andar en patineta

cuidar a un niño

lavarse los dientes

saludar en español

hacer un sándwich

Tu rutina

PARA CONVERSAR

STRATEGY: SPEAKING

Use gestures to convey meaning
The more senses you use when you communicate, the more sense you make. Use physical actions, as well as words, when talking about your daily routine.

Hablar Con un grupo de compañeros(as), habla de tu rutina diaria. (*Hint: Talk about your daily routine.*)

1. ¿A qué hora te levantas? ¿A qué hora te acuestas?

2. ¿Qué haces después de levantarte?

3. ¿Qué comes y bebes por la mañana? ¿por la noche?

4. ¿Cómo te mantienes saludable?

5. ¿Cómo te relajas?

Los anuncios

Hablar/Escribir Con un(a) compañero(a), haz un anuncio (cartel, video o presentación) para un producto de arreglo personal. Acuérdate de incluir lo siguiente. (*Hint: Create an ad for a personal care product.*)

- un mandato negativo (**usted** o **ustedes**)
- dos mandatos afirmativos (**usted** o **ustedes**)

- dos verbos reflexivos
- persuasión
- creatividad
- calidad

Champú El brillo
Cabello de lujo a bajo precio

¿Paga usted mucho por los productos para el pelo sin ver efectos positivos? No pierda más tiempo con su champú caro. ¡Haga un experimento!

Lávese el pelo todos los días con *Champú El brillo.* ¡Acuérdese! Si usted quiere tener cabello de lujo a bajo precio, **use Champú El brillo.**

MÁS COMUNICACIÓN p. R8

Refrán

El ejercicio hace al maestro.

Este refrán quiere decir que si sigues tratando, un día lo vas a hacer. En grupos pequeños, inventen un juego para tu clase donde los otros estudiantes tienen que tratar algo muchas veces antes de completar la actividad con éxito.

PARA LEER

STRATEGY: READING

Observe organization of ideas In a short reading, the number of paragraphs is often a clue to the number of key ideas. First, read the entire article quickly to get a general overview. Then reread each paragraph. On a copy of the chart below, give a title to each one.

Párrafo	Título
#1	
#2	
#3	
#4	
#5	
#6	

Puerto Rico: Lugar maravilloso

Puerto Rico es un lugar maravilloso para pasar las vacaciones porque tiene de todo. Tiene paisaje[1], deportes e historia. Y como es una isla pequeña puedes hacerlo todo en pocos días.

Si te gusta la naturaleza[2], no hay mejor lugar. En el interior de la isla hay varias reservas forestales y unas cuevas[3] muy importantes donde viven murciélagos[4] y donde se encuentran paredes de cristal.

Con el océano Atlántico al norte y el mar Caribe al sur, Puerto Rico tiene muchas playas. Algunas de las más famosas están cerca de San Juan en la costa atlántica, como Isla Verde, Luquillo y Condado. Para la gente que prefiere los deportes acuáticos, es posible hacer surfing, o bucear[5]. Se puede explorar la isla por mar en un barco o a caballo en las playas y las montañas. Y si no te interesa ninguno de esos deportes, el béisbol también es muy popular en Puerto Rico.

---

[1]landscape   [2]nature   [3]caves   [4]bats   [5]scuba diving

Después de disfrutar las maravillas naturales de la isla, es hora de conocer San Juan. El centro de la capital, el Viejo San Juan, es un barrio de mucho ambiente[6] con casas, iglesias y edificios de la época colonial española. Hay muchas cosas que ver, como la catedral, la fortaleza San Felipe del Morro y los excelentes museos.

En el San Juan moderno está el Jardín Botánico de la Universidad de Puerto Rico. Aquí puedes ver todo tipo de flora puertorriqueña, hasta plantas exóticas y especies en peligro de extinción.

Si acaso después de ver tantas atracciones tienes hambre, puedes comer un plato típico de la isla como el asopao o el arroz con habichuelas. ¡Buen provecho!

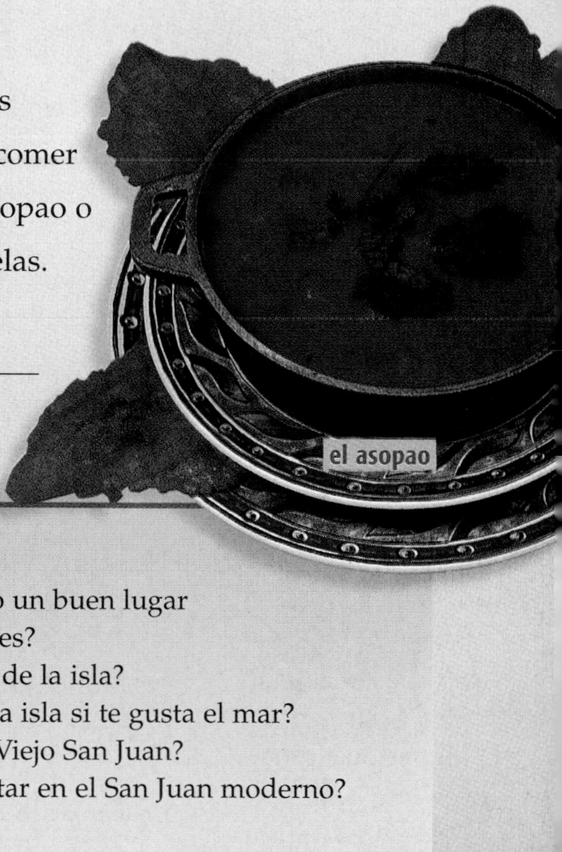

---

[6] atmosphere

el asopao

¿Comprendiste?

1. ¿Por qué es Puerto Rico un buen lugar para pasar las vacaciones?
2. ¿Qué hay en el interior de la isla?
3. ¿Qué puedes hacer en la isla si te gusta el mar?
4. ¿Qué puedes ver en el Viejo San Juan?
5. ¿Qué lugar puedes visitar en el San Juan moderno?

¿Qué piensas?

1. Repasa tus apuntes sobre la organización del artículo. ¿De qué se trata cada párrafo?
2. ¿Por qué crees que el béisbol y el surfing son pasatiempos populares en Puerto Rico?
3. Tienes una semana en Puerto Rico. ¿Cómo vas a pasar tu tiempo? ¿Qué te gustaría hacer? ¿Por qué?

En uso
REPASO Y MÁS COMUNICACIÓN

OBJECTIVES

- Discuss ways to stay fit and healthy
- Make suggestions
- Talk about daily routine and personal care

Now you can...

- talk about daily routine and personal care.

To review

- pronoun placement, see p. 180.

ACTIVIDAD 1 ¡No lo encuentro!

Una señora está arreglándose y no puede encontrar muchas cosas. ¿Qué dice? *(Hint: Tell what she says when she can't find what she needs.)*

modelo

¿Dónde está mi cepillo? ¡No lo encuentro y tengo que usarlo!

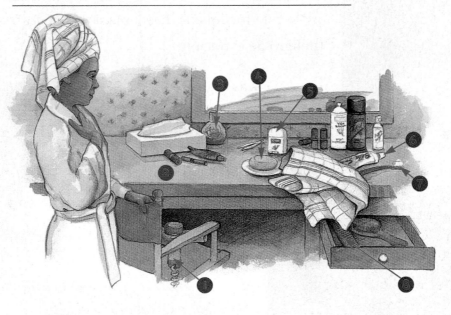

ACTIVIDAD 2 Un momento...

Francisco está arreglándose para la entrevista. ¿Qué le dice a su prima cuando toca a la puerta del baño? *(Hint: Tell what Francisco says when his cousin knocks on the bathroom door.)*

modelo

bañarse

Un momento. Me estoy bañando. (Estoy bañándome.)

1. lavarse el pelo
2. secarse
3. afeitarse
4. bañarse

5. lavarse los dientes
6. peinarse
7. ponerse la ropa
8. cepillarse el pelo

Now you can...

- talk about daily routine and personal care.

To review

- pronoun placement, see p. 180.

Now you can...
• discuss ways to stay fit and healthy.
• make suggestions.

To review
• formal **usted/ ustedes** commands, see p. 182.

ACTIVIDAD 3 ¡Manténganse sanos!

Elena les da consejos a sus admiradores. ¿Qué les dice?
(*Hint*: Tell what advice Elena gives to her fans.)

modelo

hacer ejercicio para bajar el estrés

Hagan ejercicio para bajar el estrés.

1. participar en varios deportes
2. correr para quemar calorías
3. caminar en el parque para relajarse
4. llevar una dieta balanceada
5. tomar suficiente agua
6. dormir ocho horas
7. vivir una vida saludable
8. estirarse para relajarse

Now you can...
• discuss ways to stay fit and healthy.
• make suggestions.

To review
• commands and pronoun placement, see p. 184.

ACTIVIDAD 4 Unas respuestas

Elena contesta las preguntas de sus admiradores. ¿Qué dice?
(*Hint*: Tell how Elena answers her fans' questions.)

modelo

¿Debo comer papas fritas?   No, no las coma.

¿Debo mantenerme sano?   Sí, manténgase sano.

1. ¿Debo comer frutas?
2. ¿Debo entrenarme todos los días?
3. ¿Debo beber mucho café?
4. ¿Debo estirarme antes de correr?
5. ¿Debo tomar muchos refrescos?
6. ¿Debo comer muchos dulces?
7. ¿Debo practicar deportes?
8. ¿Debo hacer ejercicio con frecuencia?
9. ¿Debo acostarme muy tarde?
10. ¿Debo tomar mucha agua?
11. ¿Debo relajarme después de correr?
12. ¿Debo levantar pesas?

 Nuestras rutinas

PARA CONVERSAR
STRATEGY: SPEAKING

React to daily routines As you compare daily routines, you will find similarities and differences. You often signal your general response before specifically telling how alike or different your schedules are.

To do this, use expressions like **yo también / ni yo tampoco / yo no / lo mismo para mí / no, al contrario / ¿de veras? / ¡no me digas!**

Haz una tabla con siete actividades y las horas correspondientes. Luego, en pares, háganse preguntas para comparar sus rutinas. *(Hint: Make a chart and compare routines.)*

modelo

Tú: *Me despierto a las seis. ¿Y tú?*

Compañero(a): *Yo también, pero no me levanto hasta las seis y cinco. ¿A qué hora te levantas?*

Rutina diaria		
Hora	Actividad	Horario de mi compañero(a)
6:00	me despierto	6:00
6:15	me levanto	6:05
6:20	me baño	6:10

 ¡Hagan ejercicio!

Tú eres maestro(a) de ejercicios aeróbicos. Dales consejos a otros compañeros(as) y contesta sus preguntas sobre la salud. *(Hint: Give advice.)*

modelo

Tú: *Relájense después de hacer ejercicio. Caminen en el parque.*

Compañero(a): *¿Debemos hacer ejercicio todos los días?*

Tú: *Sí, háganlo todos los días para mantenerse fuertes y sanos.*

 En tu propia voz

ESCRITURA Imagínate que trabajas para un programa de salud y un señor te pide consejos. Hazle una lista de consejos apropiados. Incluye tres mandatos afirmativos y tres mandatos negativos. *(Hint: Give health advice.)*

modelo

1. Haga ejercicio todos los días.
2. No coma…

CONEXIONES

Las ciencias En Puerto Rico, hay un pueblo que se llama La Parguera al pie de la Bahía Fosforescente. Hay una luminosidad (*glow*) que viene del agua. ¿Qué significa **fosforescente**? ¿Por qué se ilumina el agua de esta bahía? ¿Bajo qué circunstancias puedes ver esta luminosidad? Investiga estas preguntas y comparte las respuestas con la clase.

En resumen
REPASO DE VOCABULARIO

Diet and Exercise

el bienestar	well-being
crecer	to grow
la energía	energy
mantenerse sano(a)	to be healthy
relajarse	to relax
saludable	healthy

Diet

la alimentación	nourishment
el alimento	food
balanceado(a)	balanced
la caloría	calorie
la dieta	diet
nutritivo(a)	nutritious

Exercise

el atletismo	athletics
entrenarse	to train
estirarse	to stretch
el estrés	stress
sudar	to sweat

aconsejar	to advise
el (los) consejo(s)	advice

Daily Routine

acostarse (o → ue)	to lie down, to go to bed
arreglarse	to get ready
cepillarse el pelo	to brush one's hair
quitarse la ropa	to take off one's clothes

♻ Ya sabes

afeitarse	to shave oneself
bañarse	to take a bath
despertarse (e → ie)	to wake up
ducharse	to take a shower
lavarse	to wash oneself
lavarse los dientes	to brush one's teeth
levantarse	to get up
maquillarse	to put on makeup
peinarse	to comb one's hair
ponerse la ropa	to get dressed
secarse	to dry oneself

Personal Care

el desodorante	deodorant
lacio	straight (hair)
la loción	after-shave lotion
el maquillaje	makeup
el perfume	perfume
rizado	curly (hair)

♻ Ya sabes

el cepillo	hairbrush
el cepillo de dientes	toothbrush
el champú	shampoo
el jabón	soap
la pasta de dientes	toothpaste
el peine	comb
el secador de pelo	hair dryer

Juega

Lee las pistas y di qué necesitan Marta, Antonio y Beatriz.

Marta se lavó el pelo.
Antonio debe levantarse.
Beatriz quiere ducharse.

UNIDAD 3

ETAPA

2

Preparaciones

- Discuss beach activities

- Tell someone what to do

- Talk about chores

- Say if something has already been done

¿Qué ves?

Mira la foto de la playa y contesta las preguntas.

1. ¿Conoces a algunas personas de la foto? ¿A quién(es)?

2. ¿Qué hacen estas personas?

3. ¿Por qué crees que están allí?

4. ¿Qué puedes llevar a la playa?

Para la playa...
✓ toalla
✓ Sombrilla de playa
✓ sandalias
✓ loción protectora
✓ neverita

En contexto
VOCABULARIO

Aquí Francisco y Susana se divierten en una de las hermosas playas de Puerto Rico.

A En este día hermoso, Susana y Francisco están en **la orilla** del **océano** Atlántico. ¡Están preparados!

Susana llevó **la sombrilla de playa** y **la loción protectora** para **proteger la piel** de **quemaduras**. Si no usan loción protectora, el sol los puede **quemar** porque es muy fuerte.

Francisco llevó **una toalla** para sentarse en **la arena**. Como la arena está muy caliente, tienen **sandalias**.

Francisco y Susana también llevaron **una neverita** con refrescos y piensan encontrar **caracoles** para tener de recuerdo.

las olas

una quemadura

el océano

la sombrilla de playa

la orilla

las sandalias

la toalla

la arena

la neverita

un caracol

la palma

el agua de coco

el palmar

el pescador

el bote

B **El agua de coco** es deliciosa y quita
la sed que da el sol. El coco crece en
la palma. En Puerto Rico, Susana y
Francisco ven muchos **palmares,** o
grupos de palmas.

C

También ellos ven a **un pescador**
que disfruta de **las olas** en su
bote mientras pesca.

Preguntas personales

1. ¿Te gusta ir a la playa? ¿Cuál es tu playa favorita?
2. ¿Qué playa está cerca de donde vives?
3. Cuando vas a la playa, ¿qué llevas?
4. Cuando estás en la playa, ¿prefieres nadar o buscar caracoles?
   ¿Por qué?

En vivo

DIÁLOGO

La casa de los tíos

Tía Julia

Tío Rodrigo

Susana

Francisco

PARA ESCUCHAR • STRATEGY: LISTENING

Listen and categorize information Categorizing information often helps provide a framework for examining a subject. Tía Julia is trying to get everyone to share certain responsibilities. Listen and think of two categories into which these tasks would fit. What did you come up with?

1▶ **Tía Julia:** ¿Dónde están todos? Ya estamos atrasados. ¡Rodrigo!

Tío Rodrigo: ¿Sí, mi amor?

Tía Julia: No me dejes los platos sucios. Lavar los platos es tu quehacer, no el mío.

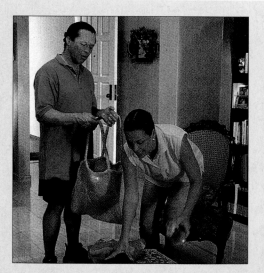

5▶ **Tío Rodrigo:** Aquí está la cartera. Y acabo de lavar los platos.

Tía Julia: Gracias, Rodrigo. Bien. Tenemos loción protectora, toallas, gafas de sol, sandalias.

6▶ **Tío Rodrigo:** ¿Qué más hago, Julia?

Tía Julia: A ver… ah, ¡sí! Pon la neverita con los sándwiches y el agua en el carro. Y la sombrilla de playa también.

7▶ **Tía Julia:** Tenemos todo lo que necesitamos para ir a la playa. Tenemos el almuerzo. La casa está limpia…

Tío Rodrigo: ¡Julia! Vamos, no queremos llegar tarde. ¡Date prisa!

2 ▶ Tío Rodrigo: Sí, ya lo sé, y me encanta lavarlos.

Tía Julia: Rodrigo, ¡lava los platos antes de salir de esta casa!

Tío Rodrigo: Sí. Claro, claro.

3 ▶ Susana: ¡Voy a ser una estrella!

Tía Julia: Susana, por favor, no corras por la casa. ¿Ya hiciste la cama?

Susana: No, no la hice.

Tía Julia: Vete y haz la cama inmediatamente. ¡Y limpia tu cuarto!

4 ▶ Francisco: Buenos días. ¿Ya estás lista?

Tía Julia: Ay, no. ¡Qué revolú hay en esta casa!

Francisco: ¿Cómo te ayudo?

Tía Julia: Por favor, pasa la aspiradora en la sala y saca la basura.

8 ▶ Francisco: ¡Qué precioso está el mar! Y la arena es tan suave.

Tío Rodrigo: Sí, tenemos playas bien lindas aquí. Con la arena suave, las olas y las palmas, es un paraíso tropical.

9 ▶ Susana: ¡Mira el caracol, papi! ¿No es bonito? Lo encontré en la orilla.

Tío Rodrigo: Sí, es muy bonito. Susana, por favor, ponte la loción protectora.

10 ▶ Susana: ¡Miren! ¡Allí está Elena Suárez y su equipo de televisión! Voy a ser estrella. Voy a ser estrella...

En acción
VOCABULARIO Y GRAMÁTICA

OBJECTIVES
- Discuss beach activities
- Tell someone what to do
- Talk about chores
- Say if something has already been done

Frases revueltas

Escuchar Combina frases de las dos columnas para describir el diálogo. *(Hint: Match phrases to describe the dialog.)*

1. Tío Rodrigo debe	**a.** lavar los platos.
2. Susana quiere	**b.** loción protectora en la piel.
3. Susana necesita	**c.** ser una estrella.
4. Tía Julia dice que tío Rodrigo debe	**d.** pasar la aspiradora.
5. Tía Julia dice que Francisco puede	**e.** hacer la cama.
6. Susana debe ponerse	**f.** poner la neverita en el carro.

TAMBIÉN SE DICE Tía Julia usa la frase **¡Qué revolú!** para hablar de la falta de organización de su casa. Esta frase, que es popular en Puerto Rico, viene de la palabra **revolución.** Quiere decir que un lugar está muy sucio o desordenado.

¿Ocurrió?

Escuchar/Leer Lee las oraciones e indica cuál no ocurrió en el diálogo. *(Hint: Which didn't occur?)*

1. Tío Rodrigo…
   a. le trae la cartera a su esposa
   b. generalmente prepara los sándwiches
   c. ayuda en casa
   d. lava los platos

2. Susana…
   a. está contenta porque va a salir en la televisión
   b. tiene que pasar la aspiradora
   c. corre en la casa
   d. tiene que hacer la cama

3. Francisco…
   a. le ofrece ayuda a tía Julia
   b. saca la basura
   c. pone la neverita en el carro
   d. admira la playa

4. Tía Julia…
   a. organiza el viaje a la playa
   b. necesita lavar los platos
   c. dice que no está lista para ir a la playa
   d. prepara el almuerzo

5. Francisco y su familia…
   a. limpian la casa
   b. hacen los quehaceres
   c. van a la playa
   d. comen una cena grande

♻ Por la mañana

Hablar ¿Qué hace Chela, la amiga de Francisco? Compara su rutina con la tuya. *(Hint: Describe her routine and compare it with yours.)*

modelo

Tú: *Chela se despierta a las seis. ¿A qué hora te despiertas?*

Compañero(a): *Me despierto a las siete. ¿Y tú?*

Tú: *Me despierto a las cinco y media.*

6:00

6:15

6:45

7:00

7:15

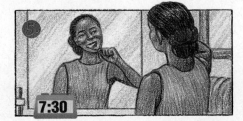

7:30

7:45

¿Qué prefieres?

Hablar Imagínate que tú y un(a) compañero(a) van a la playa. ¿Qué dicen? *(Hint: Talk about beach preferences.)*

modelo

sentarse en la sombra / sentarse al sol

Tú: *¿Prefieres sentarte en la sombra o sentarte al sol?*

Compañero(a): *Prefiero sentarme al sol.*

1. ir a una playa de rocas / ir a una playa de arena
2. nadar / tomar el sol
3. usar una sombrilla de playa para proteger la piel / usar loción protectora
4. nadar en olas grandes / nadar en olas pequeñas
5. llevar una toalla bonita / llevar una toalla grande
6. buscar caracoles / nadar
7. llevar comida en una neverita / comprar comida en un café
8. caminar a orillas del mar / andar en bote por el océano

REPASO

 ¿RECUERDAS? *p. 184* You have already reviewed pronoun placement with commands. Remember, to form **affirmative tú commands,** all you do is use the third person singular **(él/ella/usted)** form of the verb in the present tense.

third person, present tense → **tú command**

Rodrigo **pasa** la aspiradora los sábados, pero nunca **saca** la basura.
*Rodrigo **vacuums** on Saturdays, but he never **takes out** the trash.*

Por favor, **pasa** la aspiradora en la sala, y después **saca** la basura.
*Please **vacuum** in the living room, and then **take out** the trash.*

▶ Remember that **hacer, ser,** and **ir** are irregular in the **tú command** form.

hacer

Vete, hija, y **haz** la cama inmediatamente.
*Go, daughter, and **make** the bed right away.*

ser, ir

Sé búeno. **Ve** a mi cuarto y **tráeme** mis sandalias.
*Be good. Go to my room and **bring me** my sandals.*

Remember that object pronouns attach to **affirmative commands.**

▶ These five verbs have **tú command** forms that are also irregular. For each, take the present tense of the **yo** form and drop the **-go** ending.

	yo form	tú command
decir	di**go**	di
poner	pon**go**	pon
salir	sal**go**	sal
tener	ten**go**	ten
venir	ven**go**	ven

¡A la playa!

Escribir Tu hermana menor va a la playa con sus amigos. Escríbele una lista de cosas que debe hacer. *(Hint: Write affirmative commands.)*

modelo

traer bastante agua
Trae bastante agua.

1. despedirse de su papá
2. proteger la piel
3. ponerse loción protectora
4. tener cuidado
5. escuchar la radio
6. llegar a casa a las siete
7. traer un almuerzo saludable
8. salir con los amigos
9. usar las sandalias
10. terminar la tarea

▮ **MÁS PRÁCTICA** *cuaderno* p. 77

▮ **PARA HISPANOHABLANTES**
cuaderno p. 75

La casa sucia

Hablar Después de una fiesta, tu hermano(a) te ayuda a limpiar la casa. ¿Qué le dices? *(Hint: Give the commands.)*

modelo

lavar los platos

Hermano(a): *¿Lavo los platos?*

Tú: *Sí, lávalos.*

1. barrer el piso
2. hacer la limpieza
3. pasar la aspiradora
4. limpiar el cuarto
5. cortar el césped
6. preparar la comida
7. quitar el polvo
8. sacar la basura
9. planchar la ropa
10. hacer la cama

Vocabulario

Los quehaceres

barrer el piso *to sweep the floor*
cortar el césped *to cut the grass*
hacer la limpieza *to do the cleaning*

♻ **Ya sabes**

lavar los platos *to wash the dishes*
limpiar el cuarto *to clean the room*
limpio(a) *clean*
pasar la aspiradora *to vacuum*
planchar *to iron*
los quehaceres *chores*
quitar el polvo *to dust*
sacar la basura *to take out the trash*
sucio(a) *dirty*

¿Qué haces en tu casa para ayudar?

Los quehaceres

Escuchar/Hablar Escucha estos seis mandatos de tu mamá y mira el dibujo. Luego dile a tu mamá si tienes todo lo que necesitas para hacer lo que ella quiere. *(Hint: Do you have the necessary items?)*

Después de las clases ¿Tienes que hacer los quehaceres de la casa antes de salir con tus amigos? Como en Estados Unidos, en los países hispanos los jóvenes hacen varias actividades después de las clases. Muchos practican deportes o salen con amigos al parque o a un café. Otros regresan a la casa para ayudar con los quehaceres. ¡Y todos tienen que hacer la tarea para la escuela!

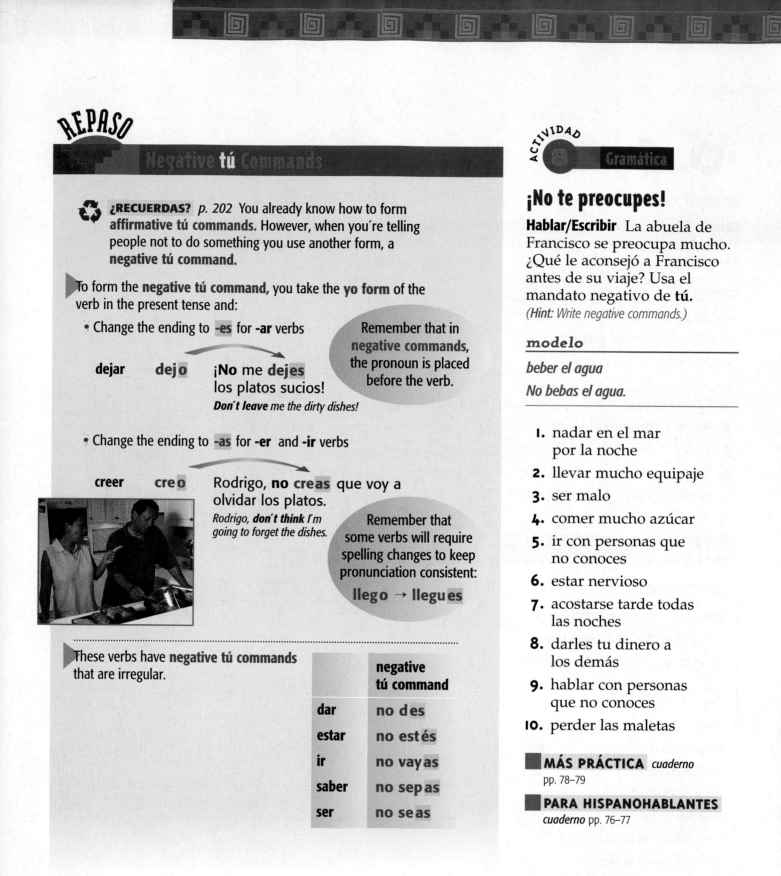

REPASO

Negative tú Commands

♻ **¿RECUERDAS?** *p. 202* You already know how to form **affirmative tú commands**. However, when you're telling people not to do something you use another form, a **negative tú command**.

▶ To form the **negative tú command**, you take the **yo form** of the verb in the present tense and:

• Change the ending to **-es** for **-ar** verbs

dejar   **dej**o   **¡No** me **dejes** los platos sucios!
Don't leave me the dirty dishes!

Remember that in negative commands, the pronoun is placed before the verb.

• Change the ending to **-as** for **-er** and **-ir** verbs

creer   **cre**o   Rodrigo, **no creas** que voy a olvidar los platos.
*Rodrigo, **don't think** I'm going to forget the dishes.*

Remember that some verbs will require spelling changes to keep pronunciation consistent:

llego → **llegu**es

▶ These verbs have **negative tú commands** that are irregular.

	negative tú command
dar	no des
estar	no estés
ir	no vayas
saber	no sepas
ser	no seas

¡No te preocupes!

Hablar/Escribir La abuela de Francisco se preocupa mucho. ¿Qué le aconsejó a Francisco antes de su viaje? Usa el mandato negativo de **tú.**
(Hint: Write negative commands.)

modelo

beber el agua

No bebas el agua.

1. nadar en el mar por la noche
2. llevar mucho equipaje
3. ser malo
4. comer mucho azúcar
5. ir con personas que no conoces
6. estar nervioso
7. acostarse tarde todas las noches
8. darles tu dinero a los demás
9. hablar con personas que no conoces
10. perder las maletas

■ **MÁS PRÁCTICA** *cuaderno* pp. 78–79

■ **PARA HISPANOHABLANTES** *cuaderno* pp. 76–77

ACTIVIDAD 9 · Una solución

PARA CONVERSAR
STRATEGY: SPEAKING

Improvise Develop spontaneity when speaking Spanish. Here you can practice speaking "on impulse" by giving an unexpected or illogical solution (**¿Corto el césped?**) to the problem (**Mi cuarto está sucio.**).

Hablar/Leer Con un(a) compañero(a) lee los problemas y las soluciones. Usa el mandato negativo para decir que las soluciones son ilógicas. Luego da una mejor solución.
(Hint: Read the problems, and then solve them correctly.)

modelo

Mi cuarto está sucio. (cortar el césped)

Compañero(a): *Mi cuarto está sucio. ¿Corto el césped?*

Tú: *No, no cortes el césped. Limpia tu cuarto.*

En la casa...

1. Mi casa es un desastre. (planchar la ropa)
2. El piso no está limpio. (quitar el polvo)
3. La basura está llena. (hacer la cama)

En la playa...

4. No quiero una quemadura. (hacer un castillo de arena)
5. Quiero tomar el sol. (sentarse debajo de una palma)
6. La arena me está quemando los pies. (ponerse un traje de baño)

ACTIVIDAD 10

¿Qué hago?

Hablar Tú tienes muchos problemas y hablas con el (la) consejero(a) de tu escuela. ¿Qué te dice? *(Hint: Discuss problems.)*

modelo

estar aburrido

Tú: *Estoy aburrido(a).*

Consejero(a): *Lee un libro interesante.*

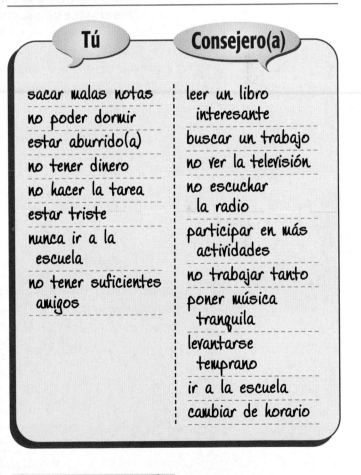

Tú	Consejero(a)
sacar malas notas	leer un libro interesante
no poder dormir	buscar un trabajo
estar aburrido(a)	no ver la televisión
no tener dinero	no escuchar la radio
no hacer la tarea	participar en más actividades
estar triste	no trabajar tanto
nunca ir a la escuela	poner música tranquila
no tener suficientes amigos	levantarse temprano
	ir a la escuela
	cambiar de horario

MÁS COMUNICACIÓN p. R9

Adverbs Ending in -mente

▶ Remember that some **adverbs** tell you how an action takes place: *quickly, slowly, reluctantly.* In English adverbs often end in **-ly.** In Spanish they often end in **-mente.**

> Caminó **lentamente.**
> *He walked **slowly.***

▶ To make **adverbs** of this type, add **-mente** to the **feminine** form of the **adjective.**

> From **desafortunado/desafortunada** :
>
> > ¿Estás lista para la playa?
> > **Desafortunadamente**, no.
> > *Are you ready for the beach? **Unfortunately,** no.*

▶ If the adjective doesn't have masculine and feminine forms, but just a **single** form, add **-mente** to the **single** form.

> From **frecuente** :
>
> > Hablo en clase **frecuentemente.**
> > *I **frequently** speak in class.*

▶ And don't forget the accents! They go where they would if there were no **-mente.**

> *Since felíz has no accent, felízmente doesn't either.*
>
> **Felizmente**, los adverbios se hacen muy **fácilmente.**
> ***Happily,** adverbs are made **easily.***
>
> *But since fácil has an accent, fácilmente does too.*

Vocabulario

Adverbs Ending in -mente

especialmente *especially*
inmediatamente *immediately*
normalmente *normally*
rápidamente *quickly*
recientemente *recently*
típicamente *typically*
tranquilamente *calmly*

¿Cómo haces las cosas?

ACTIVIDAD 11 Gramática

En Puerto Rico

Leer/Escribir Completa las observaciones de Francisco en Puerto Rico con adverbios que terminen en **-mente**. Usa un adverbio diferente para cada oración. *(Hint: Complete Francisco's observations.)*

típicamente	frecuentemente
normalmente	especialmente
tranquilamente	lentamente
desafortunadamente	inmediatamente

modelo

Mi familia _____ va a la playa los fines de semana.

Mi familia normalmente va a la playa los fines de semana.

1. En el Viejo San Juan, los edificios son _____ antiguos.

2. A mis parientes les gusta nadar en el océano Atlántico, _____ cuando hace mucho calor.

3. Tío Rodrigo _____ asiste a un partido de béisbol.

4. Por las tardes, muchas personas caminan _____ por la orilla del océano.

5. La economía de algunos países _____ tiene problemas.

6. Los puertorriqueños _____ hablan español e inglés.

MÁS PRÁCTICA *cuaderno* p. 80
PARA HISPANOHABLANTES *cuaderno* p. 78

ACTIVIDAD 12

¿Cómo lo haces?

Hablar Habla con un(a) compañero(a) de tu manera de hacer las siguientes actividades, usando adverbios con **-mente**. *(Hint: Talk with a classmate.)*

modelo

hablar español (fácil / difícil)

Compañero(a): *¿Cómo hablas español?*

Tú: *Hablo español fácilmente.*

1. dormir (profundo / ligero)
2. correr (rápido / lento)
3. viajar (frecuente / raro)
4. esperar (paciente / impaciente)
5. aprender las matemáticas (fácil / difícil)
6. levantarse por la mañana (rápido / lento)

ACTIVIDAD 13

Unas actividades

Hablar/Escribir Describe cómo haces cinco actividades, utilizando una palabra que termine en **-mente**. Después pregúntales a cinco compañeros(as) si lo hacen así también. Luego haz una tabla con los resultados. *(Hint: Describe doing activities and poll classmates. Chart results.)*

Actividades	Yo	Pablo
esquiar	Esquío rápidamente.	
bailar	Bailo locamente.	
hablar	Hablo en clase frecuentemente.	
llevar	Llevo sandalias normalmente.	
cortar	Me corté el pelo recientemente.	

En la playa

Hablar Estás en la playa con tus parientes y tus amigos. Ellos acaban de hacer estas actividades. Díselo a tu compañero(a).
*(**Hint:** Tell your classmate about the following people.)*

modelo

tú / ponerse loción protectora

Compañero(a): *¿Ya te pusiste loción protectora?*

Tú: *Sí, acabo de ponerme loción protectora. (Sí, acabo de ponérmela.)*

Nota

When saying what you have already done, use **ya.** To say what you have just done, use **acabar de** + an infinitive.

¿Ya hiciste la cama? *Did you **already** make your bed?*

Sí, acabo de hacerla. *Yes, I (have) just made it.*

1. tú / abrir la sombrilla de playa
2. tu madre / buscar caracoles
3. tus compañeros(as) / hablar con un pescador
4. ustedes / proteger la piel
5. yo / contarte un chiste
6. tu amigo(a) / salir en bote
7. tus amigos(as) / beber agua de coco
8. tú / sacar un refresco de la neverita

¿Ya?

Escuchar/Hablar Escucha las siguientes conversaciones e indica si la segunda persona ya hizo el favor o si va a hacerlo. *(**Hint:** Tell whether the second person already completed the task or is going to.)*

> Acaba de hacerlo.

> Va a hacerlo.

modelo

Susana

Sí, Susana acaba de hacerlo.

1. Francisco
2. Francisco
3. Susana
4. tío Rodrigo
5. tía Julia
6. Susana

NOTA CULTURAL

El manatí ¿Sirenas (*mermaids*) en Puerto Rico? Hace muchos años, los marineros vieron por primera vez el manatí y pensaron que era una mujer con cola de pez. Y así continúa el mito de la sirenita.

Unas sugerencias

Hablar/Escribir Con un(a) compañero(a), escriban una lista de sugerencias para un(a) estudiante que va a tomar la clase de español el año que viene. Léele la lista a la clase. *(Hint: Write suggestions for a student who will be taking Spanish next year.)*

- Llega a clase a tiempo.
- No hables inglés en clase.
- Escucha mucha música latina.
- Trata de hablar mucho español. (No es necesario hablar perfectamente.)
- No duermas en clase.

La playa de Puerto Rico

Hablar Mira la foto de la playa de Puerto Rico. Túrnense para hacer oraciones sobre lo que pasa. ¡Ojo! Cada persona tiene que repetir las oraciones de los demás. *(Hint: Take turns making sentences about the photo, repeating the sentences of others in your group.)*

modelo

Hay arena.

Hay arena y un palmar.

MÁS COMUNICACIÓN p. R9

Refrán

No dejes para mañana lo que puedes hacer hoy.

En grupos pequeños, hagan una lista de cosas que deben hacer hoy en lugar de mañana. Luego comparen su lista con la lista de otro grupo.

En colores

CULTURA Y COMPARACIÓN

El Yunque

STRATEGY: CONNECTING CULTURES

Recognize unique natural wonders **El Yunque** is the only rain forest (**bosque tropical**) in the Northern Hemisphere. It is part of the U.S. National Forest Service. From your reading and your own knowledge, define the major characteristics of a rain forest.

Características de un bosque tropical
Clima:
Animales:
Plantas:

What other U.S. national parks can you name?

Esta guía te cuenta de El Yunque.

Bienvenidos a El Yunque, el único bosque tropical del Servicio Forestal Nacional de Estados Unidos. El parque queda a 25 millas de San Juan. Hoy vamos a conocerlo. Este maravilloso parque te va a sorprender.

¡Hay tantas cosas interesantes en El Yunque! Hay una variedad tremenda de plantas. En el parque encuentras 240 clases de árboles y varias clases de plantas y flores. Toma fotos de los magníficos cedros[1], el bambú y los helechos[2]. Trepa a un árbol. Y nota el perfume tan agradable de las flores. Es el perfume de las pequeñas orquídeas que crecen por todas partes. Escucha bien

---

[1] cedars   [2] ferns

Bosque Nacional

el canto de los pájaros. El Yunque es un refugio de aves[3] donde puedes ver el casi extinto loro[4] puertorriqueño. No hagas ruido y vas a oír el coquí, la rana indígena que recibió su nombre del sonido que hace, «coquí-coquí-coquí».

Ahora vamos a caminar por un sendero[5] y subir hasta El Toro. A unos 3.530 pies de altura, El Toro es el pico más elevado del parque. ¡No te canses! Después seguimos hasta las cataratas[6]. ¡Ten cuidado! ¡No te caigas al agua!

---

[3] bird sanctuary   [4] parrot   [5] path   [6] waterfalls

No te preocupes si empieza a llover durante tu visita. En el parque hay muchos lugares de recreo y centros de información donde puedes buscar refugio. No te vayas de El Yunque sin ir al Centro Forestal tropical, El Portal, para ver exhibiciones y una película sobre El Yunque. Siéntate en el patio y disfruta el panorama de este paraíso tropical.

¿Comprendiste?

1. ¿Qué es El Yunque? ¿Dónde está?
2. ¿Qué árboles y plantas puedes ver en El Yunque?
3. ¿Qué animales viven en El Yunque?
4. ¿A qué lugares te llevan los senderos?
5. ¿Qué haces si empieza a llover?

¿Qué piensas?

Compara otro parque nacional en Estados Unidos con El Yunque.

Hazlo tú

Ya hiciste una excursión por El Yunque. Ahora, piensa en alguna parte de tu escuela y prepara una excursión de este lugar.

En uso
REPASO Y MÁS COMUNICACIÓN

Now you can...

• talk about chores.

To review

• affirmative **tú** commands, see p. 202.

ACTIVIDAD 1 · Responsabilidades

Francisco tiene algunas responsabilidades en la casa de sus tíos. ¿Qué le dice su tía? Usa cada verbo una vez. *(Hint: Tell what Francisco's aunt wants him to do.)*

modelo

_____ *la cena.*

Prepara la cena.

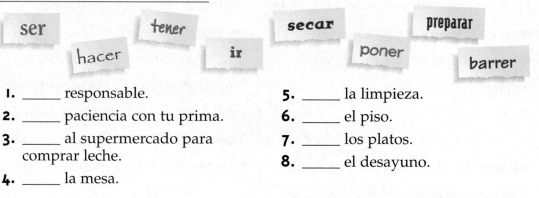

1. _____ responsable.
2. _____ paciencia con tu prima.
3. _____ al supermercado para comprar leche.
4. _____ la mesa.
5. _____ la limpieza.
6. _____ el piso.
7. _____ los platos.
8. _____ el desayuno.

Now you can...

• tell someone what to do.

To review

• affirmative **tú** commands, see p. 202.

• negative **tú** commands, see p. 204.

ACTIVIDAD 2 · ¡Mira los caracoles!

Susana quiere ir a la playa. ¿Qué le dice Francisco? *(Hint: Tell what Francisco says to Susana.)*

modelo

llevar toallas

Lleva toallas. (No lleves toallas.)

1. tomar mucho sol
2. proteger la piel
3. ponerse loción protectora
4. jugar en las olas grandes
5. ir sola
6. usar gorra
7. nadar después de comer
8. hacer castillos de arena
9. sentarse debajo de una sombrilla de playa
10. mirar al pescador

Now you can...
- discuss beach activities.

To review
- adverbs ending in **-mente**, see p. 206.

ACTIVIDAD **3** **Una postal**

Franciso les escribe una postal a sus abuelos.
¿Qué dice? *(Hint: Complete Francisco's postcard.)*

modelo

(Reciente) fui a la playa con mis tíos.

Recientemente fui a la playa con mis tíos.

Saludos desde Puerto Rico

Queridos abuelos:

Me encanta la playa de Puerto Rico. ___**1**___
(Normal) hace buen tiempo aquí. Por eso, voy a la
playa ___**2**___ (frecuente). ___**3**___ (Típico) paso la
mañana en la playa y descanso por la tarde. Aprendí
a nadar ___**4**___ (rápido) entre las olas. ¡Es muy
divertido! También me gusta caminar ___**5**___ (lento)
a orillas del océano, buscando caracoles bonitos.
___**6**___ (Desafortunado), me quemo ___**7**___ (fácil) y
tengo que usar mucha loción protectora. Nos vemos
pronto. Salgo ___**8**___ (inmediato) después de mi
entrevista con Elena Suárez.

Un abrazo, Francisco

Now you can...
- say if something has already been done.

To review
- **ya** and **acabar de**, see p. 208.

ACTIVIDAD **4** **¿Más quehaceres?**

Hay una fiesta en tu casa mañana y ayudas a tu mamá con la
limpieza. Contesta sus preguntas. *(Hint: Answer your mother's questions.)*

modelo

¿Ya sacaste la basura? (sí)   Sí, acabo de sacarla.

1. ¿Ya pasaste la aspiradora? (sí)
2. ¿Ya pusiste la mesa? (no)
3. ¿Ya quitaste el polvo? (sí)
4. ¿Ya lavaste los platos? (no)
5. ¿Ya limpiaste el baño? (no)
6. ¿Ya cortaste el césped? (sí)

ACTIVIDAD 5 ¡A la playa!

PARA CONVERSAR

STRATEGY: SPEAKING

Encourage or discourage certain behaviors With your partner, brainstorm typical ways children act. Then decide in your role-play which ones you will encourage and which ones you will discourage. How can you make good choices more appealing? The model gives you some ideas.

Vas a llevar a un(a) niño(a) a la playa. ¿Qué dicen ustedes antes de salir? *(Hint: Role-play a conversation between you and a child you are taking to the beach.)*

modelo

Niño(a): *¿Llevo la toalla?*

Tú: *Sí, llévala.*

Niño(a): *¿Me pongo perfume?*

Tú: *No, no te pongas perfume. Ponte loción protectora.*

Niño(a): *¿Puedo jugar entre las olas grandes?*

Tú: *No, no juegues entre las olas grandes. Juega entre las olas pequeñas.*

ACTIVIDAD 6 ¡Qué desastre!

Tú y tus amigos tuvieron una fiesta anoche y dejaron la casa muy sucia. Esta noche tus padres tienen una fiesta. ¿Qué dicen todos? Cambien de papel. *(Hint: Role-play a conversation between you and your parents about cleaning the house for a party.)*

modelo

Mamá: *¡Lava los platos inmediatamente!*

Tú: *Está bien, mamá. Voy a lavarlos ahora.*

Papá: *¿Ya limpiaste el baño?*

Tú: *Sí, papá. Acabo de limpiarlo.*

ACTIVIDAD 7 En tu propia voz

ESCRITURA Un(a) amigo(a) tuyo(a) va a hacer un viaje a Puerto Rico. Escríbele una carta que incluya una descripción de la playa y varias recomendaciones. *(Hint: Write a letter to a friend who plans to visit Puerto Rico.)*

modelo

Querida Linda:

Puerto Rico es muy bonito, especialmente la playa. En la playa hay… Si vas a la playa, lleva…

San Juan tiene muchos edificios antiguos. Visita…

TÚ EN LA COMUNIDAD

Tom tiene diecisiete años y es estudiante en Washington. Ahora aprende español en la escuela. Algunas veces habla español en casa con sus primos y hermanitos. Por la tarde trabaja en una heladería. Cuando los clientes hispanos que no hablan inglés van a la heladería, Tom trata de ayudarlos y les habla en español. ¿Usas tu español cuando quieres ayudar a la gente hispana que no entiende bien el inglés?

En resumen
REPASO DE VOCABULARIO

TELL SOMEONE WHAT TO DO

barrer el piso	*to sweep the floor*
cortar el césped	*to cut the grass*
hacer la limpieza	*to do the cleaning*

♻ **Ya sabes**

lavar los platos	*to wash the dishes*
limpiar el cuarto	*to clean the room*
pasar la aspiradora	*to vacuum*
planchar	*to iron*
quitar el polvo	*to dust*
sacar la basura	*to take out the trash*

TALK ABOUT CHORES

limpio(a)	*clean*
los quehaceres	*chores*
sucio(a)	*dirty*

SAY IF SOMETHING HAS ALREADY BEEN DONE

acabar de	*to have just*
ya	*already*

DISCUSS BEACH ACTIVITIES

What You See

la arena	*sand*
el bote	*boat*
el caracol	*shell*
el océano	*ocean*
las olas	*waves*
la orilla	*edge, shore*
la palma	*palm tree*
el palmar	*palm tree grove*
el (la) pescador(a)	*fisherman*

At the Beach

el agua de coco	*coconut milk*
la loción protectora	*sunscreen*
la neverita	*cooler*
la piel	*skin*
proteger	*to protect*
la quemadura	*burn*
quemar	*to burn*
las sandalias	*sandals*
la sombrilla de playa	*beach umbrella*
la toalla	*towel*

ADVERBS ENDING IN -MENTE

desafortunadamente	*unfortunately*
especialmente	*especially*
fácilmente	*easily*
frecuentemente	*frequently*
inmediatamente	*immediately*
lentamente	*slowly*
normalmente	*normally*
rápidamente	*quickly*
recientemente	*recently*
típicamente	*typically*
tranquilamente	*calmly*

Jueg

Francisco le escribe por correo electrónico a su amigo y le gusta jugar con letras. ¿Qué escribió Francisco?

> Enviar | Citar | Adjuntar | Dirección | Finalizar
>
> Vamos a la playa y vamos a jugar al voleibol en la **anare.** Para **tenpororesg** del sol, tenemos mucha **nóloci ratotecrop.**

UNIDAD 3

ETAPA

3

¿Cómo te sientes?

- Describe time periods
- Talk about health and illness
- Give advice

¿Qué ves?

Mira la foto. ¿Qué ves?

1. Haz una lista de todo lo que ves.
2. ¿Dónde están estas personas?
3. ¿Qué hacen?
4. ¿Cómo se llama el programa?

EL SHOW DE ELENA SUÁREZ

Película	Escena	Toma
8	PR23D4	7

Director	Miguel Marrón
Cámara	Jaime Tomás
Fecha	3-18

En contexto
VOCABULARIO

Mira las fotos y las ilustraciones para ver lo que le pasó a Francisco.

A **¡Socorro!** Francisco tiene que ir al doctor. Y, ¿sabes qué? El doctor tiene que hacerle **una radiografía** porque no sabe qué **enfermedad** tiene. Se ve en **la cara** que le **duele** alguna parte de su **cuerpo.** Tal vez comió demasiados dulces y tiene dolor de **estómago** o le duele **la cabeza.** Quizás le duele **el codo** o **la mano** porque estaba jugando al tenis. ¿Quién sabe? Le puede doler **la rodilla, la pierna, el tobillo** o **el pie** porque corre mucho.

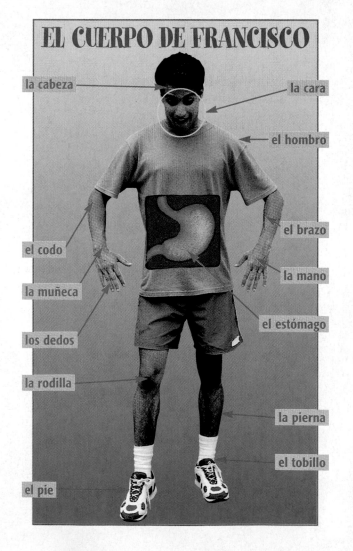

EL CUERPO DE FRANCISCO

la cabeza — la cara
el hombro
el codo
la muñeca
el brazo
la mano
los dedos
el estómago
la rodilla
la pierna
el tobillo
el pie

B

El doctor lo revisa y Francisco no tiene problemas en los ojos para ver, ni en **la nariz** para **respirar**, ni en **las orejas** ni en **el oído** para escuchar. La boca y **los dientes** están bien. Quiere decir que no comió demasiados dulces. No le duele ni **la garganta** ni **el cuello** tampoco.

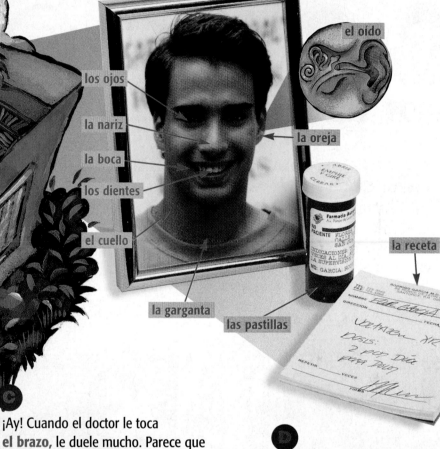

el oído

los ojos

la nariz

la boca

los dientes

el cuello

la oreja

la receta

la garganta

las pastillas

el yeso

C

¡Ay! Cuando el doctor le toca **el brazo,** le duele mucho. Parece que le duelen **el hombro, la muñeca** y **los dedos** porque se cayó mientras jugaba al tenis. Así que en **el consultorio** le ponen **un yeso.**

D

También le dan **una receta** para mejorarse más rápido. Pero pobre Francisco, ¡no le gusta tomar **las pastillas!**

Preguntas personales

1. ¿Alguna vez te sacaron una radiografía? ¿De qué parte del cuerpo?
2. ¿Alguna vez te pusieron un yeso? ¿Por qué?
3. ¿Qué haces si te duele la garganta?
4. ¿Cómo puedes ayudar a alguien que tiene un yeso en el brazo?
5. ¿Recuerdas alguna vez que gritaste «socorro»? Explica.

En vivo

 DIÁLOGO

El día del show

| Elena | Francisco | Tía Julia | Tío Rodrigo | Susana |

PARA ESCUCHAR • STRATEGY: LISTENING

Listen sympathetically Listening sympathetically is an important part of being a good listener. Because of an accident in this scene, you can hear many ways of expressing pain or concern—your own or someone else's. What expressions for pain or concern do you hear?

1 ▶ Elena: ¡Bienvenidos!

Francisco: Gracias. Te presento a mi familia.

Tía Julia: Encantada.

Tío Rodrigo: Mucho gusto.

Susana: Hola.

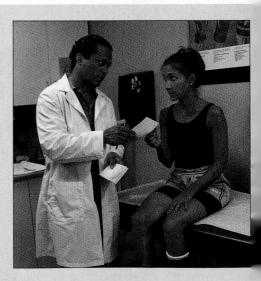

5 ▶ Elena: ¡Ahí! Me duele ahí.

Tío Rodrigo: Elena, es necesario que te examine el tobillo.

Elena: Ay, ¡qué pena! Hace cuatro años que grabamos este programa, y ni un accidente.

6 ▶ *(En el consultorio)*

Tío Rodrigo: Elena, tienes una fractura de tobillo. Se ve muy claro en la radiografía.

Elena: ¿Una fractura? ¿Qué voy a hacer?

Tío Rodrigo: Voy a ponerte un yeso. Es necesario que el tobillo se recupere.

7 ▶ Tío Rodrigo: El tobillo te va a doler mucho hoy y mañana. Esta receta es para unas pastillas. Son para el dolor. Y es importante que no camines por unos días.

2 ▶ *(Comienza el show.)*

Elena: Gracias por venir a participar. Vengan, les explico todo. Es importante que ustedes entiendan lo que van a hacer.

3 ▶ Elena: ¡Bienvenidos al Show de Elena Suárez! ¿Están todos listos? ¡Muy bien! Primero, vamos a estirar el cuerpo. Comenzamos con el cuello. Ahora los hombros. Las piernas. Estiren las manos hacia el pie derecho. Respiren.

4 ▶ *(Elena se cae.)*

Tío Rodrigo: Déjame ver. Soy doctor.

Elena: Ay, me duele mucho.

Tío Rodrigo: A ver. ¿Dónde? ¿Es la rodilla o el tobillo?

Elena: Es el tobillo.

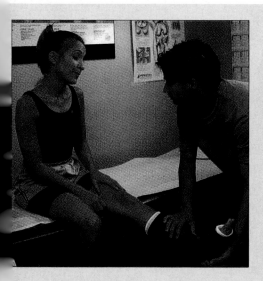

8 ▶ *(Alguien toca a la puerta.)*

Tío Rodrigo: Pasa, Francisco.

Francisco: Estamos todos en la sala de espera. Estamos muy preocupados. ¿Cómo estás?

Elena: No muy bien. Me lastimé.

9 ▶ Elena: Francisco, lo siento mucho. Es una pena que no puedas participar en mi programa. Pero podemos hacer la entrevista por teléfono mañana.

Francisco: Sí. Muchas gracias. Pero Susana está triste. Ella quería ser estrella.

10 ▶ Elena: No hay problema. Después de recuperarme voy a seguir con mi programa. Susana y toda la familia pueden participar.

Tío Rodrigo: Gracias, Elena.

Francisco: Bueno, nos hablamos mañana.

En acción
VOCABULARIO Y GRAMÁTICA

OBJECTIVES

• Describe time periods
• Talk about health and illness
• Give advice

¿Cómo lo sabes?

Escuchar/Escribir Todas estas oraciones son ciertas. Busca las líneas del diálogo que lo muestren. *(Hint: Find the lines of the dialog that prove these sentences are true.)*

modelo

A Elena le gusta que la familia de Francisco vaya a participar en el programa.

«Gracias por venir a participar.»

1. Elena tiene un problema.
2. Tío Rodrigo ayuda a Elena.
3. A Elena no le ocurren muchos accidentes en su programa.
4. La radiografía confirma las malas noticias.
5. Tío Rodrigo le da algo para el dolor.
6. Elena tiene una solución para el problema de Susana.

NOTA CULTURAL

Los huracanes Por la situación geográfica de la isla de Puerto Rico, llegan huracanes allí. Después del huracán Georges, llegó ayuda de muchas partes –incluyendo la Cruz Roja y la Guardia Nacional de Estados Unidos.

¿Quién?

Escuchar/Hablar Francisco, Elena y la familia de Francisco están charlando. Según lo que ya sabes de ellos, decide quién hace cada comentario. *(Hint: Who would say this?)*

Elena   Francisco   Tía Julia

Tío Rodrigo   Susana

1. «Fuimos al consultorio de mi tío.»
2. «¿Puedo hablar con Elena Suárez, por favor? Habla… »
3. «Voy a recetarte una medicina para el dolor.»
4. «Voy a salir en la tele.»
5. «Me duele un montón.»
6. «Ay mi'ja, no corras por la playa.»
7. «No puedo hacer el show por alrededor de un mes.»
8. «Primo, ¿ya hablaste con la estrella?»

ACTIVIDAD 3

♻ Los quehaceres en tu casa

Hablar Con un(a) compañero(a), habla de quién hace los quehaceres en tu casa. *(Hint: Talk about who does these chores.)*

modelo

Compañero(a): ¿Quién plancha la ropa?

Tú: Yo plancho la ropa. (Toda la familia plancha la ropa.)

ACTIVIDAD 4

¿Qué te duele?

Hablar Imagínate que algo le duele a tu compañero(a) a causa de las siguientes actividades. Descríbele lo que le duele. *(Hint: Describe what hurts.)*

modelo

Corrí diez kilómetros ayer.

Compañero(a): *Corrí diez kilómetros ayer.*

Tú: *Te duelen las piernas.*

Nota

When you want to describe what hurts, use **doler (o → ue).** **Doler** is always used with indirect object pronouns: **me, te, le, nos,** and **les,** to tell who is hurting.

¿Te **duele** mucho? *Does it **hurt** (you) a lot?*

Sí, me **duele** el tobillo. *Yes, my ankle **hurts** (me).*

1. Caminé en la arena caliente sin zapatos.
2. Acabo de leer un libro largo.
3. Me caí de mi bicicleta.
4. Yo escuchaba la radio muy alto.
5. Escribí en la computadora por muchas horas ayer.
6. Comí demasiado anoche.
7. No me puse loción protectora y hacía mucho sol.
8. Tuve un accidente cuando estaba jugando al fútbol.

Hacer with Expressions of Time

▶ In Spanish, if someone asks, "How long has this been going on?" or "How long has it been?" you answer with the verb **hacer:**

hace + **the period of time** + **que** + **the present tense**

Ay, Elena, **hace cuatro años que quiero** venir a tu programa.
*Oh, Elena, **I've been wanting** to come to your program **for four years.***

Ay, doctor, **hace una hora que** lo **espero.**
*Oh, doctor, **I've been waiting** for you **for an hour.***

▶ If you're the one doing the asking, do the same thing, but use **cuánto tiempo** in your sentence.

¿Cuánto tiempo + **hace** + **que** + **the present tense?**

¿Cuánto tiempo hace que quieres venir al programa?
***How long have you been wanting** to come to the program?*

▶ If you are talking about the **past,** use the **preterite** and **hace** to say *ago.*

hace + **the period of time** + **que** + **the preterite**

Hace un año que fui a Puerto Rico.
I went** to Puerto Rico **a year ago.

▶ To say *ago,* you can also put the verb first. When the verb comes first, you do not need **que.** Use

the preterite + **hace** + **the period of time**

La **conocí hace tres meses.**
*I met her **three months ago.***

This construction refers to events that happened some time **ago.**

¿Cuánto tiempo hace...?

Hablar/Escribir ¿Cuánto tiempo hace que las siguientes personas hacen estas actividades? *(Hint: Tell how long these people have been doing these activities.)*

modelo

Susana: saber leer (dos años)

Hace dos años que Susana sabe leer.

1. Francisco: estar en Puerto Rico (dos semanas)
2. nosotros: vivir aquí (cinco meses)
3. tú: estudiar español (más de un año)
4. Elena Suárez: grabar el programa sin accidentes (cuatro años)
5. yo: estar en clase (diez minutos)
6. la familia de Francisco: mirar el programa de Elena (tres años)
7. ustedes: hablar por teléfono (cuarenta minutos)
8. yo: conocer a Javier (cuatro años)

MÁS PRÁCTICA *cuaderno* p. 85

PARA HISPANOHABLANTES *cuaderno* p. 83

¿Cuándo lo hiciste?

Hablar Habla con un(a) compañero(a) sobre cuándo hiciste las siguientes actividades. Usa **hace … que** y el pretérito para contestar. *(Hint: Tell how long ago you did the following.)*

modelo

comer pizza

Compañero(a): *¿Cuánto tiempo hace que comiste pizza? (¿Hace cuánto tiempo que comiste pizza?)*

Tú: *Hace tres días que comí pizza. (Comí pizza hace tres días.)*

1. bailar
2. comprar un regalo
3. hacer la tarea
4. comer comida china
5. ver una buena película
6. ayudar a alguien
7. limpiar tu cuarto
8. ir a una fiesta
9. practicar un deporte
10. estar enfermo(a)

En el consultorio

Escuchar/Escribir Escucha lo que dicen los pacientes y su doctora. ¿Hace cuánto tiempo que tienen el problema y qué parte(s) del cuerpo les afecta? *(Hint: Tell how long these people have had the problem and which body part is affected.)*

1. _____   3. _____
   _____   _____

2. _____   4. _____
   _____   _____

un día	el estómago
dos días	los dientes
tres días	los oídos y la cabeza
cinco días	la muñeca
una semana	la pierna

La celebración de Carnaval Cada viernes por la noche en San Juan la gente disfruta de la vida nocturna. Además de los viernes, se conoce San Juan por su famosa celebración de Carnaval. Como parte de esta tradición de la cultura española y africana, mucha gente se pone máscaras.

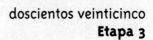

The Subjunctive with Impersonal Expressions

♻ **¿RECUERDAS?** *p. 182* You already know how to form **usted commands.** You form the **subjunctive** the same way. For **-ar** verbs, take the **yo** form, drop the **o,** and add **endings** with **-e**. For **-er** and **-ir** verbs, take the **yo** form, drop the **o,** and add **endings** with **-a**.

▶ You use the **indicative** to make a plain statement of **fact.** You use the **subjunctive** after verbs and expressions that involve **uncertainty.**

Indicative:	Subjunctive:
Haces ejercicio.	**Es necesario que hagas** ejercicio.
You do exercise.	*It is necessary that you do exercise.*

▶ **Impersonal expressions,** such as **es necesario que,** influence the verb and show **uncertainty.** These expressions are often followed by the **subjunctive.**

The present subjunctive of regular verbs

	-ar hablar	-er comer	-ir escribir
yo	**hable**	**coma**	**escriba**
tú	**hables**	**comas**	**escribas**
él, ella, usted	**hable**	**coma**	**escriba**
nosotros(as)	**hablemos**	**comamos**	**escribamos**
vosotros(as)	**habléis**	**comáis**	**escribáis**
ellos, ellas, ustedes	**hablen**	**coman**	**escriban**

▶ Remember that, as with **usted commands,** you have to change the spelling for some verbs to keep the pronunciation the same.

lleg**ar** → **lle**gu**e**   **bus**c**ar** → **bus**qu**e**   **cru**z**ar** → **cru**c**e**

¿Es necesario?

Hablar/Escribir Presenta tu opinión, haciendo oraciones afirmativas o negativas con **es necesario que** y el subjuntivo. *(Hint: Give your opinion.)*

modelo

yo: cocinar bien

Es necesario que (yo) cocine bien.

(No es necesario que yo cocine bien.)

1. los profesores: hacer la clase divertida
2. los hijos: ayudar en casa
3. yo: ganar mucho dinero
4. mi doctor(a): tener buena personalidad
5. los estudiantes: estudiar mucho
6. nosotros: trabajar
7. tu amigo(a) (*nombre*): asistir a la escuela regularmente
8. yo: tener muchos(as) amigos(as)

MÁS PRÁCTICA *cuaderno* pp. 86–88

PARA HISPANOHABLANTES *cuaderno* pp. 84–86

¿Qué le recomiendas?

Hablar/Leer Tu compañero(a) te cuenta un problema. ¿Qué le recomiendas? Usa **es necesario que** y el subjuntivo en tu respuesta. *(Hint: Give advice.)*

modelo

Compañero(a): *Me lastimé el brazo. (tomarte una radiografía / respirar profundamente)*

Tú: *Es necesario que te tomes una radiografía.*

1. Me duele la cabeza. (ponerte un yeso / tomar aspirina)
2. Tengo tos y fiebre. (estirarte para estar más cómodo(a) / tomar medicina)
3. Tengo una infección. (tomar jugo / tomar medicina)
4. ¡Socorro! Me corté el dedo y me lastimé. (ponerte presión / tomar vitaminas)
5. Estoy resfriado(a). (tomar sopa de pollo / hacer mucho ejercicio)
6. Tengo gripe y me van a dar una inyección. (gritar / no llorar)

Vocabulario

Las enfermedades

el dolor de cabeza *headache*
estar resfriado(a) *to have a cold*
la fiebre *fever*
la gripe *flu*
la infección *infection*
la tos *cough*

Para mejorarse

la aspirina *aspirin*
la inyección *injection*
la medicina *medicine*

¿Cómo te sientes?

cómodo(a) *comfortable*
cortarse *to cut oneself*
gritar *to scream*
lastimarse *to hurt oneself*
llorar *to cry*

¿Qué tienes y cómo te vas a mejorar?

Para mantenerse sanos

Hablar/Escribir En grupos pequeños, hagan un póster con diez oraciones sobre lo que tú y tus amigos(as) necesitan hacer para **no** ir al consultorio. *(Hint: List what you need to do to avoid going to the doctor's office.)*

Para no ir al consultorio...

Es necesario que uses un casco.

Es necesario que hagamos ejercicio frecuentemente.

Es necesario que tomemos jugos.

MÁS COMUNICACIÓN p. R10

ACTIVIDAD 11

Opiniones

Hablar/Escribir ¿Qué opinas? Usa una expresión impersonal y el subjuntivo para dar tus opiniones sobre lo siguiente. *(Hint: Give your opinion.)*

modelo

los estudiantes / usar Internet en sus estudios

Es importante que los estudiantes usen Internet en sus estudios.

Nota

Remember that the subjunctive is used after many **impersonal expressions** like **es necesario que.** These expressions (below) come in handy to tell people about what you think is necessary, good, or important. See the difference between the **present indicative** and the **present subjunctive:**

Indicative   Ellos **viven** aquí en Puerto Rico. *They live here in Puerto Rico.*

Subjunctive   **Es bueno que** ellos **vivan** aquí en Puerto Rico. *It's good that they live here in Puerto Rico.*

1. yo / preparar para los exámenes
2. tú / escuchar a la profesora
3. nosotros(as) / comer en clase
4. ustedes / gritar en clase
5. los jóvenes / recibir dinero al sacar buenas notas
6. yo / hablar español bien
7. mi amiga / limpiar su cuarto
8. mis amigos / tener su propio teléfono

ACTIVIDAD 12

¿Qué te importa?

Hablar/Escribir ¿Qué es importante en tu vida y las vidas de tus amigos(as)? Completa las siguientes frases con unas opiniones personales. *(Hint: Complete the phrases.)*

1. Es necesario que…
2. Es malo que…
3. Es una lástima que…
4. Es bueno que…
5. Es mejor que…
6. Es posible que…

Vocabulario

Expresa tu opinión

Es bueno que… *It's good that…*

Es importante que… *It's important that…*

Es lógico que… *It's logical that…*

Es malo que… *It's bad that…*

Es mejor que… *It's better that…*

Es peligroso que… *It's dangerous that…*

Es posible que… *It's possible that…*

Es probable que… *It's probable that…*

Es raro que… *It's rare (strange) that…*

Es ridículo que… *It's ridiculous that…*

Es triste que… *It's sad that…*

Es una lástima que… *It's a pity that…*

¿Qué dices para expresar tu opinión?

ACTIVIDAD 13

Recomendaciones

Hablar/Leer Tienes un problema. Explíquelo a tu compañero(a).
¿Qué te recomienda? (*Hint: Give recommendations.*)

modelo

Mi infección está peor.

Tú: *Mi infección está peor.*

Compañero(a): *Es lógico que escuches el consejo de la enfermera.*

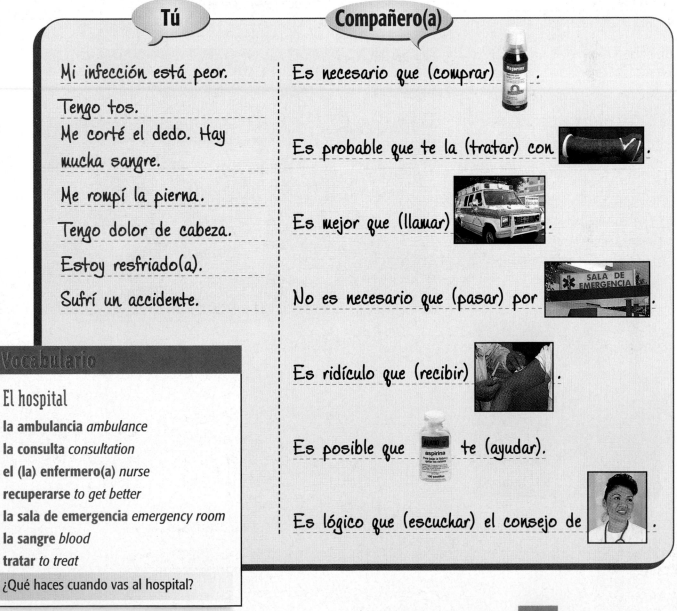

Tú

Mi infección está peor.

Tengo tos.

Me corté el dedo. Hay mucha sangre.

Me rompí la pierna.

Tengo dolor de cabeza.

Estoy resfriado(a).

Sufrí un accidente.

Compañero(a)

Es necesario que (comprar) .

Es probable que te la (tratar) con .

Es mejor que (llamar) .

No es necesario que (pasar) por .

Es ridículo que (recibir) .

Es posible que te (ayudar).

Es lógico que (escuchar) el consejo de .

Vocabulario

El hospital

la ambulancia *ambulance*

la consulta *consultation*

el (la) enfermero(a) *nurse*

recuperarse *to get better*

la sala de emergencia *emergency room*

la sangre *blood*

tratar *to treat*

¿Qué haces cuando vas al hospital?

¿Es buen doctor?

Escuchar/Escribir Escucha estas cuatro conversaciones entre los doctores y sus pacientes en Puerto Rico. Usa una expresión impersonal diferente cada vez para recomendar o no recomendar al doctor. *(Hint: Recommend or don't recommend the doctor.)*

modelo

Es mejor que…

Es mejor que busques a otro doctor.

TAMBIÉN SE DICE

En Puerto Rico la gente usa la palabra **montón** para decir **mucho.** Dicen, por ejemplo, «Me duele un montón», o «Tengo un montón de cosas que hacer». En otros países hispanos, puedes oír **un chorro, un toco, una barbaridad** o **un pedazo.**

Una línea cronológica

Hablar/Escribir Haz una línea cronológica con cinco o más eventos importantes de tu vida. Túrnate con tus compañeros(as) para decir cuánto tiempo hace que pasaron las actividades que anotaste. *(Hint: Make a time line. Then talk to your classmates.)*

modelo

Tú: *Hace doce años que fui a San Diego.*

Compañero(a) 1: *Hace dos años que manejé.*

Compañero(a) 2: *Hace ocho años que esquié.*

¡Vamos a Puerto Rico!

PARA CONVERSAR

STRATEGY: SPEAKING

Give feedback Ask for and give feedback when practicing with a partner. When you hear yourself make an error, correct it. Seek information from your partner about errors you might not have noticed. Making mistakes is something we all do. What is important is learning from them.

Hablar Estás planeando un viaje a Puerto Rico. Usa las fotos para hablar con un(a) compañero(a) sobre lo que vas a hacer allí. *(Hint: Use the pictures to talk about a trip to Puerto Rico.)*

¿Cómo te sientes?

Hablar Habla con un grupo de compañeros(as) sobre cómo te sientes hoy y la última vez que te sentías mal. *(Hint: Talk about how you feel today and the last time you felt ill.)*

modelo

Tú: *Hoy me siento bien, pero la semana pasada tenía dolor de garganta…*

■ **MÁS COMUNICACIÓN** p. R10

Refrán

Sana, sana, colita de rana, si no sanas hoy sanarás mañana.

En su niñez, muchos hispanohablantes escucharon este refrán cuando se lastimaban o se cortaban. ¿Significa algo para ti? ¿Puedes pensar en algún refrán parecido en inglés? Con un(a) compañero(a), inventa otro refrán en español que los adultos pueden decirles a los niños cuando se lastiman.

En voces
🎧 LECTURA

El estatus político
de Puerto Rico

PARA LEER

STRATEGY: READING

Activate associated knowledge In social studies classes, you have heard political terms like **colony, territory, commonwealth, state, nation, republic.** Look up the definitions of these words. As you read this article and refer to the time line, decide which term describes Puerto Rico during each period of its history.

Carlos Antonio Romero-Barceló, el Comisionado Residente

1917
Los puertorriqueños obtienen nacionalidad estadounidense.

1898
España cede Puerto Rico a Estados Unidos.

1948
Luis Muñoz Marín, jefe del Partido Popular Democrático, gana la primera elección para gobernador de Puerto Rico.

1952
Puerto Rico se convierte en un Estado Libre Asociado.

1993
En un referéndum sobre el estatus político, los puertorriqueños votan por continuar la situación actual.

Gaceta de Puerto Rico

SE PUBLICA
Todos los días menos los lunes

SE SUSCRIBE
En la Imprenta de Sucesión L I Acosta-Fortile

Año 1898   JUEVES 20 DE OCTUBRE   Número 252

CAMBIO DE ESTRELLA

Luis Muñoz Marín, jefe del Partido Popular Democrático

La situación política de Puerto Rico ha tenido[1] dos etapas formativas. La primera fue el período del gobierno español, que comenzó en 1493 y duró hasta 1898, cuando hubo un conflicto entre España y Estados Unidos. Después, España tuvo que ceder Puerto Rico a Estados Unidos.

Como puedes ver en la cronología, este siglo ha sido[2] uno de cambios y negociaciones sobre el estatus político de Puerto Rico. Luis Muñoz Marín, el líder del Partido Popular Democrático (PPD), negoció[3] el Estado Libre Asociado en 1952. El PPD quiere una asociación con Estados Unidos, pero manteniendo el idioma y la autonomía[4] local del gobierno. Hay otros dos partidos[5]: el Partido Nuevo Progresista (PNP) y el Partido Independentista Puertorriqueño (PIP). El PNP quiere la estadidad[6] para Puerto Rico, mientras que el PIP está a favor de la independencia.

Hoy en día, aunque los puertorriqueños son estadounidenses y tienen un representante en el Congreso (el Comisionado Residente), no pueden votar en elecciones presidenciales. Por eso y otras razones, el debate sigue sobre la cuestión del estatus político de Puerto Rico. Queda por ver lo que pasa.

---

[1] has had   [2] century has been   [3] negotiated

[4] autonomy, freedom   [5] political parties   [6] statehood

Ahora...

Los partidos políticos siguen el debate sobre el estatus político de Puerto Rico.

¿Comprendiste?

1. ¿Qué país conquistó a la gente indígena de Puerto Rico?
2. ¿Quién es Luis Muñoz Marín?
3. ¿Qué nacionalidad tienen los puertorriqueños?
4. ¿Cuál es el estatus político actual de Puerto Rico?
5. ¿Cuál fue el resultado del referéndum de 1993?

¿Qué piensas?

Imagínate que eres puertorriqueño(a) y vas a votar en el referéndum. ¿A favor de qué estatus político vas a votar? ¿Por qué?

En colores
CULTURA Y COMPARACIONES

Este hombre hace canastas (baskets), una artesanía indígena.

PARA CONOCERNOS
STRATEGY: CONNECTING CULTURES
Discover many cultures inside one country

Expressions like *the American culture, the Hispanic culture,* or *the Puerto Rican culture* oversimplify by ignoring the diversity a culture contains. As you read **«Una voz de la tierra»** (*A voice from the land*) you will see that in one country there are many cultures different in dress, music, customs, and language. Use this chart to identify a cultural group within the U.S. that you know.

Nombre:
Lugar:
Tradiciones:

How do diverse cultural traditions enrich our national life?

Una voz
de la tierra

Monumento al jíbaro puertorriqueño

NOTA CULTURAL

La cultura de los jíbaros se expresa principalmente a través de la música. Además de bailar, estos campesinos usan instrumentos españoles y africanos en su música. Hasta crearon el cuatro, un tipo de guitarra especial.

AL JÍBARO PUERTORRIQUEÑO
HOMENAJE DE UN PUEBLO AGRADECIDO

Manuel A. Alonso escribió *El Gíbaro* (1849) que honra[1] a los campesinos de Puerto Rico. Desde entonces el jíbaro se ha convertido[2] en uno de los símbolos folklóricos de Puerto Rico.

El jíbaro representa a los campesinos que vivieron en la Cordillera Central durante el siglo[3] XIX y principios del XX. Allí desarrollaron[4] una cultura que tiene como temas centrales el trabajo en la tierra, la naturaleza y la alegría de compartir con los demás.

Una canción muy famosa, «El jibarito», por Rafael Hernández fue escrita[5] durante una fuerte depresión en los años treinta. En esta época, muchos campesinos tuvieron que abandonar sus fincas para trabajar en ciudades. A partir de los cincuenta, muy pocas personas cultivaron la tierra.

Hoy, el jíbaro es un símbolo popular. Ninguna fiesta navideña está completa sin una décima[7] o un cuatro templado[8]. Si viajas a Puerto Rico y oyes una canción que empieza, «Ay, le lolai, le lo lé…», escuchas una voz de la tierra, la voz del jíbaro.

---

[7] ballad   [8] a tuned cuatro (type of guitar)

---

[1] that honors   [3] century   [5] was written
[2] has become   [4] developed

¿Comprendiste?

1. ¿Qué es el jíbaro?
2. ¿Qué temas son los temas centrales de la cultura campesina?
3. ¿Cómo se expresó esta cultura?
4. ¿En qué época se escribió «El jibarito»? ¿De qué crees que habla? ¿Por qué?

¿Qué piensas?

¿Te parece que en Estados Unidos muchas personas abandonan el campo para trabajar en ciudades? ¿Por qué?

Hazlo tú

En grupos pequeños, piensen en símbolos folklóricos de Estados Unidos. Escojan un símbolo folklórico e investíguenlo. ¿Está relacionado con una región? ¿Expresa una cultura? ¿Cuál es su manera de expresión? Preparen un informe pequeño y compártanlo con la clase.

Now you can...

• describe time periods.

• talk about health and illness.

To review

• **hacer** with expressions of time, see p. 224.

Now you can...

• describe time periods.

• talk about health and illness.

To review

• **hacer** with expressions of time, see p. 224.

En uso
REPASO Y MÁS COMUNICACIÓN

OBJECTIVES

• Describe time periods
• Talk about health and illness
• Give advice

ACTIVIDAD **1** ¡Nos duele todo!

Estás en el consultorio del tío Rodrigo. ¿Qué comentarios oyes? (*Hint: Tell what you hear in the doctor's office.*)

modelo

José: dos semanas

Hace dos semanas que le duele el pie.

1. tú: cinco horas

2. mi madre: cuatro días

3. Clara y Pablo: quince horas

4. yo: una semana

5. nosotros: veinte horas

6. Rita y yo: diez horas

ACTIVIDAD **2** Hace tres días que...

Tú y tus compañeros(as) están hablando de los accidentes y de las enfermedades. ¿Cuánto tiempo hace que estas cosas pasaron? (*Hint: Tell how long ago these things happened.*)

modelo

el (la) doctor(a): ponerte una inyección

Hace dos semanas que el (la) doctor(a) me puso una inyección.

1. tú: cortarte el dedo

2. la doctora: ponerte un yeso

3. tus vecinos: ir a la sala de emergencia

4. tu abuelo: recuperarse

5. la doctora: darte una receta

6. un enfermero: hacerte una radiografía

7. tú y tus amigos: lastimarse

8. tú: tomar una medicina

Now you can...

• give advice.

To review

• the subjunctive with impersonal expressions, see pp. 226, 228.

Me siento mal

Tu amigo(a) tiene gripe. ¿Qué le dices? *(Hint: Give advice.)*

modelo

tomar sopa de pollo (¿triste o mejor?)

Es mejor que tomes sopa de pollo.

1. correr mucho (¿bueno o malo?)

2. tomar medicina (¿peligroso o importante?)

3. salir de la casa (¿malo o probable?)

4. hacer mucho ejercicio (¿mejor o peligroso?)

5. beber jugo (¿bueno o raro?)

6. descansar mucho (¿ridículo o lógico?)

7. visitar al doctor (¿necesario o posible?)

8. tener fiebre (¿importante o una lástima?)

Now you can...

• talk about health and illness.

To review

• the subjunctive with impersonal expressions, see pp. 226, 228.

¡Es interesante!

Tú y tus compañeros(as) están hablando de la salud. ¿Qué dicen? Usa las expresiones de la lista. *(Hint: Tell what you and your friends say.)*

Es bueno que	Es probable que
Es malo que	Es raro que
Es peligroso que	Es triste que

modelo

los doctores: ponerles un yeso a las personas con fracturas

Es probable que los doctores les pongan un yeso a las personas con fracturas.

1. yo: tener dolor de cabeza

2. los enfermeros: escribir las recetas

3. la ambulancia: llegar tarde

4. los niños: gritar en el consultorio

5. tú: lastimarte muy poco

6. los pacientes: llorar en la sala de emergencia

7. el doctor: ver sangre todos los días

8. nosotros: esperar mucho en el consultorio

Me duele...

¿Cierto o falso?

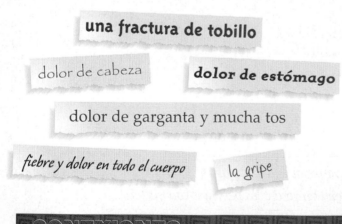

PARA CONVERSAR

STRATEGY: SPEAKING

Use language for problem-solving When you begin this role-play, observe the stages of effective problem-solving: (1) Patient gives information about the symptoms; (2) Doctor asks clarifying questions; patient answers; (3) Doctor proposes solution; (4) Patient asks clarifying questions; (5) Doctor advises patient on best course of action; (6) Patient seeks a second opinion by repeating the above process. You can treat this role-play seriously or humorously.

Selecciona un problema de abajo y explícaselo a tu compañero(a). Tu compañero(a) te puede dar consejos y una receta. Después busca una segunda opinión de otro(a) doctor(a). *(Hint: Role-play one of the situations on the list.)*

una fractura de tobillo

dolor de cabeza   **dolor de estómago**

dolor de garganta y mucha tos

fiebre y dolor en todo el cuerpo   la gripe

Completa la tabla con seis actividades ciertas y falsas. Léelas para que tus compañeros(as) adivinen cuáles son ciertas y cuáles son falsas. *(Hint: Complete the chart with six activities. Read them aloud for your classmates to guess if they are true or false.)*

modelo

Actividades del presente	Actividades del pasado
1. Toco el piano.	1. Fui al consultorio del doctor.
2.	2.
3.	3.

Tú: *Hace cinco años que toco el piano.*

Estudiante 1: *Cierto.*

Estudiante 2: *Falso.*

Tú: *Cierto. Hace cinco años que toco el piano. Lo toco muy bien.*

En tu propia voz

ESCRITURA Imagínate que eres doctor(a). Otro(a) doctor(a) pide tu opinión sobre un caso y acabas de examinar el (la) paciente. Escríbele una carta al (a la) otro(a) doctor(a) que incluya una descripción del problema y tus recomendaciones. *(Hint: Write a letter about a patient's problem and include your recommendations.)*

CONEXIONES

La historia ¿Qué significa realmente la palabra *pirata*? ¿Qué hacían los piratas y por qué? ¿Qué hacían con estas monedas? Haz una investigación de la historia de los piratas. Luego comprueba lo que saben tus compañeros(as), haciéndoles preguntas sobre la información que encontraste.

Estos doblones son de la época de Carlos III.

En resumen
REPASO DE VOCABULARIO

¿Cuánto tiempo hace que…?	*How long has it been since…?*
hace … que	*ago*

Es bueno que…	*It's good that…*
Es importante que…	*It's important that…*
Es lógico que…	*It's logical that…*
Es malo que…	*It's bad that…*
Es mejor que…	*It's better that…*
Es necesario que…	*It's necessary that…*
Es peligroso que…	*It's dangerous that…*
Es posible que…	*It's possible that…*
Es probable que…	*It's probable that…*
Es raro que…	*It's rare (strange) that…*
Es ridículo que…	*It's ridiculous that…*
Es triste que…	*It's sad that…*
Es una lástima que…	*It's a pity that…*

The Body

la boca	*mouth*
el brazo	*arm*
la cabeza	*head*
la cara	*face*
el codo	*elbow*
el cuello	*neck*
el cuerpo	*body*
los dedos	*fingers*
los dientes	*teeth*
el estómago	*stomach*
la garganta	*throat*
el hombro	*shoulder*
la mano	*hand*
la muñeca	*wrist*
la nariz	*nose*
el oído	*inner ear*
los ojos	*eyes*
la oreja	*ear*
el pie	*foot*
la pierna	*leg*
la rodilla	*knee*
la sangre	*blood*
el tobillo	*ankle*

Health Problems and Solutions

la ambulancia	*ambulance*
la aspirina	*aspirin*
cómodo(a)	*comfortable*
la consulta	*consultation*
el consultorio	*office (doctor's)*
cortarse	*to cut oneself*
doler (o→ue)	*to hurt, to suffer*
el dolor de cabeza	*headache*
la enfermedad	*sickness*
el (la) enfermero(a)	*nurse*
estar resfriado(a)	*to have a cold*
la fiebre	*fever*
la gripe	*flu*
gritar	*to scream*
la infección	*infection*
la inyección	*injection*
lastimarse	*to hurt oneself*
llorar	*to cry*
la medicina	*medicine*
las pastillas	*pills*
la radiografía	*x-ray*
la receta	*prescription*
recuperarse	*to get better*
respirar	*to breathe*
la sala de emergencia	*emergency room*
¡Socorro!	*Help!*
la tos	*cough*
tratar	*to treat*
el yeso	*cast*

Juego

Estas tres personas están en un consultorio. A Ernesto le duele el estómago, a Javier le duelen las piernas. ¿Qué le duele a Andrea? Usa el dibujo para decir qué le duele.

Javier

Andrea

Ernesto

En tu propia voz

ESCRITURA

¡Qué contraste!

Your class will be corresponding with a class in Puerto Rico. Tell your new pen pal about your state by comparing and contrasting a place near you with a place in Puerto Rico.

Purpose: Compare Puerto Rican and local places
Audience: Puerto Rican pen pal
Subject: Two different places
Structure: Friendly letter

PARA ESCRIBIR • STRATEGY: WRITING

Compare and contrast to make strong descriptions A well-written description will provide your reader with a strong mental image. Compare and contrast the location you present with one that is familiar to the reader.

Modelo del estudiante

12310 E. Lester St
Fresno, CA 93720
17 de enero

> The writer introduces the two subjects, Yosemite National Park and El Yunque.

Querido Mario:

● Quiero contarte un poco sobre el lugar donde vivo. Me encanta ir al Parque Nacional Yosemite, no muy lejos de mi casa. Yosemite es un poco similar al Bosque Nacional El Yunque, en Puerto Rico. Pero sé que lo que ves en los dos lugares es muy diferente.

> The author provides information about El Yunque.

● En El Yunque, la gente puede caminar mucho y ver la naturaleza. Hay plantas y animales tropicales. El tiempo no cambia mucho durante el año. Es un lugar muy bonito.

> The author gives a detailed description of Yosemite, the place that is more familiar.

● En Yosemite, como en El Yunque, la gente camina y ve la naturaleza. Las plantas y animales son diferentes, porque hay cuatro estaciones allí. Hay árboles muy altos, como pinos y otros que tienen hojas que cambian de color y se caen en el otoño. En el invierno hay nieve. Si hay mucha nieve, hay más agua para correr sobre las piedras. Todo el año la gente viene a ver las rocas enormes, las cataratas, que forman el valle de Yosemite. ¡Es magnífico!

> The writer refers to details to compare and contrast the two places.

● Yosemite y El Yunque son básicamente similares. Los dos lugares protegen la naturaleza, y la gente que los visita puede caminar mucho y ver las plantas y lo ... es diferente en cada lugar, pues las plantas y los animal...

Estrategias para escribir

Antes de escribir...

Remember that the purpose of this
friendly letter is to provide your pen pal
with information about a place in your
state. Choose a place you know well that
has something in common with a place
in Puerto Rico that you've learned about.
Then brainstorm similarities and
differences, using a Venn diagram to
record your ideas.

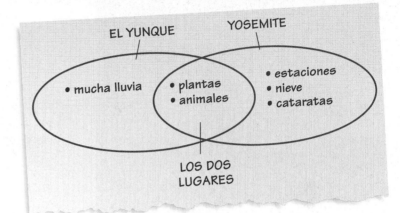

Write your first draft freely and naturally. Write as if you were
face to face with your pen pal, sharing the information. Be sure to
cover all the ideas listed on your Venn diagram.

Revisiones

Share your draft with a partner. Then ask

- *Is the subject clearly stated?*
- *What details could I add?*
- *After reading the letter, would you want to visit this spot?*

Make revisions to your draft based on your partner's
answers to these questions.

La versión final

Before completing the final draft of your friendly letter,
correct any errors using the proofreading symbols
(p. 97). Keep the following question in mind:

- *Did I put pronouns in the right places?*

Try this: Are you sure that reflexive, indirect object,
and direct object pronouns are placed correctly?
Circle these pronouns and then review the rules for proper
placement.

 Share your writing on www.mcdougallittell.com

MADRID
ESPAÑA

UN VIAJE

EL PRADO En 1818, el rey Fernando VII y la reina María Isabel de Braganza querían redecorar el Palacio Real y decidieron mover sus enormes pinturas al vacante Palacio del Prado. Y así empezó el famoso Museo del Prado. ¿Qué otros museos conoces?

PORTUGAL

LA GUITARRA acústica tiene más de 2.000 años. Se cree que los egipcios la inventaron y que los árabes la trajeron a España. ¿Cuándo crees que se inventó la guitarra eléctrica?

OCÉANO ATLÁNTICO

ISLAS CANARIAS

ALMANAQUE

Población: 2.910.000

Altura: 656 metros (2.150 pies)

Clima: 5°C (41°F), diciembre; 24°C (76°F), julio

Moneda: la peseta

Comida típica: paella, cocido madrileño, horchata, churros con chocolate

Gente famosa de España: Severiano Ballesteros (golfista), Antonio Banderas (actor), Miguel de Cervantes (escritor), Felipe II (rey), Francisco de Goya (artista), Ana María Matute (escritora), Joaquín Sabina (cantante), Diego Velázquez (artista)

¿Vas a Madrid? Si un madrileño te pregunta si hablas «castellano», debes decirle que sí. Español y castellano son lo mismo.

INTERNET Ve a www.mcdougallittell.com para más información sobre Madrid.

PAELLA Este plato de mariscos, pollo, chorizo y arroz tiene muchas variaciones a través de España. Para cocinarla, tienes que usar una olla especial que se llama una paellera. ¿Alguna vez probaste paella? ¿Te gustó?

FRANCIA

ESPAÑA

BARCELONA •

★ MADRID

EL REY Y LA REINA DE ESPAÑA Además de formar parte del gobierno español, el rey Juan Carlos y la reina Sofía participan en varios aspectos de la vida de su país. ¿Cuáles piensas que son algunos de éstos?

ISLAS BALEARES

VALENCIA •

MAR MEDITERRÁNEO

ANTONIO BANDERAS Esta estrella del cine en Estados Unidos y Europa comenzó a hacer teatro a los catorce años. Ahora, participa en películas en inglés y español. ¿Cuáles de sus películas conoces?

SEVILLA •

EL GRECO (1541–1614) nació en Grecia y estudió arte en Italia, pero completó la mayoría de su obra en España. Se lo considera uno de los artistas más importantes del mundo. Este cuadro *Vista de Toledo,* muestra la ciudad española en la que vivió por 37 años. ¿Qué te parece?

CEUTA

ARGELIA

MELILLA

MARRUECOS

ETAPA 1

En la pensión

- Talk about travel plans

- Persuade others

- Describe rooms, furniture, and appliances

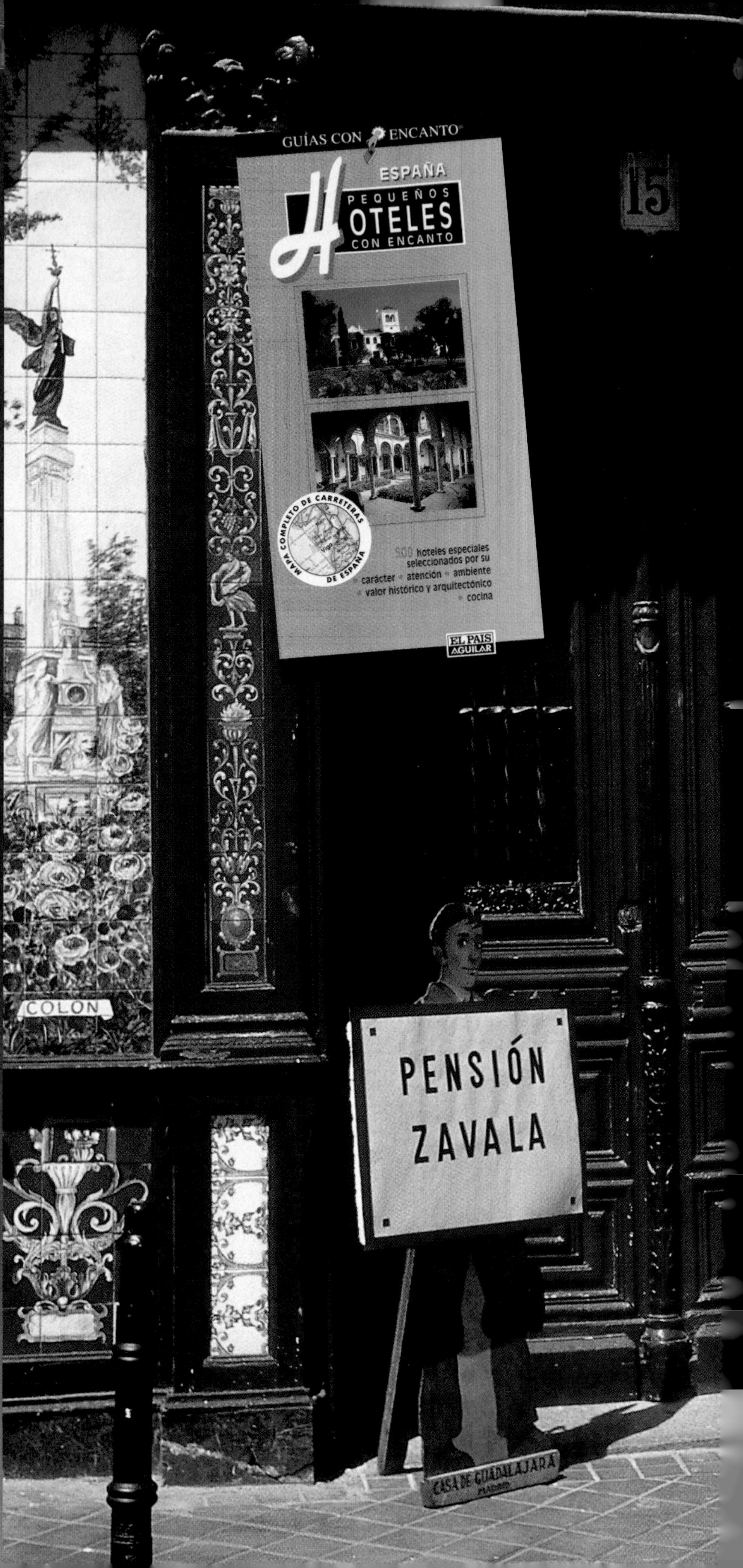

¿Qué ves?

Mira la foto. ¿Qué ves?

1. ¿Dónde crees que está Isabel?

2. ¿Qué tiene en las manos?

3. ¿Qué significa **pensión**?

4. ¿Dónde puedes encontrar información sobre hoteles en Madrid?

GUÍAS CON ENCANTO

ESPAÑA

PEQUEÑOS
HOTELES
CON ENCANTO

900 hoteles especiales
seleccionados por su
carácter · atención · ambiente
· valor histórico y arquitectónico
· cocina

EL PAÍS
AGUILAR

15

COLÓN

PENSIÓN
ZAVALA

CASA DE GUADALAJARA

En contexto
VOCABULARIO

Isabel va a empezar sus vacaciones en Madrid.

RECEPCIÓN

la huéspeda

A Isabel toma un taxi a **la pensión** donde va a **hospedarse**. Esta pensión es popular entre **los extranjeros**, como Isabel, que vienen para hacer **turismo**. En **la recepción**, el señor busca **la reserva** de **la huéspeda** nueva. Luego, le da a Isabel **una llave**.

la llave

las escaleras

el ascensor

El maletero ayuda a los huéspedes con sus maletas. La recepción está en **la planta baja**, pero Isabel y el maletero tienen que subir al tercer **piso**. Toman **el ascensor** en vez de **las escaleras**. ¡Es más fácil!

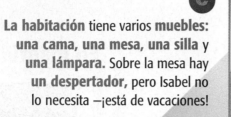
la habitación

el despertador

la mesa

la lámpara

la silla

la cama

C

La habitación tiene varios **muebles:
una cama, una mesa, una silla** y
una lámpara. Sobre la mesa hay
un despertador, pero Isabel no
lo necesita —¡está de vacaciones!

D

¡Qué bonita es la habitación!, pero ¡uf, qué
calor! Falta **aire acondicionado.** Isabel abre
la ventana. ¡Ahora está más fresco!

la ventana

el baño

el espejo

E

Antes de salir, Isabel se mira en **el espejo**
que está en **el baño** y se peina. Para
los huéspedes con habitaciones sin baño,
hay **servicios** en el pasillo.

Preguntas personales

1. ¿Te gusta viajar?

2. ¿Prefieres una habitación en el primer piso o en los pisos
de arriba?

3. ¿Qué te gusta tener en tu habitación?

4. ¿Qué cosas debe tener una buena pensión?

5. Si eres huésped(a) de una pensión, tienes que dejar este objeto
en la recepción antes de salir. ¿Cómo se llama?

En vivo

 **DIÁLOGO**

| Isabel | Angelina | Felipe | Señor Zavala | Andrea |

En Madrid...

PARA ESCUCHAR • STRATEGY: LISTENING

Listen and check details When you hear a key word, listen carefully for more information. Señor Zavala recommends many places for Isabel to visit. Which of these does he mention? Can you give their names?

- museo
- joyería
- palacio
- plaza
- mercado
- café

1▶ Isabel: Gracias por todo. Fue un placer estar en su casa.
Angelina: El placer fue nuestro.
Felipe: Te va a gustar mucho la pensión de mi tío. Bueno, ¿estás lista?

5▶ Señor Zavala: Cuando los huéspedes salen del hotel, es importante que dejen la llave en la recepción. Isabel, insisto en que nos digas adónde vas. Mi esposa y yo somos responsables de ti.

6▶ Señor Zavala: Ésta es una de nuestras mejores habitaciones. Muy bonita la habitación, ¿no? Mi esposa y yo decoramos toda la pensión. Ella buscó todos los muebles. Mira, ésta es la cama. Creo que es muy cómoda.

7▶ Isabel: Señor Zavala...
Señor Zavala: ¿Sí, Isabel? Dime.
Isabel: Perdóneme. Estoy cansada y me gustaría descansar un ratito.
Señor Zavala: Claro que sí, Isabel. Ya me voy.

2 ▶ *(En la pensión)*

Señor Zavala: Si nos hacen el favor de presentarse en recepción antes de las seis de la tarde. Muy bien. Hasta el viernes, entonces. Adiós.

3 ▶ Señor Zavala: Debes de ser Isabel Palacios. Soy Enrique Zavala.

Isabel: Mucho gusto, señor Zavala.

Señor Zavala: Igualmente. Te acompaño a tu habitación. Lo siento; el maletero está enfermo. ¡Así que yo soy el maletero hoy!

4 ▶ Señor Zavala: Vamos en el ascensor. Tu habitación está en el tercer piso. Las escaleras están por allí. Madrid es maravillosa. Es importante que vayas al Prado. Es un museo excelente.

8 ▶ Isabel: Aquí tiene la llave de mi habitación.

Señor Zavala: ¿Adónde vas?

Isabel: Voy a la Plaza Mayor y a la Gran Vía. Después, no sé. ¿Tiene alguna sugerencia?

9 ▶ Señor Zavala: Sugiero que vayas al Palacio Real. Es impresionante. Después de caminar mucho, es divertido sentarse en un café. Te recomiendo el Café Reina Sofía. Tienen pasteles deliciosos.

Isabel: Adiós. ¡Hasta luego!

10 ▶ *(En la Plaza Mayor)*

Andrea: ¿Me puedo sentar aquí?

Isabel: ¡Claro que sí! Siéntate.

Andrea: Muchas gracias. Me llamo Andrea Machado.

Isabel: Soy Isabel Palacios.

En acción
VOCABULARIO Y GRAMÁTICA

OBJECTIVES
- Talk about travel plans
- Persuade others
- Describe rooms, furniture, and appliances

¿Quién habla?

Escuchar ¿Quién habla: Isabel, Felipe, el señor Zavala o Andrea? *(Hint: Who speaks?)*

Isabel

Felipe

Señor Zavala

Andrea

1. «Sugiero que vayas al Palacio Real.»
2. «Estoy cansada y me gustaría descansar un ratito.»
3. «Te va a gustar mucho la pensión de mi tío.»
4. «Voy a la Plaza Mayor y a la Gran Vía.»
5. «¿Me puedo sentar aquí?»
6. «¡Así que yo soy el maletero hoy!»

¿Cuál corresponde?

Escuchar Completa las oraciones con las palabras apropiadas según el diálogo. *(Hint: Complete the sentences.)*

la llave · una extranjera · el maletero · el despertador · la pensión · unos pasteles · los muebles · la casa · el ascensor · la habitación

1. Primero, Isabel se quedó en _____ de Felipe.
2. Luego, ella se hospedó en _____ del señor Zavala.
3. El señor Zavala le mostró su habitación porque _____ estaba enfermo.
4. Ellos subieron en _____, no por las escaleras.
5. El señor Zavala dijo que el Café Reina Sofía tiene _____ deliciosos.
6. La esposa del señor Zavala buscó todos _____ de la pensión.
7. _____ de Isabel tiene baño.
8. Isabel dejó _____ en la recepción antes de salir.

- *Use the subjunctive to express hopes and wishes*
- *Use irregular subjunctive forms*

ACTIVIDAD 3

Dos habitaciones

Hablar/Escribir En pares, vean los dibujos de estas dos habitaciones de una pensión en Madrid. Una habitación es tuya y la otra es de tu compañero(a). Compárenlas y hagan una lista de lo que tienen y de lo que no tienen en común.
(Hint: Make a list of similarities and differences.)

modelo

Habitación Ⓐ	Habitación Ⓑ
1. No tiene baño.	Tiene baño.
2.	
3.	

ACTIVIDAD 4

♻ Es mejor que...

Hablar/Escribir Una agente de viajes te apunta los siguientes consejos sobre tu viaje a España. Pero sus apuntes se mezclaron. Completa las oraciones con el subjuntivo y ponlas en orden. *(Hint: Complete and order the sentences.)*

modelo

Es posible que (tomar) el ascensor a tu habitación.

Es posible que tomes el ascensor a tu habitación.

- **a.** Es bueno que el maletero (llevar) tu equipaje.
- **b.** Es lógico que (llamar) a la pensión para hacer una reserva.
- **c.** Es posible que (cenar) en un café cerca de la pensión.
- **d.** Es mejor que (descansar) un poco antes de conocer la ciudad.
- **e.** Al llegar, es importante que (hablar) con la recepción.
- **f.** Es necesario que (decidir) las fechas de tu viaje.

♻ **¿RECUERDAS?** *p. 226* You use the **subjunctive** after **impersonal expressions** involving **uncertainty**.

You have already learned these verb endings for the **subjunctive**:

-ar hablar	-er aprender	-ir vivir
hable	aprenda	viva
hables	aprendas	vivas
hable	aprenda	viva
hablemos	aprendamos	vivamos
habléis	aprendáis	viváis
hablen	aprendan	vivan

▶ You also use the **subjunctive** to express a **hope** or a **wish**, such as when you want someone else to do something.

He knows what he wants ... but he's not sure she will take the elevator.

El señor Zavala **quiere que** Isabel **tome** el ascensor.

*Señor Zavala **wants** Isabel **to take** the elevator.*

The indicative, sugiere, indicates a statement of fact...

El señor Zavala **sugiere que** Isabel **visite** el Prado.

*Señor Zavala **suggests that** Isabel **visit** the Prado.*

...but the subjunctive, visite, indicates uncertainty.

▶ Check the box at right for a list of words and phrases that express hopes and wishes. These expressions are often followed by the word **que** and the **subjunctive**.

Vocabulario

Expressing Hopes and Wishes

insistir (en) *to insist*
ojalá que *I hope that, hopefully*
sugerir (e→ie, i) *to suggest*

♻ **Ya sabes**

desear *to desire*
esperar *to hope*
necesitar *to need*
preferir (e→ie, i) *to prefer*
querer (e→ie) *to want*

¿Qué palabras usas si quieres darle un consejo a alguien?

ACTIVIDAD 5 — Gramática

¡Saludos desde Madrid!

Escribir Usa el subjuntivo para completar la tarjeta postal que escribe Isabel. (*Hint: Complete the postcard.*)

Querida amiga:

¡Cuánto me encanta Madrid! Quiero que tú me ___1___ (acompañar) la próxima vez. Prefiero que nosotras ___2___ (hospedarse) en esta pensión. Aquí, el Sr. Zavala insiste en que yo ___3___ (visitar) todas las atracciones interesantes de Madrid. Él desea que todos los extranjeros ___4___ (disfrutar) de su preciosa ciudad y que ___5___ (regresar) en el futuro. Bueno, espero que ___6___ (tener) ganas de venir a Madrid. Nos vemos.

Cariños,

Isabel

Lolita Vásquez
Álvaro Obregón 12
Col. Reforma
Oaxaca, Oaxaca
México 68050

TODOS LOS DERECHOS RESERVADOS, DISTRIBUIDO POR EL M...

PLAZA DE LA CIBELES

N O T A CULTURAL

La Plaza de la Cibeles Enfrente del Banco de España se encuentra la bella Plaza de la Cibeles. En el centro de la plaza hay una fuente dedicada a Cibeles, una diosa griega. Es quizás la fuente más famosa de España. El centro financiero de Madrid, en la calle de Alcalá, comienza en esta plaza.

ACTIVIDAD 6 — Gramática

¡Tantos deseos!

Escribir Expresa los deseos de estas personas. (*Hint: Write sentences expressing wishes.*)

modelo

Ojalá que yo (tener) tarea hoy.

Ojalá que yo (no) tenga tarea hoy.

1. Los profesores insisten en que los estudiantes (gritar) durante la clase.

2. Ojalá que (hacer) sol hoy.

3. Mis padres sugieren que yo (limpiar) mi cuarto de vez en cuando.

4. Ojalá que mi amigo(a) y yo (visitar) Madrid en el futuro.

5. Mis padres quieren que yo (asistir) a la universidad.

6. Prefiero que mi mejor amigo(a) (hablar) español.

7. Los estudiantes necesitan que los profesores (comprender) bien la gramática.

8. Mis amigos y yo esperamos que nuestros hermanos (portarse) mal.

MÁS PRÁCTICA *cuaderno* pp. 93–94

PARA HISPANOHABLANTES *cuaderno* pp. 91–92

ACTIVIDAD 7

Una nueva casa

Hablar/Escribir Tienes una nueva casa y unos amigos te ayudan con tus cosas. Di dónde ponerlas. *(Hint: Tell where to put items.)*

modelo

ustedes:

Quiero que ustedes pongan la mesa en el comedor.

1. Javier:

2. tú:

3. Elena:

4. Miguel:

5. nosotros:

ACTIVIDAD 8

¿Qué prefieres?

Hablar Imagínate que tú y un(a) compañero(a) van a hacer un viaje. Él (Ella) te pregunta sobre tus preferencias. ¿Qué le dices? *(Hint: Talk about preferences.)*

modelo

comer en un restaurante en el hotel / comer en un restaurante fuera del hotel

Compañero(a): *¿Prefieres que comamos en un restaurante en el hotel o fuera del hotel?*

Tú: *Quiero que comamos en un restaurante fuera del hotel.*

1. hospedarse en un hotel grande / hospedarse en una pensión pequeña

2. hacer reservas / no hacer reservas

3. dejar la llave en la recepción / llevar la llave con nosotros

4. tener una habitación en un piso alto / tener una habitación en el primer piso

5. el (la) maletero(a) llevar las maletas / llevar nuestras propias maletas

6. subir por las escaleras / tomar el ascensor

7. usar los servicios en el pasillo / tener un baño en la habitación

8. quedarse en la ciudad / quedarse en el campo

Vocabulario

Habitaciones y muebles

el armario *closet, wardrobe*	**la pared** *wall*
la bañera *bathtub*	**la puerta** *door*
la cocina *kitchen*	**la sala** *living room*
el comedor *dining room*	**el sillón** *armchair*
el garaje *garage*	**el sofá** *sofa*
el jardín *garden*	**el suelo** *floor*
el lavabo *bathroom sink*	

¿Qué tienes en tu casa?

¿Loca o normal?

Escuchar Estas personas van a redecorar varias partes de la casa. Escucha cada descripción. ¿Es loca o normal? *(Hint: Are the descriptions crazy or normal?)*

1. el comedor
2. el baño
3. el jardín

4. la sala
5. la habitación de Alfredo
6. la cocina

7. la habitación de Ana
8. el garaje
9. el apartamento

GRAMÁTICA ◆ Irregular Subjunctive Forms

♻ **¿RECUERDAS?** *p. 226* You've learned how to form the subjunctive of regular verbs.

▶ However, some verbs have **irregular subjunctive** forms. Use the chart to get to know them.

dar	estar	ir	saber	ser
dé	esté	vaya	sepa	sea
des	estés	vayas	sepas	seas
dé	esté	vaya	sepa	sea
demos	estemos	vayamos	sepamos	seamos
deis	estéis	vayáis	sepáis	seáis
den	estén	vayan	sepan	sean

Es importante que **sepas** que si tienes algún problema o dificultad, puedes llamarnos a cualquier hora.

*It's important that **you know** that if you have any trouble or difficulty, you can call us at any time.*

▶ The only other verb with an **irregular subjunctive** is **haber**.

The indicative **hay** becomes **haya** in the subjunctive.

Estoy muy cansada. Ojalá que **haya** tiempo para descansar.

*I'm very tired. I hope **there will be** time to rest.*

Consejos

Escribir Al señor Zavala le gusta darles recomendaciones a sus huéspedes. Usa una expresión de la lista y el subjuntivo para saber lo que dice. *(Hint: Express Señor Zavala's recommendations.)*

Insisto en que...	**Espero que...**
Ojalá que...	**Quiero que...**
Sugiero que...	**Prefiero que...**

modelo

ustedes (ir) al Palacio Real

Ojalá que ustedes vayan al Palacio Real.

1. los huéspedes le (dar) la llave al recepcionista
2. tú (ir) a un restaurante español
3. usted (ser) paciente
4. ustedes (saber) el número de teléfono de la pensión
5. tú no (estar) enfermo hoy
6. ustedes (ir) a la Plaza Mayor

■ **MÁS PRÁCTICA** *cuaderno* pp. 95–96
■ **PARA HISPANOHABLANTES** *cuaderno* pp. 93–94

APOYO PARA ESTUDIAR

Irregular subjunctive forms

Where have you seen these forms of **dar, estar, ir, saber,** and **ser** before? They are the same as the **usted(es)** commands and the negative **tú** commands. When you write, be sure to put the accents on **dé** and **esté.** That avoids confusion with **de** (*of*) and **este** (*this*).

De compras en Madrid

Hablar/Leer Imagínate que estás en Madrid. Tu compañero(a) te pregunta dónde estas personas pueden comprar varias cosas. Sigue el modelo. *(Hint: Suggest where to buy the following items.)*

modelo

yo: sandalias

Compañero(a): *Busco sandalias nuevas.*

Tú: *Sugiero que vayas a la Zapatería Rojas.*

1. mis amigos: un radiocasete
2. mi hermano: artesanía
3. mi tía y yo: un collar de plata
4. nosotros: tarjetas postales
5. mi familia: un libro de la historia de España
6. mi amigo: unos patines

En la cabaña

Hablar/Escribir Laura pasa el fin de semana en una cabaña en el campo. Algunos aparatos no funcionan. ¿Qué espera Laura que todavía funcione? *(Hint: Which does Laura hope still works?)*

modelo

Quiero hacer un pastel.

Ojalá que funcione el horno.

1. Quiero tomar refrescos fríos.
2. Vamos a mirar videos.
3. Mi amiga trae el helado.
4. Voy a cocinar paella.
5. No quiero tener frío.
6. No queremos pasar mucho tiempo lavando platos.

Vocabulario

En la casa

la calefacción *heat, heating*

el congelador *freezer*

la electricidad *electricity*

la estufa *stove*

funcionar *to work, to run*

el horno *oven*

el horno microondas *microwave oven*

el lavaplatos *dishwasher*

el refrigerador *refrigerator*

¿Qué tienes en tu cocina?

¿Dónde quieren hospedarse?

Escuchar/Hablar Estas personas están describiendo dónde quieren hospedarse. ¿Qué dibujo corresponde a cada descripción? Luego explícale a un(a) compañero(a) dónde te gustaría hospedarte a ti. *(Hint: Which picture goes with each description?)*

1. _____   2. _____   3. _____   4. _____

■ **MÁS COMUNICACIÓN** p. R11

NOTA CULTURAL

Alojamiento Si buscas alojamiento (*lodging*), en Madrid hay muchas opciones. Hay **hoteles** (¡los de cinco estrellas son muy cómodos!) y los **paradores** del gobierno (muchos de éstos son edificios históricos). También hay **hostales** y **pensiones,** que son más pequeños, pero también son más baratos.

Unas sugerencias

Hablar Conversa con un(a) compañero(a) sobre los problemas de tus amigos(as). Tu compañero(a) te da una sugerencia para cada uno(a). *(Hint: Make suggestions.)*

modelo

no poder estudiar en casa

Tú: *Mónica no puede estudiar en casa.*

Compañero(a): *Sugiero que vaya a la biblioteca.*

Insisto en que...	**Espero que...**
Ojalá que...	**Quiero que...**
Sugiero que...	**Prefiero que...**

Tú	**Compañero(a)**
no poder estudiar en casa	ser más responsable
nunca hacer la tarea	comprar un despertador
nunca escuchar al (a la) maestro(a)	ir a la biblioteca
siempre llegar tarde	estudiar con unos(as) amigos(as) después de la escuela
nunca estudiar para los exámenes	
siempre dormir en clase	ser más cortés
siempre hablar cuando debe estar estudiando	descansar más en casa
	hablar con el (la) maestro(a)

♻ El metro de Madrid

Hablar/Leer Imagínate que vives en Madrid. Un turista te pregunta cómo llegar a varios lugares en metro. Usa el plano para darle instrucciones. *(Hint: Give directions.)*

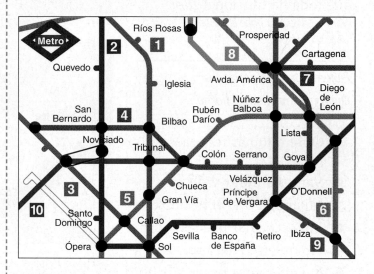

modelo

de Bilbao a Ópera

Turista: *¿Cómo llego desde Bilbao a Ópera?*

Tú: *Tome la línea 1 en Bilbao y baje en la estación Gran Vía. Allí tome la línea 5 hasta Ópera.*

1. de Retiro a Lista
2. de Sevilla a Iglesia
3. de Velázquez a Núñez de Balboa
4. de Quevedo a Chueca

¿Al campo o a la ciudad?

PARA CONVERSAR
STRATEGY: SPEAKING
Persuade Winning someone over to your course of action can be done by reason (**no tenemos un coche**), by emotion (**nos divertimos**), or by a reward (**pago el almuerzo**). What works best for you? Use it here.

Hablar Vas a viajar con un(a) compañero(a) este fin de semana, pero ustedes tienen un problema. Uno de ustedes quiere ir al campo, y el otro a la ciudad. Convéncelo(a) de que te acompañe. *(Hint: Convince your classmate.)*

modelo

Tú: *Quiero que pasemos el fin de semana en la ciudad. Va a haber muchas cosas divertidas para hacer.*

Compañero(a): *Pues, yo sugiero que vayamos al campo. Va a hacer sol y prefiero que estemos al aire libre.*

La casa perfecta

Hablar/Escribir Haz un dibujo simple de tu casa ideal y en otro papel haz una descripción completa de la misma casa. Luego, con un grupo de compañeros(as), muestra los dibujos del grupo y lee tu descripción. ¿Pueden tus compañeros(as) identificar tu casa? *(Hint: Draw and describe your ideal house. Can classmates pick out your picture?)*

modelo

«Mi casa ideal»

Mi casa ideal va a ser muy grande. Quiero que sea de tres pisos y que tenga cinco habitaciones. Cada habitación va a tener una cama muy grande y una lámpara bonita. Aunque me gusta mucho la ciudad, prefiero que la casa esté en el campo porque….

■ **MÁS COMUNICACIÓN** p. R11

Refrán

Quien va a Sevilla pierde su silla.

Mira el dibujo y habla con tus compañeros(as). ¿Qué crees que significa este refrán? ¿Puedes describir una situación en la que tú perdiste algo porque te fuiste?

En voces
LECTURA

Felices sueños

PARA LEER • STRATEGY: READING

Compare related details Brochures often tell enough to get your interest but may leave out information you need to know. Use a chart to compare the two hotels described in «**Felices sueños**» (*Sweet Dreams*). What else would you like to know in choosing one of these hotels for your stay in Madrid?

	Argüelles	Borbones
habitaciones con baño		
apartamentos		
restaurante		
jardín		

Si prefieren un hotel de precio módico, el Argüelles es ideal. Sus habitaciones son cómodas y limpias, y todas tienen baño. También ofrece apartamentos con sala y cocina, equipados con calefacción, televisión, estufa, horno microonda y refrigerador.

Para los huéspedes que desean comer en un restaurante, el Café Rosa en la planta baja está abierto todos los días.

El hotel está en un lugar perfecto para los extranjeros: cerca de la Gran Vía, en el Madrid moderno. Hay una estación de metro cercana y una parada de autobús en la esquina. Y la famosa Gran Vía tiene restaurantes, cines y muchísimas tiendas.

El Hotel Argüelles es sencillo[1] y práctico, y tiene todo lo que necesitan sus huéspedes para estar contentos en Madrid.

[1] simple

El Hotel Argüelles

El Hotel Borbones

Si les gustan las vacaciones lujosas, les va a encantar el Hotel Borbones, una de las joyas históricas de Madrid. Este elegante edificio en el centro de la ciudad fue un palacio en el siglo dieciocho. Hoy, la decoración interior conserva el estilo antiguo, pero el hotel tiene también todas las comodidades modernas. Cada habitación tiene teléfono, aire acondicionado y baño con un secador de pelo.

En el segundo piso, el Restaurante Zarzuela sirve el desayuno, la comida y la cena, y atrae a muchos madrileños[2] con su auténtica cocina española.

Después de un día ocupado en hacer turismo, los huéspedes del Borbones pueden descansar en el jardín del patio y disfrutar de una tranquilidad a sólo unos pasos[3] de la calle.

[2]natives or residents of Madrid   [3]steps

¿Comprendiste?

1. ¿Piensas que el Hotel Argüelles es más caro o menos caro que el Hotel Borbones? ¿Por qué?
2. ¿Puedes nombrar tres servicios (*services*) que les ofrece el Hotel Borbones a sus huéspedes?
3. ¿Por qué van los madrileños al Restaurante Zarzuela?

¿Qué piensas?

1. ¿Cuáles te gustan más, los hoteles antiguos o los hoteles modernos? ¿Los hoteles de lujo o los hoteles sencillos? ¿Por qué?
2. ¿Cuál prefieres, el Hotel Argüelles o el Hotel Borbones? ¿Por qué?

ETAPA 1

En uso

REPASO Y MÁS COMUNICACIÓN

OBJECTIVES

- Talk about travel plans
- Persuade others
- Describe rooms, furniture, and appliances

Now you can...
- talk about travel plans.

To review
- travel vocabulary, see pp. 246–247.

ACTIVIDAD 1 En la pensión

Tú y tu familia van a hospedarse en la pensión del señor Zavala. ¿Qué les dice? *(Hint: Tell what Señor Zavala says.)*

Bienvenidos a nuestra __1__ (pared / pensión). Veo que ustedes tienen una __2__ (reserva / llave) para una __3__ (recepción / habitación) en el tercer __4__ (piso / paseo). Vamos a su habitación en el __5__ (ascensor / armario). Hoy yo soy el __6__ (extranjero / maletero).

Aquí está su habitación y ésta es la __7__ (planta baja / llave). Espero que no haga mucho calor esta semana porque no hay __8__ (aire acondicionado / lavaplatos). Pero sí tenemos muchos __9__ (huéspedes / muebles) bonitos: una mesa, dos sillas, una __10__ (lámpara / sala)...

Now you can...
- talk about travel plans.
- persuade others.

To review
- the subjunctive to express hopes and wishes, see p. 252.

ACTIVIDAD 2 ¡Vamos a Madrid!

Unos estudiantes están hablando de su futuro viaje a Madrid. ¿Qué dicen? *(Hint: Tell what they say.)*

modelo

la profesora / insistir en / los estudiantes / portarse bien
La profesora insiste en que los estudiantes se porten bien.

1. yo / preferir / la pensión / tener aire acondicionado
2. nosotros / querer / la profesora / hacer las reservas
3. ojalá / la calefacción / funcionar bien
4. la profesora / preferir / el maletero / llevar las maletas
5. nadie / desear / nosotros / hospedarse en una pensión sin electricidad
6. algunos estudiantes / insistir en / las habitaciones tener baño

Now you can...

- talk about travel plans.

- persuade others.

- describe rooms, furniture, and appliances.

To review

- irregular subjunctive forms, see p. 255.

Now you can...

- persuade others.

- describe rooms, furniture, and appliances.

To review

- the subjunctive to express hopes and wishes, see p. 252.

ACTIVIDAD

Prefiero que...

Vas de viaje con tu familia. Expresa tus preferencias. *(Hint: Express preferences.)*

modelo

Hay un restaurante en la planta baja.

Prefiero que haya un restaurante en la planta baja.

1. Los otros huéspedes son simpáticos.

2. Nos dan una habitación con horno microondas.

3. El maletero sabe hablar inglés.

4. Vamos de compras ahora.

5. Hay un jardín cerca de nuestro hotel.

6. Le damos una buena propina al maletero.

7. La pensión está cerca del metro.

8. Hay servicios cerca de la recepción.

ACTIVIDAD

¿Dónde lo ponemos?

Estás en tu nueva casa. Explícales a los trabajadores dónde poner los muebles: en el baño, en la cocina, en el comedor, en la habitación o en la sala. *(Hint: Tell where to put items.)*

modelo

Quiero que pongan la lámpara en la habitación.

ACTIVIDAD 5 — Preferencias

PARA CONVERSAR
STRATEGY: SPEAKING

Make and express decisions Traveling with others requires planning (**planear**) and compromise (**llegar a un acuerdo**). Anticipate decisions: where to stay (**dónde hospedarse**), what to do (**cómo pasar el tiempo**), how to get there (**cómo viajar**). Use persuasion to resolve differences (**sugiero, recomiendo**). Finally, report the results (**estamos** o **no estamos de acuerdo que...**)

Tú y tu amigo(a) van a hacer un viaje a Madrid. Conversen sobre sus preferencias. Luego, preséntenle sus resultados a la clase. *(Hint: Express travel preferences. Then present results.)*

> ¿hacer reservas?
> ¿visitar los museos?
> ¿usar el metro?
> ¿tener una habitación con baño?
> ¿...?

modelo

Tú: *¿Prefieres que hagamos reservas?*

Amigo(a): *Sí, y ojalá que nos hospedemos en una pensión.*

Tú: *¿En una pensión? Prefiero que nos hospedemos en...*

ACTIVIDAD 6 — Bienvenidos a...

Están en una pensión en Madrid. Una persona trabaja en la recepción y las otras son huéspedes(as). El (La) recepcionista les muestra la habitación a los huéspedes(as) y les sugiere actividades turísticas. Cambien de papel. *(Hint: Role-play a scene.)*

modelo

Recepcionista: *Bienvenidos a la pensión Buena Vida. ¿Tienen una reserva?*

Huésped(a) 1: *Sí, para dos.*

Huésped(a) 2: *Preferimos que la habitación tenga baño.*

Recepcionista: *Tenemos cuatro habitaciones con baño...*

ACTIVIDAD 7 — *En tu propia voz*

ESCRITURA Imagínate que Isabel viene a visitarte. Escríbele una carta invitándola a hospedarse en tu casa. Describe la casa y su habitación con muchos detalles. También recomiéndale algunas actividades. *(Hint: Write a note inviting Isabel to visit you. Describe your house and recommend activities.)*

El Príncipe don Baltasar Carlos, por Velázquez

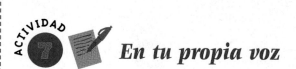

El arte Eres un(a) guía en el Museo del Prado. Escoge dos pinturas de El Greco, Goya, Velázquez u otro artista de la escuela española y explícaselas a un grupo de turistas (la clase). Empieza con una descripción de la vida del artista. Busca información en Internet o en la biblioteca. Y no te olvides, ¡es posible que los turistas te hagan algunas preguntas!

En resumen
REPASO DE VOCABULARIO

In and Around the House

el armario	closet, wardrobe
la bañera	bathtub
el baño	bathroom
la cocina	kitchen
el comedor	dining room
el garaje	garage
la habitación	room, bedroom
el jardín	garden
el lavabo	bathroom sink
la pared	wall
el piso	floor, story
la puerta	door
la sala	living room
el suelo	floor
la ventana	window

Furniture

la cama	bed
el espejo	mirror
la lámpara	lamp
la mesa	table
los muebles	furniture
la silla	chair
el sillón	armchair
el sofá	sofa

Appliances

el aire acondicionado	air conditioning
la calefacción	heat, heating
el congelador	freezer
el despertador	alarm clock
la electricidad	electricity
la estufa	stove
funcionar	to work, to run
el horno	oven
el horno microondas	microwave oven
el lavaplatos	dishwasher
el refrigerador	refrigerator

el ascensor	elevator
las escaleras	stairs, staircase
el (la) extranjero(a)	foreigner
hospedarse (en)	to stay (at)
el (la) huésped(a)	guest
la llave	key
el (la) maletero(a)	porter
la pensión	pension, boarding house
la planta baja	ground floor
la recepción	reception, front desk
la reserva	reservation
los servicios	bathrooms
el turismo	tourism

insistir (en)	to insist
ojalá que	I hope that, hopefully
sugerir (e→ie, i)	to suggest

♲ Ya sabes

desear	to desire
esperar	to hope
necesitar	to need
preferir (e→ie, i)	to prefer
querer (e→ie)	to want

Juego

Gregorio perdió el control de la televisión. Está en la cocina. ¿Dónde lo dejó?

ETAPA

2

Conoce la ciudad

- Describe your city or town

- Make suggestions

- Ask for and give directions

¿Qué ves?

Mira la foto y contesta las preguntas.

1. ¿En qué parte de Madrid están Isabel y su compañera?

2. ¿Cómo se llama la chica que está con Isabel?

3. ¿A qué otras personas ves? ¿Qué hacen?

4. ¿Qué tienen en común el plano y la foto?

Plano de los transportes del Centro de Madrid 2

En contexto

VOCABULARIO

Isabel y Andrea van a dar una vuelta y explorar un poco.

A

Si tienes coche, puedes llegar a este **vecindario** por **el puente**. Pero Isabel y Andrea vinieron en metro. Ellas ven a otros **peatones** caminando por **las aceras**. Es bueno que miren **los semáforos** antes de cruzar la calle —¡hay mucho tráfico aquí!

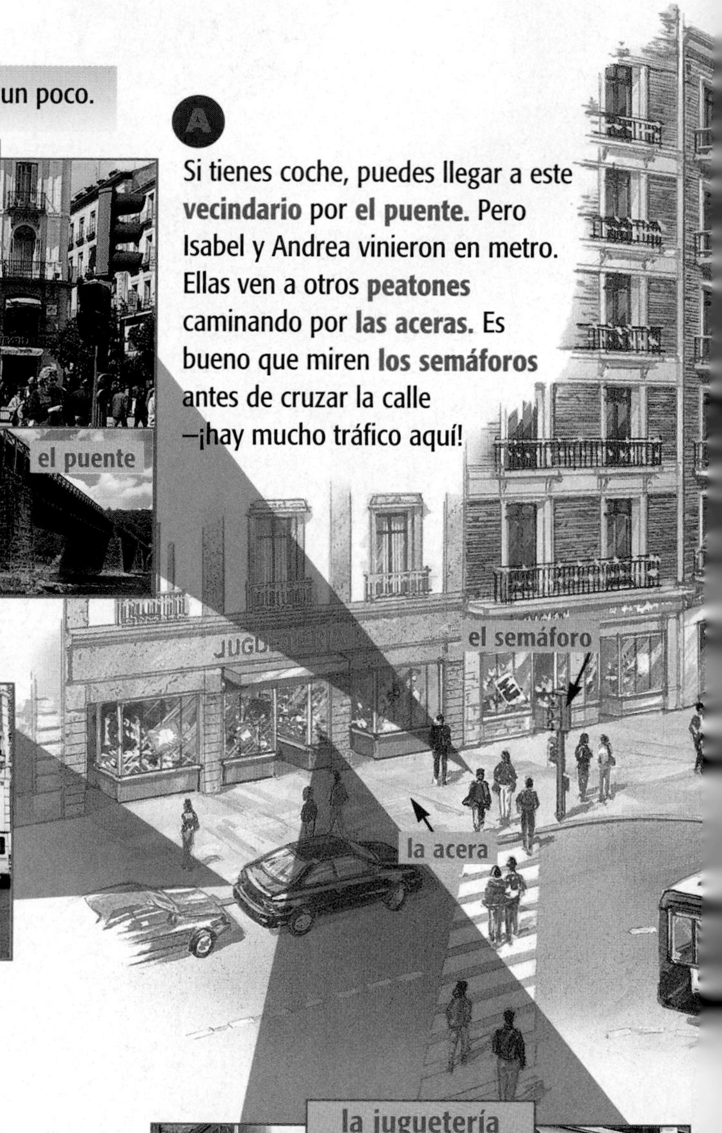

el vecindario

los peatones

el puente

el semáforo

la acera

el conductor

el estacionamiento

B Para este **conductor** es difícil encontrar **un estacionamiento**.

la juguetería

C

En esta **juguetería** se pueden **obtener** regalos para niños. Cuando la tienda tiene **rebajas**, los precios son buenos. Andrea e Isabel compran unos juguetes muy baratos. ¡Qué **gangas**!

la taquilla   **la heladería**   **la tintorería**

D

Todo lo que necesitas para pasar una tarde perfecta está cerca: **la taquilla** para comprar boletos para un concierto; **la tintorería** para limpiar la ropa que vas a llevar; y **la heladería** para después del concierto. A Isabel le gusta el helado de chocolate, pero Andrea prefiere el de limón.

el quiosco

E

Durante su paseo, Isabel y Andrea encuentran muchos **quioscos** de revistas y periódicos. Isabel tiene hambre y **revisa** una revista para buscar la dirección de un restaurante.

Al encontrar **un buzón**, ¡Isabel se da cuenta de que **olvidó** las postales que iba a enviar! Tiene que **regresar**. ¡Qué lástima! Afortunadamente hay **una parada** de metro cerca.

F

el buzón

Preguntas personales

1. ¿Hay una juguetería en tu vecindario? ¿Una heladería? ¿Qué edificios hay?
2. ¿Compras más o compras menos cuando las tiendas tienen rebajas? ¿Puedes encontrar gangas cerca de tu casa?
3. Si tu abrigo está sucio, ¿lo llevas a una taquilla o una tintorería?
4. ¿Cuál es tu lugar favorito del vecindario donde vives? ¿Por qué?
5. Descríbele tu vecindario a un(a) visitante del extranjero.

En vivo

DIÁLOGO

Nuevas amigas

Andrea   Isabel

PARA ESCUCHAR • STRATEGY: LISTENING

Listen and distinguish Listen to what Andrea and Isabel say about Madrid and Mexico City. Where are the following found?

- **metro**
- **micro**
- **conductores locos**
- **buena onda**
- **buena gente**

1 ▶ Andrea: ¿Qué hiciste aquí?

Isabel: Escribí un artículo sobre los museos de Madrid. Son fabulosos. Pero quiero ver más de la ciudad — las plazas, los edificios, la gente. No quiero ver ni un museo más.

5 ▶ Andrea: ¿Qué es un micro?

Isabel: Es como un autobús, pero los micros son más pequeños.

Andrea: Normalmente, yo también voy en metro si tengo prisa.

6 ▶ Andrea: ¿Cómo son los conductores de los coches en la Ciudad de México? ¿Son tan locos como aquí?

Isabel: ¡Son iguales en todas las ciudades! Los peatones tienen que tener cuidado.

7 ▶ Andrea: Mira, el Palacio Real. ¿Entramos? Después puedes comprar postales.

Isabel: Oye, voy a preguntar en la taquilla si venden entradas más baratas para estudiantes.

2 ▶ Isabel: Andrea, ¿me haces un favor? Quiero que me saques una foto.

Andrea: Claro que sí. Ponte allí. La voy a sacar desde aquí. No te muevas. Está perfecto.

3 ▶ Isabel: Oye, ¿cómo llego al Palacio Real? Tengo ganas de verlo.

Andrea: ¿Quieres que te acompañe?

Isabel: ¡Me encantaría!

Andrea: Además, no quiero que te pierdas.

4 ▶ Andrea: ¿Cómo es la Ciudad de México? ¿Es muy diferente de Madrid?

Isabel: Claro, tiene sus diferencias. México es mucho más grande. Es más difícil andar por la Ciudad de México. Yo siempre voy en metro o en micro.

8 ▶ Andrea: Hay un buzón por aquí. ¡Insisto en que me mandes una tarjeta postal de México! ¡No lo olvides! Oye, sugiero que demos una vuelta por la Gran Vía.

9 ▶ Andrea: ¡Hay rebajas! ¿Entramos?

Isabel: Sí, pero después tengo que regresar. No quiero que el señor Zavala se preocupe. Es el dueño de la pensión. Es buena onda, pero habla muchísimo.

10 ▶ Andrea: ¿Buena onda?

Isabel: Significa que es una persona simpática. Es una expresión común en México.

Andrea: Aquí en España decimos «buena gente». Significa la misma cosa.

En acción
VOCABULARIO Y GRAMÁTICA

OBJECTIVES
- Describe your city or town
- Make suggestions
- Ask for and give directions

¿Qué pasó?

Escuchar/Escribir Completa las oraciones para explicar lo que pasó en el diálogo. *(Hint: Complete the sentences.)*

1. Isabel escribió un artículo sobre…
2. Isabel quiere que Andrea la acompañe al…
3. Generalmente, la manera en que Isabel va por la Ciudad de México es…
4. Un micro es como un autobús pero es más…
5. En todas las ciudades, los peatones tienen que…
6. Andrea quiere una tarjeta postal de…
7. Isabel y Andrea quieren entrar en la tienda porque hay…
8. Andrea sugiere que den una vuelta por…

NOTA CULTURAL

La Plaza Mayor Hace muchos años, la Plaza Mayor era el centro municipal de Madrid. Aquí se casaron princesas y fueron coronados reyes. Ahora la plaza está llena de tiendas y cafés, y es un lugar favorito entre los extranjeros y los españoles. No puedes conducir por la Plaza Mayor; solamente se permiten los peatones.

¿Isabel o Andrea?

Escuchar/Hablar Isabel y Andrea están hablando. Según lo que ya sabes de ellas, decide quién hace cada comentario. *(Hint: Who would say this?)*

Isabel   Andrea

1. «La última vez que estuve en la Plaza Mayor estaba lloviendo.»
2. «Tengo que mandarles postales a todos mis amigos en la Ciudad de México.»
3. «Cuando mandé mi artículo, no pensé que iba a ganar.»
4. «Tú eres muy buena gente.»
5. «El señor Zavala me dio una habitación muy buena.»
6. «Hay una parada de metro cerca de esta tienda.»

- *Use stem-changing verbs in the subjunctive*
- *Use the subjunctive and the infinitive*

♻ Una lección

Hablar/Escribir Imagínate que le enseñas a un(a) amigo(a) a manejar. Dile si las siguientes cosas son necesarias o no. Usa **(No) es importante, (No) es necesario** o **(No) es lógico** en tus respuestas. *(Hint: Give advice.)*

modelo

tener un coche nuevo

No es necesario que tengas un coche nuevo.

1. ser inteligente
2. estar paciente
3. tener prisa
4. manejar por las aceras
5. ver los peatones
6. saber las reglas de manejar
7. mirar en el espejo
8. gritarles a los otros conductores
9. darle las llaves del coche a alguien que no conoces
10. ir rápidamente cuando ves niños en la calle

En tu vecindario

Hablar Mira las fotos y habla con un(a) compañero(a) de lo que hay en tu vecindario. *(Hint: Talk about your neighborhood.)*

modelo

Compañero(a): *¿Hay buzones amarillos en tu vecindario?*

Tú: *Sí, hay buzones amarillos. (No, no hay ni un buzón amarillo.)*

Nota

Ni can mean *not even, neither,* or *nor,* and is usually combined with another negative word, such as **no**. Observe how it is used in these examples:

No quiero ver **ni** un museo más. *I do not want to see (not) even one more museum.*

No visité **ni** las plazas **ni** los edificios históricos. *I visited **neither** the plazas **nor** the historic buildings.*

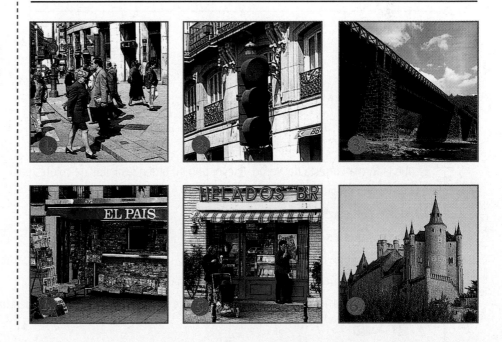

GRAMÁTICA

Subjunctive Stem Changes: -ar, -er Verbs

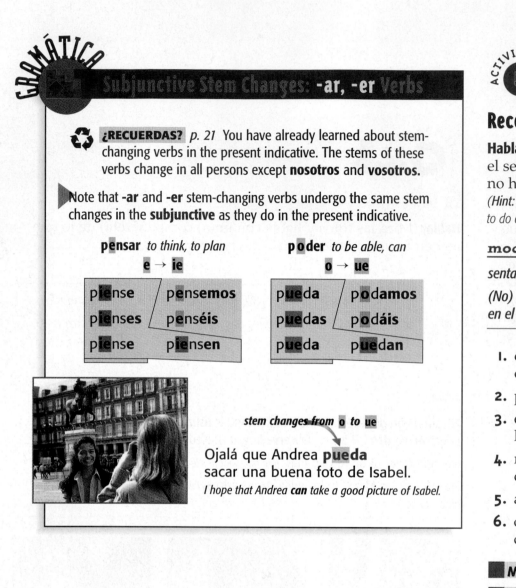

♻ **¿RECUERDAS?** *p. 21* You have already learned about stem-changing verbs in the present indicative. The stems of these verbs change in all persons except **nosotros** and **vosotros**.

▶ Note that **-ar** and **-er** stem-changing verbs undergo the same stem changes in the **subjunctive** as they do in the present indicative.

pensar *to think, to plan*
e → ie

piense	pensemos
pienses	penséis
piense	piensen

poder *to be able, can*
o → ue

pueda	podamos
puedas	podáis
pueda	puedan

stem changes from o *to* ue

Ojalá que Andrea **pueda** sacar una buena foto de Isabel.
*I hope that Andrea **can** take a good picture of Isabel.*

ACTIVIDAD **5** Gramática

Recomendaciones

Hablar/Escribir ¿Qué quiere el señor Zavala que haga o no haga Isabel en Madrid?
(Hint: What does Señor Zavala want Isabel to do or not do?)

modelo

sentarse sola en el parque

(No) quiere que se siente sola en el parque.

1. cerrar la habitación con llave
2. perderse en la ciudad
3. entender cómo hablan los españoles
4. recordar la dirección de la pensión
5. acostarse tarde
6. contarles a los Zavala de sus aventuras

■ **MÁS PRÁCTICA** *cuaderno* p. 101

■ **PARA HISPANOHABLANTES**
cuaderno p. 99

Juego

Escribe la forma correcta del verbo. Luego, pon en orden las letras de colores para responder a la pregunta.

1. Ojalá que nosotros no nos _ _ _ _ _ _ _ _ _ en Madrid. (perder)
2. Espero que los boletos no _ _ _ _ _ _ _ _ mucho. (costar)
3. Insisto en que ustedes se _ _ _ _ _ _ _ _ _ _ temprano. (despertar)
4. Quiero que tú _ _ _ _ _ _ _ a España algún día. (volver)

¿Cuál es la palabra de cuatro letras que, al quitarle una, queda (*remains*) también una?

□ □ □ □

De fiesta

Hablar/Escribir Andrea habla con sus amigos de la fiesta que va a haber este fin de semana. ¿Qué dice? *(Hint: Comment on the party this weekend.)*

Es importante que

Ojalá que

Recomiendo que

Es malo que

modelo

los padres: traer los refrescos

Ojalá que los padres traigan los refrescos.

1. nosotros: sentarse en el sofá

2. tú: poder bailar salsa

3. ellos: pensar llegar a tiempo

4. nosotros: perder las direcciones

5. ustedes: poder cocinar

6. yo: querer ir

7. mi hermana: contar chistes

8. mis amigos: poder llegar a tiempo

9. nosotros: volver al supermercado

10. tú: encontrar las llaves del coche

11. él: recordar la fecha de la fiesta

12. ustedes: pensar acompañarnos

Una calle de Madrid

Escuchar Escucha las seis descripciones e indica si corresponden o no a la foto. *(Hint: Listen to the descriptions and tell if they relate to the photo.)*

1. _____   3. _____   5. _____
2. _____   4. _____   6. _____

NOTA CULTURAL

El paseo En Madrid, como en las otras ciudades de España, la gente sale a dar el paseo por las tardes, caminando por las calles y parándose a hablar con amigos. Van por calles que llevan nombres de personas o sucesos importantes de la historia de España. ¿Sabes quién era Pedro Calderón de la Barca?

CALLE DE CALDERON DLA BARCA

CALLE DE POSTAS

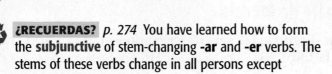

GRAMÁTICA

Stem-Changing -ir Verbs in the Subjunctive

¿RECUERDAS? *p. 274* You have learned how to form the **subjunctive** of stem-changing **-ar** and **-er** verbs. The stems of these verbs change in all persons except **nosotros** and **vosotros.**

Now you will learn how to form the **subjunctive** of stem-changing **-ir** verbs.

▶ Verbs ending in **-ir** with a stem change in the present indicative of **e → i** undergo the same stem changes in the **subjunctive,** but in all persons.

pe**dir** *to ask for*
e → i

p**i**da	p**i**damos
p**i**das	p**i**dáis
p**i**da	p**i**dan

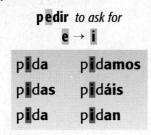

Es necesario que Isabel le **p**i**da** permiso al señor Zavala.
*It is necessary for Isabel **to ask** Señor Zavala for permission.*

▶ The **e → ie** and **o → ue** stem-changing **-ir** verbs that you learned in the present indicative make the following changes in the **subjunctive:**

The **e** changes to **ie** or **i**.   The **o** changes to **ue** or **u**.

pref**erir** *to prefer*   **d**o**rmir** *to sleep*
e → ie, i   **o → ue, u**

pref**ie**ra	pref**i**ramos	d**ue**rma	d**u**rmamos
pref**ie**ras	pref**i**ráis	d**ue**rmas	d**u**rmáis
pref**ie**ra	pref**ie**ran	d**ue**rma	d**ue**rman

Ojalá que **pref**ie**ras** una habitación con baño.
*I hope that **you prefer** a room with a bathroom.*

Sugiero que **d**u**rmamos** antes de salir.
*I suggest that **we sleep** before going out.*

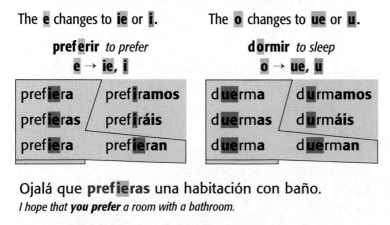

MÁS PRÁCTICA *cuaderno p. 102*

PARA HISPANOHABLANTES *cuaderno p. 100*

ACTIVIDAD 8 **Gramática**

¿Qué quieres?

Hablar/Escribir ¿Qué quieres que hagan las siguientes personas? *(Hint: What should they do?)*

modelo

El señor Zavala sugiere algunos lugares para visitar.

(No) quiero que el señor Zavala sugiera algunos lugares para visitar.

1. Nosotros visitamos a Isabel en la pensión de los Zavala.
2. Nosotros dormimos en una habitación con aire acondicionado.
3. Andrea pide permiso para sentarse con Isabel.
4. Isabel se siente cansada.
5. Ustedes sonríen por la mañana.
6. Isabel regresa a México.
7. Tú repites la dirección de la pensión.
8. Andrea se divierte con sus amigas.
9. Nosotros nos reunimos con Isabel en la Plaza Mayor.
10. El mesero nos sirve la comida fría.

ACTIVIDAD 9

¿Te perdiste?

Hablar/Leer Varias personas están en la Plaza de la Cibeles y te piden direcciones. ¿Qué les sugiere? *(Hint: What do you tell them?)*

modelo

Compañero(a): *Necesito ir a la Puerta de Alcalá.*

Tú: *Sugiero que siga por la Calle de Alcalá hacia el este.*

1. Con permiso, ¿cómo llego al Banco de España?
2. ¿Dónde queda la Calle Valenzuela?
3. Disculpe. Busco la Gran Vía. ¿Sabe usted dónde queda?
4. ¿Dónde está el Museo Nacional de Artes Decorativas?

ACTIVIDAD 10

¡Adivínalo!

Hablar/Escribir Piensa en un lugar en la escuela. Describe dónde queda en dos o tres oraciones sin mencionar el nombre. Tus compañeros(as) deben adivinar lo que es. *(Hint: Describe a location for others to guess.)*

modelo

Tú: *Está lejos de la biblioteca y detrás de las canchas de tenis. Está frente a la cafetería.*

Compañeros(as): *¿Es el gimnasio?*

Tú: *Sí, (No, no) es el gimnasio.*

la oficina de los maestros

la biblioteca   el auditorio

el estacionamiento

■ **MÁS COMUNICACIÓN** p. R12

Vocabulario

Para llegar a...

bajar por *to go down, to descend*

el cruce *crossing*

desde allí *from there*

la distancia *distance*

el este *east*

girar *to turn*

hacia *toward*

hasta *until, as far as*

el norte *north*

el oeste *west*

parar *to stop*

seguir (e→i, i) *to follow, to continue*

subir por *to go up, to climb*

el sur *south*

Está...

abajo *down*

alrededor (de) *around*

arriba *above, up*

debajo de *underneath*

delante de *in front of*

encima de *on top of*

frente a *in front of, opposite*

junto a *next to*

sobre *on, about*

¿Qué palabras usas para describir dónde está tu libro de español?

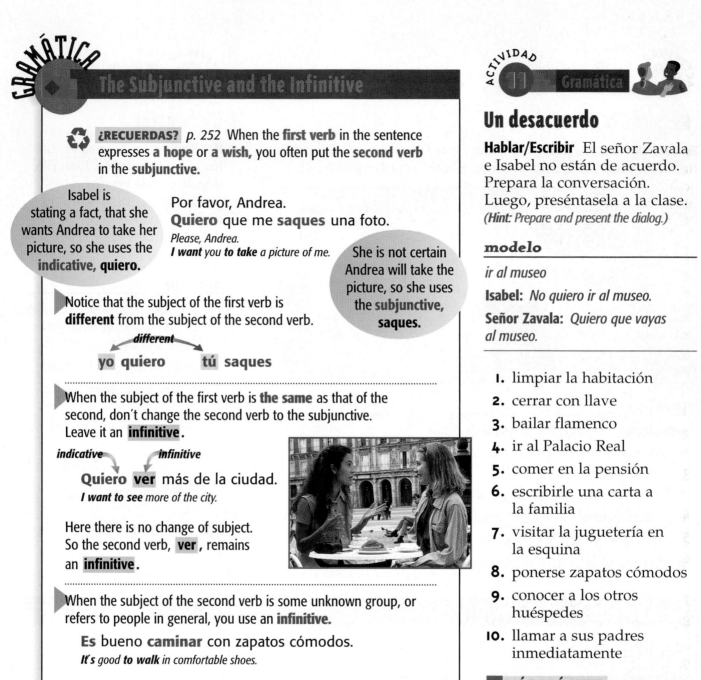

GRAMÁTICA
The Subjunctive and the Infinitive

♻ **¿RECUERDAS?** *p. 252* When the **first verb** in the sentence expresses **a hope** or **a wish**, you often put the **second verb** in the **subjunctive**.

> *Isabel is stating a fact, that she wants Andrea to take her picture, so she uses the* **indicative, quiero.**

Por favor, Andrea.
Quiero que me **saques** una foto.
Please, Andrea.
***I want** you **to take** a picture of me.*

> *She is not certain Andrea will take the picture, so she uses the* **subjunctive, saques.**

▶ Notice that the subject of the first verb is **different** from the subject of the second verb.

different
yo quiero   **tú** saques

▶ When the subject of the first verb is **the same** as that of the second, don't change the second verb to the subjunctive. Leave it an **infinitive**.

indicative   *infinitive*
Quiero ver más de la ciudad.
***I want to see** more of the city.*

Here there is no change of subject. So the second verb, **ver**, remains an **infinitive**.

▶ When the subject of the second verb is some unknown group, or refers to people in general, you use an **infinitive**.

Es bueno **caminar** con zapatos cómodos.
*It's good **to walk** in comfortable shoes.*

Un desacuerdo

Hablar/Escribir El señor Zavala e Isabel no están de acuerdo. Prepara la conversación. Luego, preséntasela a la clase. (*Hint: Prepare and present the dialog.*)

modelo

ir al museo

Isabel: *No quiero ir al museo.*

Señor Zavala: *Quiero que vayas al museo.*

---

1. limpiar la habitación
2. cerrar con llave
3. bailar flamenco
4. ir al Palacio Real
5. comer en la pensión
6. escribirle una carta a la familia
7. visitar la juguetería en la esquina
8. ponerse zapatos cómodos
9. conocer a los otros huéspedes
10. llamar a sus padres inmediatamente

MÁS PRÁCTICA *cuaderno* pp. 103–104

PARA HISPANOHABLANTES *cuaderno* pp. 101–102

¡No quiere hacer nada!

Escribir Andrea no quiere hacer ninguna de estas actividades y sugiere que otras personas las hagan. ¿Qué dice? *(Hint: Complete Andrea's thoughts.)*

modelo

pedir la cuenta en el restaurante (mamá)

No quiero pedir la cuenta en el restaurante. Quiero que mamá la pida. (Quiero que mamá pida la cuenta.)

1. manejar tu coche (tú)
2. llevar la ropa a la tintorería (mi hermano)
3. llamar al señor Zavala (usted)
4. visitar el palacio (nosotros)
5. comprar los boletos (tú)
6. seguir buscando la llave (mis hermanos)
7. revisar el mapa (Isabel)
8. obtener entradas al museo (ustedes)
9. poner la mesa (tú)
10. lavar los platos (nosotros)

En mi vecindario

Escuchar/Escribir Andrea te dice cómo llegar a estos lugares desde su casa. Mira el mapa. ¿Son correctas sus direcciones? *(Hint: Are Andrea's directions correct?)*

1. el apartamento de mi mejor amiga
2. el parque
3. la parada de autobuses
4. la escuela
5. la tienda de rebajas

TAMBIÉN SE DICE

Ya conoces la palabra **cuadra,** que se usa en Sudamérica y América Central. Pero en España, es más común decir **la manzana** o **el bloque.** ¿Cuántas manzanas hay entre la Avenida Benjamín y la Avenida Azucenas?

ACTIVIDAD 14

Quieren que yo lo haga

Hablar/Escribir Escribe una lista de cuatro cosas que otras personas (tus padres, amigos, profesores…) desean que hagas. Luego dile a un grupo de compañeros(as) si quieres hacerlas. *(Hint: Create a list of four things that others want you to do. Then tell your classmates whether you want to do them.)*

modelo

> Mi mamá insiste en que yo regrese a casa antes de las diez.
>
> Mis padres desean que yo no salga cuando estoy enferma.
>
> Mi hermana menor quiere que yo la acompañe a la juguetería donde vio las muñecas.
>
> Mi profesor de cálculo espera que yo haga la tarea.

Tú: *Mi mamá insiste en que yo regrese a casa antes de las diez, pero no quiero regresar antes de las diez los sábados.*

Nota

Sometimes question words, like **cuándo** and **dónde,** are used in the middle of a sentence as bridges or connectors. When not implying a question, they do not need accents.

Fue una sorpresa enorme cuando me llamaron y me contaron quién ganó. *It was a big surprise when they called me and told me who won.*

ACTIVIDAD 15

 **Ahora, en tu comunidad**

PARA CONVERSAR

STRATEGY: SPEAKING

Ask for and give directions Locating an unfamiliar place requires clear directions. You can use compass points (**al norte, al este**) or state position relative to a landmark (**delante de, junto a**). Be clear about the starting point (**desde allí**), and use precise verbs (**sigue, para, gira, baja, sube**).

Hablar Pídele a un(a) compañero(a) direcciones para llegar a estos lugares desde tu escuela. Luego tu compañero(a) te puede pedir direcciones. *(Hint: Ask and give directions.)*

modelo

el correo

Tú: *¿Cómo llego al correo?*

Compañero(a): *Sigue dos manzanas por la calle Murillo y gira a la derecha. Desde allí, puedes ver el correo. Está junto al banco.*

1. el cine
2. tu casa
3. la discoteca
4. la heladería
5. la juguetería
6. un puente
7. tu restaurante favorito
8. la tintorería
9. un buzón
10. el banco
11. el parque
12. un quiosco

¡Visita nuestro vecindario!

Hablar/Escribir En grupos, preparen una presentación y un folleto para atraer a otras personas a tu pueblo o ciudad. Sean creativos e incluyan los siguientes elementos. *(Hint: Create a presentation and brochure about your community.)*

Incluye:

• una descripción de tu comunidad

• unas fotos de las atracciones

• un mapa y instrucciones para llegar

¡Visita University Place!

University Place es una bonita ciudad a orillas de Puget Sound, un brazo de mar espectacular. Desde allí se pueden ver las montañas Olympic, la montaña Rainier y el puente de Tacoma Narrows.

Ven en carro, avión, moto, barco, taxi, autobús, tren, a pie —no importa cómo, ¡pero es importante que vengas!

una heladería

una escuela

parque

En University Place está todo lo que necesitas —tiendas, parques, escuelas, cafés ¡y muy buenas heladerías!

Para llegar a University Place

Desde Seattle, toma la carretera I-5 hacia el sur. En Tacoma, toma la salida a Bremerton para la carretera 16. Luego toma la salida a Jackson. Dobla a la izquierda y sigue derecho doce cuadras. Vas a ver un letrero que dice «Bienvenidos a University Place».

Seattle
Tacoma Narrows Bridge
Jackson • Tacoma
University Place • Bremerton Exit

Washington
Seattle
Tacoma
Spokane
University Place

¡Ojalá que te veamos pronto!

Tu programa de radio

Hablar Tú eres el (la) locutor(a) en un programa de consejos en la radio. Recibes llamadas de tus amigos(as). Uno(a) tiene problemas con su maestro(a), otro(a) con su novio(a). ¿Qué les recomiendas? En pares, hagan una dramatización de estas situaciones. *(Hint: You are a radio announcer. Help solve your friends' problems.)*

MÁS COMUNICACIÓN p. R12

Refrán

Entra por aquí y sale por allá.

¿Alguna vez creíste que alguien no te entendió o no te escuchó? En grupos, hagan una lista de ocasiones en que les pasó algo similar.

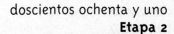

En colores
CULTURA Y COMPARACIONES

Vamos a bailar —Gipsy Kings

PARA CONOCERNOS
STRATEGY: CONNECTING CULTURES
Identify characteristics of successful musical groups
Among your favorite groups are there any that are "family"? What do you know about them? How do they compare to the Gipsy Kings?

	Grupo 1	Grupo 2
nombre		
lugar de origen		
nombres de los cantantes		
instrumentos que usan		
tipo de música		
canciones populares		

NOTA CULTURAL

Los gitanos y el flamenco No se sabe exactamente de dónde vienen los gitanos (*Gypsies*), pero los encontramos por todo el mundo. Se consideran los creadores del flamenco, un tipo de música y baile del sur de España. Este arte tan famoso mundialmente también tiene influencia de las canciones populares de Andalucía y de la cultura árabe que vivió en esa zona por más de setecientos años.

Los Gipsy Kings son un fenómeno internacional. La fama enorme de este conjunto[1] comenzó en 1987 con su primer éxito[2], «Bamboleo». La música de los Gipsy Kings es un nuevo tipo de música que tiene sus raíces[3] en el estilo flamenco tradicional de Andalucía, una región del sur de España.

Su música es difícil de clasificar. Tiene muchos nombres: rumba flamenca, rumba gitana, pop flamenco y flamenco moderno. Es una música que también demuestra influencias de salsa, jazz, música brasileña y nordafricana. Los Gipsy Kings cantan en gitano[4] y una mezcla de español y francés. Además de guitarras, usan teclados[5], percusión y contrabajo[6].

---

[1] group	[3] roots	[5] musical keyboards
[2] hit	[4] Romany Gypsy dialect	[6] bass

¿Quiénes son estos músicos talentosos? Son los hermanos Reyes —Canut, François, Nicolas, Pablo y Patchai— y sus primos, los hermanos Baliardo —Diego, Paco y Tonino. Todos son gitanos catalanes que vienen de los barrios gitanos pobres del sur de Francia. Originalmente, sus familias eran de España.

Las estrellas del grupo son Tonino Baliardo, compositor[7] y guitarrista principal, y el cantante Nicolas Reyes. Reyes es el hijo de José Reyes, un cantante de flamenco que cantaba con el famoso guitarrista Manitas de Plata.

¿Cómo se explica la atracción universal de los Gipsy Kings? Su música es exótica, emocionante y divertida. Y para el público estadounidense es algo nuevo. Después de sus conciertos en Nueva York, Boston y San Francisco, los Gipsy Kings recibieron grandes aplausos y críticas muy entusiastas.

Los Gipsy Kings ya tienen quince álbumes de oro o de platino. ¡Todo esto en diez años!

---

[7] composer

¿Comprendiste?

1. ¿Quiénes son los Gipsy Kings? ¿Cuál es su origen?
2. ¿En qué lenguas cantan?
3. ¿Qué influencias tiene la música de los Gipsy Kings?
4. ¿Qué instrumentos tocan?
5. ¿Por qué a los estadounidenses les gustan los Gipsy Kings?

¿Qué piensas?

¿Conoces algunas canciones de los Gipsy Kings? ¿Te gustan? ¿Es importante entender todas las palabras? ¿Por qué sí o por qué no?

Hazlo tú

Investiga el flamenco tradicional. ¿Qué es el flamenco? ¿Cuál es su origen? Descríbelo en una composición breve.

En uso
REPASO Y MÁS COMUNICACIÓN

Now you can...

- describe your city or town.
- ask for and give directions.

To review

- directions vocabulary, see p. 277.

ACTIVIDAD 1 **En el pueblo**

Imagínate que tú vives en este pueblo. Completa la descripción.
(Hint: Describe the town.)

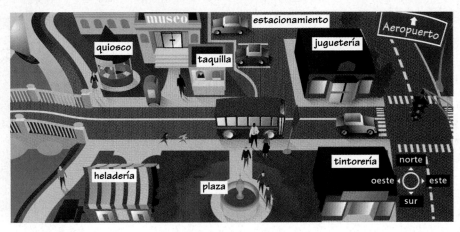

modelo

La taquilla está frente al (museo / aeropuerto).

La taquilla está frente al museo.

1. Hay un (semáforo / buzón) entre el quiosco y la taquilla.
2. La parada de autobuses está delante de la (heladería / plaza).
3. Hay un (cruce / puente) de peatones delante del semáforo.
4. El estacionamiento está (junto al / debajo del) museo.
5. Hay una (juguetería / taquilla) delante del museo.
6. Para ir al aeropuerto, hay que (parar / subir) por la calle principal.
7. El quiosco está (frente a / encima de) la heladería.
8. La tintorería está (sobre / junto a) la plaza.
9. Un conductor espera (frente al / alrededor del) semáforo.
10. Hay un (puente / cruce) cerca de la heladería.
11. La juguetería está junto a un (buzón / estacionamiento).
12. Para ir al puente desde la plaza, hay que caminar hacia el (este / oeste).

Ojalá que...

Tú y tus compañeros van a viajar a España. Usa las frases útiles para completar unos comentarios sobre el viaje. (*Hint: Talk about a trip, combining phrases from the list with the items below.*)

No quiero que...   **Es bueno que...**   **Sugiero que...**

      Ojalá que...   **Es ridículo que...**   **Es importante que...**

modelo

las tiendas: cerrar muy tarde

Ojalá que las tiendas (no) cierren muy tarde.

1. el viaje: costar mucho dinero
2. nosotros: sentarse juntos en el avión
3. tú: perder los boletos de avión
4. nosotros: seguir las recomendaciones del agente de viajes
5. los estudiantes: encontrar la información sobre los hoteles
6. tú: preferir un asiento de ventanilla

7. yo: poder visitar muchos museos
8. nosotros: dormir mal en la pensión
9. el profesor: pedir habitaciones con baño
10. nosotros: entender a los españoles
11. los restaurantes: servir comida americana
12. ustedes: divertirse mucho

¡Hoy no trabajo!

Estás cansado(a) y no quieres ayudar con los quehaceres. ¿Qué dices? (*Hint: Persuade others.*)

modelo

lavar los platos (papá)

No quiero lavar los platos hoy. Prefiero que papá los lave.

1. hacer la limpieza (ustedes)
2. pasar la aspiradora (tú)
3. cortar el césped (papá)
4. quitar el polvo (ellos)

5. barrer el piso (mamá)
6. sacar la basura (tú)
7. tocar los muebles (él)
8. limpiar la bañera (ella)

 **¡Muchos preparativos!**

ACTIVIDAD 4

PARA CONVERSAR

STRATEGY: SPEAKING

Work cooperatively Decisions require action: **hablar, buscar, comprar, hacer, obtener.** Discuss preferences (**quiero** o **no quiero obtener…, insisto en que tú hagas…**) Decide how to be fair in assigning responsibilities (**es necesario/lógico que…**) Finally, summarize who is doing what: **nosotros(as) juntos(as), tú, yo.**

Imagínate que tú y un(a) compañero(a) están planeando un viaje. Decidan cómo van a compartir las responsabilidades y completen la tabla. (*Hint: Decide who will do what.*)

hacer las reservas   **comprar los boletos**

buscar información sobre los museos

encontrar un buen hotel

     ir a la agencia de viajes

obtener información turística

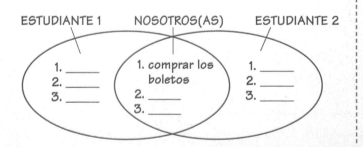

ESTUDIANTE 1   NOSOTROS(AS)   ESTUDIANTE 2

1. _____   1. comprar los   1. _____
2. _____   boletos   2. _____
3. _____   2. _____   3. _____
   3. _____

 **Turistas**

ACTIVIDAD 5

Prepara un dibujo de una sección de tu ciudad o pueblo. Incluye un mínimo de cinco edificios o lugares importantes. Entonces, usa el dibujo para darles un «tour» imaginario a unos turistas. Ellos te van a preguntar cómo llegar a otros lugares que no están en tu dibujo. Cambien de papel. (*Hint: Role-play a tour of a section of your city or town. Give directions.*)

modelo

Tú: *Estamos en la calle Main. Aquí vemos muchos edificios importantes. Al lado del correo hay un cine.*

Turista 1: *¿Hay otros cines en el pueblo?*

Tú: *Hay otro pero queda un poco lejos de aquí.*

Turista 2: *¿Cómo se va?*

Tú: *Suba por esta calle hasta llegar a la plaza. Gire a la derecha en la calle Oak. Entonces siga derecho…*

 *En tu propia voz*

ACTIVIDAD 6

ESCRITURA Imagínate que trabajas para una agencia de viajes. Prepara una descripción de tu ciudad o pueblo para darles a los turistas. (*Hint: Write a description of your city or town.*)

modelo

Ojalá que usted nos visite pronto en Middletown. Nuestra ciudad tiene muchos lugares interesantes y hoteles excelentes. Por ejemplo,…

CONEXIONES

La tecnología A la gente de tu comunidad le gustó mucho la presentación que hiciste en la Actividad 16 de la página 281. Quieren poner alguna información sobre tu pueblo en el website de la comunidad. Haz una página de web para presentarles.

En resumen
REPASO DE VOCABULARIO

How to Get There

bajar por	to go down, to descend
el cruce	crossing
desde allí	from there
la distancia	distance
girar	to turn
hacia	toward
hasta	until, as far as
parar	to stop
seguir (e→i, i)	to follow, to continue
subir por	to go up, to climb

Directions

el este	east
el norte	north
el oeste	west
el sur	south

Specifics

abajo	down
alrededor (de)	around
arriba	above, up
debajo de	underneath
delante de	in front of
encima de	on top of
frente a	in front of, opposite
junto a	next to
sobre	on, about

City Streets

la acera	sidewalk
el buzón	mailbox
el (la) conductor(a)	driver
el estacionamiento	parking space
la parada	stop, stand
el peatón	pedestrian
el puente	bridge
el semáforo	traffic light or signal
el vecindario	neighborhood

Places of Business

la heladería	ice-cream parlor
la juguetería	toy store
el quiosco	kiosk, newsstand
la taquilla	box office
la tintorería	dry cleaner

♻ Ya sabes

Es bueno que…	It's good that…
Es importante que…	It's important that…
Es lógico que…	It's logical that…
Es malo que…	It's bad that…
Es mejor que…	It's better that…
Es necesario que…	It's necessary that…
Es peligroso que…	It's dangerous that…
Es posible que…	It's possible that…
Es probable que…	It's probable that…
Es raro que…	It's rare (strange) that…
Es ridículo que…	It's ridiculous that…
Es triste que…	It's sad that…
Es una lástima que…	It's a pity that…
insistir (en)	to insist
ojalá que	I hope that, hopefully
sugerir (e→ie, i)	to suggest

la ganga	bargain
ni	not even, neither, nor
obtener	to obtain, to get
olvidar	to forget
la rebaja	sale
regresar	to go back, to return
revisar	to review, to check

Juego

Lo que busca Irene no está sobre la mesa. Tampoco está debajo del sillón. No está encima de los libros, pero sí está delante de la televisión. ¿Qué busca ella?

UNIDAD 4

ETAPA 3

Vamos de compras

- Talk about shopping for clothes
- Ask for and give opinions
- Make comparisons
- Discuss ways to save and spend money

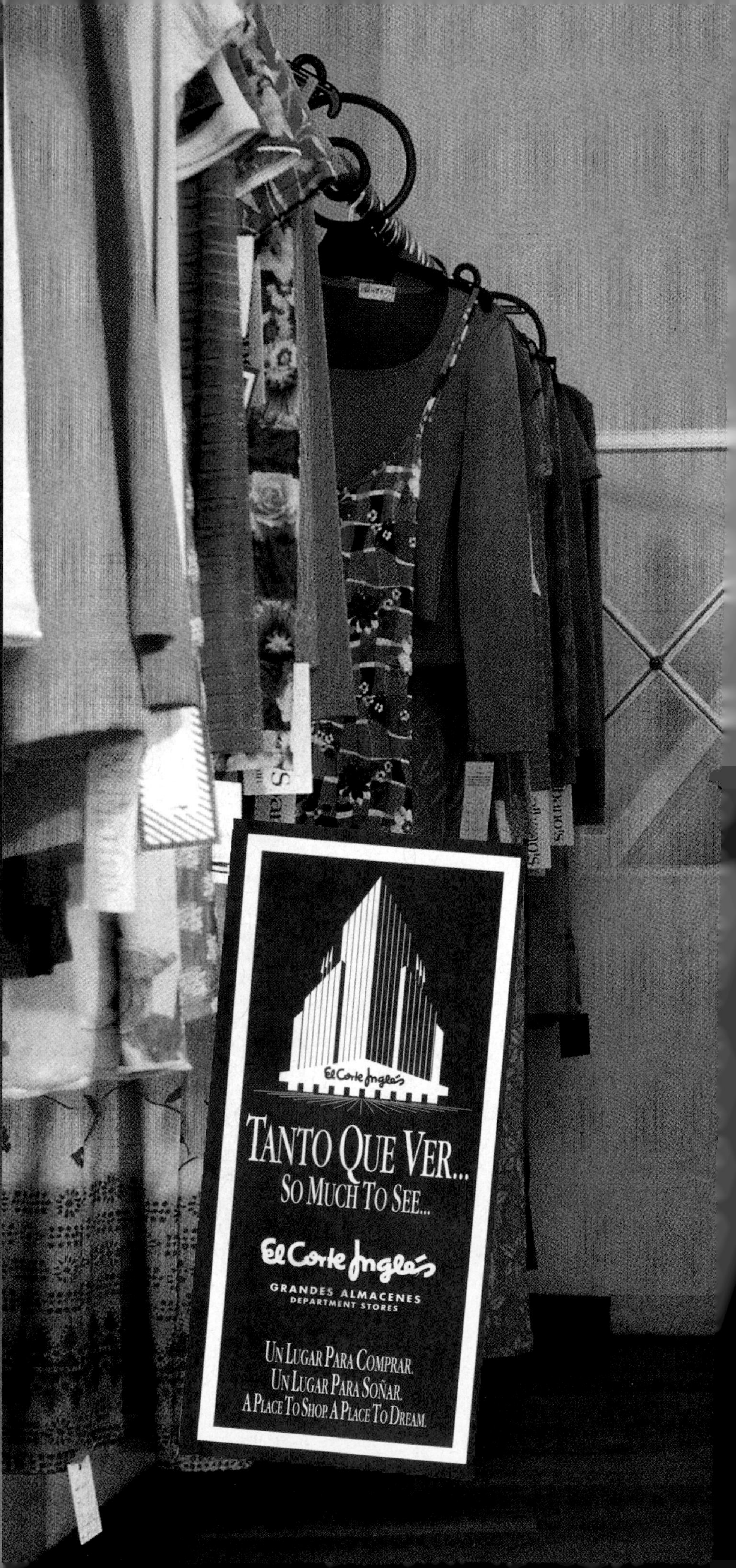

El Corte Inglés
TANTO QUE VER...
SO MUCH TO SEE...
El Corte Inglés
GRANDES ALMACENES
DEPARTMENT STORES
UN LUGAR PARA COMPRAR.
UN LUGAR PARA SOÑAR.
A PLACE TO SHOP. A PLACE TO DREAM.

¿Qué ves?

Mira la foto. ¿Qué ves?

1. ¿Conoces a algunas de las personas de la foto? ¿Cómo se llaman?
2. Describe lo que tiene cada chica en la mano.
3. ¿Qué es El Corte Inglés?

En contexto
VOCABULARIO

Isabel y Andrea van a ver qué tiene esta tienda de ropa.

A

Isabel y Andrea tienen que **arreglarse** para una fiesta. Muchas tiendas están **cerradas** durante la tarde, pero esta tienda está **abierta** todo el día.

B

Isabel quiere encontrar un vestido o unos pantalones. **Escoge** un vestido largo con **rayas** y otro que es más corto. Andrea quiere **vestirse** con **un traje.** Usa la talla 36, pero este traje es talla 38. Le queda un poco grande.

el traje

las rayas

ConCaché.

ESTILO _54656_   TALLA _38_

C

Isabel se pone unos pantalones **sencillos** de color **oscuro**, pero le quedan **flojos.** Necesita una talla más pequeña. Andrea se pone unos pantalones blancos, pero son muy **estrechos.** Necesita unos más grandes.

flojos

estrechos

D Isabel escoge otros pantalones, pero éstos son demasiado **anchos**. Andrea se pone una chaqueta, pero le queda **apretada**. Las chicas están **de mal humor**.

de mal humor

anchos

apretada

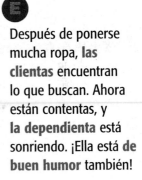

de buen humor

las clientas

la dependienta

E Después de ponerse mucha ropa, **las clientas** encuentran lo que buscan. Ahora están contentas, y **la dependienta** está sonriendo. ¡Ella está **de buen humor** también!

F Están preparadas. **Apenas** son las siete y la fiesta empieza a las ocho. Andrea lleva una camisa que **hace juego con** los pantalones. Isabel lleva **un chaleco**. Las dos llevan **pañuelos** y **un par de zapatos de tacón** del **número** correcto. ¡Van a ser las más **elegantes** de todas las chicas de la fiesta!

el pañuelo

el chaleco

el zapato de tacón

Preguntas personales

1. ¿Hay alguien en tu clase que lleve ropa oscura? ¿Ropa con rayas?
2. ¿Te gusta comprar ropa nueva cuando tienes que arreglarte?
3. ¿Tienes un traje? ¿Cuándo lo usas?
4. ¿Qué accesorios te gustan?
5. Si quieres unos zapatos, ¿qué le dices al (a la) dependiente(a)?

En vivo

 **DIÁLOGO**

¿Cómo me veo?

| Dependienta | Andrea | Isabel |

PARA ESCUCHAR • STRATEGY: LISTENING

Listen and infer An inference is an opinion based on something implied but not directly said. Choose a word that describes Andrea's personality (**alegre, cómica, paciente, seria, inteligente,** or one of your own choice). Then tell which of Andrea's words or actions led you to make that choice.

1▶ Dependienta: ¿En qué os puedo atender?
Andrea: Estamos mirando, gracias.
Dependienta: Bueno. Si decidís hacer algo más que mirar, avisadme, por favor.

5▶ Andrea: ¿Qué tal un traje?
Isabel: Debes vestirte con vestido. Cuando quieres arreglarte bien, un vestido sencillo es lo mejor.
Andrea: Tienes razón. Y debo escoger un par de zapatos.

6▶ Dependienta: Tenemos varios vestidos elegantísimos por aquí. Son tan bonitos como los de los mejores almacenes. Estoy segura que te van a gustar.
Andrea (a Isabel): ¿Ves? Ahora está de muy buen humor.

7▶ Dependienta: Te queda bien.
Andrea: Me parece un poco flojo.
Isabel: Te ves fenomenal. Me gusta mucho el color, y no creo que te quede flojo.
Andrea: Muy bien. Me llevo éste.

2► **Isabel:** ¡Uy! La dependienta está de mal humor.

Andrea: Ella espera que los clientes gasten mucho dinero, y duda que tú y yo vayamos a comprar hoy.

3► **Andrea:** Me fastidia que los dependientes me traten así. ¿Le hacemos la vida un poquito difícil?

Isabel: ¿Cómo? Tengo miedo.

Andrea: No te preocupes. No voy a hacer nada terrible. Tú tranquila.

4► **Andrea:** ¿Te gusta este vestido? Me parece ideal para el estreno en la galería de arte.

Isabel: No sé. Me parece estrecho. ¿Qué talla usas?

Andrea: Uso la talla 36.

8► **Dependienta:** Tenemos también unos zapatos buenísimos que hacen juego con el vestido. ¿Los quieres ver?

Andrea: Sí, gracias.

9► **Isabel:** ¡Andrea! Esto no me gusta nada.

Andrea: Lo siento. Estoy jugando contigo también. No te lo dije, pero todo esto es verdad. El viernes voy a un estreno en una galería de arte y necesito un vestido y un par de zapatos de tacón.

10► **Isabel:** ¡Qué buen precio en el vestido!

Andrea: Y el precio de los zapatos fue buenísimo también. Mira, ésta es tu parada de metro. ¿Por qué no nos reunimos mañana? ¿Vale?

Isabel: ¡Vale!

En acción
VOCABULARIO Y GRAMÁTICA

OBJECTIVES

- Talk about shopping for clothes
- Ask for and give opinions
- Make comparisons
- Discuss ways to save and spend money

¿Cómo lo sabes?

Escuchar/Escribir Todas las oraciones son ciertas. Escribe una línea del diálogo que confirme cada una. *(Hint: Write a line of dialog that supports each sentence.)*

1. Hay buenos precios en la tienda de ropa.

2. Isabel piensa que el primer vestido que escoge Andrea no es la talla correcta.

3. Andrea tiene un plan.

4. Isabel se preocupa un poco por el plan de Andrea.

5. Andrea realmente va a un estreno y necesita ropa nueva.

6. Andrea e Isabel se van a reunir al día siguiente.

TAMBIÉN SE DICE

En España, el plural de **tú** es **vosotros(as). Os** es el objeto directo e indirecto de **vosotros.** La dependienta usó las formas de los verbos que corresponden a **vosotros** cuando les habló a Isabel y Andrea.

En orden

Escuchar/Escribir Pon las fotos en orden cronológico según el diálogo. Luego escribe una oración que describa cada foto.
(Hint: Put the photos in order. Then write a description.)

¿Hacen juego?

Hablar Estás ayudando a un(a) amigo(a) que va de compras. Mira las fotos. ¿Hacen juego los artículos? *(Hint: Tell whether items match.)*

modelo

Compañero(a): *¿Crees que la bolsa y los zapatos hacen juego?*

Tú: *Sí, hacen juego.*

♻ ¿Qué me sugieres?

Hablar Pídele a un(a) compañero(a) sugerencias sobre las actividades de la lista. *(Hint: Ask a classmate for suggestions.)*

modelo

qué (leer)

Tú: *¿Qué sugieres que yo lea?*

Compañero(a): *Sugiero que leas* Don Quijote *porque es buenísimo.*

1. dónde (divertirse)
2. cómo (poder comprar boletos para un concierto)
3. cómo (vestirse para una fiesta)
4. qué (pedir en un buen restaurante)
5. dónde (encontrar gangas)
6. qué (servirles a mis amigos españoles para comer)

NOTA CULTURAL

Miguel de Cervantes (1547–1616) nació en Madrid. Su novela *Don Quijote de la Mancha,* sobre las aventuras y fantasías de un hombre que quiere ser un héroe, es una de las obras más famosas de la literatura mundial.

REPASO

Comparatives and Superlatives

▶ Spanish uses various structures when making **unequal** and **equal comparisons**.

Unequal comparisons are made in Spanish using **más/menos… que**.

más + **adjective, adverb,** or **noun** + **que**

menos + **adjective, adverb,** or **noun** + **que**

> *The thing or quality being compared is often between **más** or **menos** and **que**.*

Isabel es **más alta que** Andrea.
*Isabel is **taller than** Andrea.*

Note other forms of unequal comparison in the vocabulary box.

▶ **Equal comparisons** are made in Spanish with **tan… como** or **tanto… como**.

tan + **adjective** or **adverb** + **como**

tanto(a, os, as) + **noun** + **como**

> *The thing or quality being compared is often between **tan** or **tanto** and **como**.*

La ropa de esta tienda es **tan buena como** la de los grandes almacenes.
*The clothes in this store are **as nice as** those in large department stores.*

No hay **tantos vestidos como** faldas.
*There aren't **as many dresses as** skirts.*

▶ You have already learned that you can attach **-ísimo(a, os, as)** to an **adjective** for emphasis.

Nuestros trajes son **elegantísimos**.
*Our suits are **very (extremely) elegant**.*

▶ In English, **superlatives** are formed by saying *the most* or *the least* or by adding *-est* at the end of an **adjective**. In Spanish, you form **superlatives** like this:

el (la, los, las) + **más/menos** + **adjective (+ de)**

Nuestros trajes son **los más elegantes** (**de** Madrid).
*Our suits are **the most elegant** (**in** Madrid).*

Andrea es **la más alta** (**de** sus compañeros).
*Andrea is **the tallest** (**of** her classmates).*

Vocabulario

Unequal Comparisons

♻ **Ya sabes**

más que *more than*
mayor que *older than*
mejor que *better than*
menor que *younger than*
menos que *less than*
peor que *worse than*

Equal Comparisons

♻ **Ya sabes**

tan… como *as… as*
tanto(a, os, as)… como *as… as*

296

ACTIVIDAD 5 Gramática

¿Cómo es la ropa?

Hablar/Escribir Isabel y Andrea comparan la ropa que ven en una tienda. Combina las oraciones para hacer una sola. *(Hint: Combine the sentences.)*

modelo

La camiseta es fea. La falda es más fea.

La falda es más fea que la camiseta. (La camiseta es menos fea que la falda.)

1. La camisa es cara. Los jeans son más caros.
2. El suéter es viejo. El traje de baño es más viejo.
3. Los pantalones son elegantes. El vestido es más elegante.
4. El pañuelo es bonito. El collar es más bonito.
5. Los calcetines son baratos. Las gafas son más baratas.

■ MÁS PRÁCTICA *cuaderno* pp. 109–110
■ PARA HISPANOHABLANTES *cuaderno* pp. 107–108

ACTIVIDAD 6

Las opiniones de Isabel

Hablar/Escribir Imagínate que eres Isabel y que estás expresando tus opiniones sobre Madrid. Completa las oraciones con **más... que, menos... que** o **tan... como.** *(Hint: Complete the sentences.)*

modelo

el equipo Real Madrid / bueno / el equipo Real Zaragoza

El equipo Real Madrid es tan bueno como el equipo Real Zaragoza.

1. el Museo del Prado / interesante / el Museo Nacional de Ciencias Naturales
2. la tortilla española / sabrosa / la paella
3. el Parque del Retiro / tranquilo / el Parque del Oeste
4. el teatro español / divertido / el cine
5. la Plaza Mayor / ocupada / la Ronda de Atocha

ACTIVIDAD 7

¡Cómo cambia la moda!

Hablar/Escribir Con un(a) compañero(a), miren los diferentes estilos de ropa. ¿Quién puede hacer más comparaciones? *(Hint: Make comparisons.)*

■ MÁS COMUNICACIÓN p. R13

Catálogo de joyas

Escuchar/Escribir Isabel y Andrea hablan de varios artículos que ven en un catálogo. Escribe la letra que corresponde a lo que describen. Luego escribe tres descripciones originales. *(Hint: Identify what is being described. Then write three descriptions.)*

1. _____   3. _____

2. _____   4. _____

GRAMÁTICA

The Subjunctive with Expressions of Doubt

♻ **¿RECUERDAS?** *pp. 226, 252* You have already learned that the **subjunctive** is used after impersonal expressions and to express hopes and wishes.

▶ The **subjunctive** is also used after verbs that imply **doubt**.

It is certain that the clerk is doubting, so Andrea uses the **indicative**.

But the clerk is uncertain they will buy anything (she is doubtful), so Andrea uses the **subjunctive**.

La dependienta **duda** que tú y yo **vayamos** a comprar hoy.
*The clerk **doubts** that you and I **are going** to buy anything today.*

▶ In addition to expressing **doubt** with verbs like **dudar,** you can express doubt by saying that you don't think or believe something is going to happen.

Isabel is sure she likes the color, so she uses the **indicative**.

And she is sure of what she thinks, so she uses the **indicative**.

But the fit is a matter of doubt, so she uses the **subjunctive**.

Me **gusta** mucho el color, y **no creo** que te **quede** flojo.
*I **like** the color a lot, and I **don't think it fits** loosely on you.*

En la tienda de ropa

Escribir No estás de acuerdo con las opiniones de la dependienta. Sigue el modelo para responder a lo que dice, usando expresiones de duda. *(Hint: Respond to the clerk's comments.)*

modelo

El traje es muy bonito.

No creo que el traje sea muy bonito.

Nota

The subjunctive is used with expressions of doubt. Because they do not express doubt, **creer que, no dudar que,** and **estar seguro(a) que** are usually followed by the indicative. The same is true for **es cierto que, es seguro que,** and **es verdad que.**

Creo que debes vestirte con traje.
I think that you should wear a suit.

Estoy segura que te **van** a gustar.
I'm sure that you are going to like them.

1. La chaqueta roja de cuero es la más bonita.
2. Los chalecos con rayas son elegantes.
3. Las pulseras y los aretes se venden con frecuencia.
4. La ropa de las tallas pequeñas debe tener el mismo precio que la ropa de las tallas grandes.
5. Los suéteres son muy cómodos.
6. Sólo se deben usar zapatos de tacón los fines de semana.

MÁS PRÁCTICA *cuaderno* p. 111
PARA HISPANOHABLANTES *cuaderno* p. 109

¿Qué opinas?

Hablar/Escribir En grupos pequeños, expresen sus opiniones sobre las siguientes cosas. Usa el subjuntivo para expresar duda. *(Hint: Discuss your opinions with classmates.)*

modelo

_____ es la mejor tienda de música de nuestra ciudad.

Tú: *¿Creen que Musicworld es la mejor tienda de música de nuestra ciudad?*

Compañero(a) 1: *Sí, creo que Musicworld es la mejor tienda de música de nuestra ciudad.*

Compañero(a) 2: *No, dudo que Musicworld sea la mejor tienda de música de nuestra ciudad.*

1. _____ es la mejor tienda de ropa de nuestra ciudad.
2. _____ es la mejor marca de zapatos.
3. _____ son los jeans más populares.
4. Los estilos sencillos son los más elegantes.
5. Los pantalones anchos son más populares que los pantalones estrechos.
6. (Las chicas / Los chicos) compran mucha ropa.

Vocabulario

Expressions of Doubt

dudar que...
   to doubt that...

no es cierto que...
   it is not certain that...

no es seguro que...
   it is not certain that...

quizás *perhaps*

♻ **Ya sabes**

no creer que...
   to not believe that...

no es verdad que...
   it is not true that...

tal vez *maybe*

¿Qué expresiones significan lo mismo?

¿Cómo son con el dinero?

Escuchar/Escribir Varias personas están hablando del dinero. Escucha lo que dice cada persona. Luego escribe una oración para describir cómo usan estas personas el dinero. (*Hint: Write sentences describing how each person uses money.*)

1. Felipe
2. Isabel
3. Andrea
4. el señor Zavala
5. Angelina

N O T A CULTURAL

¿Qué talla usas? Si estás en Madrid y quieres comprar ropa, vas a descubrir que las tallas de ropa en España son diferentes de las de Estados Unidos. Por ejemplo, si quieres comprar un vestido para tu madre y ella usa la talla 10, en Madrid debes comprarle una talla 42. Si los zapatos de tu hermano son el número 6, tienes que comprarle el número 39. Si tienes miedo de confundirte, es mejor que midas (*measure*) a todos antes de viajar, ¡en centímetros, por supuesto!

	S		M		L	
Francia/España	36	38	40	42	44	46
E.E.U.U.	2-4	6	8	10	12-14	16

Los opuestos

Hablar/Leer Jaime y Lilia, los amigos de Andrea, tienen mucho en común, pero con el dinero son opuestos. Jaime es generosísimo pero irresponsable y Lilia es responsable pero tacaña. Con un(a) compañero(a), decidan quién (no) hace las siguientes actividades. (*Hint: Decide who does and doesn't do the following activities.*)

modelo

ahorrar mucho dinero para el futuro

Es cierto que Lilia ahorra mucho dinero para el futuro.

Dudamos que Jaime ahorre mucho dinero para el futuro.

1. darles préstamos a amigos frecuentemente
2. guardar dinero para las vacaciones
3. pagar la ropa nueva con tarjeta de crédito
4. depositar dinero regularmente en la cuenta de ahorros
5. preocuparse por los gastos
6. usar cheques de viajero cuando está de vacaciones
7. nunca prestarles dinero a sus parientes
8. sacar dinero del cajero automático frecuentemente

Vocabulario

En el banco

ahorrar *to save*

el cajero automático *ATM*

los cheques *checks*

los cheques de viajero *traveler's checks*

la cuenta de ahorros *savings account*

guardar *to hold, to keep*

el préstamo *loan*

prestar *to lend*

De compras

la caja registradora *cash register*

el (la) cajero(a) *cashier*

gastar *to spend*

los gastos *expenses*

suficiente *enough*

tacaño(a) *stingy*

valer *to be worth*

¿Qué palabras usas cuando vas de compras?

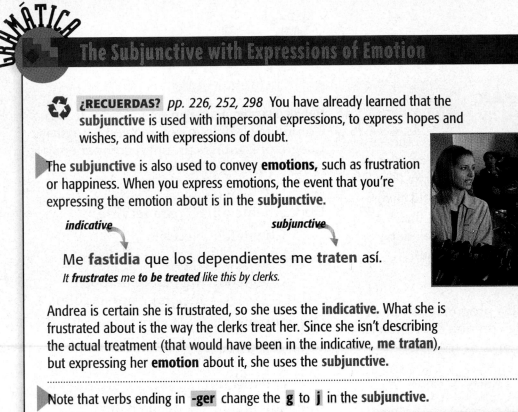

GRAMÁTICA

The Subjunctive with Expressions of Emotion

♻ **¿RECUERDAS?** *pp. 226, 252, 298* You have already learned that the **subjunctive** is used with impersonal expressions, to express hopes and wishes, and with expressions of doubt.

▶ The **subjunctive** is also used to convey **emotions,** such as frustration or happiness. When you express emotions, the event that you're expressing the emotion about is in the **subjunctive.**

indicative   *subjunctive*

Me **fastidia** que los dependientes me **traten** así.
*It **frustrates** me **to be treated** like this by clerks.*

Andrea is certain she is frustrated, so she uses the **indicative.** What she is frustrated about is the way the clerks treat her. Since she isn't describing the actual treatment (that would have been in the indicative, **me tratan**), but expressing her **emotion** about it, she uses the **subjunctive.**

▶ Note that verbs ending in **-ger** change the **g** to **j** in the **subjunctive.**

Espero que esco**j**as el vestido blanco.
*I hope that **you choose** the white dress.*

Expressions of Emotion

alegrarse de que… *to be glad that…*

sentir (e→ie, i) que…
 to be sorry that…

♻ **Ya sabes**

esperar que… *to hope that…*

gustar *to like*

molestar *to bother*

sorprender *to surprise*

tener miedo *to be afraid*

¿De qué tienes miedo?

Hablar/Escribir ¿Tienes miedo de que las siguientes cosas vayan a ocurrir? Empieza cada frase con **(no) tengo miedo de que.** *(Hint: What are you afraid of?)*

<u>modelo</u>

Los monstruos existen.

No tengo miedo de que los monstruos existan.

1. No hay vacaciones este año.
2. Mi bicicleta se va a romper.
3. Vienen los extraterrestres a la tierra.
4. Hay un temblor.

5. La clase de español es difícil.
6. Mis amigos(as) no me mandan cartas.

MÁS PRÁCTICA *cuaderno* p. 112

PARA HISPANOHABLANTES *cuaderno* p. 110

 **Reacciones**

 **Diálogo incompleto**

PARA CONVERSAR

STRATEGY: SPEAKING

Interpret the feelings or values of others Some topics, like money, are sensitive. Discussing them can cause hurt feelings. Evaluate the nature of your partner's response and choose an appropriate reaction. Use words that express gladness (**me alegro de que**), hope (**espero que**), or concern (**siento que**).

Hablar Hazle las siguientes preguntas a un(a) compañero(a) y responde con una expresión de emoción y el subjuntivo. *(Hint: Ask these questions.)*

Tengo miedo de que

Estoy furioso(a) que

Me molesta que

Siento que

Me alegro de que

Me encanta que

Me sorprende que

modelo

¿Recibes dinero de tus parientes?

Tú: *¿Recibes dinero de tus parientes?*

Compañero(a): *Sí, recibo dinero para mi cumpleaños.*

Tú: *Me alegro de que tus parientes sean generosos.*

1. ¿Tienes una cuenta de ahorros?
2. ¿Ahorras algún dinero?
3. ¿En qué gastas tu dinero?
4. ¿Tienes una cuenta de cheques?
5. ¿Dónde compras tu ropa?
6. ¿Regateas de vez en cuando? ¿Recibes buenos precios?
7. ¿Conoces a una persona tacaña?
8. ¿Conoces a una persona generosa?

Hablar/Escribir Estás en una tienda de ropa. Completa el diálogo con oraciones lógicas. Luego, preséntalo con un(a) compañero(a). *(Hint: Complete the dialog.)*

        Cliente(a): _____

Dependiente(a): Sí, para servirte.

        Cliente(a): Necesito _____

Dependiente(a): _____

        Cliente(a): Me parece un poco (flojo[a] / apretado[a]).

Dependiente(a): Busco una talla más (grande / pequeña).

Luego…

        Cliente(a): _____

Dependiente(a): ¡Te queda bien!

        Cliente(a): _____

Dependiente(a): (Me alegro de que / Espero que) _____

        Cliente(a): _____

Vocabulario

Comprando ropa

¿Cómo me veo? *How do I look?*

¿Cómo te queda? *How does it look on you?*

¿Me puede atender? *Can you help (wait on) me?*

¿Quién lo pregunta, el (la) cliente(a) o el (la) dependiente(a)?

¡Qué vergüenza!

Hablar/Escribir Dos jóvenes fueron de compras. Cuenta lo que les pasó según los dibujos. *(Hint: Tell what happened based on the pictures.)*

A regatear en El Rastro

Hablar Imagínate que estás en El Rastro donde los clientes y los vendedores siempre regatean. Con un(a) compañero(a), hagan los papeles de vendedor(a) y de cliente(a), usando estas expresiones. *(Hint: Bargain.)*

¿Me deja ver...?	No puedo.
¿Cuánto cuesta(n)?	¿Me deja el (la)... en...?
¡Es demasiado!	Le puedo ofrecer...
Uuuf, ¡qué caro!	

MÁS COMUNICACIÓN p. R13

Refrán

El traje no hace al hombre pero le da figura.

¿Estás de acuerdo con este refrán? ¿Crees que la ropa que lleva una persona afecta la opinión de otras? ¿De qué manera?

En voces
LECTURA

Nos vemos en Madrid

PARA LEER
STRATEGY: READING
Categorize details When visiting another country, it helps to participate in its contemporary life and get to know something of its past. «**Nos vemos en Madrid**» suggests places to visit. In which ones can you observe life in the present? Which ones tell you about the past? List them on the chart below.

Una visita a Madrid	
El presente	El pasado

Todos los madrileños conocen esta escultura de un oso (*bear*) y un madroño (*arbutus tree*).

Todo en Madrid llama la atención[1] —sus barrios, su arquitectura, sus museos, parques y diversiones. Para conocer esta gran ciudad, puedes ir a pie o en metro.

¿Por qué no empiezas con una visita al Museo del Prado? El Prado es uno de los museos más importantes del mundo. ¡Vas a necesitar un día entero solamente para ver las pinturas de Goya, Velázquez y El Greco!

Después de salir del museo, siéntate en el Parque del Retiro. Está a unas cuadras del Prado. En este parque hay un lago donde puedes alquilar un bote de remos[2], y artistas que pintan retratos de los visitantes. ¡Pero no hay tiempo para descansar!

Siempre hay gente en la Puerta del Sol.

Es esencial que vayas al Centro de Arte Reina Sofía. Este museo es famoso por sus obras del arte moderno. La

---
[1] catches your eye   [2] rowboat

Caminando por el Parque del Retiro

Saliendo de la Plaza Mayor

Divirtiéndose por la noche en un café

pintura más conocida de su colección es *Guernica*, de Picasso, una representación de la Guerra Civil española.

¿Estás cansado? Ojalá que no, porque es importante que veas la Plaza Mayor. ¡Tiene tanto ambiente! Alrededor de la plaza hay calles pintorescas[3] y tiendas interesantes. ¿Tienes calor? ¡Toma un refresco en un café al aire libre!

---

[3] picturesque

Mujer sentada acodada, por Picasso

MINISTERIO DE EDUCACIÓN Y CULTURA
MUSEO NACIONAL CENTRO DE ARTE REINA SOFÍA

500 PTS

SERIE: AA   N: 245254

Madrid tiene una vida nocturna también. El resto de España llama a los madrileños «los gatos» porque siempre están paseando por las calles. ¡Unos clubes de Madrid no abren hasta las tres de la mañana! Entonces, échate una siesta[4], y en la noche toma el metro a Bilbao. En la Plaza del Dos de Mayo vas a encontrar cafés llenos de jóvenes.

Hay mucho más que hacer, pero no hay tiempo. Debes regresar a Madrid. ¡A los madrileños les gustan los extranjeros!

---

[4] take a nap

¿Comprendiste?

1. ¿Qué es el Prado?
2. ¿Dónde está el Parque del Retiro?
3. ¿Qué es *Guernica*? ¿Dónde está?
4. ¿Qué hay alrededor de la Plaza Mayor?
5. ¿Qué hacen los madrileños por la noche?

¿Qué piensas?

Imagínate que estás de vacaciones en Madrid. ¿Qué vas a hacer durante el día? ¿Por la noche?

En colores
CULTURA Y COMPARACIONES

¿En qué te puedo atender?

PARA CONOCERNOS
STRATEGY: CONNECTING CULTURES
Analyze and draw conclusions about shopping as a cultural activity Tour directors usually build in time for shopping in each city visited. They try to provide choices for those of different ages and different incomes. If you and your family visited Madrid, where would they shop? What would they look for? Jot down your ideas.

	¿Dónde?	¿Qué cosas?
Tú		
Tus hermanos(as)		
Tus padres		
Tus abuelos		

Tiendas especializadas en la calle Serrano

¿Quieres ir de compras? Madrid tiene todo tipo de tiendas. ¿Por qué no vas primero a la Gran Vía? Esta calle principal en el centro de la capital es famosa por sus viejos negocios, almacenes modernos, librerías, joyerías y tiendas de cerámica tradicional.

Cerca de la Gran Vía está el almacén original de la cadena[1] El Corte Inglés. El más importante de los grandes almacenes españoles, El Corte Inglés tiene sucursales[2] en Madrid y por todo el país. Aquí puedes encontrar ropa, artículos de cuero, discos compactos, comida y mucho más. También puedes cortarte el pelo, revelar[3] las fotos y pagar todo con una tarjeta de crédito.

---

[1] chain   [2] branches   [3] develop

El Corte Inglés tiene muchísimas cosas, pero si prefieres tiendas pequeñas, debes ir al barrio de Salamanca. Por sus calles Serrano, Ortega y Gasset, y Goya hay boutiques, joyerías, perfumerías y tiendas de decoración[4] conocidas por su calidad y elegancia. Si quieres ver algo en una de estas tiendas, habla con un dependiente. Él puede enseñarte las cosas que te interesan.

El almacén que vende de todo

Para ver una galería[5] ultramoderna, visita La Vaguada, en el norte de la ciudad. Y si te gusta lo viejo, debes ir a El Rastro, un mercado popular de objetos de segunda mano[6]. Cerca de la Plaza Mayor, en el viejo Madrid, El Rastro se instala[7] en la Ribera de Curtidores y las calles próximas. Pero solamente puedes ir los domingos y los días festivos porque El Rastro no se instala los otros días. ¡Llega antes de las once para encontrar una ganga!

[4] interior decor
[5] mall
[6] used, secondhand
[7] is set up

Buscando gangas en El Rastro

¿Comprendiste?

1. ¿Qué es la Gran Vía?
2. ¿Qué venden en El Corte Inglés?
3. ¿Cómo son las tiendas en el barrio de Salamanca?
4. Si quieres ver algo en una tienda de lujo, ¿qué haces?
5. ¿Qué es El Rastro? ¿Dónde queda?

¿Qué piensas?

1. ¿Adónde vas de compras en Madrid si quieres comprar unos regalos finos y caros? ¿Si quieres comprar cosas baratas?
2. ¿Qué cosas crees que puedes comprar en El Rastro?

Hazlo tú

Vas a ir de compras en Madrid esta tarde. Haz una lista de los lugares donde vas a ir y de las cosas que vas a comprar.

En uso

REPASO Y MÁS COMUNICACIÓN

 **Mis amigos**

Describe a los amigos de Andrea.
(*Hint: Describe Andrea's friends.*)

modelo

ser tan alto(a) como Sara

José es tan alto como Sara.

1. ser mayor que José
2. tener tantos libros como Ana y José
3. ser el (la) mayor
4. llevar tantos zapatos como Sara
5. ser tan delgado(a) como Alberto
6. tener menos libros que los otros
7. ser el (la) más alto(a)
8. ser menor que Sara

Ana	José	Sara	Alberto
13 años	15 años	15 años	17 años

 **¡No es cierto!**

No estás de acuerdo con las opiniones de tu amigo(a). ¿Qué le dices? (*Hint: Contradict your friend's statements.*)

modelo

Creo que la ropa española es la más cara.

No creo que la ropa española sea la más cara.

1. No es cierto que los jóvenes españoles caminen mucho.
2. Es verdad que las tiendas españolas están abiertas toda la noche.
3. Creo que pocos estudiantes quieren viajar a España.
4. Es cierto que los mejores futbolistas viven en España.
5. No creo que podamos usar cheques de viajero en España.
6. No es verdad que muchos españoles usen ropa elegante.

Now you can...

• talk about shopping for clothes.

To review

• the subjunctive with expressions of doubt, see p. 298.

De compras

Isabel está comprando ropa en una tienda en Madrid. Completa los comentarios e identifica quién habla: ella o la dependienta. *(Hint: Complete the comments and identify the speaker.)*

modelo

creo / nuestra ropa / estar fenomenal
Creo que nuestra ropa está fenomenal. (dependienta)

1. quizás / yo / poder ayudarte

2. creo / yo / necesitar un vestido más sencillo que éstos

3. tal vez / este vestido / quedarte bien

4. dudo / ustedes / tener el vestido en mi talla

5. creo / el vestido rojo / quedarme flojo

6. quizás / verte bien en el vestido con rayas

7. no es verdad / sus precios / ser bajos

8. es cierto / los zapatos / valer diez mil pesetas

Now you can...

• discuss ways to save and spend money.

To review

• the subjunctive with expressions of emotion, see p. 301.

El dinero

Expresa tus opiniones sobre el dinero. *(Hint: Give your opinions.)*

modelo

mi familia: guardar su dinero en el banco
Me gusta que mi familia guarde su dinero en el banco.

Me alegro de que...   **Me molesta que...**   **Me sorprende que...**

Tengo miedo de que...   **Me gusta que...**   **Siento que...**

1. el banco: no estar abierto los fines de semana

2. los bancos: darles préstamos a los estudiantes

3. el cajero automático: no funcionar

4. yo: tener mucho dinero en mi cuenta de ahorros

5. mis amigos: gastar mucho dinero en su ropa

6. los cajeros: no saber usar la caja registradora

7. yo: no ahorrar suficiente dinero para mis vacaciones

8. mis padres: prestarme dinero

ACTIVIDAD 5 — En el almacén

PARA CONVERSAR

STRATEGY: SPEAKING

Observe courtesies and exchange information When shopping, you need to respond to certain questions: **¿En qué le puedo atender? ¿Qué talla/número usa? ¿Cómo prefiere pagar?** Be clear about your intentions: **Estoy mirando; Busco…** Give and ask for feedback: **¿Cómo me veo? Le queda ancho/apretado.** Compare items you might buy: **más elegante que…, un mejor precio que…** And remember that courtesy often insures good service!

Estás comprando ropa nueva para una fiesta elegante. Tu compañero(a) va a hacer el papel del (de la) dependiente(a). *(Hint: Shop for fancy clothes. Switch roles.)*

> COMPRAR:
> -un traje azul
> -un chaleco con rayas
> -una camisa blanca
> -un par de zapatos
>   número 10

ACTIVIDAD 6 — Opiniones

Escribe cinco oraciones ciertas o falsas sobre el dinero, los bancos o las tiendas. Léelas. Tus amigos van a expresar sus opiniones. *(Hint: Express opinions about money, banks, or stores.)*

modelo

Tú: *Siempre uso cheques de viajero para comprar ropa.*

Amigo(a) 1: *Dudo que uses cheques de viajero para comprar ropa.*

Amigo(a) 2: *Me sorprende que uses cheques de viajero para comprar ropa.*

Tú: *No es verdad que use cheques de viajero para comprar ropa.*

ACTIVIDAD 7 — *En tu propia voz*

ESCRITURA Quieres comprar ropa nueva para un evento especial, pero tus padres dicen que ya tienes algo apropiado. Haz un dibujo de la ropa que ya tienes y otro de la que quieres comprar. Entonces, escribe una comparación. *(Hint: Draw a picture of an outfit you already have and one that you want to buy. Compare the two.)*

modelo

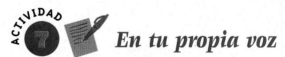

Mi vestido viejo es menos bonito que el vestido nuevo. El nuevo tiene rayas y es más flojo que el viejo porque es de una talla más grande. Yo me veo mejor en…

TU EN LA COMUNIDAD

Graciela tiene dieciséis años y es una estudiante de Florida. Usa el español para comunicarse con su madre y su abuela. También ayuda a algunos estudiantes de su escuela a aprender español. Graciela cuida a los niños de una familia hispanohablante de su vecindario. ¿Has hablado en español alguna vez con un niño?

En resumen
REPASO DE VOCABULARIO

Unequal Comparisons

♻ **Ya sabes**

más que	more than
mayor que	older than
mejor que	better than
menor que	younger than
menos que	less than
peor que	worse than

Equal Comparisons

♻ **Ya sabes**

tan... como	as... as
tanto(a, os, as)... como	as... as

Expressions of Doubt

dudar que...	to doubt that...
no es cierto que...	it is not certain that...
no es seguro que...	it is not certain that...
quizás	perhaps

Expressions of Emotion

alegrarse de que...	to be glad that...
sentir (e→ie, i) que...	to be sorry that...

♻ **Ya sabes**

esperar que...	to hope that...
gustar	to like
molestar	to bother
no creer que...	to not believe that...
no es verdad que...	it is not true that...
sorprender	to surprise
tal vez	maybe
tener miedo	to be afraid

At the Store

abierto(a)	open
cerrado(a)	closed
el (la) cliente(a)	customer
el (la) dependiente(a)	salesperson
escoger	to choose
el número	shoe size
la talla	size (clothing)
un par de	a pair of
usar	to use, to wear, to take (a size)
vestirse (e→i, i)	to dress oneself
¿Cómo me veo?	How do I look?
¿Cómo te queda?	How does it look on you?
¿Me puede atender?	Can you help (wait on) me?

Describing Clothing

ancho(a)	wide
apretado(a)	tight
arreglarse	to get dressed up
el chaleco	vest
elegante	elegant
estrecho(a)	narrow
flojo(a)	loose
hacer juego con	to match with
oscuro(a)	dark
el pañuelo	scarf
las rayas	stripes
sencillo(a)	simple
el traje	suit
el zapato de tacón	high-heeled shoe

At the Bank

el cajero automático	ATM
los cheques	checks
los cheques de viajero	traveler's checks
la cuenta de ahorros	savings account
el préstamo	loan
prestar	to lend

Using Money

ahorrar	to save
la caja registradora	cash register
el (la) cajero(a)	cashier
gastar	to spend
los gastos	expenses
guardar	to hold, to keep
suficiente	enough
tacaño(a)	stingy
valer	to be worth

apenas	scarcely
de buen humor	in a good mood
de mal humor	in a bad mood

Juego

¿Cómo le quedan a Arturo sus nuevos zapatos, pantalones y chaleco?

En tu propia voz

ESCRITURA

¡Bienvenidos a nuestra ciudad!

Your local chamber of commerce needs brochures to attract Spanish-speaking tourists. Write a brochure to convince vacationers that your town is worth visiting.

Purpose: Provide information on local attractions
Audience: Potential Spanish-speaking vacationers
Subject: Your city or town
Structure: Tourist brochure

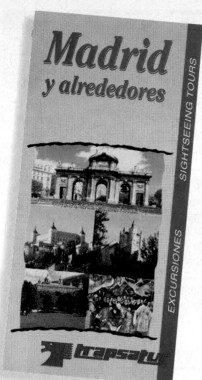

Madrid y alrededores
SIGHTSEEING TOURS
EXCURSIONES
trapsatur

PARA ESCRIBIR • STRATEGY: WRITING

Persuade your reader A persuasive brochure offers simple, direct information in an intriguing format. Encourage the tourist to visit and explore. Give the reader strong images, both verbal and graphic, to make a lasting impression in his or her mind.

Modelo del estudiante

> The writer uses a catchy phrase to explain the purpose of the brochure.

> The writer offers a wide variety of activities to appeal to all travelers.

D E N V E R, C o l o r a d o

¡Un lugar perfecto para visitar!

Si te gusta la ciudad, ojalá que

> The author gives brief, concrete examples of attractions.

- te diviertas en Denver Zoo, uno de los parques zoológicos más grandes del país.

- visites el Museo de Historia Natural de Denver y el teatro IMAX.

- vayas al parque de diversiones Elitch Gardens, que tiene más de 40 atracciones, incluso la Torre de Desastre.

Si te gusta el campo, sugerimos que

- acampes en el Parque Nacional de Montañas Rocosas.

- navegues por rápidos.

- pasees en globo.

> The author provides simple, straightforward directions to the city.

Estamos a media hora de Boulder hacia el sur por la carretera 36. ¡O puedes viajar en avión a nuestro nuevo aeropuerto internacional!

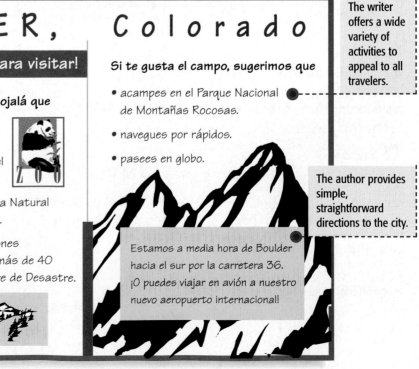

Estrategias para escribir

Antes de escribir...

An effective travel brochure provides important information travelers will need. Think about the highlights of your town and brainstorm the details for your brochure. Use a chart like this one to organize your ideas.

Columbus, Ohio

Por qué viene	Actividades	Atracciones	Direcciones
• Es la ciudad capital.	• comer en restaurantes exquisitos	• la capital	• 171 hacia el norte de Cincinnati
• Hay mucho que hacer.	• bailar en las discotecas	• el barco Santa María	• 171 hacia el sur de Cleveland
• Es fácil de encontrar.	• remar en el río Scioto	• el museo de arte	• 170 hacia el este de Indianápolis
		• COSI, el museo de ciencias	• 170 hacia el oeste de Pittsburgh

Revisiones

Share your draft with a partner. Then ask

- *How appealing is the presentation of my city or town?*
- *How well is the information organized? Are all the details appropriate?*
- *Is my explanation clear and easy to understand?*
- *What more would you like to know about my city?*

You may want to make revisions to your draft based on your partner's answers to the questions.

La versión final

Before you create the final version of your brochure, look carefully for errors in grammar, spelling, punctuation, and usage. Mark them using the proofreading symbols (p. 97). Keep the following question in mind:

- *Did I use the subjunctive correctly?*

Try this: Underline verb phrases that express uncertainty, desire, doubt, or emotion. Be sure that the second verb is in the subjunctive, and that it is preceded by **que**.

Share your writing on www.mcdougallittell.com

¡Ven a ¡visitar! Columbus, Ohio!
¡Ojalá que vengas!

¿Quieres visitar una ciudad divertida?
Sugerimos que escojas Columbus, porque
¡tenemos de todo! Es el capital de Ohio la
y tiene muchas atracciones diferentes.
Qué ver:

Hay muchísimo que ver en la ciudad, así
que es importante que decides qué vas a
a hacer antes de llegar. Hay dos museos,
el museo de arte y museo de ciencias. el
Puedes visitar también el edificio de la
capital. Y si te gusta la historia, ¿i

5

ETAPA 1

En el bosque tropical

- Describe geographic characteristics
- Make future plans
- Talk about nature and the environment

ETAPA 2

Nuestro medio ambiente

- Discuss outdoor activities
- Describe the weather
- Make predictions
- Talk about ecology

ETAPA 3

¿Cómo será el futuro?

- Comment on conservation and the environment
- Talk about how you would solve problems

SAN JOSÉ
COSTA RICA

LA NATURALEZA

JOSÉ FIGUERES En 1948 José Figueres, el presidente del país, eliminó el ejército (*army*). ¿Piensas que es bueno que un país no tenga ejército? Explica tu respuesta.

GALLO PINTO
Este platillo nacional consiste en frijoles negros, arroz y cebolla. Frecuentemente se sirve con un desayuno que incluye huevos fritos y tortillas. ¿Tiene Estados Unidos un platillo nacional? ¿Cuál es?

ALMANAQUE

Población: 819.000
Altura: 1.150 metros (3.773 pies)
Clima: entre 23°C (73°F) y 27°C (81°F)
Moneda: el colón
Comida típica: coco, gallo pinto, chorreadas
Gente famosa de Costa Rica: José Figueres
(político), Óscar Arias (político), Ana Istarú (actriz)

¿Vas a San José? ¡Habla con cuidado! No se usa la
segunda persona **tú** sino **vos**. Pero ¡presta atención para
no confundir las palabras **vos** y **voz**!

INTERNET Ve a www.mcdougallittell.com para
más información sobre San José.

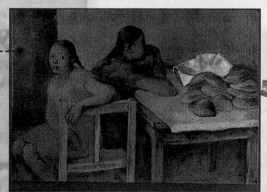

FRANCISCO ZÚÑIGA es uno de los
artistas nacidos en Costa Rica de fama
internacional. Él basa sus obras de arte en
el cuerpo humano. Según este cuadro,
¿quiénes crees que son sus modelos?

**LA CERÁMICA
DE NICOYA** El
elemento indígena
de Costa Rica se
expresa en la
cerámica de Nicoya.
¿Sabes qué grupos
indígenas vivían en
Centroamérica?

EL QUETZAL vive en el bosque
nuboso de Monteverde. En
peligro de extinción, hay
aproximadamente mil quetzales
en la reserva. Dicen que el
quetzal es el pájaro más
buscado de las Américas. ¿Por
qué crees que dicen esto?

NICARAGUA

COSTA RICA
▲
VOLCÁN POÁS   LIMÓN

SAN JOSÉ ★

MAR CARIBE

PUNTARENAS •   • CARTAGO

PANAMÁ

OCÉANO
PACÍFICO

ISLA DEL COCO

EL FÚTBOL Como muchos países
latinoamericanos, Costa Rica tiene un
equipo nacional de fútbol. ¿Qué otros
equipos nacionales de fútbol conoces tú?

UNIDAD 5

ETAPA 1

En el bosque tropical

- Describe geographic characteristics

- Make future plans

- Talk about nature and the environment

¿Qué ves?

Mira la foto y contesta las preguntas.

1. ¿Qué hacen las personas en esta foto?

2. ¿Qué tipo de ropa llevan?

3. ¿Qué actividad van a hacer?

4. Según el mapa, ¿dónde están estas personas?

316

Parque Nacional
VOLCÁN POÁS

En contexto

VOCABULARIO

Mira las fotos que Francisco sacó en el bosque tropical.

¡Hola! El bosque tropical es un lugar fascinante. Hay distintas plantas, animales **feroces** y animales amistosos. Acompáñame a ver qué hay…

la hoja

la mariposa

la planta silvestre

A Las plantas silvestres crecen entre las piedras. Las mariposas se esconden de otros animales entre las hojas de las plantas.

B Las tortugas y las serpientes andan por el agua y por la tierra.

la tortuga

la serpiente

D Puedes ver **monos, ranas** o **venados**... animales amistosos.

el mono

la rana

el venado

el tucán

C Y los **tucanes** y los **loros** vuelan por el aire.

el loro

E ¡Pero cuidado con los **leones**, los **jaguares**...

el jaguar

el lobo

F ...y los **lobos**! ¡No estoy seguro de que sean tan amistosos!

la leona

Preguntas personales

1. ¿Recuerdas la última vez que visitaste un bosque o un zoológico? ¿Qué animales viste?
2. ¿Qué animales son amistosos con los seres humanos?
3. ¿Qué animales son feroces?
4. ¿Qué animal te gustaría tener como mascota (*pet*)? ¿Por qué?
5. Clasifica los animales según dónde viven: en el agua, en la tierra o en el aire. ¿Cuáles viven en más de un lugar? Si quieres, haz dibujos de tus clasificaciones.

En vivo

DIÁLOGO

Francisco   Amalia   Cecilia

El Volcán Poás

PARA ESCUCHAR • STRATEGY: LISTENING

Organize and summarize environmental information Cecilia gives information about the climate, plants, and animals of Costa Rica. Help Francisco organize this information in his notes:
1. ¿Cómo es el clima de Costa Rica?
2. ¿Qué animales se pueden ver en el parque?
Finally, find a statement in the dialog that summarizes Costa Rica's efforts to protect its environment.

1 ▶ **Francisco:** Este parque es fenomenal. Mi artículo sobre la conservación será fantástico.
Amalia: Mi hija Cecilia trabaja aquí este verano como guía. Bueno, esperemos a Cecilia aquí.

5 ▶ **Francisco:** ¿A qué altura estamos?
Cecilia: Más o menos a 2.000 metros sobre el nivel del mar.
Francisco: Creo que la altura me afecta un poco.
Amalia: Pues, es natural.

6 ▶ **Cecilia:** Como decía, encontrarás diversos animales y plantas silvestres. Si tenemos suerte, verás una tortuga o una serpiente. Y hay muchas ranas y pájaros.
Francisco: ¿Hay loros o tucanes?
Cecilia: No, prefieren un clima más cálido.

7 ▶ **Francisco:** ¿Hay animales feroces?
Cecilia: Sí, hay jaguares en otras partes del parque.
Francisco: ¿Hay monos?
Cecilia: Sí, hay monos de diversos tipos.

2 ▶ Francisco: ¿Hay muchas diferencias de clima en Costa Rica?

Amalia: Pues sí, tenemos zonas húmedas y zonas áridas. Ah, aquí viene Cecilia.

3 ▶ Cecilia: Vos debés ser Francisco García.

Francisco: Sí. Es un placer, Cecilia.

Cecilia: Igualmente, Francisco.

Amalia: Cecilia estudia biología en la universidad. Bueno, Ceci, comencemos con el tour, ¿no?

4 ▶ Cecilia: Sí, vamos. Francisco, ¿llevás botas? Las necesitarás. Vamos a caminar por tierra mojada.

Francisco: Sí, llevo botas.

Cecilia: Bueno, vamos.

8 ▶ Cecilia: Este país tiene más áreas silvestres protegidas que cualquier otro país.

Francisco: No lo sabía. Es un hecho interesante. Lo apuntaré en mi cuaderno.

9 ▶ Francisco: ¡Es increíble! No lo puedo creer. Estoy mirando el cráter de un volcán. En Miami no hay volcanes.

Amalia: Sí, debe ser muy diferente.

Francisco: Pues, espero que me vengan a visitar.

10 ▶ Amalia: ¿Te gustaría ir de camping con nosotros este fin de semana?

Francisco: ¡Estupendo! Me encanta ir de camping. ¡Qué buen viaje es éste!

OBJECTIVES

• Describe geographic characteristics
• Make future plans
• Talk about nature and the environment

En acción
VOCABULARIO Y GRAMÁTICA

¿Quién habla?

Escuchar Según el diálogo, ¿quién habla: Francisco, Amalia o Cecilia?

| Francisco | Amalia | Cecilia |

1. «Vamos a caminar por tierra mojada.»
2. «Si tenemos suerte, verás una tortuga.»
3. «Creo que la altura me afecta un poco.»
4. «Este país tiene más áreas silvestres protegidas que cualquier otro país.»
5. «¿Te gustaría ir de camping con nosotros este fin de semana?»
6. «¡Qué buen viaje es éste!»

TAMBIÉN SE DICE

En el diálogo, en vez de usar la forma tradicional de **tú,** Cecilia conversa en una forma que es muy común en Costa Rica, la forma de **vos:** «Vos debés ser Francisco García.» Este dialecto tiene su origen en el lenguaje del castellano antiguo. Utiliza el pronombre **vos** y una variación del verbo. Repasa el diálogo para encontrar otros ejemplos de este dialecto.

¿Qué sabes?

Escuchar Escoge las respuestas correctas, según el diálogo. ¡Ojo! Las oraciones tienen más de una respuesta correcta.

1. Cecilia…
   a. es la hija de Amalia.
   b. quiere ser periodista.
   c. trabaja como guía en el parque.
   d. invitó a Francisco a ir de camping.

2. Francisco…
   a. va a escribir un artículo sobre las plantas silvestres.
   b. está emocionado de ver el cráter del volcán.
   c. siente los efectos de la altitud.
   d. lleva sandalias porque hace calor.

3. Amalia…
   a. observa un jaguar en el parque.
   b. ayuda a Francisco a aprender sobre Costa Rica.
   c. va a ir a Miami.
   d. tiene una hija.

4. En Costa Rica…
   a. no hay mucha variedad de clima.
   b. conservar la tierra es muy importante.
   c. hay loros y tucanes en el parque.
   d. hay jaguares.

- Use the future tense
- Use **por**
- Use **nosotros** commands

♻ Predicciones...

Hablar ¿Qué va a pasar cuando Francisco esté en Costa Rica? Tu compañero(a) te pregunta sobre las experiencias de Francisco y sus amigas. Contéstale usando las expresiones **creo que** y **dudo que.**

modelo

¿Francisco va de camping con Amalia y Cecilia?

Compañero(a): ¿Francisco va de camping con Amalia y Cecilia?

Tú: Sí, creo que va de camping con ellas. (Dudo que vaya de camping con ellas.)

1. ¿Amalia encuentra un animal feroz en el bosque tropical?
2. ¿Francisco y Amalia observan las plantas silvestres?
3. ¿Llueve mucho?
4. ¿Se pierden los tres en el parque?
5. ¿Ven una serpiente en un árbol?
6. ¿Nadan en un río o un lago?
7. ¿Francisco y Cecilia caminan bajo las estrellas?
8. ¿Francisco y Cecilia se enamoran?

¿Cómo es?

Hablar/Escribir Francisco y Cecilia hablan de los animales que vieron en el parque zoológico, el bosque y la selva de Costa Rica. ¿Qué dicen? Usa las palabras de la lista.

bonito(a)   feroz   bello(a)

precioso(a)   feo(a)

tímido(a)

grande   pequeño(a)

modelo

El jaguar es muy feroz.

¡Juégalo!

Hablar Haz este juego de palabras con tus compañeros(as). Decide cuál de las palabras no pertenece al grupo y por qué.

modelo

el jaguar, el venado, la selva, el león

La selva no pertenece porque no es animal.

---

1. la rana, el árbol, la hoja, la planta

2. el venado, la tortuga, el león, el lobo

3. la serpiente, la rana, el mono, la tortuga

4. el bosque, la piedra, la montaña, el desierto

5. el lobo, la mariposa, el león, el jaguar

6. el lobo, el tucán, el loro, la mariposa

GRAMÁTICA — The Future Tense

♻️ **¿RECUERDAS?** You already know two ways to talk about something happening in the **future**. One way is by saying you are going to do something using

ir a + infinitive

Este fin de semana **vamos a acampar.**
*This weekend **we're going to** go camping.*

....

Another way to refer to the future is by using the **present tense.**

Me **voy** para Costa Rica el jueves por la mañana.
I'm going to Costa Rica on Thursday morning.

Llegan al campamento mañana.
They arrive at the camp tomorrow.

....

You can also use the **future tense** to talk about something that will happen in the future. The **future tense** in Spanish is the equivalent of the English construction *will* or *shall* plus a verb.

Llegarán al campamento mañana.
They will arrive at the camp tomorrow.

To form the **future tense** of regular verbs, you:

future endings

-é	-emos
-ás	-éis
-á	-án

use the **infinitive** +

> The **endings** for the future tense are the same for **-ar**, **-er**, and **-ir** verbs.

Cecilia says:

—No quiero ser periodista. **Estudiaré** para ser bióloga.
*I don't want to be a journalist. **I will study** to be a biologist.*

Amalia says:

—Después de tu visita a Costa Rica, **conocerás** bien el país.
*After your visit to Costa Rica, **you will know** the country well.*

Aventuras en Costa Rica

Hablar/Escribir Imagínate que tu clase está en Costa Rica con Francisco. Completa las oraciones explicando qué harán ustedes.

modelo

Cecilia (trabajar) en el parque nacional todo el verano.

Cecilia trabajará en el parque nacional todo el verano.

1. Yo (escribir) un artículo sobre la conservación.

2. Tú (acompañar) a Cecilia al cráter del volcán.

3. Nosotros (ir) a un campamento cerca de San José.

4. Amalia (sacar) fotos de las plantas silvestres.

5. Nosotros (ver) animales feroces en el parque zoológico.

6. Ustedes (observar) muchos monos y mariposas bonitas.

7. A todos les (gustar) ir de camping.

8. Yo (conocer) bien Costa Rica y su gente.

MÁS PRÁCTICA *cuaderno* pp. 117–118

PARA HISPANOHABLANTES *cuaderno* pp. 115–116

La conservación

Leer/Escribir Estás de vacaciones en Costa Rica cuando ves este cartel. Escribe cinco metas (*goals*) para preservar el medio ambiente y evitar los problemas del desarrollo. Usa el vocabulario nuevo en tu respuesta.

modelo

En Costa Rica, preservarán la selva en los parques nacionales.

A LO MEJOR PIENSAN QUE UN POCO DE BASURA NO CAMBIARÁ NADA...

TAL VEZ ES LO QUE PIENSAN LOS DEMÁS.

La próxima vez... PIENSEN

Llamen a su representante legislativo.
Esperamos su ayuda.

Vocabulario

El medio ambiente

conservar *to conserve*	**peligroso(a)** *dangerous*
el desarrollo *development*	**por todas partes** *everywhere*
descubrir *to discover*	**preservar** *to preserve*
diverso(a) *diverse*	**salvaje** *wild*
el medio ambiente *environment*	**la selva** *jungle*
la naturaleza *nature*	**valorar** *to appreciate*

¿Qué piensas del medio ambiente?

Los planes

Hablar/Escribir Habla con un(a) compañero(a) de sus planes para el futuro. Después escribe un resumen de la conversación.

modelo

Tú: ¿Tomarás una clase durante el verano?

Compañero(a): Sí, tomaré una clase de manejo.

tomar una clase de manejo

practicar deportes

trabajar en una oficina

viajar a otro país

ir a la universidad

buscar trabajo

vivir en otra ciudad o estado

MÁS COMUNICACIÓN p. R14

¿Qué harán los estudiantes?

Escuchar Estos estudiantes de la Universidad de San José conversan sobre sus planes. ¿Qué opción corresponde mejor?

1. **a.** Irán de camping.
   b. Se quedarán en un hotel.

2. **a.** Conservarán el agua.
   b. No usarán la electricidad.

3. **a.** Sacarán fotos de tucanes y loros.
   b. Estudiarán la tierra y las piedras.

4. **a.** Estudiarán los animales salvajes.
   b. Valorarán las plantas silvestres.

GRAMÁTICA · Expressions with **por**

▶ The preposition **por** has many different meanings. **Por** can be used to

- express **cause of** or **reason for** an action.

  Por eso Onda Internacional pidió un artículo sobre la conservación.

  That's why (for this reason) Onda Internacional asked for an article on conservation.

- express **means** of transportation or communication.

  Viajaremos **por tren.**
  We will travel by train.

  Te llamaré **por teléfono** cuando regresemos de la selva.
  I'll call you by phone when we return from the jungle.

- express **periods of time.**

  Estuve en Costa Rica **por el mes de mayo.**
  I was in Costa Rica for (during) the month of May.

  Saldremos del campamento el sábado **por la mañana.**
  We'll leave the camp Saturday in the morning.

- express places to **move through.**

  Caminaremos por tierra mojada.
  We will walk through wet ground.

En Costa Rica

Escribir Fernando, un amigo de Cecilia, es muy curioso y le hace muchas preguntas a Francisco. ¿Qué le dice Francisco?

modelo

¿Cuánto tiempo estuviste en Los Ángeles? (una semana)

Estuve en Los Ángeles por una semana.

1. ¿Cómo viajaste a Costa Rica? (avión)
2. ¿Por qué te cansaste? (la altura)
3. ¿Por dónde pasearon tú y Cecilia? (la selva)
4. ¿Por qué llevaste botas? (la tierra mojada)
5. ¿Cuánto tiempo estás aquí? (dos semanas)
6. ¿Cómo te comunicas con tu familia cuando estás aquí? (teléfono)
7. ¿Cuándo fuiste al parque? (la tarde)
8. ¿Por qué te duele el estómago? (comer tanto)

MÁS PRÁCTICA *cuaderno* p. 119

PARA HISPANOHABLANTES *cuaderno* p. 117

NOTA CULTURAL

El 8 de septiembre de 1502 Cristóbal Colón llegó a lo que hoy es Puerto Limón y encontró a indígenas que usaban collares de oro y le contaron de minas de oro en el sur. Soñando con riquezas, Colón llamó a la tierra nueva «Costa Rica de Veragua». Los españoles nunca encontraron las riquezas minerales que imaginaba Colón, pero hoy Costa Rica ofrece una abundancia de naturaleza, animales y plantas que aprecia todo el mundo.

Una carta a su prima

Escribir Francisco le escribió una carta especial a su prima. Escribe lo que quiere decir, cambiando los dibujos a expresiones con **por**.

Querida prima:

Yo viajé aquí ___1___ ✈.

Llegué ___2___ 🌙 y vi la misma luna que tú ves en Miami. Con mis nuevos amigos anduve ___3___ 🌳 y saqué fotos de ranas y mariposas. ¡Qué divertido! Voy a estar aquí ___4___ 🎵. Te mandaré otra carta ___5___ 📮 en unos días.

Un abrazo,
Francisco

Me encanta la naturaleza

Escuchar/Escribir Francisco habla por teléfono con su padre de las actividades que hará en Costa Rica. Pon las fotos en orden según lo que escuchaste. Luego escribe una descripción original de cada foto.

a.

b.

c.

d.

GRAMÁTICA

Nosotros Commands

♻ **¿RECUERDAS?** *p. 226* You have already learned to form the **subjunctive** of regular verbs. The **nosotros command** forms take the same **endings**.

▶ When forming **nosotros commands,** use the same **endings** as you do with the **nosotros** form of the **subjunctive.**

- For **-ar** verbs:

  infinitive -ar ◀— **-emos**
  ar
  ar

- For **-er** and **-ir** verbs:

  infinitive -er or **-ir** ◀— **-amos**
  er ir
  er

¿Te interesa la naturaleza? **Escribamos** un artículo sobre los tucanes de Costa Rica.
*Are you interested in nature? **Let's write** an article about the toucans of Costa Rica.*

▶ Remember that some verbs require spelling changes to keep pronunciation consistent.

Comencemos con el tour. **¡Vamos!**
Let's begin the tour. **Let's go!**

The **nosotros command** form of the verb **ir** is **vamos**.

▶ If the verb is used **reflexively,** the *let's do it* command ends in **-nos.**

Remember to use an accent when you add -nos to the verb, so that the stress remains the same.

*Also note that the **-s** of the verb ending is dropped.*

Estamos muy cansados; **sentémonos** a descansar.
*We're very tired; **let's sit** and rest.*

Conversaciones por el sendero

Hablar/Escribir Amalia y su familia hablan mientras caminan por la selva. ¿Qué dicen? Completa sus comentarios según el modelo.

modelo

Vamos a comer sobre esta piedra. (dejar la basura aquí después)

Compañero(a): *Vamos a comer sobre esta piedra.*

Tú: *No dejemos la basura aquí después.*
(Dejemos la basura aquí después.)

1. El valle es fenomenal. (sacar fotos)
2. La población valora la naturaleza. (preservar la belleza natural)
3. Las plantas son frágiles. (caminar fuera del sendero)
4. El clima es cálido aquí. (descansar en la sombra)
5. Estamos cansados. (subir la colina ahora)
6. La altura nos afecta. (sentarse en esta piedra)
7. Las flores silvestres son maravillosas. (cortarlas)
8. El medio ambiente es precioso. (conservar la naturaleza)

■ MÁS PRÁCTICA *cuaderno* p. 120

■ PARA HISPANOHABLANTES *cuaderno* p. 118

Vocabulario

La geografía

la altura *altitude, height*

la belleza *beauty*

el clima *climate*

la colina *hill*

la isla *island*

la población *population*

el sendero *path, trail*

la sombra *shade, shadow*

el valle *valley*

¿Puedes pensar en un símbolo o una acción para representar cada palabra?

¡Hagámoslo!

Hablar/Escribir Tú y tus amigos están de vacaciones en Costa Rica y hablan de sus planes. ¿Qué dicen?

modelo

Levantarnos temprano para…

Levantémonos temprano para ver los animales nocturnos.

1. Mirar…
2. Ponerse las botas para…
3. Observar las…
4. Ir a…
5. Sacar fotos de…
6. Sentarnos en…
7. Conservar…
8. Acampar…

Nosotros Commands

The **nosotros** commands and the subjunctive are formed the same way. For most verbs, the stem is from the **yo** form (**escrib**amos, **hag**amos). For stem-changing **-ar** and **-er** verbs, the stem is the infinitive, minus **-ar** or **-er** (**cerr**emos, **volv**amos). For stem-changing **-ir** verbs, there is a stem change from **e** to **i** (**sint**amos) or from **o** to **u** (**durm**amos).

¡Vamos!

Hablar/Escribir Imagínate que estás en los siguientes lugares. ¿Qué (no) quieren hacer tú y tus amigos(as)? Haz dos sugerencias para cada lugar. Luego combina tu lista con las de unos(as) compañeros(as).

modelo

la clase de español

¡Demos una fiesta!

No hagamos mucha tarea.

1. el parque nacional
2. el desierto
3. una fiesta
4. las montañas
5. el centro comercial
6. la playa

NOTA CULTURAL

Los saludos En todo el mundo, hay muchas maneras de saludar. En Estados Unidos frecuentemente la gente se saluda dándose la mano. En Japón se hacen una reverencia (*bow*). En Costa Rica, como en muchos otros países latinos, los hombres siempre se saludan dándose la mano. Las mujeres, por lo regular, no se dan la mano, sino que se besan en las mejillas (*cheeks*).

¡Viajemos a Costa Rica!

PARA CONVERSAR • STRATEGY: SPEAKING

Share personal plans and feelings All things are possible when planning a vacation from a brochure. Show variety in your actions (**dibujaré, treparé**) and anticipate how it will be (**será**). If you do not share the same ideas as your partner, say no. (**No iré al volcán. Será muy peligroso.**)

Hablar/Leer Estás planeando un viaje a Costa Rica. Mira este folleto turístico y dile a tu compañero(a) adónde irás y qué verás en tu viaje.

modelo

Iré al Volcán Poás y veré el cráter. Será muy interesante...

ACTIVIDAD 17

Una carta de Fernando

Leer/Escribir Fernando, un vecino de Amalia y Cecilia, te escribió una carta. Escríbele tú y contesta sus preguntas.

¡Hola!

¿Qué tal? Ojalá que estés muy bien. Te escribo porque estoy muy curioso. Ya sé un poco de Costa Rica, y quiero saber más de tu país y cultura. Deseo que me escribas y que contestes mis preguntas.

Primero, me interesa el medio ambiente donde vives. ¿Vives cerca de un bosque? ¿En una colina? ¿En el desierto? ¿Cómo es? ¿Hay animales diversos? ¿Cómo son las plantas? ¿Pasas mucho tiempo al aire libre? ¿Valora la gente de tu comunidad la naturaleza? ¿Hay programas para conservarla? ¿Qué haces para preservar el medio ambiente?

También me gustaría saber de los planes que tienen tú y tus amigos. ¿Dónde trabajarás tú? ¿Irán ustedes a la universidad? ¿Vivirán en la misma comunidad después de graduarse?

Bueno, espero recibir tu carta pronto. ¡Hasta entonces!

Fernando

ACTIVIDAD 18

¿Qué va a pasar?

Hablar/Escribir Con un grupo de compañeros(as), túrnense haciendo predicciones sobre el futuro. Luego hagan una lista de las predicciones que más les gusten.

modelo

viajar a (Nueva York, Costa Rica, Madrid, ¿?)

Tú: *Viajaré a Costa Rica para visitar los volcanes.*

Compañero(a): *Viajaré al sur de Francia para ir a la playa.*

1. vivir en (Nueva York, Fargo, Barcelona, ¿?)
2. manejar (un autobús, una moto, un carro deportivo, ¿?)
3. ser (periodista, presidente, deportista, ¿?)
4. comprar (una computadora, una casa grande, muchos discos compactos, ¿?)
5. escribir (una novela, una crítica, una carta a mi abuelita, ¿?)
6. dar (dinero a los pobres, regalos a mis amigos, una fiesta, ¿?)

■ MÁS COMUNICACIÓN p. R14

Refrán

Es el mismo gato, pero revuelto.

Mira el dibujo y adivina el significado de «revuelto». A pesar de las características diferentes, ¿crees que el gato negro sea como el gato en el espejo? ¿En qué situación puedes usar este refrán? Piensa en tu día escolar o las relaciones con tus padres.

En voces
LECTURA

PROHIBIDO BAJAR AL CRATER
DO NOT DESCEND TO TH...

PARA LEER • STRATEGY: READING

Confirm or deny hearsay with reliable information Travelers love to share their experiences. This recent visitor to Costa Rica has some advice for you. Based on your reading, confirm or deny his or her observations.

	Sí	No
1. Si te gusta caminar, debes visitar este parque.		
2. Visita el volcán porque sigue en actividad.		
3. Andar en bicicleta será muy difícil.		

Do you think you should follow this person's advice? Why? Why not?

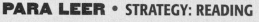

El Parque Nacional del Volcán Poás

Para los amantes[1] de la naturaleza, no hay mejor lugar que Costa Rica. Este país centroamericano tiene un excelente sistema de parques nacionales. Uno de estos parques es el Parque Nacional del Volcán Poás que se encuentra al noroeste de San José. El parque tiene un volcán impresionante, un bosque nuboso[2] y un lago precioso de color verde-azul. Durante el viaje de San José a la cima[3] del volcán verán los panoramas bellos del valle Central.

---

[1]lovers   [2]dwarf cloud forest   [3]peak

¿A ti te gusta caminar? En el parque hay dos senderos. Uno te lleva a un gran lago dentro de un cráter extinto y otro te lleva a través del bosque nuboso.

El Volcán Poás tiene uno de los cráteres más grandes del mundo. La mayoría de las erupciones son del «tipo géiser» y vienen del fondo de la laguna caliente. En este tipo de erupción, una columna de agua y ceniza[4] se levanta a diferentes alturas. En la erupción más grande (en 1910), la columna llegó a una altura de 8.000 metros sobre el nivel del cráter y llegó a caer a una distancia de 35 kilómetros. Todavía hoy echa humo[5].

¿Comprendiste?

1. ¿Dónde queda el Parque Nacional del Volcán Poás?
2. Además del volcán, ¿cuáles son otras atracciones en el Parque Nacional del Volcán Poás?
3. ¿Qué tiene de interés el Volcán Poás?

¿Qué piensas?

1. ¿Es el Parque Nacional del Volcán Poás un lugar donde podría ir toda la familia? ¿Por qué?
2. ¿Te gustaría ir al parque? ¿Por qué sí o no?

En uso
REPASO Y MÁS COMUNICACIÓN

Now you can...

- describe geographic characteristics.

- make future plans.

- talk about nature and the environment.

To review

- the future tense, see p. 324.

ACTIVIDAD 1 ¡Vamos a Costa Rica!

Imagínate que Francisco vuelve a Costa Rica con su familia. ¿Qué les dice?

modelo

ustedes: ver el cráter del Volcán Poás

Ustedes verán el cráter del Volcán Poás.

1. nosotros: descubrir diversos animales y plantas
2. ustedes: necesitar botas para caminar por la tierra mojada
3. yo: mostrarles un campamento cerca de San José
4. mi hermano: encontrar lobos en el campamento
5. la altura: afectarles un poco
6. Cecilia: hablarnos del medio ambiente

Now you can...

- make future plans.

To review

- the future tense, see p. 324.

ACTIVIDAD 2 Saludos de...

Francisco le escribe una carta a su amiga Alma. ¿Qué dice? Completa la carta con el futuro de los verbos.

Querida Alma:

Saludos de Costa Rica, un país bellísimo. Creo que mi artículo sobre la conservación ___1___ (ser) fantástico. Yo lo ___2___ (terminar) la próxima semana y ___3___ (volver) a Miami el viernes. Tú me ___4___ (esperar) en el aeropuerto, ¿no?

Este fin de semana Amalia, Cecilia y yo ___5___ (ir) de camping. Ellos me ___6___ (llevar) a un campamento cerca de San José. Allí nosotros ___7___ (ver) más animales y plantas interesantes. Yo te ___8___ (escribir) otra vez el lunes para contarte nuestras experiencias.

Con cariño, Francisco

Now you can...
- make future plans.

To review
- **por**, see p. 326.

Antes de la excursión

Cecilia habla con un grupo de turistas. Completa sus comentarios usando expresiones con **por.**

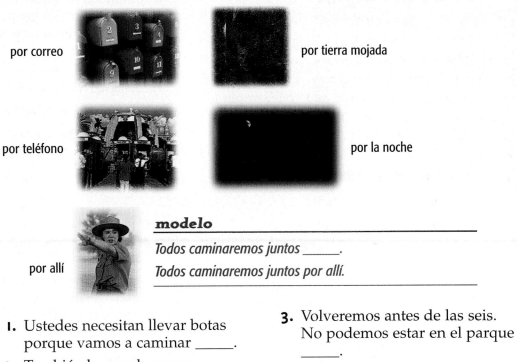

por correo

por tierra mojada

por teléfono

por la noche

por allí

modelo

Todos caminaremos juntos _____.

Todos caminaremos juntos por allí.

1. Ustedes necesitan llevar botas porque vamos a caminar _____.
2. También le mandaremos información _____.
3. Volveremos antes de las seis. No podemos estar en el parque _____.
4. Si usted quiere saber más sobre este parque o los otros, llámenos _____.

Now you can...
- talk about nature and the environment.

To review
- **nosotros** commands, see p. 328.

El medio ambiente

¿Qué debemos hacer o no hacer para proteger el medio ambiente?

modelo

cerrar los parques nacionales

¡No cerremos los parques nacionales!

proteger los animales salvajes

¡Protejamos los animales salvajes!

1. valorar la belleza natural
2. preservar nuestros recursos naturales
3. cortar todos los árboles
4. ir de camping sin pensar en el medio ambiente
5. tener cuidado con la basura en los campamentos
6. dejar basura por todas partes
7. conservar las diversas plantas
8. estar informados sobre la conservación

ACTIVIDAD 5 — Actividades

PARA CONVERSAR

STRATEGY: SPEAKING

Anticipate future plans By looking ahead to summer vacation, you can plan for the real, the ideal, and the imaginary. Ask and answer questions that allow you and your partner to stretch your imaginations and set new goals:

- ¿(a)dónde ir / viajar / trabajar?
- ¿qué hacer?
- ¿cómo ganar… / ayudar… / mejorar…?

Conversa con tu amigo(a) sobre sus planes para este verano y completa una tabla con sus respuestas.

modelo

Tú: ¿Estudiarás español?

Amigo(a): No, no estudiaré español.

Tú: Yo tampoco estudiaré español. ¿Viajarás?

Amigo(a): Sí, visitaré a mis primos en San Antonio. ¿Y tú? …

Sí	No
Viajará a San Antonio.	No estudiará español.

ACTIVIDAD 6 — ¡Hagamos un viaje!

Imagínate que viajarás a Costa Rica con tus compañeros de clase. Escribe cinco actividades que quieres que el grupo haga allí. Tus compañeros van a responder a tus sugerencias.

modelo

Tú: Saquemos fotos de las diversas flores.

Estudiante 1: ¡Sí! ¡Saquemos fotos de las flores!

Estudiante 2: ¡Qué aburrido! No saquemos fotos de las flores. Saquemos fotos de los monos.

ACTIVIDAD 7 — *En tu propia voz*

ESCRITURA Francisco irá de camping con Amalia, Cecilia y Fernando. ¿Qué pasará? Escribe seis predicciones. ¡Usa tu imaginación y no mires la próxima etapa!

modelo

Primero, Francisco llegará tarde a la casa de Amalia. Todos olvidarán muchas cosas importantes…

CONEXIONES

La geografía ¿Recuerdas dónde está el único bosque tropical en Norteamérica? Aparte de Costa Rica, ¿dónde hay otros bosques tropicales en Centroamérica y Sudamérica o en el resto del mundo? ¿Dónde hay parques nacionales? Haz un mapa del mundo e indícalos.

COSTA RICA

PARQUES NACIONALES DE COSTA RICA

1. Tortuguero
2. Braulio Carrillo
3. Manuel Antonio
4. Río Pacuare
5. Marino Ballena
6. Isla del Coco

Isla del Coco

En resumen
REPASO DE VOCABULARIO

Plants

la hoja	*leaf*
la planta silvestre	*wild plant*

Animals and Other Living Beings

el jaguar	*jaguar*
el león	*lion*
el lobo	*wolf*
el loro	*parrot*
la mariposa	*butterfly*
el mono	*monkey*
la rana	*frog*
la serpiente	*snake*
la tortuga	*turtle*
el tucán	*toucan*
el venado	*deer*

The Environment

la colina	*hill*
el desarrollo	*development*
la isla	*island*
el medio ambiente	*environment*
la naturaleza	*nature*
la piedra	*stone*
la selva	*jungle*
el sendero	*path, trail*
la tierra	*land*
el valle	*valley*

Other Words

la belleza	*beauty*
diverso(a)	*diverse*
feroz	*ferocious*
peligroso(a)	*dangerous*
salvaje	*wild*

la altura	*altitude, height*
el clima	*climate*
la población	*population*
por todas partes	*everywhere*
la sombra	*shade, shadow*

conservar	*to conserve*
descubrir	*to discover*
preservar	*to preserve*
valorar	*to appreciate*
volar (o→ue)	*to fly*

Juego

Soy un animal feroz y salvaje.

Tengo manchas negras.

A causa de mi bella piel, estoy en peligro de extinción.

¿Quién soy?

ETAPA 2

Nuestro medio ambiente

- Discuss outdoor activities

- Describe the weather

- Make predictions

- Talk about ecology

GUÍAS DE VIAJES

Los campamentos de

Costa Rica

Una guía para el turista

¿Qué ves?

Mira la foto de Francisco y sus nuevos amigos. ¿Qué ves?

1. ¿Dónde están Francisco y sus amigos?

2. ¿Qué van a hacer? ¿Dónde van a comer?

3. ¿Cuál es el tema del libro?

En contexto

Aquí Francisco va a acampar. Mira lo que trae.

A ¿Estás listo para **el campamento**? Francisco y sus amigos están listos para acampar. Tienen **una tienda de campaña** y **un saco de dormir**. También traen **una manta**, **sábanas** y **almohadas**.

el campamento

la tienda de campaña

la almohada

la sábana

la manta   el saco de dormir

B Para hacer **una fogata**, necesitan **leña** y **fósforos**. Para apagar **el fuego**, necesitan **un balde** con agua.

el fósforo

el balde

la leña

C Para comer comida en lata, necesitan **un abrelatas**. **La navaja** y **las tijeras** son esenciales. Sin **la linterna**, no van a tener **luz**.

las tijeras

el abrelatas

la navaja

la linterna

remar

escalar montañas

pescar

D ¡En el campamento se puede **escalar montañas** o hacer **montañismo**!

¡En el río se puede **remar**! ¡En el río se puede **pescar**!

Preguntas personales

1. ¿Vas a acampar con tu familia o con tus amigos?
2. ¿Qué cosas son esenciales si vas a acampar?
3. ¿Qué necesitas para hacer una fogata?
4. ¿Qué actividades te gusta hacer en el campamento?
5. ¿Qué llevas cuando vas a un campamento? Haz una lista de las cosas que necesitas llevar contigo.

En vivo

DIÁLOGO

Amalia Cecilia Francisco Fernando

El campamento

PARA ESCUCHAR • STRATEGY: LISTENING

Observe relationships between actions and motives Each person on this trip is looking for something. Tell what each is looking for and for what purpose.

Who would you prefer helping? Why?

¿Quién?	¿Qué busca?	¿Para qué?
Fernando		
Francisco		
Cecilia		
Amalia		

1 ▶ Amalia: A ver, ¿dónde pondremos las tiendas de campaña?

Cecilia: ¿Las necesitamos? Me gusta dormir bajo las estrellas.

Amalia: Sí, las necesitamos. Es posible que llueva.

5 ▶ Francisco: ¿Así que quieres ser bióloga?

Cecilia: Sí. Estoy a favor de desarrollar la economía, pero estoy en contra de los proyectos que contaminan el medio ambiente.

6 ▶ Fernando: ¿Dónde está tu mamá?

Cecilia: No sé.

Francisco: Tal vez está caminando un poco por el bosque.

Cecilia: Es muy extraño. No lo entiendo. Hace frío. ¿Dónde puede estar?

7 ▶ Cecilia: ¡Diay! ¡Mamá! ¿Qué pasó? ¿Estás bien?

Fernando: Cuando regresamos con la leña, no estabas.

Amalia: Cálmense. Claro que estoy bien. No me pasó nada.

2 ▶ Amalia: Francisco, siento no tener saco de dormir para vos. Espero que no haga mucho frío esta noche.

Francisco: Estaré bien con las mantas y las sábanas, gracias.

3 ▶ Fernando: ¿Trajimos el abrelatas? No lo encuentro.

Amalia: Está en la mochila.

Fernando: A ver, aquí están los fósforos, la linterna, la navaja. ¡Hay muchísimas cosas!

Amalia: Habrá un uso para todo. Ya verás.

4 ▶ Fernando: Francisco, ¿por qué no vamos vos y yo a buscar leña?

Cecilia: Yo los puedo acompañar.

Amalia: No tarden mucho.

Cecilia: Ay, mamá, todavía habrá muchas horas de luz.

8 ▶ Amalia: No tenía mi saco de dormir. Así que regresé al carro. Se me cayeron las llaves en el sendero. Por suerte, las encontré, ¡pero después de una hora de buscar!

9 ▶ Cecilia: Mamá, debés tener más cuidado con las llaves.

Amalia: Sí, hija, gracias por el consejo. Tendré más cuidado en el futuro.

10 ▶ Amalia: Vamos, ¿no quieren una fogata? Yo me muero de frío. Ceci, ¿por qué no prepararás la fogata? Y muchachos, ayúdenme con la comida. ¿No tienen hambre?

En acción
VOCABULARIO Y GRAMÁTICA

OBJECTIVES
- Discuss outdoor activities
- Describe the weather
- Make predictions
- Talk about ecology

ACTIVIDAD 1

¿Es cierto?

Escuchar/Escribir Según el diálogo, ¿son **ciertas** o **falsas** las oraciones? Si son falsas, explica por qué.

1. A Cecilia no le gusta dormir bajo las estrellas.
2. Francisco tiene un saco de dormir.
3. El abrelatas está en la mochila.
4. Francisco, Fernando y Cecilia van a buscar leña.
5. Fernando no sabe dónde está su mamá.
6. Cecilia no se preocupa mucho de que Amalia no vuelva.
7. Amalia encontró las llaves después de una hora.
8. Amalia no tendrá más cuidado en el futuro.

ACTIVIDAD 2

¿En qué orden?

Escuchar Pon las oraciones en orden según el diálogo.

a. Fernando buscó el abrelatas.
b. Fernando y Cecilia se pusieron nerviosos.
c. Amalia regresó con su saco de dormir.
d. Escogieron un lugar para las tiendas de campaña.
e. Los tres regresaron al campamento.
f. Cecilia, Francisco y Fernando fueron a buscar leña.

ACTIVIDAD 3

Cuando vas de camping...

Hablar ¿Qué llevas cuando vas de camping? Habla con un(a) compañero(a).

modelo

Compañero(a): *¿Llevas leña cuando vas de camping?*

Tú: *(No, no llevo leña.) Sí, llevo leña.*

¿Qué hay en el campamento?

Hablar Haz dibujos de estas cosas. Tus compañeros(as) adivinarán qué son.

la fogata

el saco de dormir

una linterna

la navaja   remar

escalar montañas

un balde de agua

la tienda de campaña

la leña   pescar

TAMBIÉN SE DICE

¡**Diay!**, la expresión que usa Cecilia en el diálogo, es una interjección muy popular entre los costarricenses. Puede indicar afirmación, interrogación o admiración. Una persona también puede usarla cuando quiere que otra deje de hablar. Es muy «tico» (*Costa Rican*), ¡y muy útil!

¿Qué vas a hacer este verano?

Hablar Pregúntale a tu compañero(a) si hará estas actividades durante el verano. Cuando te conteste, hazle otra pregunta relacionada con la primera.

modelo

viajar

Tú: *¿Viajarás durante el verano?*

Compañero(a): *Sí, viajaré un poco.*

Tú: *¿Adónde irás?*

Compañero(a): *Iré a la playa con mi familia.*

1. ir de camping
2. dormir bajo las estrellas
3. pescar en un río o un lago
4. andar en bicicleta
5. comer helado
6. dormir en un saco de dormir
7. caminar a las orillas del mar
8. escalar montañas
9. bajar un río en canoa
10. visitar a alguien que vive lejos

GRAMÁTICA

The Future Tense: Irregular Forms

¿RECUERDAS? *p. 324* You already know how to form the **future tense** with regular verbs.

infinitive +

-é	-emos
-ás	-éis
-á	-án

You use these same **future endings** with the **irregular verbs** but the **infinitive** changes.

- Some **infinitives lose** a letter.

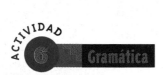

—**Habrá** un uso para todo.
***There will be** a use for everything.*

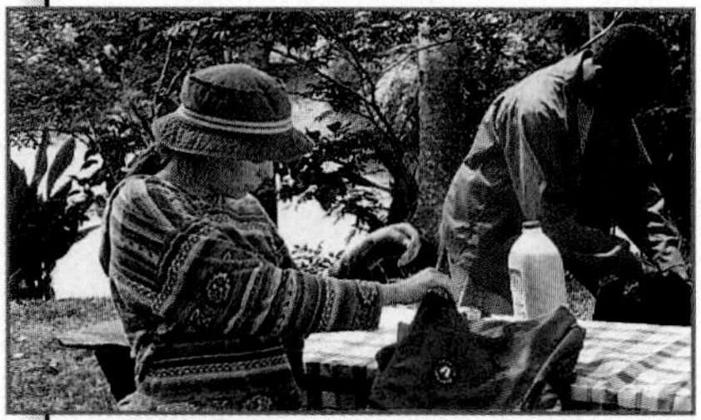

haber → habr-

habré	**habremos**
habrás	**habréis**
habrá	**habrán**

Other verbs that follow this pattern are:

poder → podr-
querer → querr-
saber → sabr-

- Some **infinitives change** a letter.

poner → pondr-

pondré	**pondremos**
pondrás	**pondréis**
pondrá	**pondrán**

Other verbs that follow this pattern are:

salir → saldr-
tener → tendr-
valer → valdr-
venir → vendr-

Decir and **hacer** do not follow either pattern. **decir → dir-** **hacer → har-**

ACTIVIDAD 6 Gramática

¡Organicémonos!

Escribir Cecilia y sus primos van de camping y están organizándose. Combina elementos de las dos columnas para explicar lo que harán.

1. Para tener un grupo muy grande, Paco y José
2. Tú tienes que asistir a clases hasta las siete, entonces
3. Ustedes van de camping frecuentemente; por eso
4. Para dormir cómodo, nosotros
5. A Sofía le gusta la luz, por eso
6. Voy a traer buena comida y

a. (hacer) la cena la primera noche.
b. (poner) las tiendas de campaña.
c. (saber) qué debemos llevar.
d. (venir) con nosotros.
e. (tener) dos o tres linternas.
f. (salir) para el campamento a las siete y media.

ACTIVIDAD 7 Gramática

¿Qué harán?

Hablar/Escribir Cecilia habla de lo que ella y su familia harán en el Parque Tapantí. Completa sus descripciones según los dibujos.

modelo

yo (saber montar a caballo)

Sabré montar a caballo.

1. Paco y Guillermo (tener que escalar montañas)

2. tú (poder pescar)

3. José y yo (poner la tienda de campaña)

4. yo (hacer la fogata)

▬ **MÁS PRÁCTICA** *cuaderno* pp. 125–126

▬ **PARA HISPANOHABLANTES** *cuaderno* pp. 123–124

ACTIVIDAD 8

Predicciones

Hablar/Escribir ¿Cómo será tu vida en diez años? Conversa con un(a) compañero(a).

modelo

saber pilotear un avión

Tú: *En diez años, yo no sabré pilotear un avión.*

Compañero(a): *Tampoco sabré pilotear un avión en diez años pero Marcos sabrá pilotearlo.*

1. tener (¿cuántos?) hijos

2. querer comprar el carro de tus sueños

3. saber hablar tres o más idiomas

4. casarse

5. hacer viajes por todas partes

NOTA CULTURAL

Los parques nacionales Hay muchos parques nacionales en Costa Rica donde se puede acampar y hacer montañismo. Uno de éstos es el Parque Nacional Braulio Carrillo. Tiene montañas, selvas, ríos y muchas cascadas (*waterfalls*).

ACTIVIDAD
9

De camping

Hablar/Escribir Imagínate que vas de camping el próximo fin de semana. Conversa con tus compañeros(as) sobre el viaje.

modelo

El próximo fin de semana mis amigos y yo iremos de camping. Iremos a un lugar no muy lejos de aquí donde hay un lago muy bonito. Traeré la tienda de campaña y mi amigo Raúl traerá la comida... ¿Y cómo será tu viaje?

1. ¿Con quién(es) irás?
2. ¿Tendrás que ir muy lejos?
3. ¿Adónde irás?
4. ¿Habrá un río o un lago?
5. ¿Qué tipo de comidas harás?
6. ¿Harás una fogata?
7. ¿Tendrás una tienda de campaña?
8. ¿Qué actividades harás?

▪ **MÁS COMUNICACIÓN** p. R15

REPASO

Weather Expressions with hacer

▸ To talk about the weather, you usually use **hacer**.

¿Qué tiempo hace?
What's it like out?

En Puerto Rico **hace calor** todo el año.
In Puerto Rico it's hot all year.

Hacía 25 grados centígrados el día que salí para Costa Rica.
It was 25 degrees Celsius the day I left for Costa Rica.

▸ Remember, you don't use **hacer** to say it's **raining** or **snowing**. Instead, use the verbs **llover** (*to rain*) and **nevar** (*to snow*).

No me gusta el norte de España porque **llueve** mucho.
I don't like the north of Spain because it rains a lot.

▸ If you want to describe a particular **kind** of day, you can say:

Es un día soleado.
It's a sunny day.

Es un día caluroso.
It's a hot day.

Es un día frío.
It's a cold day.

Vocabulario

El tiempo

el aguacero *downpour*
centígrado(a) *centigrade*
húmedo(a) *humid*
el huracán *hurricane*
la llovizna *drizzle*
la neblina *mist, fog*
la nube *cloud*
el pronóstico *forecast*
el rayo *thunderbolt, flash of lightning*
el relámpago *lightning*
soleado(a) *sunny*
el trueno *thunder*
violento(a) *violent*

¿Qué tiempo hará mañana?

¿Qué se pondrán?

Leer/Escribir ¿Qué se pondrán estas personas después de escuchar el pronóstico?

una blusa

unos pantalones

unas sandalias

un vestido

unas botas

una chaqueta

una camisa

un sombrero

un abrigo

un traje de baño

unas gafas de sol

modelo

La llovizna pasará pronto y va a hacer sol pero hará frío. (yo)

Me pondré un sombrero y un abrigo.

1. Es un día soleado hoy. Hace 30 grados centígrados. (nosotros)

2. Las nubes son oscuras y está húmedo. Habrá relámpagos. (tú)

3. Hace mucho viento hoy, pero no tan violento como un huracán. (ellas)

4. Ahora hay neblina pero hará sol por la tarde. (Francisco)

MÁS PRÁCTICA *cuaderno* p. 127

PARA HISPANOHABLANTES

cuaderno p. 125

¿Qué tiempo hace?

Hablar/Leer Lee el mapa de Costa Rica y habla con un(a) compañero(a) sobre el tiempo en estos lugares.

Golfo de Papagayo

Los Chiles 24°c

Mar Caribe

COSTA RICA

Puerto Limón 24°c

Puntarenas 32°c

San José 26°c

Océano Pacífico

Península de Osa 28°c

modelo

Puntarenas

Compañero(a): *¿Qué tiempo hace en Puntarenas?*

Tú: *Hace 32 grados centígrados. También hace viento y está nublado.*

1. San José
2. Puerto Limón
3. el golfo de Papagayo
4. el mar Caribe
5. Los Chiles
6. la península de Osa

El pronóstico del tiempo

Escuchar Escucha los pronósticos del tiempo y decide a qué foto corresponde.

GRAMÁTICA

Expressions with **para**

Remember that one way to say *for* is with **por.** The preposition **para** can also mean *for,* as well as *in order to* and *to.* Use **para** when referring to

- **goals** to reach.

  Haré investigaciones **para encontrar maneras de preservar los animales.**

  I will do research to (in order to) find ways of saving animals.

- **movement towards a place.**

  Salimos **para Costa Rica** mañana.

  We leave for Costa Rica tomorrow.

- **the recipient** of an action or object.

  Esta manta es **para Fernando.**

  This blanket is for Fernando.

- **purposes** to fulfill.

  Necesitamos sacos de dormir **para ir de camping.**

  We need sleeping bags to (in order to) go camping.

- **deadlines** to meet.

  Tendremos que encontrar leña **para esta noche.**

  We will have to find firewood for tonight.

- **employment.**

  Francisco **trabaja para Onda Internacional.**

  Francisco works for Onda Internacional.

Muy curioso

Escribir Francisco le muestra unas fotos de Costa Rica a un primo menor que hace muchas preguntas. ¿Comó contesta Francisco?

modelo

¿Para quién era?

El regalo era para Amalia.

1. ¿Para dónde iban?

2. ¿Para qué necesitabas los fósforos?

3. ¿Para quién trabajaba?

4. ¿Para cuándo tenías que escribir el artículo?

MÁS PRÁCTICA *cuaderno* p. 128

PARA HISPANOHABLANTES *cuaderno* p. 126

PARA CONVERSAR

STRATEGY: SPEAKING

Find alternate ways to communicate When you can't think of a word and you "talk your way around it," it's called circumlocution. Defining words gives you practice in circumlocution. Clues to meaning are uses (**para qué sirve**), the context of uses (**cuándo / dónde**), description (**pequeño**), or another word close in meaning (**una casita**). This skill helps you communicate even if you don't know the exact word.

Hablar ¿Para qué sirven estas cosas? Piensa en una de estas palabras y descríbesela a un(a) compañero(a). Él (Ella) tiene que adivinar qué palabra es. Cambien de papel.

modelo

la tienda de campaña

Tú: *Es para protegerte de los insectos y los aguaceros cuando acampas.*

Compañero(a): *Es una tienda de campaña.*

los fósforos   la leña

la selva   la conservación

el desarrollo   las tijeras

la almohada   el sendero

el campamento   la linterna

la manta   el abrelatas

ACTIVIDAD 15

Nuestras obligaciones

Leer/Escribir Lee este anuncio y responde a las siguientes preguntas.

1. ¿Qué debemos hacer para proteger la naturaleza?
2. ¿Estás en contra del desarrollo de la selva? Explica tu respuesta.
3. ¿Estás a favor de poner límites a los visitantes de los parques nacionales? Explica.
4. ¿Por qué es complicado proteger el medio ambiente?

¿Estás en contra de destruir nuestras selvas?

¿Estás a favor de mantener sano nuestro ambiente?

El sendero hacia la conservación es el ecoturismo.

Para poder salvar nuestro medio ambiente debemos
▶ informarle a la gente cómo cuidar la naturaleza;
▶ ponerles límites a los visitantes de nuestros parques.

Para que las selvas sean un lugar sano para acampar, les enseñamos a los turistas a ser cuidadosos con el medio ambiente.

Así controlaremos la contaminación de la atmósfera, los ríos y los lagos.

¿Qué harás tú para que tengamos un mundo más sano?
¿Cuál de las fotos quieres que muestre a nuestra tierra?

¡Porque el medio ambiente te pertenece a ti también!

Vocabulario

Expresa tus opiniones

complicado(a) *complicated*
crear *to create*
estar a favor de *to be in favor of*
estar en contra de *to be against*

el permiso *permission*
permitir *to permit*
pertenecer *to belong; to pertain*

¿Qué expresión es mejor para describir los problemas de la preservación?

ACTIVIDAD 16

¿Aventurera o cuidadosa?

Escuchar/Escribir Estela es muy aventurera y Cristina es más cuidadosa. Hablan de sus planes. ¿Quién dice cada oración: Estela o Cristina? Luego, explica si te pareces más a Estela o Cristina. ¿Por qué?

1. _____
2. _____
3. _____
4. _____

5. _____
6. _____
7. _____
8. _____

NOTA CULTURAL

Navegar los rápidos Costa Rica tiene muchos rápidos (*rapids*) donde se puede navegar. Aquí ves a algunos jóvenes en el río Sarapiquí.

¿Qué harás tú?

Hablar/Escribir Habla con un grupo de compañeros(as) sobre sus opiniones e ideas para preservar el medio ambiente.

modelo

En el futuro, ¿qué (decir) tus hijos del medio ambiente?

Tú: *En el futuro, ¿qué dirán tus hijos del medio ambiente?*

Compañero(a) 1: *Dirán que valoran lo que hizo nuestra generación para protegerlo.*

Compañero(a) 2: *No estoy de acuerdo. En mi opinión, dirán que no hicimos lo suficiente.*

1. En 20 años, ¿(decir) tú que la generación de tus padres hizo lo suficiente para proteger el medio ambiente?

2. ¿(Haber) más o menos animales en peligro de extinción en 20 años? ¿Por qué?

3. ¿Qué (hacer) tú y tus amigos en el próximo año para conservar el medio ambiente? ¿(Reciclar) latas, papel y plástico? ¿(Usar) menos agua?

4. ¿(Andar) ustedes en bicicleta, a pie o por transportación pública? ¿Por qué?

5. ¿(Ayudar) tú a crear maneras nuevas de proteger el medio ambiente? Explica.

En el año 2050...

Hablar/Escribir ¿Cómo será el mundo en el año 2050? En grupos, preparen una descripción para la clase, incluyendo ayudas visuales y comentarios sobre tres o más de las siguientes categorías.

modelo

En el año 2050 habrá computadoras en todas las casas. Las computadoras ayudarán a la familia...

¿Cómo será(n)...?	
las escuelas	las familias
la ropa	la televisión
el tiempo	las computadoras
la naturaleza	las tiendas
los pasatiempos	el cine
	¿?

MÁS COMUNICACIÓN p. R15

Refrán

Llueve a cántaros.

Para adivinar este refrán mira el dibujo para saber qué es un cántaro. Ahora piensa en el agua cayendo de un cántaro. ¿Cae todo de una vez o poco a poco? ¿Qué imaginas que significa el refrán? Si todavía no lo entiendes, ¡piensa en un refrán del inglés: está lloviendo gatos y perros!

En colores
CULTURA Y COMPARACIONES

PARA CONOCERNOS
STRATEGY: CONNECTING CULTURES
Predict appeal to ecotourists Ecotourism seeks to benefit both the environment and local economy by appealing to many people. For each tourist destination below, identify the major activities and check whether they would attract adults, young people, or both.

Actividades	Adultos	Jóvenes
Teleférico del bosque lluvioso		
Selva Verde		
Río Sarapiquí		
Parque Nacional de Diversiones		
Parque Nacional Manuel Antonio		

Predict Costa Rica's desirability as an ecotourist destination for a broad range of people.

Costa Rica, ¡la pura vida!

Ir de vacaciones a Costa Rica es combinar dos viajes en uno. Para aprender algo nuevo hay sitios históricos y parques ecológicos. Puedes relajarte en la playa o ir a un parque acuático. Hay actividades de interés para todas las edades.

Si te gusta la aventura, lleva a tu familia al río Sarapiquí para navegar los rápidos. La primera parte del río tiene corrientes fuertes, pero más abajo el agua pasa despacio y entras en la selva.

La Selva Verde, una reserva privada, ofrece cuartos construidos en la selva con el mínimo efecto negativo al medio ambiente. Allí sales de tu cuarto y estás arriba en los árboles. Camina por los senderos y observa las ranas venenosas fosforescentes[1] y pájaros exóticos.

Una atracción educativa y divertida es el Teleférico[2] del bosque lluvioso. El teleférico te lleva por la parte más alta del bosque donde puedes ver de cerca las orquídeas, los tucanes y las mariposas iridiscentes[3] de este ambiente húmedo.

Cuando te canses de la naturaleza, puedes ir al lugar favorito de los jóvenes, el Parque Nacional de Diversiones. Hay juegos mecánicos[4] y salen desfiles todas las noches.

Cuando toda la familia quiera relajarse en la playa, pueden ir al Parque Nacional Manuel Antonio, que está en la costa del océano Pacífico. Además de las playas, hay senderos donde puedes caminar y ver iguanas, loros y monos. En Costa Rica siempre es posible aprender algo sobre el medio ambiente mientras te relajas.

---

[1] neon-colored poison dart frogs   [2] aerial tram   [4] amusement rides

[3] iridescent

¿Comprendiste?

1. ¿Cuáles son las ventajas de la reserva Selva Verde?
2. ¿Qué transporte te lleva por el bosque lluvioso? ¿Qué puedes ver?
3. ¿Qué hay en el Parque Nacional de Diversiones?
4. Si tus padres quieren descansar en la playa y tú quieres explorar terrenos tropicales, ¿qué parque nacional deben visitar? ¿Por qué?

¿Qué piensas?

¿Crees que es posible que lleguen muchos turistas sin dañar (hurting) el medio ambiente de un lugar? Con el ecoturismo, ¿sería posible tener atracciones turísticas modernas? ¿Cuáles imaginas que son las ventajas o las desventajas de los lugares mencionados en «Costa Rica, ¡la pura vida!»?

Hazlo tú

Con un(a) compañero(a), haz un folleto de viaje para Costa Rica. Mencionen algunos lugares de interés y dibujen algunos de estos lugares.

En uso
REPASO Y MÁS COMUNICACIÓN

OBJECTIVES

- Discuss outdoor activities
- Describe the weather
- Make predictions
- Talk about ecology

Now you can...

- discuss outdoor activities.
- make predictions.

To review

- irregular forms of the future tense, see p. 346.

ACTIVIDAD 1 ¡A las montañas!

Imagínate que Cecilia te invita a acampar. Para mejorar tu comprensión de la carta, cambia los verbos al futuro.

> Este fin de semana <u>hay</u> una excursión a las montañas. Mi nuevo amigo, Francisco, <u>viene</u> con nosotros. ¡Tú <u>tienes</u> que venir también!
>
> En las montañas <u>hacemos</u> muchas cosas interesantes: escalar, remar, pescar... <u>Ponemos</u> la tienda de campaña a orillas de un lago precioso. Francisco <u>quiere</u> sacar fotos de los diversos animales y plantas que <u>podemos</u> ver allí.
>
> <u>Salimos</u> el sábado temprano. Mañana <u>sé</u> la hora exacta y te la <u>digo.</u>
>
> Cecilia

Now you can...

- describe the weather.
- make predictions.

To review

- weather expressions with **hacer,** see p. 348.

ACTIVIDAD 2 ¿Va a llover?

Francisco escucha este pronóstico del tiempo en la televisión. Complétalo con las palabras de la lista.

centígrados   neblina   soleado   llovizna
aguacero   calor   truenos   nubes   viento   relámpagos

Ayer fue un día ___1___ ☀. Hizo mucho ___2___ 🧑 todo el día, con temperaturas entre 34 y 36 grados ___3___ 🌡(35°C). Hoy hay posibilidades de ___4___ . Habrá mucha ___5___ 🌳 y bastante ___6___ , ¡así que tengan cuidado al salir en carro!

Mañana las ___7___ ☁ estarán con nosotros otra vez.

Habrá un ___8___ con ___9___ ⚡ y ___10___ ¡BUUUUM!

Now you can...

• talk about ecology.

To review

• **para,** see p. 350.

¡Llámanos hoy!

Lee este anuncio sobre una nueva organización y contesta las preguntas usando expresiones con **para.**

El sapo dorado

► ¿Estás a favor de proteger a los animales en peligro de extinción?

► ¿Estás en contra de la contaminación de nuestro planeta?

► ¿Quieres encontrar maneras de proteger y preservar el medio ambiente?

La playa

Entonces, debes pertenecer a una nueva organización:

La sociedad juvenil para la conservación

El bosque tropical

Nuestra organización es para jóvenes de 13 a 18 años. La primera reunión será en agosto. Si te importa la naturaleza y quieres más información, llámanos al 555-8214 antes del 31 de julio.

No es complicado. ¡Llámanos hoy!

modelo

¿Para qué sirve este anuncio?

Sirve para informarnos sobre una nueva organización.

1. ¿Para quiénes es la organización?

2. ¿A qué teléfono debes llamar para recibir más información?

3. ¿Para qué fecha hay que llamar?

4. ¿Quieren crear esta organización para preservar la historia o el medio ambiente?

5. ¿Estos jóvenes trabajarán para proteger a los animales o a los niños?

6. ¿Para ti es importante proteger el medio ambiente?

ACTIVIDAD 4 — Recomendaciones

PARA CONVERSAR

STRATEGY: SPEAKING

Make recommendations Recommending action is the final step in problem-solving. Here the general problem is protecting and conserving the environment. Name specific aspects of the environment needing protection and possible actions. Why are some more important than others?

Haz una lista de cinco maneras de preservar y conservar el medio ambiente. Conversa con tu compañero(a) sobre sus ideas y seleccionen las tres acciones que tendrán más resultados.

modelo

> 1. Preservar diversas plantas
> 2. Proteger...
> 3.
> 4.
> 5.

Tú: *Estoy a favor de preservar las diversas plantas del mundo.*

Compañero(a): *¿Por qué es importante?*

Tú: *Porque las plantas limpian el aire.*

Compañero(a): *Sí, pero es más importante...*

ACTIVIDAD 5 — Mañana habrá...

Imagínate que tú y tus amigos trabajan para un canal de televisión. Preparen y presenten el pronóstico del tiempo.

modelo

Tú: *Ayer hizo mucho frío, con temperaturas...*

Estudiante 1: *La temperatura va a subir hoy. Hace...*

Estudiante 2: *Mañana habrá un aguacero...*

ACTIVIDAD 6 — En tu propia voz

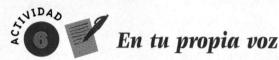

ESCRITURA Imagínate que irás a acampar. Describe la experiencia ideal: cuándo, adónde y con quiénes irás, qué cosas llevarán, qué verán y harán allí, qué tiempo hará, etc.

modelo

Yo iré de camping en el otoño con tres de mis amigos(as). El lugar ideal será un campamento muy lejos...

TÚ EN LA COMUNIDAD

Eric lleva cinco años como estudiante del idioma español. Tiene diecisiete años y vive en Maryland. Trabaja como voluntario en un programa para jóvenes. En el programa hay una chica cubana recién llegada que no habla bien el inglés. Eric habla español con ella y le enseña a comunicarse con los otros jóvenes del grupo. ¿Usas tu español para poder comunicarte mejor con gente de otros lugares?

En resumen
REPASO DE VOCABULARIO

complicado(a)	complicated
crear	to create
estar a favor de	to be in favor of
estar en contra de	to be against
el permiso	permission
permitir	to permit
pertenecer	to belong; to pertain

DISCUSS OUTDOOR ACTIVITIES

Outdoor Activities

el campamento	camp
escalar montañas	to climb mountains
el montañismo	mountaineering
pescar	to fish
remar	to row

Camping Necessities

el abrelatas	can opener
la almohada	pillow
el balde	bucket
la fogata	campfire
el fósforo	match
el fuego	fire
la leña	firewood
la linterna	flashlight
la luz	light
la manta	blanket
la navaja	jackknife
la sábana	sheet
el saco de dormir	sleeping bag
la tienda de campaña	tent
las tijeras	scissors

DESCRIBE THE WEATHER

el aguacero	downpour
caluroso(a)	hot
centígrado(a)	centigrade
húmedo(a)	humid
el huracán	hurricane
la llovizna	drizzle
la neblina	mist, fog
la nube	cloud
el pronóstico	forecast
el rayo	thunderbolt, flash of lightning
el relámpago	lightning
soleado(a)	sunny
el trueno	thunder
violento(a)	violent

Jueg

Cuando vas a acampar...

Si quieres dormir sin frío, necesitas un _ _ _ _ _ _ _ _ _ _ _ _.

Si vas a cocinar, tienes que hacer una _ _ _ _ _ _.

Y si hay un _ _ _ _ _ _ _ _, ¡ojalá que tengas una buena tienda de campaña!

ETAPA 3

¿Cómo será el futuro?

- Comment on conservation and the environment

- Talk about how you would solve problems

SALVEMOS

PAPEL

¿Qué ves?

Mira la foto y contesta las preguntas.

1. ¿Dónde están Francisco y Fernando?

2. ¿Cuál es el título del mural? ¿Quién lo pintó?

3. ¿Cuál de las pinturas te gusta? ¿Por qué?

4. ¿Qué crees que Francisco va a hacer con el papel?

LA TIERRA
ESCUELA BUENAVENTURA CORRALES B.

AVENIDA 5

En contexto

VOCABULARIO

Lee lo que piensa Francisco sobre la contaminación.

A La **contaminación** del aire es un problema serio. Muchas industrias lo **contaminan** porque queman **combustibles** y **químicos**.

la lata

el vidrio

la botella

B

¡Qué lío! ¡**Latas** de **aluminio**, **botellas**, **cartón** y **vidrio** por todas partes!

SALVEMOS

el cartón

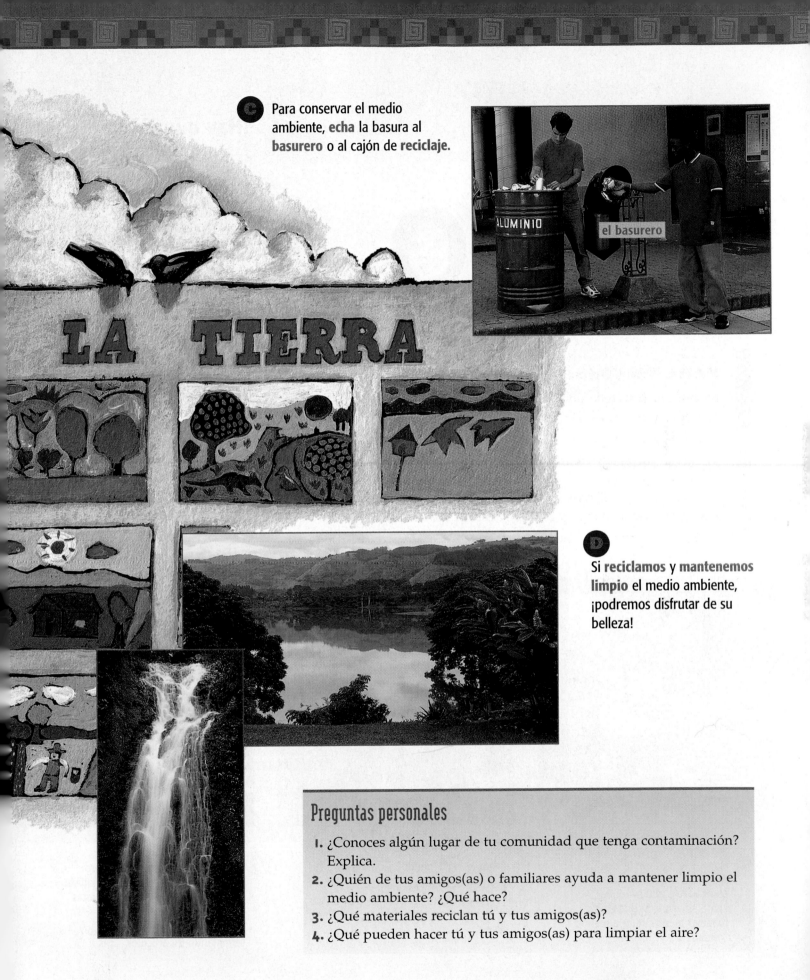

C Para conservar el medio ambiente, **echa** la basura al **basurero** o al cajón de **reciclaje**.

ALUMINIO

el basurero

D Si **reciclamos** y **mantenemos limpio** el medio ambiente, ¡podremos disfrutar de su belleza!

Preguntas personales

1. ¿Conoces algún lugar de tu comunidad que tenga contaminación? Explica.
2. ¿Quién de tus amigos(as) o familiares ayuda a mantener limpio el medio ambiente? ¿Qué hace?
3. ¿Qué materiales reciclan tú y tus amigos(as)?
4. ¿Qué pueden hacer tú y tus amigos(as) para limpiar el aire?

En vivo

 DIÁLOGO

Francisco **Fernando** **Amalia** **Cecilia**

¡Hay que actuar!

PARA ESCUCHAR • STRATEGY: LISTENING

Propose solutions A solution to a problem is a call for action. Listen for the key action word that best completes Francisco's ideas:

1. Debemos _____ los recursos naturales.
2. Hablar no es suficiente. Hay que _____ también.
3. Si, por ejemplo, _____ ..., usaremos menos recursos.
4. Si todos _____ juntos, podemos cambiar muchas cosas.

Do you participate in any of these actions? How? When?

1 ▶ Francisco: Hoy en día, la protección del medio ambiente es un tema muy popular en los periódicos y las revistas. Debemos conservar los recursos naturales. Todos están a favor de reducir la contaminación.

5 ▶ Francisco: Los carros que manejamos queman gasolina, un combustible que produce contaminación. Si pudieras manejar menos, habría menos contaminación.

6 ▶ Francisco: ¡Fernando! ¿Cómo estás?
Fernando: Pura vida, ¿y vos?
Francisco: Bien, pero un poco triste. No quiero irme mañana. ¡Me encanta Costa Rica!

7 ▶ Fernando: Sí, es una pena. Pero sabés, si estudiás para ser periodista tal vez volvás un día. Bueno, ¿estás listo para ir a comer?
Francisco: Sí, un momento. Estoy terminando mi artículo.

2 ▶ Francisco: Hablar no es suficiente. Hay que actuar también. Muchas personas dirán: «No soy más que una persona. ¿Qué puedo hacer yo?» Pero hay mucho.

3 ▶ Francisco: ¡No lo echen todo al basurero! El reciclaje es fácil. Si, por ejemplo, reciclamos las latas de aluminio, las botellas de vidrio y plástico, y el papel y el cartón, usaremos menos recursos.

4 ▶ Francisco: Lo malo es que no son solamente las industrias las que son responsables por la contaminación. Cada ser humano comparte la responsabilidad.

8 ▶ *(Escribiendo su artículo)*

Francisco: Aunque la situación es difícil de resolver, si todos trabajamos juntos, podemos cambiar muchas cosas. ¿Por qué no participas tú también?

9 ▶ *(En el restaurante)*

Todos: ¡Buen viaje!

Amalia: Francisco, te deseamos todo lo mejor.

Cecilia: ¡Te vamos a visitar en Miami el año que viene! Vas a escribirnos, ¿verdad?

10 ▶ Fernando: Y yo te voy a mandar cartas por correo electrónico.

Francisco: Gracias a todos. No sé qué decir.

Amalia: No digás nada, hijo. Sentate, vamos a comer.

En acción

VOCABULARIO Y GRAMÁTICA

Las soluciones

Escuchar/Escribir Indica si las oraciones son **ciertas** o **falsas** según el diálogo. Si son falsas, explica por qué.

1. Hablar del medio ambiente es suficiente.

2. Una persona sola no puede hacer nada para proteger el medio ambiente.

3. Francisco escribe que el reciclaje es fácil.

4. Los carros queman gasolina, un combustible que produce contaminación.

5. Francisco está emocionado porque se va de Costa Rica mañana.

6. Fernando imagina que Francisco será un gran ecólogo algún día.

7. Francisco escribe que podemos cambiar muchas cosas si todos trabajamos juntos.

8. Fernando le va a escribir a Francisco por correo electrónico.

Corrígela

Escuchar/Escribir Cada oración sobre el diálogo tiene una palabra incorrecta. Corrígela con una de estas expresiones.

encanta · industrias · contaminación · fiesta · botella · medio ambiente · reciclaje · visitar · reciclar · químicos

1. Todos están a favor de reducir la **llovizna**.

2. El **aluminio** es fácil y ayuda a conservar nuestros recursos naturales.

3. Para conservar, podemos **echar** el vidrio, el cartón y el plástico.

4. Un problema muy grande es la contaminación causada por las **linternas**.

5. A Francisco le **molesta** Costa Rica.

6. Francisco terminó su artículo sobre el **basurero**.

7. Los amigos costarricenses le hicieron una **lata** a Francisco.

8. Cecilia y su familia van a **caminar** a Francisco en Miami el próximo año.

TAMBIÉN SE DICE

Si un costarricense dice «palo de mango» o «palo de limón», ¿de qué habla? Habla de un árbol. En Costa Rica las palabras **palo** y **árbol** quieren decir lo mismo.

- *Use **por** or **para***
- *Use the conditional tense*

ACTIVIDAD 3

En la escuela

Hablar Lee los titulares de este periódico escolar. ¿Están ayudando a mejorar el medio ambiente? ¿Ocurren estas situaciones en tu escuela? Habla con un(a) compañero(a) de clase.

modelo

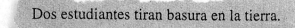
Varios estudiantes están empezando un programa de limpieza en su escuela.

Sí, creo que están ayudando el medio ambiente. No tenemos un programa de limpieza todavía.

1. Dos estudiantes tiran basura en la tierra.

2. Una secretaria echa botellas de vidrio en el basurero.

3. Los niños reutilizan el cartón para crear su proyecto.

4. Todos los estudiantes van a la escuela en su propio carro.

5. Hay un programa nuevo para reciclar el papel.

6. El director de la escuela trata de mantener limpios los corredores y jardines de la escuela.

7. Todos reciclan latas de aluminio.

8. Para limpiar la escuela, a veces usan químicos que pueden contaminar.

ACTIVIDAD 4  ¡Qué lío!

PARA CONVERSAR

STRATEGY: SPEAKING

Identify problems and your commitment to solving them Clearly state the environmental problems you see. Then state how you can help solve them. Indicate your level of commitment with these expressions: **Voy a…, Debo…, Es posible que…, Dudo…, No puedo…** Remember, if we are not part of the solution, we are part of the problem.

Hablar/Escribir ¿Qué cree la chica de la foto? ¿Estás de acuerdo? ¿Puedes sugerir soluciones?

No soy más que una persona. No puedo hacer nada.

ACTIVIDAD 5

¿Cómo será?

Hablar/Escribir Tu mejor amigo(a) te dice cómo será su novio(a) ideal. ¿Qué dice?

modelo

ser (alto/a, bajo/a, ¿?)

Será muy alto/a.

(No será muy alto/a.)

1. tener (¿cuántos?) años

2. ser de (aquí, otro estado o país, ¿?)

3. saber (esquiar, tocar la guitarra, ¿?)

4. poder (manejar, hablar español, ¿?)

5. querer ir (al cine, a los restaurantes, ¿?) mucho

6. hacer cosas divertidas como (bailar, escalar montañas, ¿?)

7. ser (chistoso/a, guapo/a, ¿?)

8. decir (la verdad, chistes, ¿?)

9. salir con tu amigo(a) (los sábados, todos los fines de semana, ¿?)

10. practicar (baloncesto, muchos deportes, ¿?)

GRAMÁTICA — Choose Between *por* and *para*

¿RECUERDAS? *pp. 326, 350* You now know that to say *for* in Spanish, you can use the prepositions **por** or **para.** Remember that each word has specific uses.

You use **por** to indicate **causes** rather than purpose. Use **por** to indicate

- the cause of or reason for an action
- a means of transportation or communication
- places to move through
- periods of time

Think of **para** as **moving you toward** the word, or destination, that follows. You use **para** after **trabajar** to say *employed by.* You also use **para** to indicate

- purposes to fulfill
- goals to reach
- places to move towards
- deadlines to meet
- the recipient of an action or object

Referring to the guidelines above, compare the uses of **por** and **para** in the following sentences:

Por	**Para**
Fui a Costa Rica **por curiosidad.** *I went to Costa Rica **out of curiosity.***	Fui a Costa Rica **para investigar la conservación.** *I went to Costa Rica **to research conservation.***
Voy a Miami **por avión.** *I am going to Miami **by plane.***	Muchas personas están trabajando **para la protección del medio ambiente.** *Many people are working **for the protection of the environment.***
Salimos **por Nueva York** mañana. *We leave **by way of New York** tomorrow.*	Salimos **para Nueva York** mañana. *We are leaving **for New York** tomorrow.*
Francisco está en Costa Rica **por una semana.** *Francisco is in Costa Rica **for a week.***	Tengo que terminar el artículo **para el viernes.** *I have to finish the article **by (for) Friday.***

¿Por o para?

Escribir Cecilia describe su viaje de camping. Completa sus oraciones con **por** o **para**.

modelo

Fuimos al campamento (dos días).

Fuimos al campamento por dos días.

1. Trajimos leña (el fuego).
2. Caminé (la selva).
3. Tocamos la guitarra y cantamos (dos horas).
4. Pusieron la tienda de campaña (la tarde).
5. Llegamos al campamento (tren).
6. El sábado salimos (el volcán).
7. Un amigo trajo su canoa (remar).
8. Regresamos al campamento a las cuatro (la lluvia).

MÁS PRÁCTICA *cuaderno* pp. 133–134

PARA HISPANOHABLANTES

cuaderno pp. 131–132

Una carta

Leer/Escribir Francisco escribió todos los días sobre sus experiencias en Costa Rica. Completa su descripción con **por** o **para** para saber cómo pasó su último día en el país.

Sin título

Times 10

0 1 2 3

14·de·julio¶

¿Cómo·estoy·aquí·en·Costa·Rica?·¡Pura·vida!·Escribo·esto·↵
___**1**___·la·mañana·y·ya·caminé·en·un·aguacero.·Me·encanta·el·↵
tiempo·aquí.·Estoy·terminando·mi·artículo·___**2**___·la·revista.·↵
Tengo·que·terminarlo·___**3**___·el·viernes.·Aquí·la·gente·está·↵
trabajando·___**4**___·la·conservación.·___**5**___·eso,·mi·artículo·↵
trata·de·la·preservación·del·medio·ambiente.·Es·___**6**___·todas·↵
las·personas·que·quieran·ayudar.¶

Ayer·fui·de·compras·y·tengo·regalos·___**7**___·todos.·También·↵
buscaba·un·recuerdo·___**8**___·mí·y·compré·una·caja·de·madera·↵
___**9**___·un·buen·precio.·Mañana·vamos·___**10**___·el·aeropuerto.·Me·↵
pondré·triste·al·despedirme·de·Costa·Rica·y·de·mis·nuevos·↵
amigos·pero·siempre·tendré·estos·preciosos·recuerdos.·¶

Los campamentos Un modo de ver la riqueza única de la belleza natural costarricense es ir a un campamento. Gracias al sistema de ecoturismo, todo se encuentra dentro de los parques nacionales donde se puede acampar.

¿Qué foto?

Hablar/Escribir Con un(a) compañero(a) describe las fotos de Costa Rica. Usa estas expresiones con **por** y **para** en tu conversación.

modelo

Compra gasolina por la tarde.

para el 30 de julio
por escribir
para cartón
por tierra mojada
para Francisco
por eso
para reciclar
por la mañana
para escribir

GRAMÁTICA ◆ The Conditional Tense

▸To talk about what you *should, could,* or *would do,* use the **conditional tense.**

Like the future tense, the **conditional tense** is formed by adding **endings** to the **infinitive** or the **irregular stem**.

infinitive +

-ía	-íamos
-ías	-íais
-ía	-ían

estudiar

estudiaría	estudiaríamos
estudiarías	estudiaríais
estudiaría	estudiarían

*The **endings** are the same for **-ar, -er,** and **-ir** verbs.*

▸Verbs that have irregular stems in the future have the same **irregular stems** in the **conditional.**

▸In the **conditional** you can talk about what would happen under certain conditions and make polite requests.

¿Te **gustaría** proteger el medio ambiente?
***Would you like** to protect the environment?*

Te **pondrías** en contacto con tus representantes políticos.
***You would get** in touch with your political representatives.*

decir	→	dir-
haber	→	habr-
hacer	→	har-
poder	→	podr-
poner	→	pondr-
querer	→	querr-
saber	→	sabr-
salir	→	saldr-
tener	→	tendr-
valer	→	valdr-
venir	→	vendr-

▸To be more polite, you could say:

Deberías ponerte en contacto con tus representantes políticos.
***You should get** in touch with your political representatives.*

¿Qué piensas?

Leer/Escribir Imagina las siguientes situaciones en tu ciudad. ¿Qué harías tú? ¿Qué harían tus amigos(as)?

1. Ves a un(a) amigo(a) echando basura en la calle. ¿Qué harías tú?
   a. Le diría algo a mi amigo(a).
   b. Pondría la basura en el basurero.
   c. No haría nada.

2. Una industria contamina un río con químicos tóxicos. ¿Qué harían tus amigos(as)?
   a. Le escribirían una carta al periódico.
   b. Llamarían a los representantes políticos.
   c. Protestarían enfrente de la industria.

3. Hay contaminación del aire en tu ciudad. ¿Qué harían tú y tus amigos?
   a. No saldría solo(a) en mi carro.
   b. Usaríamos transporte público.
   c. Andaríamos más a pie o en bicicleta.

MÁS PRÁCTICA *cuaderno* pp. 135–136

PARA HISPANOHABLANTES *cuaderno* pp. 133–134

¿Sería buena idea?

Hablar/Escribir Completa las siguientes oraciones sobre el medio ambiente. Luego habla con un(a) compañero(a). ¿Están de acuerdo?

modelo

(Ser) inútil reciclar cartón.

Tú: *(No) sería inútil reciclar cartón.*

Compañero(a): *Sí, (No, no) estoy de acuerdo. (No) sería inútil reciclarlo.*

1. Preservar la selva (proteger) las especies en peligro.
2. El reciclaje (reducir) la cantidad de basura.
3. Los nuevos programas de limpieza (contaminar) los ríos.
4. Reducir la pobreza (ayudar) a proteger los recursos naturales.
5. Quemar más combustibles (resolver) los problemas con la capa de ozono.
6. El planeta (ser) mejor sin la destrucción del medio ambiente de los animales.
7. No (ser) útil separar plástico y vidrio de la basura.
8. Reducir el uso de combustibles (ayudar) a resolver el problema del smog.

Vocabulario

El medio ambiente

la capa de ozono *ozone layer*
la destrucción *destruction*
increíble *incredible*
inútil *useless*
el planeta *planet*
la pobreza *poverty*
el problema *problem*

proteger las especies *to protect the species*
los recursos naturales *natural resources*
reducir *to reduce*
resolver (o→ue) *to resolve*
separar *to separate*
el smog *smog*
útil *useful*

¿Qué dices del reciclaje?

Si yo fuera profesor(a)...

Hablar/Escribir ¿Qué pasaría si tú fueras *(were)* profesor(a) de la clase de español? Haz oraciones afirmativas o negativas.

modelo

los estudiantes / poder comer en clase

Los estudiantes podrían comer en clase. (Los estudiantes no podrían comer en clase.)

1. todos los estudiantes / sacar buenas notas
2. nosotros / hacer comidas en clase frecuentemente
3. el día escolar / ser más corto
4. tú / tener que hablar con el (la) director(a)
5. yo / querer darles mucha tarea
6. los estudiantes / poder salir temprano los viernes
7. haber / menos exámenes
8. la clase / saber hablar español
9. yo / venir a la escuela todos los días
10. ¿?

¿Qué harías en Costa Rica?

Hablar/Escribir Si pudieras ir a Costa Rica, ¿qué harías? Usa los dibujos para darte ideas y habla con un grupo de compañeros(as).

modelo

Si estuviera en la playa, caminaría a la orilla del mar con mis amigos(as).

Nota

To say what would happen under certain circumstances, use the conditional with a **si** clause:

Si estuviera en Costa Rica, **visitaría** todos los parques nacionales.
If I were in Costa Rica, I would visit all the national parks.

Si Francisco **fuera** político, **ayudaría** a proteger el medio ambiente.
If Francisco were a politician, he would help protect the environment.

Si pudieras manejar menos, **habría** menos contaminación del aire.
If you could drive less, there would be less air pollution.

MÁS COMUNICACIÓN p. R16

El noticiero

Escuchar Escucha estas partes de un noticiero. ¿Qué opción escogerías?

1. a. Empezaría un programa de limpieza.
   b. Reduciría el smog.

2. a. Reduciría los químicos que echamos al aire.
   b. Protegería las especies en peligro.

3. a. Limpiaría el agua que sale de las industrias.
   b. Desarrollaría un programa de reciclaje.

4. a. Crearía un programa para proteger las selvas.
   b. Buscaría soluciones para la contaminación del aire.

5. a. Le sugeriría que todos podrían empezar en sus casas.
   b. Le diría que las industrias causan mucha contaminación.

Jueg

Te gusta esquiar y hablar español y vives en el norte de Estados Unidos. ¿Adónde irías en agosto para practicar las dos actividades?

a. Belice
b. Bolivia
c. Chile
d. China

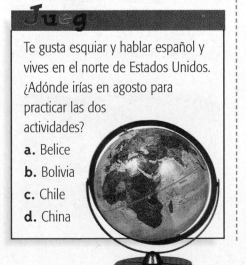

¡A todos nos toca!

Leer/Escribir Lee este cartel e indica si las oraciones son **ciertas** o **falsas.** Luego haz un cartel para tu causa favorita.

A todos nos toca...

Nuestro país es precioso. Pero nuestros recursos naturales no son infinitos. El desarrollo de la economía puede tener efectos graves para el medio ambiente. Necesitamos los dos. ¿Qué puedes hacer tú para proteger el medio ambiente?

Recicla aluminio, vidrio, plástico y cartón.

Ofrécete de voluntario para plantar árboles y revitalizar las selvas en peligro.

Contribuye con dinero para los programas de limpieza.

Habla con los representantes políticos cuando veas abusos cometidos por las industrias.

Cada ser humano puede ser parte de la solución.   **A todos nos toca...**

1. Es necesario balancear el desarrollo de la economía y la protección de los recursos naturales.

2. Las industrias tienen toda la responsabilidad.

3. Es importante estar en contra de los programas de reciclaje.

4. Cada ser humano debe cooperar.

Vocabulario

Para hablar del medio ambiente

A todos nos toca... *It's up to all of us...*

los efectos *the effects*

Lo malo es que... *The trouble is that...*

el ser humano *human being*

la situación *situation*

¿Cuáles de estas expresiones puedes encontrar en el cartel?

Si estuviera...

Hablar/Escribir ¿Qué harían tú y otras personas en las siguientes situaciones? Con un(a) compañero(a), haz oraciones originales. Escribe cinco de tus favoritas.

modelo

Si estuviera enfermo(a), yo no iría a la escuela.

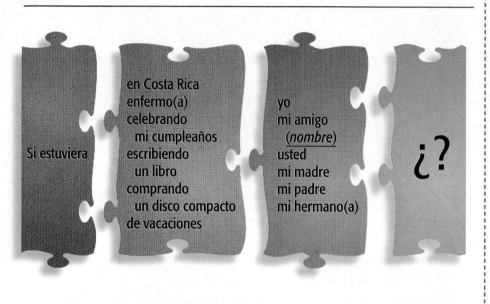

Si estuviera | en Costa Rica
enfermo(a)
celebrando
  mi cumpleaños
escribiendo
  un libro
comprando
  un disco compacto
de vacaciones | yo
mi amigo
(*nombre*)
usted
mi madre
mi padre
mi hermano(a) | ¿?

Proyectos de limpieza

Escuchar Escucha a unas personas que están hablando de proyectos de limpieza. Pon las fotos en orden según las descripciones.

NOTA CULTURAL

La economía El turismo en Costa Rica contribuye a una economía que es básicamente agrícola. El país produce café, plátanos, caña de azúcar, arroz, frijoles y papas. El café y los plátanos son los dos productos de exportación más importantes.

Si yo fuera presidente...

Hablar En un grupo de cinco a ocho compañeros(as), completen la frase **«Si yo fuera presidente...»** Cada persona tiene que decir lo que haría y repetir lo que dicen las otras personas.

modelo

Tú: *Si yo fuera presidente, no habría pobreza.*

Compañero(a) 1: *Si yo fuera presidente, no habría pobreza y la universidad no costaría nada.*

Compañero(a) 2: *Si yo fuera presidente, no habría pobreza, la universidad no costaría nada y todos los niños tendrían...*

¿Qué harías?

Hablar/Escribir En grupos, contesten estas preguntas. Luego escoge la opción que más te gustaría y escribe un párrafo explicando tu respuesta.

1. Si pudieras gastar dos millones de dólares, ¿qué comprarías?

2. Si pudieras conocer a una persona nueva, ¿quién sería?

3. Si pudieras ir a tu universidad favorita, ¿adónde irías?

4. Si pudieras viajar a otro período de la historia, ¿a qué año viajarías?

5. Si pudieras vivir en otro lugar, ¿dónde vivirías?

6. Si pudieras cambiar una cosa en tu vida, ¿qué cambiarías?

■ **MÁS COMUNICACIÓN** p. R16

Refrán

El mundo es un pañuelo.

Imagínate que viajas a Costa Rica en el verano y durante una visita al Volcán Poás, te encuentras con tu profesor(a) de español. ¡Qué casualidad! ¿Ya entiendes por qué se dice que el mundo es un pañuelo? ¿Qué característica tiene en común un pañuelo y el mundo?

En voces
LECTURA

La cascada de la novia

PARA LEER
STRATEGY: READING
Recognize characteristics of legends If you picked up "The Legend of Sleepy Hollow," what would you anticipate about the story? Do you think it takes place in the present or in the past? Is it based on written records or oral storytelling? Is it scientific or romantic? Is it happy or tragic? Which of these characteristics do you find in **«La cascada de la novia»**?

After reading this legend, try out your storytelling skills.

NOTA CULTURAL

Las leyendas forman parte de la tradición oral de un pueblo. A veces explican el origen de las cosas naturales, como los ríos, los volcanes, las plantas y los animales. Esta leyenda costarricense explica el origen de «la cascada (*waterfall*) de la novia» que se encuentra cerca del pueblo de Paraíso, a unas veinte millas de San José.

A pocos minutos de Paraíso se encuentra una cascada de seiscientos pies de altura que se llama «la cascada de la novia». Se cuenta que la cascada recibió ese nombre a principios del siglo, cuando según la leyenda, se hizo un paseo a ese lugar.

Para celebrar una boda, una popular pareja de novios organizó un paseo al Valle de Orosí. El grupo de amigos muy alegres salió de Cartago en caballo.

Por fin llegaron al maravilloso Valle de Orosí, un lugar de belleza espectacular. Hubo bailes, risas, algunos versos, sonrisas cariñosas, mucha alegría y algunos brindis[1]. El novio brindó por la novia, por su sonrisa, por su vestido elegante con su velo bordado a mano[2], por sus ojos grandes y su belleza singular.

---

[1] toasts   [2] handmade veil

Como todo, lo bueno termina.
El grupo tuvo que regresar. Todos
montaron sus caballos y comenzaron
la caminata de regreso a sus casas.

Al pasar cerca de la cascada, de
repente el caballo de la novia, por una
razón ya olvidada [3], se asustó de tal
manera que se lanzó al abismo [4]. Se
llevó con él a la novia buena de los
grandes ojos.

Los detalles de la historia ya se
han olvidado [5]. Solamente se acuerda la
gente de cómo subió el velo blanco
bordado a mano de la novia hermosa.
Dicen que apareció como una cascada
de agua —«la cascada de la novia».

---

[3] already forgotten   [5] have been forgotten
[4] hurled himself into the abyss

¿Comprendiste?

1. ¿De cuándo es la leyenda de «La cascada de la novia»?
2. ¿Por qué viajaron los novios y sus amigos al Valle de Orosí?
3. ¿Cómo viajaron?
4. Al llegar al valle, ¿qué hicieron?
5. ¿Qué le pasó a la novia?

¿Qué piensas?

1. ¿Cómo recibió su nombre «la cascada de la novia»?
2. La tragedia parece aún más fuerte porque la escena anterior es muy alegre. Explica.

377

En colores

CULTURA Y COMPARACIONES

PARA CONOCERNOS

STRATEGY: CONNECTING CULTURES

Prioritize Individual action is good; effective group action is better. Getting groups involved depends on what the local issues are. Rank in order of importance what you consider to be your local environmental issues, beginning with the most urgent: **agua, aire, animales, basura, energía, recursos naturales, tierra, otros.**

El medio ambiente: problemas locales

1._____
2._____
3._____

What organizations would be best to work on each of these issues? What connections can these groups make to one like **la Cumbre** (*summit*) **de la Ecología Centroamericana**?

Nombre:
Raúl Valdéz

Nacionalidad:
costarricense

Edad: **16 años**

La Cumbre de la Ecología Centroamericana

Nombre:
Francisca Peralta

Nacionalidad:
guatemalteca

Edad: **17 años**

La Cumbre de la Ecología Centroamericana

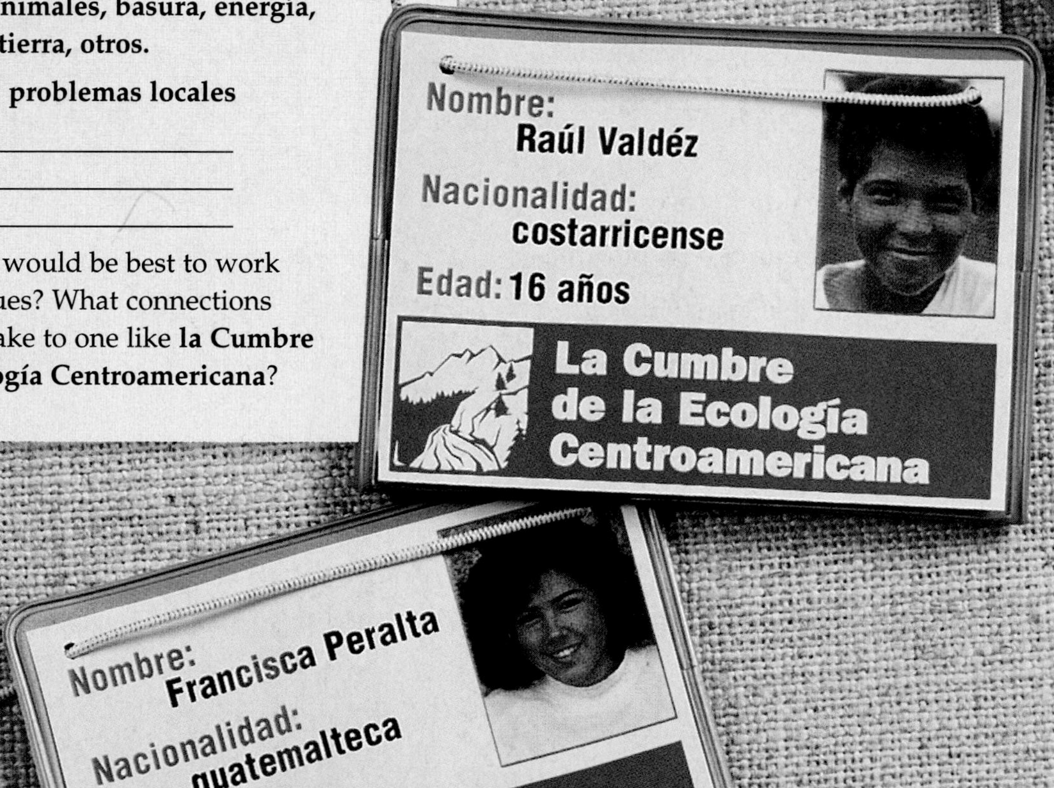

La Cumbre de la Ecología Centroamericana

CUMBRE ECOLÓGICA CENTROAMERICANA:
SE REÚNEN JÓVENES EN SAN JOSÉ

Manuel Ocampo, San José

En el auditorio principal de la Universidad de Costa Rica se reúnen algunos jóvenes centroamericanos para la Cumbre de la Ecología Centroamericana. Los participantes, estudiantes de la escuela secundaria, representan varios países centroamericanos —Costa Rica, Panamá, Nicaragua, Honduras, Guatemala y El Salvador. Los representantes de los seis países comenzaron la primera de tres reuniones ayer, hablando sobre el medio ambiente y la contaminación.

Estudiante Raúl Valdéz, el representante costarricense, habló sobre los ecosistemas de su país y la importancia de proteger nuestros bosques tropicales.

Francisca Peralta, la representante guatemalteca, habló de la necesidad de proteger ciertas especies de animales. Peralta explicó que el Centro de Estudios Conservacionistas de Guatemala está estableciendo áreas especiales para proteger animales silvestres, como el quetzal, el ave que es el emblema nacional de su país y da nombre a su moneda.

Hoy los estudiantes de El Salvador y Honduras van a hablar sobre el petróleo, los combustibles y los recursos naturales. Se terminará la cumbre mañana con un discurso[1] del representante de Panamá sobre el agua y otro discurso de un estudiante de Nicaragua sobre el reciclaje. Los representantes esperan firmar[2] una declaración de

[1] speech   [2] to sign

Los jóvenes hablan de la necesidad de proteger el ambiente.

recomendaciones a los jóvenes centroamericanos para la protección del medio ambiente. El público está invitado a la sesión final de la cumbre.

¿Comprendiste?

1. ¿Quiénes participan en la Cumbre de la Ecología Centroamericana?
2. ¿Dónde tiene lugar la cumbre?
3. ¿Qué temas presentaron durante la primera sesión?
4. ¿De dónde son los representantes que pronuncian un discurso hoy?
5. ¿Cómo se terminará la cumbre?

¿Qué piensas?

1. En tu opinión, ¿cuáles son los temas más importantes de la cumbre?
2. ¿Crees que debe haber cumbres ecológicas de este tipo en Estados Unidos? ¿Por qué?

Hazlo tú

Con un grupo de compañeros(as), escríbeles una declaración de recomendaciones a los jóvenes centroamericanos (o a los jóvenes de tu región) para la protección del medio ambiente.

En uso
REPASO Y MÁS COMUNICACIÓN

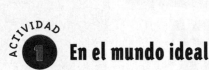

Now you can...

- comment on conservation and the environment.

To review

- the conditional tense, see p. 370.

ACTIVIDAD 1 — En el mundo ideal

Francisco le describe su mundo ideal a Cecilia. Cambia los verbos al condicional.

> ¿Cómo __es__ mi mundo ideal? En primer lugar, los seres humanos
> __ayudan__ a proteger el medio ambiente. Por ejemplo, nadie __echa__ basura
>   1   3
> fuera de los basureros. Y no __hay__ mucha basura porque __podemos__
>   4   5
> reciclar casi todos nuestros productos. Las industrias tampoco
> __contaminan__ nuestro planeta. En fin, nosotros __vivimos__ en un
>   6   7
> mundo bonito y limpio. ¡Y yo no __tengo__ que escribir artículos sobre
>   8
> la conservación porque todos __trabajamos__ juntos para preservar la
>   9
> Tierra!
>
> Tú __estás__ contenta viviendo en mi mundo ideal, ¿no?
>   10

Now you can...

- talk about how you would solve problems.

To review

- **por** or **para**, see p. 368.

ACTIVIDAD 2 — ¡A resolver los problemas!

Todos buscan maneras de resolver los problemas de su comunidad. ¿Qué opinas tú de estas ideas? Usa **por** y **para.**

modelo

urgente / encontrar soluciones / todos los problemas

Es urgente encontrar soluciones para todos los problemas.

(No es urgente encontrar soluciones para todos los problemas.)

1. lógico / escribirles a los representantes políticos / correo electrónico
2. necesario / resolver los problemas / el año 2050
3. ridículo / mandar muchas cartas / correo
4. útil / preparar información / las personas de la comunidad
5. esencial / expresar nuestras opiniones / cambiar la situación
6. inútil / trabajar / un futuro mejor

Now you can...

• comment on conservation and the environment.

• talk about how you would solve problems.

To review

• the conditional tense, see p. 370.

ACTIVIDAD 3 ¡Qué problemas!

Francisco está hablando con un grupo de jóvenes sobre los problemas ecológicos. ¿Cómo resolverían los problemas? ¿Estás de acuerdo con sus soluciones?

modelo

Lucía: caminar más

Tú: *Lucía caminaría más.*

Compañero(a): *Estoy de acuerdo. (No estoy de acuerdo.)*

1. los otros estudiantes: no hacer nada

2. tú: crear nuevos programas de limpieza

3. nosotros: trabajar juntos para reducir la contaminación

4. yo: escribir artículos sobre la conservación

5. Cecilia: buscar maneras de proteger las especies

6. mi familia y yo: reciclar muchos productos

7. ustedes: hablar con sus representantes políticos

8. ellos: no decirle nada a nadie

Now you can...

• comment on conservation and the environment.

• talk about how you would solve problems.

To review

• **por** or **para**, see p. 368.

ACTIVIDAD 4 Un mundo mejor

Francisco explica sus soluciones para los problemas ecológicos. ¿Qué dice? Completa el párrafo con **por** o **para**.

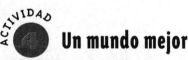

___1___ proteger el medio ambiente, hay que actuar. Todos podemos hacer algo ___2___ conservar nuestros recursos, como participar en programas de reciclaje y limpieza. También podemos hablar ___3___ teléfono con nuestros representantes políticos o mandarles cartas ___4___ correo electrónico ___5___ expresar nuestras opiniones. Ellos pueden trabajar ___6___ reducir la contaminación causada ___7___ las industrias. Todos los seres humanos somos responsables de los problemas ecológicos de nuestro planeta. ___8___ eso, tenemos que trabajar juntos ___9___ muchos años ___10___ resolver estos problemas. Así podremos crear un mundo mejor ___11___ nuestros hijos y nietos.

Si pudieras...

Si yo fuera...

PARA CONVERSAR

STRATEGY: SPEAKING

Hypothesize about the future Our goals reflect who we are and who we want to become. Get to know each other better by conjecturing about what you would do in the future (**¿qué harías?**) under certain conditions (**si pudieras / estuvieras / fueras...**).

Quieres conocer mejor a tu amigo(a). Hazle cinco preguntas sobre lo que haría o no haría en el futuro y por qué.

modelo

Tú: *Si tú pudieras viajar por todo el mundo, ¿lo harías?*

Amigo(a): *Sí, lo haría porque así podría conocer muchos países interesantes y no tendría que trabajar en una oficina. Me gustaría conocer...*

viajar por todo el mundo
Ser Presidente
Ser profesor(a) de español
Vivir en otro país
Escalar montañas altas
Conocer a una persona famosa
Escribir artículos para una revista

Tú y tus amigos(as) quieren resolver los problemas ecológicos del mundo. ¿Qué harían en estas situaciones?

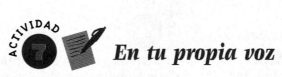

Si yo fuera...   Haría...

modelo

Tú: *Si yo fuera periodista, escribiría muchos artículos sobre la conservación.*

Estudiante 1: *Es buena idea. Los artículos ayudarían a describir los problemas y explicar las soluciones.*

Estudiante 2: *Estoy de acuerdo, pero lo malo es que muchas personas no los leerían. Sería mejor producir programas de televisión.*

En tu propia voz

ESCRITURA ¿Cómo sería tu mundo ideal? Descríbelo en un mínimo de seis oraciones. (*Hint: Describe your ideal world.*)

modelo

En mi mundo ideal, no habría...

PONGA LA BASURA EN SU LUGAR

CONEXIONES

Los estudios sociales ¿Has visto anuncios en la televisión que apoyan el reciclaje? Los tienen en los países hispanos también. Haz tu propio anuncio de 30 segundos para apoyar el medio ambiente. Presenta tu anuncio enfrente de la clase y haz un eslogan para tu campaña (*campaign*).

En resumen
REPASO DE VOCABULARIO

Recycling and Conservation

el aluminio	aluminum
el basurero	trash can
la botella	bottle
el cartón	cardboard, cardboard box
el combustible	fuel
la lata	can
el químico	chemical
el vidrio	glass

Talk About the Environment

A todos nos toca…	It's up to all of us…
la capa de ozono	ozone layer
la contaminación	pollution
contaminar	to pollute
la destrucción	destruction
echar	to throw out
los efectos	effects
increíble	incredible
inútil	useless
mantener limpio(a)	to keep clean
el planeta	planet
la pobreza	poverty
el problema	problem
proteger las especies	to protect the species
¡Qué lío!	What a mess!
el reciclaje	recycling
reciclar	to recycle
los recursos naturales	natural resources
reducir	to reduce
separar	to separate
el ser humano	human being
el smog	smog
útil	useful

Lo malo es que…	The trouble is that…
resolver (o→ue)	to resolve
Si estuviera…	If I/you/he/she were…
Si fuera…	If I/you/he/she were…
Si pudieras…	If you could…
la situación…	situation

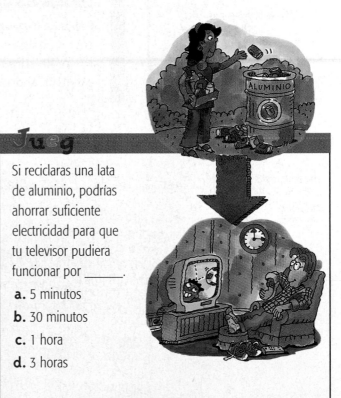

Juego

Si reciclaras una lata de aluminio, podrías ahorrar suficiente electricidad para que tu televisor pudiera funcionar por _____.

a. 5 minutos

b. 30 minutos

c. 1 hora

d. 3 horas

En tu propia voz

ESCRITURA

Cuentos y más cuentos

Your local library is compiling book reviews for a catalog to be used by Spanish-speaking members of the community. Review a book or short story that you have read for inclusion in the teen section of the catalog.

Purpose:	Review a book/short story	**Subject:**	A book or story
Audience:	Community	**Structure:**	Review

¿Qué te gusta leer?

Cuéntanos en español lo que te gusta leer. A ver si a los demás también le gusta.

Buscamos reseñas de varios párrafos.

Tu biblioteca local, tel. 981-2647

PARA ESCRIBIR • STRATEGY: WRITING

Present a thorough and balanced review An informative review helps readers decide if material will be useful to them. Be sure to **summarize** the text and then **discuss** its **positive** and **negative** attributes.

Modelo del estudiante

The author states the **title** and tells the **main point** of the story.

A **summary** gives readers quick access to information, without using too many details or giving away the ending.

The writer gives a **personal perspective** on what was **enjoyable** about the story.

In the **conclusion,** the writer explains what the reader will gain from reading the story, reviewing the positive and the negative.

The writer **balances** the review by reporting what was **bothersome.**

«La cascada de la novia»

«La cascada de la novia», una leyenda costarricense, explica el origen de la cascada de la novia, que queda cerca del pueblo de Paraíso, en el Valle de Orosí. Según la leyenda, para celebrar su boda, unos novios fueron de paseo al valle con sus amigos. Allá se divirtieron en una fiesta fenomenal. Pero cuando salieron, la novia sufrió una tragedia en el lugar donde ahora está la cascada.

Me gustó leer esta leyenda. Cuando leí la descripción de la fiesta, me imaginé que estaba allí. Podía ver a la gente bailando y al novio admirando a la novia. Además, la explicación de la cascada es muy bonita.

Pero me molestó que muchos detalles «se han olvidado». Me gustaría saber más sobre la historia de la cascada. ¿Qué causó la tragedia? ¿Cómo reaccionaron el novio y sus amigos? Para mí, la historia no está completa sin estos detalles.

Si lees esta leyenda, aprenderás un poco más sobre la naturaleza y las tradiciones de Costa Rica. Entenderás que una leyenda puede ser un cuento bonito. Desafortunadamente, también sabrás que las leyendas a veces no están completas.

Estrategias para escribir

Antes de escribir...

Prepare to write your review by brainstorming the purpose of the story, its main events (¿?), the positive aspects (+), and the negative aspects (–). Be sure to write down the title and author. Before you begin to write, record your ideas on a chart like this one.

¿?	+	–
• hubo una boda	• hay un elemento dramático	• el novio es demasiado romántico
• los novios y los amigos fueron al Valle de Orosí		
•		

Revisiones

Share your draft with a partner. Then ask

- *How did you feel about the story?*
- *Would you like to read the story based on what I've written?*
- *What additional information would help you form a definite opinion about the story?*

You may want to make revisions based on your partner's responses to these questions.

La versión final

Before you write the final draft, carefully mark errors in grammar, spelling, usage, and punctuation, using the proofreading symbols (p. 97). Look over your work with the following questions in mind:

- *Did I use **por** and **para** correctly?*

Try this: Underline each use of **por** and **para**. Refer to the grammar boxes to make sure the words are used appropriately.

- *Is the future tense used appropriately?*

Try this: Circle your uses of the future tense. Use irregular forms when necessary.

 Share your writing on www.mcdougallittell.com

La cascada de la novia
Esta leyenda de Costa Rica
explica cómo nació la cascada
de la novia, que está cerca del
pueblo de Paraíso. Hace muchos
años, unos novios y sus amigos
fueron al Valle de Orosí ~~por~~ para
celebrar su boda. Todos
participaron en una fiesta
fantástica.

Si lees esta leyenda, tendrás ~~d~~
una experiencia positiva. Les
gustarán los elementos
dramáticos

QUITO
ECUADOR

EL MUNDO DEL TRABAJO

OBJECTIVES

ETAPA
1

Se busca trabajo

- Discuss jobs and professions
- Describe people, places, and things
- Complete an application

ETAPA
2

La entrevista

- Prepare for an interview
- Interview for a job
- Evaluate situations and people

ETAPA
3

¡A trabajar!

- Talk on the telephone
- Report about past, present, and future events
- Describe duties, people, and surroundings

LLAPINGACHOS
Este plato es típico de una región de los Andes que se llama la Sierra. Son papas cocidas (*cooked*) con queso y cebolla. Se fríen en aceite. ¿Qué platillos con papas comes tú?

Ecuador

ISLAS
GALÁPAGOS

OCÉANO PACÍFICO

LAS ISLAS GALÁPAGOS, de origen volcánico, forman un parque nacional. Este parque tiene especies de animales, pájaros, insectos y plantas que no se encuentran en otras partes del mundo. ¿Qué otros parques nacionales conoces?

ALMANAQUE

Población: 1.500.000

Altura: 2.700 metros (8.775 pies)

Clima: 21°C (70°F) de día; 12°C (54°F) de noche

Moneda: el sucre

Comida típica: cebiche, lechón hornado, choclo (maíz) con queso, helado de paila, empanadas de verde (plátano) o morocho (maíz blanco)

Gente famosa de Ecuador: Jorge Carrera Andrade (poeta), Camilo Egas (pintor), Gilda Holst (escritora), Jefferson Pérez (campeón olímpico)

¿Vas a Quito? A 15 millas de Quito puedes poner un pie en el hemisferio norte y el otro en el hemisferio sur. Por allí pasa la línea ecuatorial que atraviesa todo el país y le da su nombre, Ecuador.

INTERNET Ve a www.mcdougallittell.com para más información sobre Quito.

VENEZUELA

Siembra
MÚSICA TRADICIONAL DE LOS ANDES

LA MÚSICA ANDINA
Conjuntos como Ñanda Mañachi y Siembra promueven la cultura indígena con sus melodías. Su música es popular a nivel internacional. ¿Qué crees que significa «música andina»?

ANDAR EN BICICLETA DE MONTAÑA
está de moda en Ecuador. Los ciclistas siguen los antiguos caminos que cruzan las montañas. ¿Sería fácil o difícil andar en bicicleta por los Andes? ¿Por qué?

OTAVALO

★ QUITO

ECUADOR

GUAYAQUIL

CUENCA

COLOMBIA

PERÚ

ANTONIO JOSÉ DE SUCRE
fue líder de las fuerzas de independencia contra el ejército español. Ganaron la Batalla de Pichincha, en Quito, en mayo de 1822. ¿Qué guerra parecida hubo en Estados Unidos?

AL MARISCAL SUCRE EL ECUADOR

LA TOQUILLA
Este sombrero recibió su nombre por su uso durante la construcción del canal de Panamá. La verdad es que los sombreros se hacen a mano en el sur de Ecuador. ¿Sabes el nombre famoso de este sombrero?

ETAPA 1

Se busca trabajo

- Discuss jobs and professions

- Describe people, places, and things

- Complete an application

Mira la foto. ¿Qué ves?

1. ¿Conoces a algunas personas de la foto? ¿Cómo se llaman?

2. ¿Dónde crees que están estas personas?

3. ¿Qué sección del periódico están leyendo?

388

En contexto
VOCABULARIO

Aquí Isabel busca información sobre unos trabajos en Internet.

¡Hola! Estoy buscando información por Internet sobre varios **empleos.** Como puedes ver, hay muchas maneras de **ganarse la vida.** Me interesa **una carrera** como periodista. ¿Hay **una profesión** aquí que a ti te interese?

Regresar | Adelantar | Inicio | Recargar | Imágene

Dirección: http://www.empleo.com

¿Novedades? | ¿Interesante? | Búsqueda

ENCONTRAR UNA PROFESIÓN

ENTREGAR TUS DATOS

SOLICITAR UN PUESTO

A AGRICULTOR

¿Quieres trabajar al aire libre cuidando las plantas y los animales? Tal vez quieras ser **agricultor** o **agricultora.**

E CARTERA

¿Te gustaría darles las cartas a las personas? Quizás quieras ser **cartero** o **cartera.**

F DEPORTISTA

¿Te gusta el fútbol? ¿Qué tal una carrera como **deportista**?

J NIÑERA

Si te gusta jugar con los niños, ¿qué tal **un puesto** como **niñero** o **niñera**?

K PELUQUERO

Para ser **peluquero** o **peluquera,** tienes que saber cortar el pelo. ¿Estás tú **capacitado(a)** para este trabajo?

B ARQUITECTA

¿Te gusta diseñar edificios? Podrías ser **arquitecto** o **arquitecta**.

C BAILARINA ☆

Una persona que asiste a clases de baile y practica mucho puede ser **bailarín** o **bailarina**.

D BOMBERO

¿Te interesa apagar fuegos y rescatar gatos? Podrías ser **bombero**.

G JUEZ

¿Te interesan el gobierno y la justicia? Tal vez quieras ser **juez** o **jueza**.

H MECÁNICO

¿Sabes reparar carros? Podrías tener una carrera como **mecánico** o **mecánica**.

I MÚSICO

¿Sabes tocar un instrumento musical? Es posible que vayas a ser **músico** o **música**.

L VETERINARIA

Si te gusta cuidar a los animales, quizás quieras ser **veterinario** o **veterinaria**.

Preguntas personales

1. ¿Conoces a alguien que tenga una de estas profesiones? ¿Cuáles?
2. En tu opinión, ¿qué trabajo es más difícil, el de un(a) juez(a) o el de un(a) deportista?
3. ¿Preferirías trabajar o asistir a la escuela?
4. De las profesiones que están en esta página de Internet, ¿cuáles te interesan más? ¿Menos?
5. ¿Sabes qué quieres hacer después de graduarte de la escuela secundaria? ¿Qué es?

En vivo
 **DIÁLOGO**

| Isabel | Pablo | Recepcionista | Señor Montero |

Se busca periodista

PARA ESCUCHAR • STRATEGY: LISTENING

Evaluate a plan Isabel has a goal: to have an interview **(tener una entrevista).** Listen and identify the three main steps of her plan:

1. Leer _____

2. Presentarse para _____

3. Preparar o escribir _____

Name any important steps that have been omitted. What do you consider her chances for success?

1▶ Isabel: No estoy capacitada para estos trabajos. Aquí necesitan un arquitecto o una arquitecta, y aquí necesitan un veterinario o una veterinaria. ¡No puedo solicitar esos trabajos!

5▶ Pablo: Los voy a llamar y les explico que estamos preparando un artículo sobre cómo se solicita un trabajo. Estoy seguro que nos ayudarán.
Isabel: Gracias, Pablo.

6▶ Isabel: ¡Quieren muchos datos personales! ¿Qué importancia tiene mi estado civil?
Recepcionista: ¿Señorita Palacios? Acaba de llamar el señor Montero. Va a llegar un poco tarde.
Isabel: Está bien. No hay ningún problema.

7▶ Señor Montero: ¿Así que usted trabaja con *Onda Internacional*?
Isabel: Sí, estoy trabajando como pasante. Me encanta. Estamos preparando un artículo sobre cómo se solicita un trabajo.

2 ▶ **Pablo:** ¡Ajá! Encontré algo. Ésta es una profesión en la que trabajas con la gente, el horario de trabajo es cómodo…

Isabel: ¿Sí? Léemelo.

3 ▶ **Pablo:** «Buscamos mecánico de carros.»

Isabel: ¡Pablo! Ay, nunca vamos a encontrar nada.

Pablo: Espérate. Este puesto está perfecto.

Isabel: No te lo creo. ¿Qué es? ¿Cartero?

4 ▶ **Pablo:** No, escucha. «Buscamos periodista para trabajar en una revista de viajes. Preferimos experiencia en otra revista o periódico. Infórmese al 452–890.»

Isabel: ¿En serio? ¡Es un trabajo ideal!

8 ▶ **Señor Montero:** Me parece una excelente idea. Muchas veces, la gente llega a una entrevista sin saber qué hacer.

Isabel: ¿Me puede explicar un poco más?

9 ▶ **Señor Montero:** Sí, cómo no. Por ejemplo, ésta es su solicitud. Por lo que veo, está bien escrita. Explicó claramente la experiencia que tiene. Sabe, es una lástima que usted no esté solicitando de verdad el trabajo. Sería una buena candidata.

10 ▶ **Señor Montero:** ¿Me puede contar un poco de usted? ¿Cómo se interesó en el periodismo? ¿De qué le gusta escribir?

Isabel: Sí, claro. Supe del concurso en *Onda Internacional* y decidí escribir un artículo…

En acción
VOCABULARIO Y GRAMÁTICA

OBJECTIVES

• Discuss jobs and professions
• Describe people, places, and things
• Complete an application

En orden

Escuchar/Escribir Pon las fotos en orden según el diálogo. Luego escribe una oración que describa lo que pasa en cada foto.

ACTIVIDAD 2

¿Cómo lo sabes?

Escuchar/Escribir Todas estas oraciones son ciertas. Escribe una línea del diálogo que confirme cada una.

1. Isabel va a escribir un artículo sobre personas que quieren trabajar.
2. Pablo encontró un puesto que sería bueno para el artículo.
3. La solicitud requiere mucha información.
4. Hay muchas personas que no saben buscar trabajo.
5. Isabel está capacitada para el puesto.

TAMBIÉN SE DICE

Isabel y el señor Montero hablan del **artículo** que escribe Isabel para *Onda Internacional*. Otras palabras para describir la comunicación periodística son **reportaje, informe, editorial** y **crónica**. Como sus equivalentes en inglés, estos términos se usan también para referirse a la televisión y el ciberespacio.

ACTIVIDAD
3

¿Qué profesión?

Leer/Escribir Pablo lee las descripciones de varias profesiones. ¿Cuál es la profesión que corresponde a cada descripción?

> arquitecto(a)
> cartero(a)
> músico(a)
> niñero(a)
> veterinario(a)
> agricultor(a)
> bombero
> peluquero(a)

1. Tiene cartas y paquetes.
2. Lava y corta el pelo.
3. Diseña edificios y dibuja planos.
4. Cuida a los niños cuando los padres están trabajando.
5. Trabaja con animales enfermos.
6. Busca y controla fuegos peligrosos.
7. Toca un instrumento musical en la orquesta.
8. Cuida las plantas y los animales.

ACTIVIDAD
4

¿Qué quieres ser?

Hablar ¿Qué quieres ser? Habla con un(a) compañero(a) sobre estas profesiones.

modelo

Tú: ¿Quieres ser músico(a)?

Compañero(a): Sí, me gustaría tocar la guitarra en una banda. ¿Y tú?

Tú: No, no quiero ser músico(a). Quiero ser…

ACTIVIDAD 5

♻ Una cápsula del tiempo

Hablar/Escribir ¿Qué pondrías en una cápsula del tiempo? Habla con un grupo de compañeros(as) de lo que pondrías y por qué. Luego hagan una presentación para la clase.

modelo

Pondríamos esta revista de moda en la cápsula porque mostraría la ropa que llevábamos…

Cápsula del tiempo	
Objeto	¿Por qué?
1. revista de moda	mostrar la ropa del año
2.	
3.	

REPASO

The Present and Present Progressive Tenses

♻ **¿RECUERDAS?** *p. 17* To talk about things you do, use the **present tense**. Remember how to conjugate regular **-ar, -er,** and **-ir** verbs in the **present tense?**

estudiar		comer		vivir	
estudio	estudiamos	como	comemos	vivo	vivimos
estudias	estudiáis	comes	coméis	vives	vivís
estudia	estudian	come	comen	vive	viven

♻ **¿RECUERDAS?** *p. 130* To describe an action that is actually going on at the time of the sentence, you use the **present progressive** tense. To form the **present progressive**, use:

the **present tense of estar** + **-ando, -iendo/-yendo** forms

becomes

estudiar	estudiando
comer	comiendo
vivir	viviendo

Los voy a llamar y les explico que **estamos preparando** un artículo sobre cómo se solicita un trabajo.
*I'm going to call them and explain to them that **we are preparing** an article on how to apply for a job.*

NOTA CULTURAL

Quito, fundada en 1534 sobre una ciudad inca, es un centro artístico y cultural de Ecuador, con tradiciones importantes de pintura, escultura y otras artes. La ciudad se conoce por sus edificios coloniales y sus numerosos museos.

Las profesiones

Leer/Escribir Unas personas hablaron con Isabel sobre sus profesiones. Completa sus oraciones con la forma correcta de los siguientes verbos. ¡Ojo! Algunos verbos no son regulares.

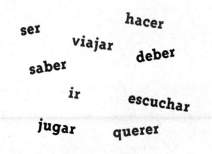

ser   hacer
viajar   deber
saber
ir   escuchar
jugar   querer

1. Me encanta ser periodista porque _____ por todas partes.

2. Los maestros _____ todo lo posible para ayudar a sus estudiantes.

3. Tú _____ que es muy divertido ser niñera... ¡y mucho trabajo!

4. Nosotros, los bomberos, _____ adonde haya emergencias.

5. En su profesión como juez, usted _____ escuchar bien.

6. Como deportistas, nosotros _____ en partidos frecuentemente.

7. Mi esposo y yo _____ doctores y _____ ayudar a los enfermos.

8. Soy música y _____ las diferencias del ritmo en una canción.

Las carreras

Hablar/Escribir Todos hablan de su trabajo hoy. Completa las oraciones para saber cuáles son sus profesiones y qué están haciendo ahora. Sigue el modelo.

modelo

La (dueña / operadora) ayudar / a los clientes con problemas de teléfono

La operadora está ayudando a los clientes con problemas de teléfono.

1. La (técnica / secretaria) tomar / radiografías

2. Eres (ingeniero / voluntario) y por eso, no ganar / dinero hoy

3. El (taxista / contador) llevar / cuentas de un negocio

4. Somos (obreros / jefes) y hacer / trabajo manual

5. Aquí los (abogados / hombres de negocios) trabajar / en las cortes

6. Soy (gerente / asistente) y abrir / una tienda nueva

7. La (artesana / secretaria) crear / arte para vender

Vocabulario

Más empleos

el (la) abogado(a) *lawyer*

el (la) artesano(a) *artisan*

el (la) asistente *assistant*

el (la) contador(a) *accountant*

el (la) dueño(a) *owner*

el (la) gerente *manager*

el (la) hombre (mujer) de negocios *businessman/businesswoman*

el (la) ingeniero(a) *engineer*

el (la) jefe(a) *boss*

el (la) obrero(a) *worker*

el (la) operador(a) *operator*

el (la) secretario(a) *secretary*

el (la) taxista *taxi driver*

el (la) técnico(a) *technician*

el (la) voluntario(a) *volunteer*

¿Qué te gustaría ser?

MÁS PRÁCTICA *cuaderno* p. 141

PARA HISPANOHABLANTES *cuaderno* p. 139

El proyecto

Escuchar/Escribir Para su proyecto, Isabel les hace preguntas a varias personas. Escribe una oración que describa lo que hace cada persona según lo que escuchas.

1. el taxista
2. el artesano
3. la voluntaria
4. el secretario
5. la ingeniera

¿Qué hacen ustedes?

Hablar/Escribir Habla con un grupo de compañeros(as) de lo que haces en estas situaciones. Usa las fotos para darte ideas.

por la tarde

modelo

Por la tarde, juego al fútbol con el equipo de mi escuela. Corro y practico todos los días.

por la mañana

durante el día

durante el almuerzo

después de las clases

con mi familia

en mi casa

MÁS COMUNICACIÓN p. R17

GRAMÁTICA

The Impersonal se

¿RECUERDAS? *p. 110* You already know that a **reflexive pronoun** is used with a **verb** when only the **subject** is involved in the action of the verb.

▶ You can use the same **se** when the **subject** does not refer to any specific person. It's called the **impersonal se**.

> Aquí **se habla** español.
> *Spanish **is spoken** here.*

This phrase means someone speaks Spanish. It doesn't specify who speaks it.

▶ Señor Montero might say:

> —Aquí es donde **se escriben** los dato**s.**
> *Here's where **one writes down** the information.*

Señor Montero points out where in the application certain information is to be written.

Yo me escondo.
I hide (myself).

Tú te escondes.
You hide (yourself).

Carlos se esconde.
Carlos hides (himself).

Since the noun is plural, the **verb** is also **plural.**

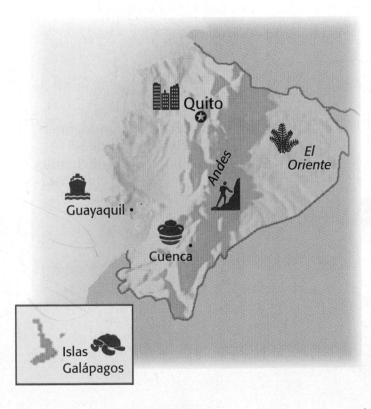

Quito

Andes

El Oriente

Guayaquil •

Cuenca •

Islas Galápagos

ACTIVIDAD 10 Gramática

En Ecuador

Hablar/Escribir Pablo le explica a Isabel lo que se hace en los siguientes lugares de Ecuador. ¿Qué dice? Escribe oraciones afirmativas o negativas según el mapa.

modelo

Cuenca (hacer zapatos)

No se hacen zapatos en Cuenca.

---

1. los Andes (escalar montañas)
2. las islas Galápagos (ver tortugas)
3. en el centro de Quito (cultivar plátanos)
4. en Guayaquil (escalar montañas)
5. en el Oriente (ver plantas silvestres)

Datos personales

Hablar/Escribir Una empresa les pide a todos los empleados nuevos que completen esta tarjeta. ¿Dónde se escribe la información?

1. **Nombre y apellido** _____
2. **Dirección** _____
3. **Número de teléfono** _____
4. **Ciudadanía** _____
5. **Fecha de nacimiento** _____
6. **Fecha de la solicitud original** _____
7. **Otros datos pertinentes** _____
8. **Firma** _____

modelo

dónde recibe llamadas telefónicas
Se escribe el número de teléfono en la línea tres.

a. cómo se llama
b. el día en que nació
c. dónde vive
d. de dónde es

e. el nombre, en letra cursiva
f. cuándo solicitó el puesto
g. otra información importante

MÁS PRÁCTICA *cuaderno* p. 142
PARA HISPANOHABLANTES *cuaderno* p. 140

Vocabulario

La solicitud

la ciudadanía *citizenship*
los datos *facts, information*
la fecha de nacimiento *date of birth*

la firma *signature*
solicitar *to request, to apply for*
la solicitud *application*

¿Qué información le importa más a un(a) jefe(a)?

Se busca trabajo

Hablar/Escribir Con un(a) compañero(a), pongan en orden los pasos que se siguen para buscar trabajo. Exprésenlos usando expresiones con **se**.

a. buscar puestos en el periódico
b. escribir su firma
c. llenar una solicitud sin errores
d. escribir los datos personales
e. con buena suerte, aceptar la posición
f. hacer una entrevista
g. escoger el tipo de empleo
h. pedir una solicitud

La entrevista

Escuchar/Escribir Juan Manuel acaba de graduarse de la universidad y está solicitando empleo. Escucha la entrevista. Luego escribe sobre la entrevista en tus propias palabras.

GRAMÁTICA

Past Participles Used as Adjectives

Some adjectives may be formed from verbs. The form you use is the **past participle**. Compare these **infinitives** with their form in the descriptions:

cerrar
(to close)

La oficina está **cerrada**.
*The office is **closed**.*

aburrir
(to bore)

Los empleados están **aburridos**.
*The employees are **bored**.*

When describing a noun using a past participle,

1. first form the **past participle** by dropping the **ending** from the **infinitive** and adding the appropriate **ending**:

for **-ar** verbs:

hablar ← **-ado**   **hablado**

for **-er** and **-ir** verbs:

comer or **vivir** ← **-ido**   **comido, vivido**

2. Then change the **past participle** to agree in **number** and **gender** with the noun being described the same as you would an adjective.

Isabel says: 1.   2.

—No estoy **capacitada** para estos trabajos.
*I am not **qualified** for these jobs.*

Pablo might have replied:

—Yo tampoco estoy **capacitado**.
*I am not **qualified** either.*

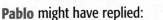

Many verbs have irregular **past participles**. Some are

infinitive	past participle	infinitive	past participle
abrir	**abierto**	ir	**ido**
decir	**dicho**	poner	**puesto**
descubrir	**descubierto**	romper	**roto**
escribir	**escrito**	ver	**visto**
hacer	**hecho**	volver	**vuelto**

ACTIVIDAD 14 Gramática

¿Cómo están?

Leer/Escribir Pablo habla de su familia y amigos con Isabel. Completa las frases según el modelo.

modelo

Mi hija tiene un examen mañana y estudia mucho. Creo que…
(preparar)

Creo que está preparada.

1. Isabel, ¡terminaste el artículo sobre cómo se busca un trabajo! Veo que… (cansar)

2. Nuestros amigos miran un partido de fútbol. Creo que… (aburrir)

3. Mi sobrina jugó todo el día en el parque. Mírala… (dormir)

4. Mis primos ven una película de aventuras en el cine. Estoy seguro de que… (interesar)

5. Mi amiga Ana tiene un novio. Es evidente que… (enamorar)

6. Mi esposa tomó el sol todo el día. ¿Ves que…? (quemar)

MÁS PRÁCTICA
cuaderno pp. 143–144

PARA HISPANOHABLANTES
cuaderno pp. 141–142

ACTIVIDAD 15

Me imagino que...

Hablar/Escribir Es sábado e Isabel imagina lo que pasa en su casa. Mira el dibujo y completa sus descripciones.

dormir   aburrir   sentar   poner

vestir   cerrar   ocupar   apagar

modelo

La ventana está _____.

La ventana está cerrada.

1. El televisor está _____.

2. Mis padres están _____ pagando las cuentas.

3. Mi hermana está _____ en el sillón leyendo una buena novela y no está _____.

4. Mi hermano está _____ en el sofá y está _____ con pantalones cortos.

5. Los periódicos están _____ en el suelo.

ACTIVIDAD 16

Unas preguntas

Hablar/Escribir Completa las siguientes preguntas con el participio pasado. Luego házselas a un(a) compañero(a) de clase.

modelo

¿La puerta está (cerrar)?

Tú: *¿La puerta está cerrada?*

Compañero(a): *No, no está cerrada. (No, está abierta.)*

1. ¿Quién está (sentar) cerca de la puerta?

2. ¿Quiénes están (vestir) con jeans?

3. ¿La cafetería está (abrir) para los estudiantes ahora?

4. ¿Tienes un(a) hermano(a) (casar)?

5. ¿Estás (ocupar) después de las clases?

6. ¿Qué tipo de ropa llevas (poner)?

7. ¿Hay algo (escribir) en el pizarrón?

8. ¿Está (hacer) la comida?

ACTIVIDAD 17

La solicitud

Escribir Vas a solicitar un trabajo para este verano en un país de habla hispana. Escribe la información que se pide en esta solicitud.

Solicitud para empleo

Información personal

Nombre: _____
            (apellido)   (nombre)

Dirección: _____
            (calle y número)   (ciudad, estado, código postal)

Teléfono: _____

Edad (menor de 18): _____

Horas disponibles (número total de horas): _____

Horas cada día

	dom	lun	mar	miér	jue	vier	sáb
de a							

Educación

Colegio _____

Promedio de notas _____ Último año completado _____

Experiencia Trabajos más recientes (pagados o voluntarios)
_____
_____

Referencias _____
_____

Actividades _____

ACTIVIDAD 18 Una entrevista

Hablar Ya llenaste la solicitud. Ahora ten una entrevista. Una persona será el (la) jefe(a) y la otra será la persona que busca trabajo. Luego cambien de papel. ¡Ojo! Debes usar la forma de **usted** en la entrevista.

Incluye:

• Una introducción (saludo, información sobre el puesto)

• Preguntas sobre la solicitud

• Preguntas sobre el trabajo

• Preguntas sobre los planes para el futuro

MÁS COMUNICACIÓN p. R17

Refrán

Lo que no se empieza, no se acaba.

Cuando tienes un montón de trabajo, ¿siempre lo haces en seguida o buscas razones para evitarlo? Según el refrán, ¿cuál es el mejor consejo que puedes darle a la mujer del dibujo? En grupos pequeños, hagan una lista de cuatro proyectos que sean fáciles de completar y cuatro que sean difíciles. Luego comparen su lista con la de otro grupo.

PARA LEER • STRATEGY: READING

Use context to find meaning Find the words in the reading that fit these meanings:

a. persona que acompaña a visitantes

b. el círculo máximo de la Tierra que separa el norte del sur

c. tranquilo o domesticado

d. sitio donde nadie vive

e. poner el pie sobre algo

f. el pie y la pierna de los animales

g. un animal del sexo masculino

Océano Pacífico

SAN SALVADOR

FERNANDINA · RÁBIDA · BALTRA
PINZÓN

SANTA CRUZ

Puerto SANTA FE
Ayora SAN CRISTÓBAL

ISABELA

SANTA MARÍA ESPAÑOLA

ISLAS GALÁPAGOS

Jaime Carrillo Ochoa te va a dar una excursión por la isla Santa Cruz.

Bienvenidos a la isla Santa Cruz

¡**B**uenos días! Me llamo Jaime Carrillo Ochoa y soy de Guayaquil, una ciudad en la costa del sur de Ecuador. Me gusta estudiar los animales silvestres. Trabajo de guía aquí en las Galápagos, donde hay muchos animales interesantes. Hoy voy a llevar a un grupo de turistas de excursión por la isla Santa Cruz. ¿Te gustaría acompañarnos? ¡Vámonos!

Santa Cruz es una de las islas más grandes de las Galápagos. Está muy lejos de Ecuador, a unas 600 millas al oeste del país en la línea ecuatorial. Los animales son mansos[1]; no tienen miedo porque

---

[1] tame

por muchos años estas islas estuvieron deshabitadas.

Comencemos, y por favor, tengan cuidado. Hay iguanas por todas partes y no debemos pisarlas[2].

En las Galápagos hay 58 tipos de aves. A la derecha pueden ver un ave que se llama el piquero patas azules. Como indica su nombre, estas aves tienen patas de color azul. Hay muchos pingüinos también.

Ah, ¡miren! Hay un pingüino encima de esa piedra. A algunos turistas les gusta bucear con respiración[3] para mirar los pingüinos nadando debajo del agua. Los pingüinos no pueden volar pero pueden nadar rápidamente.

Otro animal famoso es el león marino. Pueden ver algunos allí en el agua. A los bebés les gusta jugar con los humanos, pero cuidado, ¡los machos no son tan simpáticos!

Ahora vamos a ir a la reserva de tortugas en Santa Cruz. Van a ver la especie más conocida por los turistas: la tortuga gigante. Una de estas tortugas puede pesar 550 libras. Estos animales son vegetarianos. No comen carne. Su dieta parece ser saludable porque las tortugas gigantes viven aproximadamente 150 años. Los animales y las plantas de las Galápagos son diferentes de los del continente por la falta de contacto con otras especies. Muchas especies se encuentran solamente aquí. ¡Espero que disfruten de sus observaciones!

---

[2] to step on them   [3] snorkel

¿Comprendiste?

1. ¿Qué trabajo tiene Jaime Carrillo Ochoa?
2. ¿Dónde queda exactamente el lugar donde trabaja Jaime?
3. ¿Qué animales se ven en Santa Cruz?
4. ¿Cuál es el animal más conocido por los turistas?

¿Qué piensas?

1. ¿Crees que le gusta a Jaime trabajar en las Galápagos? ¿Por qué?
2. ¿Cómo se explican las diferencias entre los animales de las Galápagos y los del continente?

En uso
REPASO Y MÁS COMUNICACIÓN

OBJECTIVES

- Discuss jobs and professions
- Describe people, places, and things
- Complete an application

Now you can...

- discuss jobs and professions.

To review

- present and present progressive tenses, see p. 396.

ACTIVIDAD 1 ¡Es sábado!

Isabel habla con varias personas en el parque. ¿Cuáles son sus profesiones? ¿Qué están haciendo ahora?

artesano(a)
cartero(a)
deportista
voluntario(a)
músico(a)
taxista
periodista
niñero(a)

modelo

mi hermana: cuidar a muchos niños (descansar)

Mi hermana es niñera. Cuida a muchos niños. Ahora está descansando.

1. mis hijos: tener que llevar cartas a todas partes (escribir cartas)

2. ese señor: ir en carro a muchas partes de la ciudad (almorzar)

3. yo: escribir muchos artículos (hacer entrevistas en el parque)

4. tú: jugar al fútbol con el equipo nacional (pescar)

5. nosotras: hacer jarras de cerámica (comer unos tacos)

6. aquella señora: ayudar a muchas personas (comprar un helado)

7. mi hermano y yo: asistir a muchos conciertos (tocar la guitarra)

Now you can...

- discuss jobs and professions.

To review...

- the impersonal se, see p. 399.

ACTIVIDAD 2 Buscando trabajo

Isabel y Pablo hablan de cómo se solicita trabajo. Completa sus ideas formando oraciones lógicas.

modelo

(usar) ropa informal en las entrevistas

No se usa ropa informal en las entrevistas.

1. (necesitar) experiencia para los puestos importantes

2. (llegar) tarde a la primera entrevista

3. (pedir) datos personales en la solicitud

4. (escribir) el nombre de los padres en la solicitud

5. (solicitar) puestos profesionales en el parque

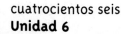

Now you can...

- describe people, places, and things.

To review

- past participles used as adjectives, see p. 401.

¡A buscar trabajo!

Isabel habla con un amigo por teléfono. Completa lo que dicen usando el verbo **estar** y el participio pasado de cada verbo.

modelo

Mi experiencia _____ (explicar) aquí.

Mi experiencia está explicada aquí.

Isabel: Armando, la oficina de empleos __1__ (abrir). ¡Vamos! Tú y yo __2__ (capacitar) para muchos de los empleos que se ofrecen. Yo __3__ (preparar): todos mis datos personales __4__ (escribir) en mi cuaderno. Armando... ¿me oyes? ¿__5__ (dormir)?

Armando: Te oigo, Isabel, pero yo __6__ (cansar). No puedo acompañarte. Mis planes ya __7__ (hacer) para hoy. ¡Voy a descansar! Habla con mi hermana. Ella __8__ (aburrir).

Now you can...

- complete an application.

To review

- application vocabulary, see p. 400.

Una solicitud

Estás leyendo la solicitud de alguien que busca trabajo. Identifica los datos.

ciudadanía   educación   experiencia

fecha de nacimiento   firma   número de teléfono

modelo

450-7225

número de teléfono

1. Trabajé como cajero en un supermercado por dos años.
2. Estados Unidos
3. Me gradué del colegio en el año 2000.
4. Daniel Sánchez
5. 2 de febrero de 1983

ACTIVIDAD 5 · ¡Alguien está dormido!

ACTIVIDAD 6 · ¿Quién es?

PARA CONVERSAR
STRATEGY: SPEAKING

Check comprehension If you want to see whether others are paying attention and understand what you are saying, make statements that are obviously true or false. *Obvious* means observing *who, what,* or *where.* (*When, why,* and *how* are less clear.) As you hear statements about people or things in the classroom, decide whether the observation is **cierto, falso** or whether it depends on interpretation (**no es cierto**). For example, can you tell the difference between a person who is **aburrido** and one who is **cansado**?

Mira a las personas y los objetos de tu clase y escribe cinco descripciones, usando participios pasados. Tu compañero(a) tiene que decir si son **ciertas** o **falsas**.

escritas   cansado   sentados   capacitados

dormida   ocupadas   perdido

preparados   hecho   emocionado   aburrida

preocupada   abierta   puesto

modelo

Tú: *La puerta está abierta.*

Compañero(a): *Falso. La puerta está cerrada.*

Describe lo que está haciendo alguna persona profesional. Tus compañeros(as) tienen que hacerte preguntas para identificar la profesión.

modelo

Tú: *Está buscando información en muchos libros.*

Estudiante 1: *¿Es profesor o profesora?*

Tú: *No. También está hablando por teléfono con sus clientes.*

Estudiante 2: *¿Es abogado o abogada?*

Tú: *¡Sí!*

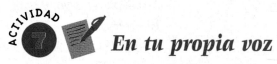

ACTIVIDAD 7 · En tu propia voz

ESCRITURA Describe tu trabajo ideal. Incluye la información que se pide abajo.

* qué quieres ser y por qué
* cómo se solicita este trabajo
* por qué tú estás capacitado(a) para el trabajo

modelo

Quiero ser… Para solicitar este trabajo, primero se lee el periódico…

CONEXIONES

La geografía En 1736, cerca de Quito, una expedición empezó a medir *(measure)* la línea ecuatorial. Mira un globo o mapa para saber qué países están en el ecuador. ¿Son estos países similares o diferentes? Haz una lista de los países e investígalos para comparar el terreno y el clima.

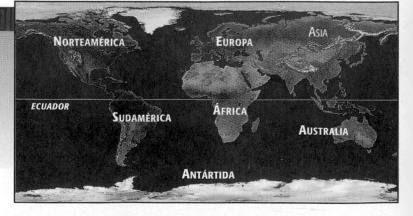

En resumen
REPASO DE VOCABULARIO

Jobs and Professions

el (la) abogado(a)	lawyer
el (la) agricultor(a)	farmer
el (la) arquitecto(a)	architect
el (la) artesano(a)	artisan
el (la) asistente	assistant
el bailarín, la bailarina	dancer
el bombero	firefighter
el (la) cartero(a)	mail carrier
el (la) contador(a)	accountant
el (la) deportista	athlete
el (la) dueño(a)	owner
el (la) gerente	manager
el (la) hombre (mujer) de negocios	businessman/businesswoman
el (la) ingeniero(a)	engineer
el (la) jefe(a)	boss
el (la) juez(a)	judge
el (la) mecánico(a)	mechanic
el (la) músico(a)	musician
el (la) niñero(a)	child-care provider
el (la) obrero(a)	worker
el (la) operador(a)	operator
el (la) peluquero(a)	barber, hairstylist
el (la) secretario(a)	secretary
el (la) taxista	taxi driver
el (la) técnico(a)	technician
el (la) veterinario(a)	veterinarian
el (la) voluntario(a)	volunteer

Aspects of Professional Life

la carrera	career
el empleo	employment, job
ganarse la vida	to earn a living
la profesión	profession
el puesto	position

capacitado(a)	qualified

la ciudadanía	citizenship
los datos	facts, information
la fecha de nacimiento	date of birth
la firma	signature
solicitar	to request, to apply for
la solicitud	application

Juego

Un policía y un cartero almuerzan en un restaurante. Uno pide el menú del día. El otro quiere comer a la carta.

¿Quién crees que come a la carta?

ETAPA 2

La entrevista

- Prepare for an interview

- Interview for a job

- Evaluate situations and people

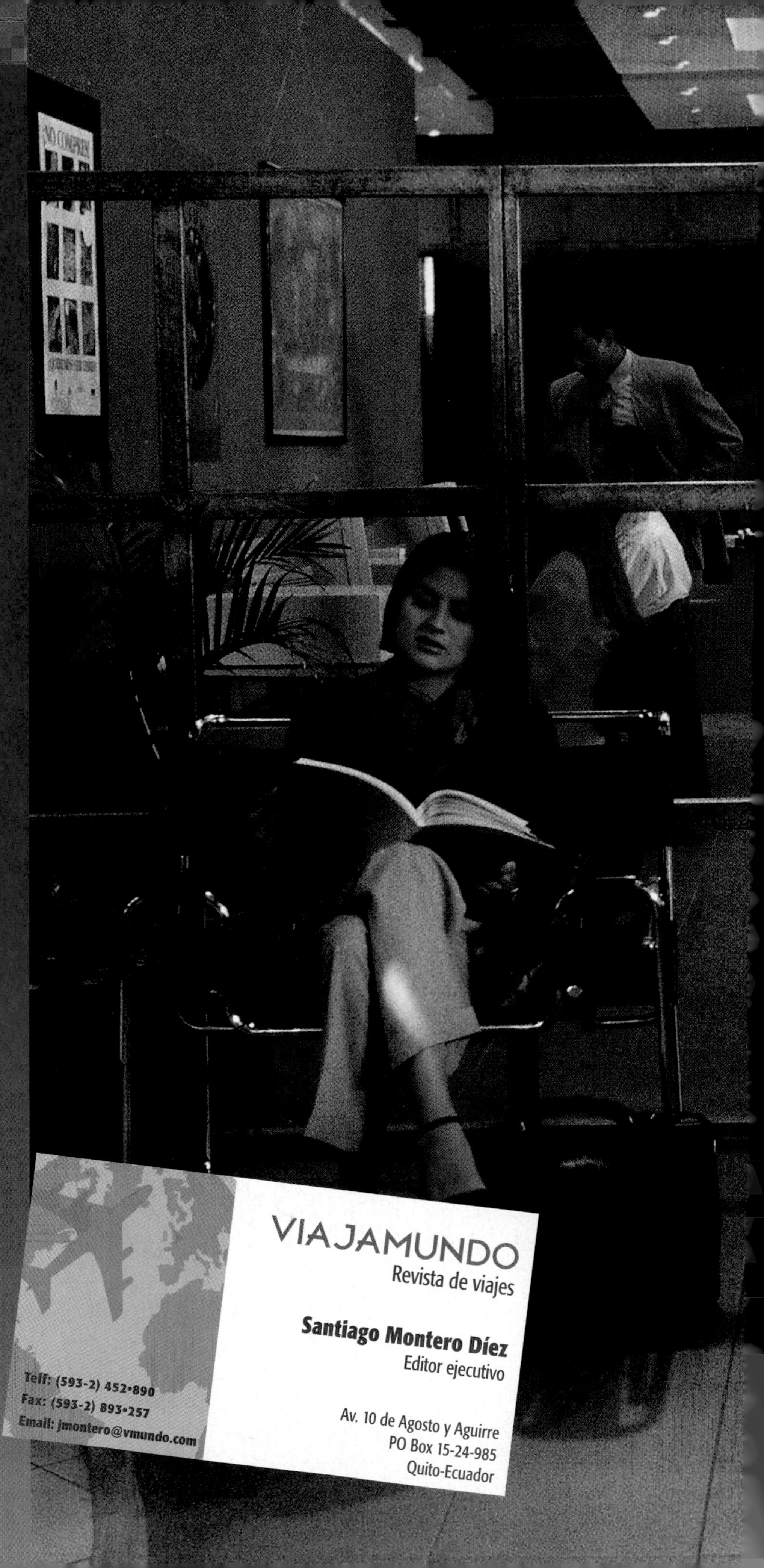

¿Qué ves?

Mira la página. ¿Qué ves?

1. ¿Quiénes son las personas principales de la foto?

2. ¿Qué hacen estas personas?

3. ¿Dónde crees que están?

4. ¿Qué es *Viajamundo*?

VIAJAMUNDO
Revista de viajes

Santiago Montero Díez
Editor ejecutivo

Telf: (593-2) 452•890
Fax: (593-2) 893•257
Email: jmontero@vmundo.com

Av. 10 de Agosto y Aguirre
PO Box 15-24-985
Quito-Ecuador

En contexto

VOCABULARIO

Isabel busca trabajo en una revista.

Aquí estoy en la oficina de la revista *Viajamundo*. Tengo mi **currículum** conmigo porque busco trabajo.

el currículum

el entrevistador

A

Acabo de conocer al señor Montero, **el entrevistador**. Durante **la entrevista** él me hará preguntas sobre mis **metas** y planes para el futuro. También me dirá cosas sobre su **empresa**, la revista *Viajamundo*.

Información

el contrato

CONTRATO: 6 meses

SUELDO: 1.500.000 sucres al mes

BENEFICIOS: Incluyen seguro médico

B El puesto de periodista que estoy solicitando no es permanente. Como puedes ver, **el contrato** es por solamente seis meses. **El sueldo** es 1.500.000 sucres al mes, y **los beneficios** incluyen **el seguro** médico.

C El señor Montero asistió a **la Universidad** de Quito. Dice que tener una buena **educación** es una gran **ventaja.** La falta de educación es **una desventaja.** Sin suficiente educación, puede ser difícil que una persona encuentre un buen trabajo.

D La entrevista terminó y ahora me voy. ¡Qué amable fue el señor Montero! Él **me cayó bien.** Pienso que yo le caí bien también, porque me dijo que soy una buena candidata para el puesto.

Preguntas personales

1. ¿Piensas que es una ventaja tener una educación universitaria?
2. ¿Preferirías un contrato de seis meses o un puesto permanente? ¿Por qué?
3. Para ti, ¿qué sería más importante, tener un trabajo con un buen sueldo o tener un trabajo que te guste? ¿Por qué?
4. En tu opinión, ¿cómo sería el trabajo perfecto?
5. ¿Tienes algunas metas, grandes o pequeñas, para el futuro? ¿Cuáles son?

En vivo

 **DIÁLOGO**

La entrevista

Señor Montero   Isabel

PARA ESCUCHAR • STRATEGY: LISTENING

Evaluate behavior Making a good impression depends on many factors. Assess Isabel's conduct in the interview. Would you rate Isabel **superior, regular,** or **no aceptable** in the following categories?

- **presentación**   • **manera de hablar**   • **metas**
- **lo que dice**   • **aptitudes**

1 ▶ Señor Montero: Hábleme un poco sobre sus metas, por favor.

Isabel: Primero, voy a terminar mi educación. Pienso estudiar periodismo. Me gustaría trabajar para una revista de viajes.

5 ▶ Señor Montero: Este trabajo tiene otros beneficios. Por ejemplo, el contrato incluye seguro médico. Debe escribir algo sobre la importancia del seguro médico. Es una gran ventaja.

6 ▶ Señor Montero: El sueldo es de 1.500.000 sucres al mes. No es un sueldo muy alto, pero nuestra empresa es pequeña.

Isabel: No sólo me interesa el sueldo, señor Montero. La experiencia de trabajar para una revista como ésta vale mucho.

7 ▶ Señor Montero: Me alegra que usted lo vea así. Veo que usted tiene una recomendación del señor Pablo Barajas. Dice que usted es una persona puntual. La puntualidad es una cualidad importante.

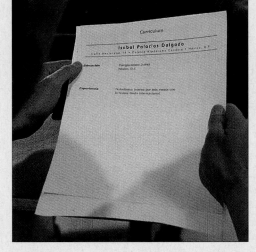

2 ▶ **Señor Montero:** ¿Le gusta viajar?

Isabel: Cuando era niña siempre les decía a mis padres que viajaría por todo el mundo. Viajé sola a Madrid este año…

3 ▶ **Señor Montero:** Bueno, tengo aquí su currículum. Usted ha dicho exactamente cuáles son sus aptitudes y habilidades. Usted ha puesto aquí que le gusta escribir sobre viajes. ¿Por qué le gusta?

4 ▶ **Isabel:** Viajar es una de las mejores maneras de entender a la gente de otras culturas. Y trabajar para una revista de viajes es una buena manera de hacer dos cosas que a mí me gustan —viajar y escribir.

8 ▶ **Señor Montero:** Es una lástima que no solicite de verdad este trabajo. Usted me cae bien.

Isabel: Es usted muy amable. Creo que me gustaría mucho trabajar aquí.

9 ▶ **Señor Montero:** Pues, cuando termine sus estudios, ¿por qué no se pone en contacto conmigo? Si tenemos un puesto disponible, le daremos toda consideración.

Isabel: Muchas gracias. Me ha ayudado mucho con mi artículo.

10 ▶ **Isabel:** Esta experiencia con *Onda Internacional* ha sido muy buena. He aprendido mucho y he visto partes del mundo que antes no conocía. Estoy triste. Mañana tengo que volver a México. ¡Me ha gustado tanto Ecuador!

En acción
VOCABULARIO Y GRAMÁTICA

OBJECTIVES
• Prepare for an interview
• Interview for a job
• Evaluate situations and people

¿Qué pasó?

Escuchar/Escribir Completa las oraciones según el diálogo.

1. Isabel va a seguir con su (viaje, trabajo, educación).

2. Ella le dijo al señor Montero que viajó sola a (Madrid, Buenos Aires, Bogotá).

3. Después de terminar los estudios, Isabel quiere (regresar a Ecuador, trabajar para una revista de viajes, asistir a la universidad).

4. El señor Montero le explicó que (el sueldo, el seguro, el contrato) no es alto.

5. A Isabel le importa también (la empresa, la recomendación, la experiencia).

6. Isabel y el señor Montero piensan que vale mucho ser (dependiente, rico, puntual).

Frases revueltas

Escuchar/Escribir Combina elementos de las dos columnas de acuerdo con el diálogo.

1. En su currículum, Isabel
2. Según Isabel, si realiza su meta
3. El trabajo tiene
4. El sueldo es bajo porque
5. El señor Montero quiere que
6. El señor Montero ayudó a Isabel con
7. Al señor Montero, Isabel
8. A Isabel no le gusta que

a. buenos beneficios, incluyendo seguro médico.
b. le cayó muy bien.
c. podrá escribir y viajar en su empleo.
d. tenga que salir de Ecuador mañana.
e. escribió de sus aptitudes y habilidades.
f. la empresa es pequeña.
g. Isabel solicite el trabajo de verdad.
h. su artículo para *Onda Internacional*.

TAMBIÉN SE DICE

En español la palabra **carrera** significa **profesión,** como en inglés, pero también se refiere al programa de estudios necesario para prepararse para una profesión. Si un estudiante habla de **terminar la carrera,** quiere decir que termina los estudios universitarios y empieza su vida profesional. Otros verbos que se usan son **titularse** (recibir un título), **licenciarse** (recibir una licencia, generalmente equivalente a la maestría) y **egresar** (salir de la universidad).

IMPORTANTE EMPRESA DEL SECTOR AUTOMOTRIZ
NECESITA CONTRATAR
UN VENEDOR EXTERNO

Requisitos:
• Egresado o titulado en Administración de Empresas, Ingeniería comercial o carreras similares (no indispensable)
• Experiencia mínima de 3 años
• Buena predisposición para el trabajo
• Edad mínima 25 años

La empresa ofrece:

Sueldo, comisiones y beneficios de ley, estabilidad laboral, oportunidad de desarrollo profesional.

Personas interesadas enviar currículum a la casilla 17-03-4662- Quito.

♻ ¿Qué está dibujado?

Hablar/Escribir Pablo lee las tiras cómicas y se las describe a Isabel. ¿Qué dice? Sigue el modelo. Usa estos verbos para formar los participios.

esconder	cerrar
enamorar	cansar
abrir	enojar
ocupar	dormir
romper	

modelo

El joven no puede salir a jugar porque está ocupado.

¿Ventaja o desventaja?

Hablar/Leer Unos gerentes están considerando a varios candidatos para unos puestos en una empresa. Lee las descripciones y con un(a) compañero(a) decide si cada situación sería una ventaja o desventaja para el (la) candidato(a).

1. Su currículum está bien escrito.
2. La candidata tiene metas muy claras.
3. Tiene más de la educación necesaria.
4. El entrevistador conoce al candidato.
5. Tiene un diploma del colegio pero no de la universidad.
6. Hay errores en su solicitud.
7. El candidato le cayó bien a la entrevistadora.
8. La candidata busca un sueldo alto y seguro médico.
9. Su currículum es demasiado largo.
10. El candidato es puntual.

¿RECUERDAS? *p. 134* Remember that the **preterite** and the **imperfect** are two different verb forms for talking about the past.

• Use the **preterite** to describe a past action with a specific beginning and ending.

• Use the **imperfect** to tell about the past without reference to beginnings and endings.

Isabel says:

—Cuando **era** niña **me gustaba** tanto viajar que mis padres me **dieron** un mapa del mundo.
*When **I was** a little girl **I used to like** to travel so much that my parents **gave** me a map of the world.*

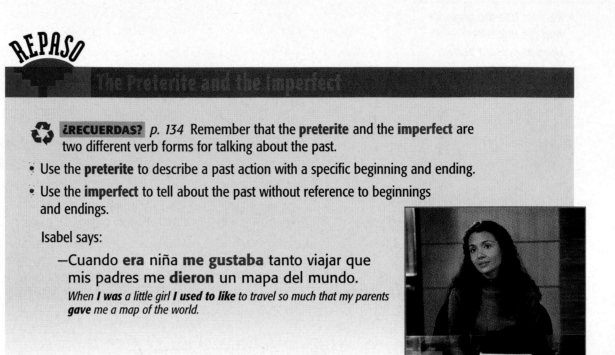

ACTIVIDAD

Gramática

La voz estudiantil

Leer/Escribir Isabel escribió un artículo para el periódico de su escuela sobre sus experiencias con *Onda Internacional*. Completa su artículo utilizando el pretérito o el imperfecto de cada verbo.

Onda Internacional —Un trabajo sensacional

Nunca olvidaré el día en que ___1___ (saber) que ___2___ (ganar) el concurso. Yo ___3___ (estar) escribiendo una carta cuando una señora de la revista me ___4___ (llamar) por teléfono. ¡Al oír las buenas noticias ___5___ (estar) muy emocionada! Ella me ___6___ (decir) que yo ___7___ (ir) a escribir artículos en la Ciudad de México, Madrid y Ecuador. ¡Eso es la oportunidad más fenomenal!

En mis viajes, ___8___ (conocer) a muchos nuevos amigos. En la Ciudad de México, Ricardo y yo ___9___ (ir) un día a la casa de un hombre que me ___10___ (contar) sobre un temblor…

PARA HISPANOHABLANTES *cuaderno* p. 147

Sí, recuerdo...

Hablar Todo el mundo tiene problemas cuando busca trabajo. Habla con un(a) compañero(a) sobre los problemas que pueden ocurrir.

modelo

manejar a una entrevista

Tú: *Una vez tuve un problema cuando manejaba a una entrevista.*

Compañero(a): *Sí, recuerdo que cuando manejabas a una entrevista tuviste un accidente.*

Tú	**Compañero(a)**
manejar a una entrevista	perder un botón
vestirme con mi mejor traje	tener un accidente
irme a la oficina	olvidarte de la dirección
llenar la solicitud	darte cuenta de que no era suficiente
conocer a la jefa	contar mentiras
hablarme del sueldo	caerle mal
ofrecerme el trabajo	decirte que el contrato era solamente de seis meses

¿Lo hacías? ¿Lo hiciste?

Hablar/Escribir Con un grupo de compañeros(as) habla de lo que hacías de niño(a) y compara aquellas actividades con las de la semana pasada. Luego escribe un resumen de siete oraciones o más.

modelo

Tú: *Cuando era niño(a), iba de compras con mi mamá. La semana pasada no fui de compras con ella.*

Resumen: *Antes, Teresa y yo íbamos de compras mucho con nuestras madres, pero la semana pasada no fuimos de compras con ellas...*

Nombre	De niño(a)...	La semana pasada...
yo	iba de compras...	no fui de compras...
Teresa	...	...
¿?	¿?	¿?

■ **MÁS COMUNICACIÓN** p. R18

Buscando un trabajo

Escuchar Roberto habla de la primera vez que buscó un trabajo. Pon los dibujos en orden, según su descripción.

a.

b.

c. 2

d.

GRAMÁTICA ◆ The Present Perfect

♻ **¿RECUERDAS?** *p. 401* Remember the **past participle** form of the verb that is used as an adjective?

hablar → hab**lado**
comer → com**ido**
vivir → viv**ido**

▶ Past participles are also used with **haber** to form the **present perfect** tense. Just as in English, you use this tense to talk about things someone has done.

auxiliary verb **haber**

he	hemos
has	habéis
ha	han

+ **past participle** of the main verb

Isabel says:

—He **aprendido** mucho.
I have learned a lot.

▶ The **present perfect** tense refers to actions **completed in the past** but that **relate to the present.**

—Esta experiencia con *Onda Internacional* **ha sido** muy buena.
This experience with Onda Internacional *has been very good.*

> The **past participle** doesn't change to reflect **gender** or **number**. Only **haber** changes to agree with the subject.

▶ When you use the **object pronouns** or **reflexive pronouns** with the **present perfect**, you put the pronoun **before** the conjugated form of **haber.**

Isabel says to Señor Montero:

—Me ha **ayudado** mucho con mi artículo.
You have helped me a lot with my article.

Bien preparados

Escribir Todos se han preparado para buscar un empleo. ¿Quién ha hecho bien y quién ha hecho mal?

modelo

tú / investigar la empresa

Tú has investigado la empresa. ¡Qué bien!

Rosa / vestirse en ropa sucia

Rosa se ha vestido en ropa sucia. ¡Qué malo!

1. yo / llegar tarde a la entrevista
2. nosotros / mirar los anuncios clasificados en el periódico
3. Pablo / molestarle al entrevistador
4. ellas / llenar la solicitud con cuidado
5. yo / llevar jeans y una camiseta a la entrevista
6. tú / llamar a las personas que conoces en la compañía
7. tus amigos / venir a la entrevista contigo
8. ustedes / llevar su currículum a la entrevista

■ MÁS PRÁCTICA
cuaderno pp. 149–150

■ PARA HISPANOHABLANTES
cuaderno pp. 148–149

Tus experiencias

Hablar/Escribir ¿Ya has conseguido un trabajo o te has preparado para ir a la universidad? Di si ya has hecho lo siguiente.

modelo

hablar con un(a) entrevistador(a) de mis habilidades

Ya he hablado con un(a) entrevistador(a) de mis habilidades. (No he hablado con un(a) entrevistador(a) de mis habilidades todavía.)

1. ir a una entrevista
2. valorar la puntualidad
3. tomar un examen para un trabajo o para la universidad
4. buscar recomendaciones
5. identificar mis habilidades
6. participar en cursos de capacitación
7. solicitar un contrato de trabajo
8. conseguir un trabajo
9. preguntar sobre los beneficios
10. graduarme de la escuela

Vocabulario

En la entrevista

la capacitación *training*
conseguir (e→i, i) *to get*
las habilidades *capabilities*
la puntualidad *punctuality*

las recomendaciones *recommendations*
requerir (e→ie, i) *to require*
el requisito *requirement*

¿Qué han hecho?

Hablar/Escribir Habla con un grupo de compañeros(as) de lo que tú, tu familia y tus amigos(as) han hecho. Combina elementos de las dos columnas. Luego escribe seis oraciones basadas en su conversación.

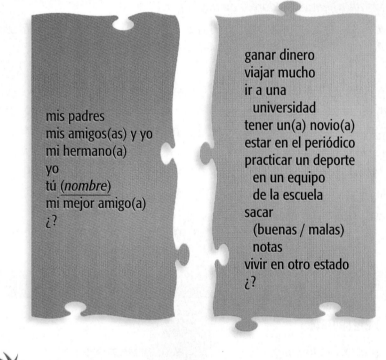

mis padres
mis amigos(as) y yo
mi hermano(a)
yo
tú (*nombre*)
mi mejor amigo(a)
¿?

ganar dinero
viajar mucho
ir a una
   universidad
tener un(a) novio(a)
estar en el periódico
practicar un deporte
   en un equipo
   de la escuela
sacar
   (buenas / malas)
   notas
vivir en otro estado
¿?

¿Ya?

Escuchar/Escribir La señora Aguilera llama a casa a ver qué ha hecho su familia mientras ella estaba trabajando. Escucha el diálogo. Luego escribe lo que contesta su hija según los dibujos.

NOTA CULTURAL

Los grupos indígenas En Ecuador viven unos diez grupos indígenas, cada uno con su propia lengua y cultura. La mayor parte de ellos hablan

quechua, la lengua indígena más conocida del país. Hoy en día la mayoría de la población indígena es bilingüe, pero en las zonas más remotas del país todavía se encuentran comunidades donde solamente se oyen lenguas indígenas.

GRAMÁTICA

The Present Perfect with Irregular Verbs

♻️ **¿RECUERDAS?** *p. 401* Remember how to form regular **past participles**?

-ar verbs add **-ado**

hablar ⟶ habl**ado**

-er and **-ir** verbs add **-ido**

comer ⟶ com**ido**

vivir ⟶ viv**ido**

▶ There is a written **accent** in the past participle of **-er** and **-ir** verbs whose stems end in a **vowel**:

caer ⟶ ca**ído**

leer ⟶ le**ído**

oír ⟶ o**ído**

▶ Some verbs have **irregular past participles** and do not follow this pattern. Use the chart below to review them.

Infinitive	Past Participle
abrir	abierto
decir	dicho
descubrir	descubierto
escribir	escrito
hacer	hecho
ir	ido
poner	puesto
romper	roto
ver	visto
volver	vuelto

▶ These **irregular past participles** are also used with the verb **haber** to form the **present perfect** tense.

Señor Montero says to Isabel:

—Usted **ha puesto** aquí que le gusta escribir sobre viajes.
*You **have put** here that you like to write about travel.*

Recientemente

Hablar/Escribir ¿Qué han hecho recientemente tú y las personas que conoces? Contesta con oraciones afirmativas o negativas. Sigue el modelo.

modelo

mis amigos y yo / volver / escuela primaria

Mis amigos y yo (no) hemos vuelto a nuestra escuela primaria recientemente.

1. yo / decirles / mentira / padres
2. mis amigos / ver / estreno (*nombre*)
3. mi familia y yo / ir / parque juntos
4. mis amigos y yo / hacer / tarea
5. mi hermano(a) / poner / mesa
6. tú (*nombre*) / escribirme / carta
7. el (la) maestro(a) / abrir / ventana
8. un miembro de mi familia / romperse / brazo

MÁS PRÁCTICA *cuaderno* pp. 151–152

PARA HISPANOHABLANTES *cuaderno* p. 150

Una encuesta

Hablar/Escribir Tú y tus amigos buscan trabajo. Con un grupo de compañeros(as), pregúntense si han hecho las actividades de la lista. Luego haz una tabla para presentar los resultados.

modelo

hacer capacitación para un empleo

Tú: *¿Quién ha hecho capacitación para un empleo?*

Compañero(a): *Yo he hecho capacitación…*

Luego:

	sí	no
hacer capacitación	IIII	II
ir a una exposición de carreras	II	I
decir la verdad en la solicitud	IIII	II

1. escribir un currículum
2. ir a una exposición de carreras
3. decir la verdad en la solicitud
4. ver un contrato de empleo
5. tener miedo durante una entrevista
6. oír sobre puestos de amigos
7. romper una solicitud
8. leer los anuncios clasificados en el periódico

NOTA CULTURAL

Las empresas del mundo hispano Algunas de las normas empresariales del mundo hispano son diferentes de las de Estados Unidos. El respeto por el jefe es mucho más formal en varios países hispanos.

Se solicita un puesto

Leer/Escribir Lee estos anuncios del periódico *El Comercio*. Escoge un puesto que te gustaría solicitar y explica por qué estás capacitado(a).

CHICAS-CHICOS
Estudiantes jóvenes, fin de semana, recreadores fiestas infantiles. Entrevistas: Amazonas 5532 y Tomás de Berlanga. Lunes 3 p.m.

INSTRUCTORES
pesas, aeróbicos requiere prestigioso gimnasio, 537040, 351593

CANTANTES
mujer y hombre necesito, grupo música mexicana, 1.200.000 mensuales. 548802, 573590

JÓVENES
Empresa de comida rápida requiere jóvenes con motocicleta propia, para trabajar en servicio a domicilio. Ofrecemos: gasolina, seguro personal, atractivo sueldo, etc.

MECÁNICO
Automotriz necesito urgente con experiencia en electricidad y mecánica general. Telf.473402

CHOFER PRIMERA
Dispuesto trabajar doce horas diarias, edad máxima 30 años, experiencia vehículos. Ulloa 1167 Mariana de Jesús.

PROFESORES
El centro Educativo Isaac Newton necesita contratar el siguiente personal:
a) profesor(a) de inglés
b) profesor(a) de grado para primaria
Interesados enviar currículum a dirección: Centro Educativo Experimental Issac Newton, Calle de los Guayable N50-120 y de Los Alamos, El Inca.

PASTELERÍA
Requiere personal responsable. Para mostrador. teléfono: 402663.

AGENTE VENDEDOR
con vehículo, distribución productos panadería, teléfonos: 648770, 603951.

VENDEDORES
se necesita contratar los mejores vendedores con experiencia y deseos de superación, excelente remuneración, presentarse con su carpeta al Iñaquito UNP, edificio UNP, oficina 301.

CONTADOR
medio tiempo con experiencia, empresa grande casilla 17079742

modelo

Me gustaría solicitar el puesto de mecánico. No he tenido un trabajo todavía pero he hecho otras cosas para prepararme y tengo todos los requisitos. Soy…

tener experiencia	metas personales
educación	Soy…
valorar la puntualidad	los requisitos
capacitado(a)	llegar a tiempo
ayudar a…	participar
	ser voluntario(a)

Tu currículum

Escribir Quieres trabajar en una oficina donde se habla español y tienes que mandar tu currículum. Usa una computadora si es posible para hacer tu currículum en español e incluye la siguiente información:

- tu nombre y apellido
- los datos personales
- tu objetivo (el trabajo que quieres conseguir)
- tu educación (las escuelas y fechas de estudio)
- las clases pertinentes al trabajo
- las habilidades que aprendiste en tus clases
- los trabajos y las experiencias como voluntario(a)
- las habilidades que aprendiste en otros trabajos
- tus metas para el futuro
- tus pasatiempos

Para conseguir un trabajo...

PARA CONVERSAR • **STRATEGY: SPEAKING**

Give advice The best advice is brief and attention-getting. What verb form commands attention? Good advice can be made more dramatic by contrasting it with its opposite: **Llegue a tiempo a la entrevista. ¡Nunca llegue tarde!**

Help your classmates to experience your advice through seeing, hearing, and acting in addition to thinking.

Hablar/Escribir En grupos, hagan una lista de consejos para conseguir trabajo y escríbanla en un papel grande. Preséntenle cada regla a la clase. Consideren las siguientes preguntas:

1. ¿Dónde se buscan los puestos?
2. ¿Cómo se prepara para solicitarlos?
3. ¿Qué se escribe en un currículum?
4. ¿Cómo se llena la solicitud?
5. ¿Cómo se viste para una entrevista?
6. ¿Qué se debe hacer en el colegio para conseguir recomendaciones?
7. ¿Qué se debe hacer en la entrevista?
8. ¿Qué no se debe hacer?

MÁS COMUNICACIÓN p. R18

Refrán

Cortesía y bien hablar, cien puertas nos abrirán.

¿Eres muy cortés con los demás? En grupos pequeños hagan una lista de situaciones en que la cortesía es una ventaja. ¿Cuál podrá ser el resultado en cada situación?

En colores
CULTURA Y COMPARACIONES

Ciberespacio en Quito

PARA CONOCERNOS
STRATEGY: CONNECTING CULTURES
Assess use of e-mail Are there places in your community where e-mail is available to the public? Would a café like the one in Quito be popular in your town? Survey your classmates to gather information.

1. **¿Usas correo electrónico?**
2. **Si lo usas, ¿dónde? ¿Qué cuota pagas?**
3. **Si no, ¿por qué? ¿Te gustaría usarlo?**

Imagina que estás en Quito y quieres mandarle un mensaje a tu amigo en Texas o quieres leer tu correo electrónico. ¿Qué haces? Vas al Café Net, al Cyber-C@fe o al C@féWeb.par. Pagas la cuota[1] y te sientas en una de las computadoras que dan acceso a Internet. Desde uno de estos cafés puedes ponerte en contacto con tu familia en Estados Unidos. También puedes hablar con muchos amigos.

Los cafés que ofrecen servicio de Internet son un concepto nuevo que une[2] el café tradicional con el ciberespacio. Estos cafés son diferentes porque aparte de servir comida, ofrecen más. Tienen acceso a Internet por medio de las computadoras que están en las mesas.

---

[1] fee   [2] combines

POR FIN EN QUITO

WAOOOOOOOO

S/. 22.000/h
Internet

Café NET

Y muy cerca de ti... el primer CYBERCAFE del Ecuador, podrás navegar en el Web, enviar e-mail con una de nuestras diez computadoras Pentium 166 MMX. Podrás hablar con tus amigos (o personas

**Martes - Domingo
12h⁰⁰ - 24h⁰⁰**

escuchado, música de Estados Unidos, Gran Bretaña, Ecuador, Argentina, México, Chile y otros países. Contarás con el apoyo de expertos para resol...

Mientras mandas correo electrónico o haces tu tarea, puedes tomar un refresco y escuchar música de varios países: Estados Unidos, Inglaterra, Ecuador y más. ¡Te olvidas de que no estás en tu propia casa!

Ahora los cafés Internet son unos de los lugares más populares para los jóvenes de Quito. Allí se reúnen los amigos para conversar y usar las computadoras. ¿No te dan ganas de ir? ¡A teclear³, pues!

---
³ Let's key in

¿Comprendiste?

1. ¿Cómo es diferente el Café Net de los otros cafés en Quito?
2. ¿Qué acceso dan sus computadoras?
3. ¿Qué tiene que hacer uno para usar las computadoras de los cafés?
4. ¿Cuáles son las actividades posibles en el Café Net?

¿Qué piensas?

1. ¿Qué piensas del Café Net? ¿Es una buena idea? ¿Por qué?
2. ¿Usas Internet? ¿El correo electrónico? ¿Qué influencia tiene Internet en tu vida, en tus estudios y en la vida de tus compañeros?

Hazlo tú

En grupos, hagan un plan de un Café Internet para su colegio y luego preséntenselo a la clase. ¿Qué actividades se ofrecerán? ¿Cuántas computadoras habrá? ¿Qué buscarían los estudiantes en un «Café Net»?

En uso
REPASO Y MÁS COMUNICACIÓN

Now you can...

• prepare for an interview.

• evaluate situations and people.

To review

• preterite and imperfect tenses, see p. 418.

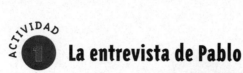 **La entrevista de Pablo**

Pablo describe su primera entrevista. ¿Qué dice? Cambia los verbos al pasado, usando el pretérito y el imperfecto. Luego di tu opinión sobre las situaciones.

modelo

Tengo algunas recomendaciones, pero no las traigo.

Tenía algunas recomendaciones, pero no las traje. (Fue una desventaja.)

1. Llego temprano porque me importa la puntualidad.

2. Cuando entro en la oficina, nadie está allí para recibirme.

3. El entrevistador está ocupado y no quiere pasar mucho tiempo conmigo.

4. Cuando el entrevistador me pregunta sobre mis habilidades, no sé qué decir y no digo nada.

5. El entrevistador me ofrece buenos beneficios.

6. Mientras hablo con el entrevistador, alguien llama por teléfono.

7. El entrevistador nunca me habla del sueldo.

8. Le caigo bien al entrevistador porque tengo metas claras.

Now you can...

• prepare for an interview.

• interview for a job.

To review

• preterite and imperfect tenses, see p. 418.

ACTIVIDAD 2 **La entrevista de Isabel**

Isabel describe su entrevista con el señor Montero. Completa la descripción con el pretérito o el imperfecto de los verbos indicados.

Ayer yo __1__ (hacer) la entrevista con el señor Montero. __2__ (Estar) un poco nerviosa al principio, pero todo __3__ (salir) bien.

Yo __4__ (llegar) a la oficina temprano. __5__ (Ser) una oficina bastante lujosa. Primero, __6__ (tener) que llenar la solicitud. ¡Ellos __7__ (querer) muchos datos personales! Mientras yo __8__ (escribir), el señor Montero __9__ (llamar) por teléfono. Él le __10__ (explicar) a la secretaria que __11__ (ir) a llegar tarde.

Cuando el señor Montero __12__ (llegar), yo __13__ (estar) bien preparada para sus preguntas. Nosotros __14__ (hablar) por media hora. ¡ __15__ (Ser) una experiencia estupenda!

Now you can...

• prepare for
  an interview.

To review

• present perfect
  with regular verbs,
  see p. 420.

ACTIVIDAD 3 ¡A prepararnos!

¿Cómo se han preparado Isabel y sus amigos para su futuro trabajo? ¿Qué has hecho tú?

modelo

Francisco: explicarles sus planes a sus padres

Francisco les ha explicado sus planes a sus padres. Yo (no) les he explicado mis planes a mis padres.

1. Isabel: decidir asistir a la universidad
2. nosotros: preparar el currículum
3. tú: pedir una entrevista en una empresa
4. ustedes: terminar la escuela
5. ellos: conocer a personas importantes en la ciudad
6. Cristina: pensar en sus metas
7. él y yo: estudiar los requisitos para varios puestos
8. tú: conseguir el entrenamiento necesario para tu futuro empleo

Now you can...

• interview for a job.

To review

• present perfect
  with irregular
  verbs, see p. 423.

ACTIVIDAD 4 Las experiencias de Isabel

Piensa en las experiencias de Isabel en Ecuador. ¿Cuáles de estas cosas le han pasado?

modelo

Isabel (ver) a Pablo en la oficina del señor Montero.

Isabel no ha visto a Pablo en la oficina del señor Montero.

1. Isabel (poner) sus datos personales en la solicitud.
2. El señor Montero (decir) algo sobre sus planes para el futuro.
3. Pablo (escribir) el currículum de Isabel.
4. Isabel y Pablo (abrir) el periódico en la sección de empleos.
5. Isabel (hacer) capacitación para el puesto de periodista.
6. Pablo (ver) el contrato de empleo para la revista del señor Montero.
7. El entrevistador (romper) la solicitud de Isabel.
8. Isabel (volver) para una segunda entrevista.

ACTIVIDAD 5 ¡A entrevistar!

PARA CONVERSAR

STRATEGY: SPEAKING

Refine interview skills Both the interviewer and the candidate must be able to ask and answer clear, worthwhile questions and seek follow-up for more details. Good questions and answers reveal the nature of the job, employer expectations, and employee qualifications, such as education, experience, and personal qualities. Use the ideas listed in the table to guide you in forming questions and answers for your interview.

Entrevista a tu compañero(a) para un puesto en tu empresa. Después cambien de papel. El (La) entrevistador(a) y el (la) candidato(a) tienen que hacerse preguntas sobre las cosas en la tabla.

Entrevistador(a)	Candidato(a)
• la puntualidad	• los requisitos
• el currículum	• las responsabilidades
• la educación	• la capacitación
• las recomendaciones	• el sueldo
• las habilidades	• los beneficios

ACTIVIDAD 6 ¡Fue horrible!

Todos acaban de entrevistarse y tuvieron entrevistas malas. Compartan sus experiencias negativas y decidan quién tuvo la peor entrevista.

modelo

Estudiante 1: *Fue horrible. Llegué muy tarde, pero no había nadie en la oficina. Entonces…*

Estudiante 2: *Eso no es nada. Yo le caí muy mal a la entrevistadora porque…*

Estudiante 3: *Mi entrevista fue la peor. Mientras esperaba…*

ACTIVIDAD 7 *En tu propia voz*

ESCRITURA Imagínate que solicitas un trabajo de verano en una empresa donde se habla español. En una carta, explica cómo te has preparado para el puesto que se ofrece.

modelo

Estimados señores:

Me interesa el puesto de… He estudiado español por dos años y…

CONEXIONES

La música La flauta de pan, o rondador, es una flauta de origen antiguo que es parte de la música andina de Ecuador hoy en día. Aparte de los grupos indígenas de Ecuador, ¿qué otros grupos tienen una música con su propio estilo e instrumentos? Usa Internet o tu biblioteca para encontrar la respuesta a esta pregunta y compártela con la clase. Si encuentras un casete de la música, ¡no te olvides de traerlo!

En resumen
REPASO DE VOCABULARIO

el currículum	resumé, curriculum vitae
la educación	education
la entrevista	interview
la meta	goal
la universidad	university

caerle bien (mal) a alguien	to make a good (bad) impression on someone
la desventaja	disadvantage
la ventaja	advantage

los beneficios	benefits
la capacitación	training
conseguir (e→i, i)	to get
el contrato	contract
la empresa	business, company
el (la) entrevistador(a)	interviewer
las habilidades	capabilities
la puntualidad	punctuality
las recomendaciones	recommendations
requerir (e → ie, i)	to require
el requisito	requirement
el seguro	insurance
el sueldo	salary

CRUCIGRAMA

Jueg

Haz este crucigrama, usando palabras de tu repaso de vocabulario.

A través

2. Muchos trabajos tienen _____ que incluyen el seguro médico.

5. Cuando un puesto no es permanente, un empleado tiene un _____ .

6. Isabel escribe muy bien. Es una de sus _____ .

8. Isabel va a la universidad para continuar su _____ .

11. Estudiar periodismo es una _____ importante de Isabel.

Abajo

1. Tener una buena educación es una _____ .

3. El _____ médico está incluido en un contrato.

4. La revista *Viajamundo* es la _____ del señor Montero.

7. Isabel no quiere mucho dinero o _____ si puede trabajar para una revista.

9. El señor Montero asistió a la _____ de Quito.

10. Al buscar un puesto es necesario tener un _____ .

ETAPA 3

¡A trabajar!

- Talk on the telephone

- Report on past, present, and future events

- Describe duties, people, and surroundings

¿Qué ves?

Mira la foto. ¿Qué ves?

1. ¿Dónde tiene lugar la foto?

2. ¿Reconoces el juego?

3. ¿Qué hace esta gente?

4. ¿Con quién crees que habla Isabel?

CULTURA
HOMENAJE A SILVA
Y GARCÍA LORCA

En contexto
VOCABULARIO ♻

Aprendiste mucho este año.
¿Recuerdas todo lo que ves aquí?

¡Hola! Este año ustedes aprendieron mucho español. ¿Se acuerdan de lo que han aprendido? Pues, vamos a ver un poco de todo.

CHICAGO

Talk about the past

Pedro: Viniste directamente de Los Ángeles, ¿no?

Francisco: Sí, **estuve** con mi familia. **Vi** a mis abuelos y mis tíos, y **salí** con mi prima Verónica.

CIUDAD DE MÉXICO

Narrate in the past

Don Miguel: Pero después **ocurrió** algo increíble, algo maravilloso. Todo el mundo **respondió** a la emergencia con acciones positivas. Todos **ayudaban** a sus vecinos.

SAN JUAN

Give commands

Tía Julia: Susana, por favor, **no corras** por la casa. ¿Ya hiciste la cama?

Susana: No, no la hice.

Tía Julia: Vete y **haz** la cama inmediatamente. ¡Y **limpia** tu cuarto!

MADRID

Express wishes using the subjunctive

Isabel: ¡Uy! La dependienta está de mal humor.

Andrea: Ella espera que los clientes **gasten** mucho dinero, y duda que tú y yo **vayamos** a comprar hoy.

SAN JOSÉ

Talk about the future

Fernando: A ver, aquí están los fósforos, la linterna, la navaja. ¡Hay muchísimas cosas!

Amalia: Habrá un uso para todo. Ya **verás**.

QUITO

Talk about what you have done

Isabel: Esta experiencia con *Onda Internacional* **ha sido** muy buena. **He aprendido** mucho y **he visto** partes del mundo que antes no conocía. Estoy triste. Mañana tengo que volver a México. ¡Me **ha gustado** tanto Ecuador!

Preguntas personales

1. ¿Qué hiciste la última vez que tuviste vacaciones escolares?
2. ¿Qué has hecho durante otras vacaciones?
3. ¿Qué harás cuando termine este año escolar?
4. ¿Qué te gustaría hacer en el futuro?

En vivo

DIÁLOGO

Isabel   Pablo   Rosario   Cristina

¡Buen viaje!

PARA ESCUCHAR • STRATEGY: LISTENING

Report what others said Sometimes it is necessary to pass on to others what someone else said. Such a message usually starts with **dijo que.** Hearing accurately is important. What does Isabel report that Señor Montero said?

1 ▶ **Isabel:** Hola, Pablo. Soy Isabel.

Pablo: ¡Isabel! ¿Cómo estuvo la entrevista?

Isabel: Estuvo muy bien. Tengo mucha información. ¡Qué buena onda es el señor Montero!

5 ▶ **Cristina:** Cómo no. ¿Quieres que traiga también las cucharas?

Rosario: No, ya las tengo aquí. Pero gracias.

6 ▶ **Pablo:** Isabel llegará en cualquier momento. Ustedes se quedarán aquí, muy quietos. Isabel entrará, y todos le gritarán «¡Buen viaje!»

Rosario: Muy bien, capitán. ¿Y nos dirás qué hacer después?

7 ▶ **Pablo:** Lo siento. Es que quiero que todo salga bien. Isabel se siente un poco triste. ¡Chht! Es Isabel.

Todos: ¡Buen viaje!

2 ▶ Isabel: Dijo que buscaban un periodista para un contrato de seis meses y que necesitaban una persona con experiencia en otra revista. Sabes, el puesto sería perfecto para mí.

3 ▶ Pablo: Isabel, tienes que graduarte del colegio primero. Regresa a casa y podemos hablar de tu futuro. ¿Dónde estás?

Isabel: Estoy en una cabina telefónica en la avenida Amazonas. Muy bien, voy para allá. Nos vemos pronto. Chao.

4 ▶ Pablo: Isabel está en la avenida Amazonas. Estará aquí muy pronto. ¡Vamos, tenemos prisa!

Rosario: Cristina, ¿me puedes hacer un favor? Ve a la cocina y trae el pastel. Lo pondremos aquí en la mesa.

8 ▶ Rosario: Isabel, ha sido un enorme placer llegar a conocerte. Te deseamos todo lo mejor.

Cristina: ¿Puedo ir a México a visitarte algún día?

Isabel: Me encantaría.

9 ▶ Pablo: Isabel, sabes que siempre tendrás aquí en Ecuador amigos que te quieren. ¡Espero que vuelvas pronto!

Rosario: Claro que va a volver. ¡Es una futura periodista que viajará por el mundo!

10 ▶ Isabel: Gracias… ay, gracias a todos. Los quiero muchísimo. Quién sabe, tal vez trabajaré aquí algún día como periodista. ¡Después de terminar con mis estudios, claro! Pero estoy segura de que regresaré a Ecuador.

En acción
VOCABULARIO Y GRAMÁTICA

OBJECTIVES

• Talk on the telephone
• Report on past, present, and future events
• Describe duties, people, and surroundings

ACTIVIDAD 1

¿Lo comprendiste?

Escuchar/Escribir Escoge las respuestas correctas, según el diálogo. ¡Ojo! Algunas oraciones tienen más de una respuesta correcta.

1. Isabel…
   a. llamó a Pablo de la avenida Amazonas.
   b. dijo que el puesto sería perfecto para Pablo.
   c. regresará a Ecuador algún día.

2. Pablo…
   a. habló con Isabel por teléfono.
   b. planeó cómo sorprender a Isabel.
   c. dijo que Isabel llegaría a la casa en una hora.

3. Rosario…
   a. es la hija de Pablo.
   b. trajo las cucharas a la sala.
   c. dijo que Isabel viajaría por el mundo como periodista.

4. El señor Montero…
   a. le cayó bien a Isabel.
   b. hizo una entrevista con Isabel.
   c. buscaba un periodista para un contrato de nueve meses.

TAMBIÉN SE DICE

Después de la entrevista, Isabel regresa a la casa de Pablo. Aparte de **casa,** en Ecuador mucha gente usa la palabra **departamento** para referirse al **apartamento** o edificio donde vive. Otras palabras que puedes oír por el mundo de habla hispana incluyen **vivienda** y **piso.**

ACTIVIDAD 2

¿Con quiénes hablaron?

Escuchar ¿Quiénes recibieron estos comentarios y preguntas: Isabel, Pablo, Rosario o Cristina? ¡Ojo! Puede ser más de una persona.

Isabel · Pablo · Rosario · Cristina

1. «¿Cómo estuvo la entrevista?»
2. «Sabes, el puesto sería perfecto para mí.»
3. «… tienes que graduarte del colegio primero.»
4. «¡Vamos, tenemos prisa!»
5. «Ve a la cocina y trae el pastel.»
6. «¿Quieres que traiga también las cucharas?»
7. «Muy bien, capitán.»
8. «¡Buen viaje!»

• Review: Use the future tense
• Review: Use the conditional tense
• Report what someone said

♻ ¿Nunca?

Hablar/Escribir Habla con un grupo de compañeros(as) sobre la frecuencia con que has hecho las siguientes actividades. Luego escribe un resumen.

nunca	una vez	varias veces	muchas veces

modelo

esquiar en el agua

Tú: *¿Han esquiado en el agua?*

Compañero(a) 1: *Sí, he esquiado en el agua una vez. ¿Y tú, Cristina?*

Compañero(a) 2: *No, nunca he esquiado…*

Resumen: *Andrew y yo hemos esquiado en el agua, pero Cristina todavía no ha esquiado en el agua.*

1. conocer a una persona famosa
2. escalar una montaña
3. ver una obra de teatro
4. manejar un carro
5. leer un buen libro
6. comprar un disco compacto en español
7. estudiar más de dos horas seguidas
8. ir a un partido de un equipo profesional

♻ ¿Quién lo ha hecho?

Hablar/Escribir Habla con un grupo de compañeros(as) para saber quiénes han hecho las siguientes actividades. Escribe los resultados, usando elementos de las cuatro columnas.

modelo

*Los padres de Emilia han visto la película **Casablanca**.*

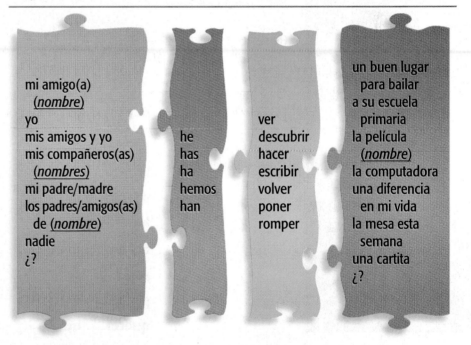

mi amigo(a) (*nombre*)			un buen lugar para bailar
yo		ver	a su escuela primaria
mis amigos y yo	he	descubrir	la película (*nombre*)
mis compañeros(as) (*nombres*)	has	hacer	la computadora
	ha	escribir	una diferencia en mi vida
mi padre/madre	hemos	volver	la mesa esta semana
los padres/amigos(as) de (*nombre*)	han	poner	una cartita
nadie		romper	¿?
¿?			

REPASO

The Future Tense

To talk about something that will happen in the future, you can use the **future tense.**

Remember that the endings you use are the same for **-ar, -er,** and **-ir** verbs.

infinitive +	-é	-emos
	-ás	-éis
	-á	-án

—Estoy segura de que **regresaré** a Ecuador.
*I am sure that **I will return** to Ecuador.*

Rosario **traerá** los refrescos.
*Rosario **will bring** the soft drinks.*

Cristina **irá** a México algún día.
*Cristina **will go** to Mexico someday.*

Verbs that are irregular in the future all have some change to the **infinitive** before the **future endings** are added.

Infinitive	Future Stem
decir	dir-
haber	habr-
hacer	har-
poder	podr-
poner	pondr-
querer	querr-
saber	sabr-
salir	saldr-
tener	tendr-
valer	valdr-
venir	vendr-

—Isabel, sabes que siempre **tendrás** aquí en Ecuador amigos que te quieren.
*Isabel, you know that here in Ecuador **you will** always **have** friends who love you.*

—Muy bien, capitán. ¿Y nos **dirás** qué hacer después?
*Very good, captain. And **will you tell** us what to do after that?*

ACTIVIDAD 5   Gramática

El futuro

Escribir Los amigos de Cristina están en la oficina de consejeros hablando de sus futuras profesiones. ¿Qué dicen? Di lo que serán según las fotos e indica si tendrán que ir a la universidad para serlo.

modelo

Carina será profesora y tendrá que ir a la universidad.

Carina

Ciro y José María   **yo**

tú   **Andrés**

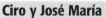

La reunión

Hablar/Escribir Ya pasaron veinte años y estás en una reunión con tus compañeros(as) de la escuela secundaria. ¿Cómo será la vida de tus compañeros(as) y profesores(as) en ese tiempo? Compara tus respuestas con las de un(a) compañero(a).

modelo

(nombre) y *(nombre)* (venir) de otro país para ir a la fiesta

Rebecca y Ryan vendrán de otro país para ir a la fiesta.

1. *(nombre)* y *(nombre)* (ser) ricos
2. *(nombre)* (vivir) en una isla remota
3. *(nombre)* y *(nombre)* (estar) casados
4. *(nombre)* (tener) cinco o más hijos
5. *(nombre)* y *(nombre)* (contar) muchos chistes
6. *(nombre de un/a profesor/a)* (trabajar) en la escuela todavía
7. *(nombre)* (decir) mentiras sobre su vida
8. *(nombre)* (ser) político(a)
9. *(nombre)* (ser) estudiante de la universidad todavía
10. *(nombre)* (salir) en los periódicos

 **MÁS PRÁCTICA** *cuaderno* p. 157

PARA HISPANOHABLANTES *cuaderno* p. 155

¿Qué harás durante el año que viene?

Hablar Haz una entrevista con un(a) compañero(a) de clase sobre sus planes para el año que viene. Luego preséntale sus planes a la clase.

modelo

Tú: *¿Serás voluntario(a) el año que viene?*

Compañero(a): *Sí, seré voluntario(a) para...*

ser voluntario(a)

trabajar...

tener que...

ver...

viajar a...

jugar...

poder...

salir con...

ir a...

hacer

¿?

NOTA CULTURAL

Guayaquil tiene el puerto más grande y activo de la costa del Pacífico de Sudamérica y es el centro comercial del país. En los últimos años, por su proximidad a las playas ecuatorianas, se ha convertido también en un destino para los turistas.

¿En qué orden?

Escuchar/Escribir Isabel habla de sus planes para el futuro en la fiesta de despedida. Ponlos en orden y completa las oraciones.

modelo

Primero, regresará a México.

a. asistir a la universidad
b. volver a Ecuador
c. viajar a Texas
d. buscar un puesto de periodista
e. graduarse del colegio
f. regresar a México
g. tomar el sol en la playa

■ MÁS COMUNICACIÓN p. R19

Juego

Cuando tú manejas hay algo que te dirá cuando debes detenerte y cuando tú continuarás.

¿Qué es?

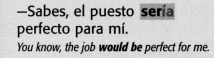

REPASO

The Conditional Tense

▶ You use the **conditional** to talk about what you *should, could,* or *would do,* and to describe what would happen under certain conditions.

To form the **conditional**, you add the **conditional endings** to the **infinitive**. The endings are the same for **-ar, -er,** and **-ir** verbs.

infinitive	**+**	-ía	-íamos
		-ías	-íais
		-ía	-ían

—Sabes, el puesto **sería** perfecto para mí.
*You know, the job **would be** perfect for me.*

Rosario dijo que Isabel **viajaría** por el mundo.
*Rosario said that Isabel **would travel** the world.*

▶ The verbs that have **irregular stems** in the **future** have the same **irregular stems** in the **conditional.**

Algún día Isabel **podría** trabajar en Ecuador como periodista.
*Someday Isabel **could** work in Ecuador as a journalist.*

Infinitive	Conditional Stem
decir	dir-
haber	habr-
hacer	har-
poder	podr-
poner	pondr-
querer	querr-
saber	sabr-
salir	saldr-
tener	tendr-
valer	valdr-
venir	vendr-

Si vivieras en Ecuador...

Escribir Si vivieras en Ecuador, ¿cómo sería tu vida? Completa las oraciones con el condicional.

modelo

nosotros: manejar (más / menos)
Nosotros manejaríamos menos.

1. yo: tener (más / menos) clases
2. mis amigos: vivir (cerca / lejos) de mí
3. mi casa: ser (similar / muy diferente)
4. hacer (menos / más) calor
5. mis abuelos: (venir / no venir) con nosotros
6. mi madre: ir de compras en un (mercado / supermercado)
7. nosotros: esquiar (más / menos)
8. mi familia: hablar (español / inglés) todos los días

■ **MÁS PRÁCTICA** *cuaderno* pp. 157–158
■ **PARA HISPANOHABLANTES** *cuaderno* p. 156

¿Qué harías?

Hablar Pregúntales a tus compañeros(as) de clase si harían las siguientes cosas.

modelo

ir a la Luna
Tú: *¿Irías a la Luna?*
Compañero(a) 1: *Sí, (No, no) iría a la Luna.*
Compañero(a) 2: *Sí, (No, no)…*

1. comprar un carro de 30 mil dólares
2. darles dinero a los pobres
3. vivir en Australia
4. pintar tu cuarto de rojo
5. trabajar con animales feroces
6. comer caracoles (*snails*)
7. trabajar de maestro(a) en tu escuela
8. ser presidente de Estados Unidos

NOTA CULTURAL

Los festivales La mayoría de los coloridos festivales que se celebran en Ecuador corresponden a los días festivos del calendario. En muchos de ellos se incorporan tradiciones indígenas relacionadas con la celebración del cambio de estaciones, cosechas (*harvests*) y otros eventos importantes del ciclo solar y de la vida en el campo.

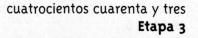

Con tres deseos...

Hablar/Escribir Imagínate que tú, como Aladino, puedes pedir tres deseos. ¿Qué pedirías? Haz un cartel que explique lo que desearías y preséntaselo a un grupo de compañeros(as). (¡No puedes pedir más de tres deseos!)

* **el medio ambiente**
* **personas famosas**
* **el bienestar**
* **la profesión perfecta**
* **los quehaceres**
* **soluciones a los problemas del mundo**
* **pasatiempos y viajes**
* **la salud**
* **¿?**

modelo

Con mi primer *deseo...* pediría un castillo. Sería muy grande y bonito. Habría una piscina y jardines elegantes. Los muebles serían cómodos y bonitos. El castillo sería mágico. Todos mis amigos y mi familia vivirían felices en mi castillo. Para mi segundo deseo...

GRAMÁTICA — Reported Speech

▶ In English when you "report" or summarize what someone has said or is saying, you say "He says that..." or "She said that..." In Spanish, to report what someone else has said, you use the verb **decir** followed by **que**.

▶ When using the **present tense, dice que...**, the **second verb** tense is either the **present** or the **future**.

Señor Montero says:
—Eres una candidata perfecta.
You are a perfect candidate.

Isabel **reports:**
—El señor Montero **dice que soy** una candidata perfecta.
Señor Montero says I am a perfect candidate.

Isabel says:
—Estaré allí muy pronto.
I will be there very soon.

Pablo **reports:**
—Isabel **dice que estará** aquí muy pronto.
Isabel says she will be here very soon.

▶ When using **dijo que...**, you use a **past tense** or the **conditional** for the information being reported.

Isabel says:
—Estoy en la avenida Amazonas.
I am on Amazonas Avenue.

Pablo **reports:**
—**Dijo que estaba** en la avenida Amazonas.
She said she was on Amazonas Avenue.

Isabel says:
—La entrevista estuvo muy bien.
The interview went very well.

Pablo **reports:**
—**Dijo que** la entrevista **estuvo** muy bien.
She said the interview went very well.

Isabel says:
—Estaré allí muy pronto.
I will be there very soon.

Pablo **reports:**
—Isabel **dijo que estaría** aquí muy pronto.
Isabel said she would be here very soon.

▶ When you want to stress that the reported action is **still going on**, the second verb should be in the **present** tense:

Dijo que buscan periodistas.
He said they are looking for reporters.

Llamadas por teléfono

Escuchar Escucha estas llamadas de teléfono que se recibieron en la casa Ramírez. Luego escoge la letra que corresponde a cada llamada.

MENSAJES

Sr.(a): *Meche*
Hora: *4:00*
De:
☒ Le llamó *Verónica*
☐ Estuvo aquí
☒ Contestar al número *3-47-38*
☐ Vendrá a las
☐ Llamará a las
Mensaje:

Telefonista: ____ Fecha: *6/7*

MENSAJES

Sr.(a): *Meche*
Hora: *4:45*
De:
☒ Le llamó *Verónica*
☐ Estuvo aquí
☐ Contestar al número
☐ Vendrá a las
☐ Llamará a las
Mensaje: *Estaría en la casa de Juana.*

Telefonista: ____ Fecha: *6/7*

La línea está OCUPADA. Llama más tarde.

■ **MÁS PRÁCTICA** *cuaderno* pp. 159–160
■ **PARA HISPANOHABLANTES** *cuaderno* pp. 157–158

La máquina contestadora

Leer/Escribir La señora Ramírez escucha los mensajes para su familia en la máquina contestadora. ¿Qué les dirá a todos?

modelo

«Oye, soy Jaime. Quiero dejar un mensaje para Meche. Vamos a estudiar en la biblioteca a las tres.»

Meche, Jaime dijo que iban a estudiar en la biblioteca a las tres.

1. «Muy buenas, habla José Calvo. Este mensaje es para el señor Antonio Ramírez. La reunión de mañana será a las dos.»

2. «Hola. Soy Chela. Quiero jugar con Juanita.»

3. «Oye, Meche. Habla Jaime otra vez. Cambiamos la hora de estudiar. Estudiaremos a las cuatro.»

4. «Soy Édgar Cruz y busco al señor Antonio Ramírez. Lo llamo más tarde.»

5. «Soy Mónica. Dígale a Meche que compré los boletos.»

APOYO PARA ESTUDIAR

Reported speech

When you hear reported speech, you will often hear a shift of tenses in the second verb. Notice what happens:

Isabel dice: «Estoy en la avenida Amazonas.»
Isabel dijo que estaba en la avenida Amazonas.

Pablo dice: «Isabel llegará en cualquier momento.»
Pablo dijo que Isabel llegaría en cualquier momento.

What was reported may shift from present tense to imperfect, from future tense to conditional. Since reported speech in Spanish and English is similar, use the tense that best expresses your meaning.

 **Los mensajes telefónicos**

Hablar/Escribir Deja tres mensajes imaginarios en la máquina contestadora de un(a) compañero(a). Él (Ella) escribirá los mensajes. Luego combínense con otro grupo. Repite las llamadas para que ellos escojan el mensaje que corresponda a cada llamada. Cambien de papel.

MENSAJES

Sr.(a): _____

Hora: _____

De: _____

☐ Lo llamó _____

☐ Estuvo aquí _____

☐ Contestar al número _____

☐ Vendrá a las _____

☐ Llamará a las _____

Mensaje: _____

_____

_____

Telefonista: _____ Fecha: _____

 ♻ **Una cartita de agradecimiento**

Escribir Escríbele una cartita de agradecimiento (*thanks*) a una persona de la clase de español o a otra persona que hable español. Puede ser estudiante o adulto… ¡hasta una persona famosa! Trata de usar todo lo que aprendiste este año. Describe lo que ha hecho esta persona que te haya ayudado o inspirado.

> Estimado(a) / Querido(a) (*nombre*):
> Gracias por…   Ojalá qué…
> Es bueno que…   Tú has…
> Eres…   Siempre…

modelo

Estimado David:

Gracias por ayudarme en la clase de español. Cuando no tenía papel, tú me lo dabas. Y cuando no comprendía la lección, me ayudabas. Siempre escuchabas cuando te contaba chistes malos… y te reías también.

Es bueno tener un amigo como tú en esta clase. Ha sido muy divertido. Eres muy paciente y simpático. Ojalá que tengas buena suerte el año que viene.

¡Hasta pronto!

Luis

El salón de la fama

PARA CONVERSAR

STRATEGY: SPEAKING

Persuade or convince others It is not enough to assert that something is true. One must offer convincing proof. To justify your nominations to **«el salón de la fama»,** you can give reasons based on what they usually do, have done, or would do in certain circumstances. You can report what others have said or tell a story that illustrates your claim to their fame.

Hablar/Escribir Haz un «salón de la fama» para la clase de español. Escribe oraciones superlativas, escogiendo a un chico y a una chica para cada categoría. No uses el mismo nombre más de una vez. Luego forma un grupo de tres a cinco personas para votar y hacer una lista del grupo.

modelo

alegre

Pablo y Marta son los estudiantes más alegres.

1. sonrisa brillante	**7.** trabajador(a)
2. alto(a)	**8.** divertido(a)
3. cómico(a)	**9.** serio(a)
4. pelo largo	**10.** paciente
5. pelo original	**11.** simpático(a)
6. creativo(a)	**12.** ojos expresivos

Ya se van

Hablar/Escribir Prepara una presentación de dos a cuatro minutos sobre tu vida y tus opiniones. Éste es tu «mensaje al mundo» antes de salir para las vacaciones. Practica tu presentación y finalmente, preséntasela a la clase. Expresa tu personalidad y diviértete.

Empieza con este formato y luego escoge las partes que te gusten más para incluir en tu presentación.

A. ¿Cómo eres?
   1. Haz una descripción de tu personalidad.
   2. Describe algo importante de tu niñez.

B. ¿Qué te importa?
   1. Describe cómo pasas el tiempo.
   2. Describe las cosas que te importan.
   3. Describe lo que haces para ayudar a otros.

C. ¿Qué quieres para el futuro?
   1. ¿Cuáles son tus metas personales?
   2. ¿Qué planes tienes?
   3. ¿Qué te gustaría hacer?

D. Un mensaje personal
   1. ¿Qué quieres para los otros estudiantes?
   2. ¿Qué vas a recordar siempre de tus experiencias en la escuela?

■ MÁS COMUNICACIÓN p. R19

Refrán

Querer es poder.

En grupos pequeños hablen del significado del refrán. Luego identifiquen a unos personajes históricos que personifiquen este refrán. Hagan una lista de los esfuerzos que hizo cada persona para llegar a su meta. Léanle la lista a otro grupo para ver si ellos pueden identificar a los personajes.

En voces

LECTURA

PARA LEER

STRATEGY: READING

Observe characteristics of poems A single line of poetry is called **un verso.** Several lines **(versos)** comprise a stanza **(una estrofa).** Words **(palabras)** form images **(imágenes)** that may also be symbols **(símbolos)** of other ideas. Like songs, poetry is meant to be performed aloud. So read it aloud and listen for rhythm **(ritmo),** rhyme **(rima),** and repetition **(repetición).**

Sobre el autor

Jorge Carrera Andrade (1903–1978), poeta ecuatoriano, es considerado uno de los mejores poetas de lengua española del siglo XX. En sus poemas hay muchas imágenes inspiradas por la belleza natural de Ecuador.

Carrera Andrade viajó mucho durante su vida. Fue cónsul o embajador ecuatoriano en veinte países, entre ellos Estados Unidos, Francia y Japón. Escribió una autobiografía, *El volcán y el colibrí*[1], y varias antologías de poesía. También hizo traducciones de poesía francesa. En 1976 la Academia de la Lengua del Ecuador propuso su nombre para el Premio Nobel de Literatura. Ahora vas a leer unos versos de su poema «Hombre planetario».

---

[1] hummingbird

448   cuatrocientos cuarenta y ocho
Unidad 6

«Pasajero del planeta»

Eternidad, te busco en cada cosa:
en la piedra quemada por los siglos
en el árbol que muere y que renace,
en el río que corre
sin volver atrás nunca.

. . . .

Eternidad, te busco en el minuto
disfrazado de [2] pájaro
pero que es gota [3] de agua
que cae y se renueva
sin extinguirse nunca.
Eternidad: tus signos me rodean [4]
mas yo soy transitorio,
un simple pasajero del planeta.

. . . .

Soy hombre, mineral y planta a un tiempo,
relieve del planeta, pez del aire,
un ser terrestre en suma.
Árbol del Amazonas mis arterias,
mi frente de París, ojos del trópico,
mi lengua americana y española

---

[2] disguised as   [3] drop   [4] surround

¿Comprendiste?

1. ¿Qué trabajos tuvo Jorge Carrera Andrade?
2. ¿De qué temas habla su poesía?
3. ¿Dónde busca el poeta la eternidad?
4. ¿Qué palabras indican que el poeta no es eterno?
5. ¿Cuáles son las cosas que son eternas, según el poeta?

¿Qué piensas?

1. ¿Cómo emplea el poeta las imágenes del cuerpo en los tres últimos versos? ¿Qué significan?
2. ¿Crees que esta poesía es optimista o pesimista? Explica.

En colores
CULTURA Y COMPARACIONES

PARA CONOCERNOS

STRATEGY: CONNECTING CULTURES

Reflect on music How do you suppose the earliest musical instruments were made? How did they change over time? Identify groups that fuse old music and new instruments or vice versa. Present your thoughts in a time line, a mind-map, or a series of drawings. Show how a group like Ñanda Mañachi fits into your ideas and your visual.

música

La música andina tiene sus raíces[1] en la civilización de los incas y otras poblaciones indígenas que vivieron en los Andes hace más de mil años. Hoy este tipo de música es conocida en muchas partes del mundo. Hay grupos contemporáneos de Bolivia, Perú, Argentina, Chile y Ecuador que dan conciertos de música andina en Estados Unidos, Europa y Asia. La mayoría de estos grupos cantan en español, pero algunos también cantan en quechua, una lengua indígena de los Andes que todavía se habla en esa región. Y aunque usan guitarras eléctricas y equipo de sonido, los instrumentos originales son lo característico de su música.

[1] roots

El instrumento de percusión que se usa más en la música andina es el **bombo**. El bombo tradicional se hace del tronco ahuecado (*hollowed out*) de un árbol y de la piel de llama.

La **quena** es uno de los instrumentos de viento más antiguos del mundo y una parte central de la música andina. Generalmente las quenas se hacen de caña.

La **flauta de pan** es otro instrumento de viento andino.

Música de las montañas

Se conoce el grupo musical Ñanda Mañachi por sus versiones modernas de la música andina. Aunque sus canciones se han pasado de una generación a otra, las palabras han cambiado. Y ahora estas palabras muestran los sentimientos de los músicos de hoy. Ésta es una de las razones principales por las que la música andina nunca se perdió.

¿Comprendiste?

1. ¿De qué países son los grupos de música andina?
2. ¿Cuáles son los nombres de algunos instrumentos andinos? ¿Son instrumentos de viento, de cuerda o de percusión?
3. ¿Puedes nombrar dos cosas sobre la música andina que muestren una influencia española?

¿Qué piensas?

1. ¿Cómo ha cambiado el uso de instrumentos en la música andina?
2. Se oye la música de los Andes en las calles y en los clubes de muchos países del mundo. ¿Por qué crees que ahora esta música es tan popular?

Hazlo tú

Busca un casete o un disco compacto de música andina. Escoge una canción cantada en español que te guste y tócala para la clase. Con la clase, transcriban la letra de la canción.

En uso
REPASO Y MÁS COMUNICACIÓN

Now you can...

- talk on the telephone.

To review

- the future tense, see p. 440.

ACTIVIDAD 1 ¿Qué pasará?

Isabel habla por teléfono con su madre sobre sus planes para el futuro. ¿Qué dice? ¿Lo crees tú?

modelo

yo: volver a Ecuador en un año

Yo volveré a Ecuador en un año. (Lo creo. / No lo creo.)

1. yo: asistir a la universidad en México

2. Pablo y yo: escribir otro artículo juntos

3. el señor Montero: ofrecerme un puesto en México

4. mis amigos mexicanos: invitarme a salir mucho

5. yo: trabajar para la empresa del señor Montero algún día

6. Cristina: venir a visitarme algún día

7. Pablo y su familia: mandarme cartas todas las semanas

8. tú: acompañarme a Ecuador la próxima vez

9. yo: ganar otro concurso

10. tú y yo: poder viajar por todo el mundo algún día

Now you can...

- describe duties, people, and surroundings.

To review

- the conditional tense, see p. 442.

ACTIVIDAD 2 ¡Sería ideal!

Isabel habla por teléfono con su padre sobre el puesto con *Viajamundo*. Completa su descripción con el condicional de los verbos indicados.

El puesto con la revista *Viajamundo* __1__ (ser) perfecto para mí. Yo __2__ (tener) un contrato de seis meses con buenos beneficios. Así que __3__ (trabajar) aquí por seis meses y después __4__ (volver) a México. ¿Qué te parece?

Sí, sí... Yo sé que ustedes __5__ (estar) tristes, pero __6__ (poder) venir a visitarme, ¿no? Por favor, papá. En este puesto yo __7__ (ganar) 1.500.000 sucres al mes y __8__ (trabajar) en una oficina bonita con personas muy amables. Nosotros __9__ (escribir) artículos de viaje y __10__ (conocer) varios países de Sudamérica.

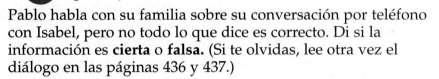

Now you can...

• report on past, present, and future events.

To review

• the conditional tense, see p. 442.

• reported speech, see p. 444.

ACTIVIDAD 3 Alguien dijo...

Cristina habla por teléfono con una amiga sobre lo que le han dicho varias personas. ¿Qué dice?

modelo

papá: él / ayudarme a buscar trabajo

Papá dijo que él me ayudaría a buscar trabajo.

1. Isabel: ella / llamarme desde México el jueves

2. mamá: nosotras / hacer flan esta tarde

3. papá: él / venir a casa temprano hoy

4. la vecina: ella / enseñarme sus fotos de la fiesta

5. Diego: él y yo / ir al cine este fin de semana

6. mi prima: ellos / visitarnos en diciembre

7. Saúl: todos nuestros amigos / asistir al concierto el domingo

8. mamá: tú y yo / poder cocinar aquí mañana

Now you can...

• report on past, present, and future events.

To review

• reported speech, see p. 444.

ACTIVIDAD 4 ¿Lo dijo Isabel?

Pablo habla con su familia sobre su conversación por teléfono con Isabel, pero no todo lo que dice es correcto. Di si la información es **cierta** o **falsa**. (Si te olvidas, lee otra vez el diálogo en las páginas 436 y 437.)

modelo

«Estoy en una cabina telefónica en la avenida Amazonas.»

Isabel dijo que estaba en una cabina telefónica en la avenida Amazonas. (cierto)

1. «La entrevista estuvo muy mala.»

2. «Tengo mucha información.»

3. «La compañía busca un periodista.»

4. «El contrato es de un año.»

5. «Ellos quieren una persona con experiencia.»

6. «Tendré que hacer otra entrevista mañana.»

7. «El señor Montero me cayó mal.»

8. «Estoy lista para volver a México.»

9. «La compañía me dará otro puesto en el futuro.»

ACTIVIDAD 5 — Tu vida

ACTIVIDAD 6 — ¿Quién llamó?

PARA CONVERSAR

STRATEGY: SPEAKING

Report on events An important language skill is the ability to trace personal experiences across time. Think of ideas or events that took place in the past, that are happening now, or that may be part of your future. As you retell them, use expressions to place them in time (**hace dos años, en este momento, en cuatro años,** etc.), to sequence them (**antes, después, por fin,** etc.), and perhaps to contrast differences (**más / menos que…**)

Completa la tabla con tres eventos importantes de tu pasado, de tu presente y de tu futuro. Luego habla con un(a) compañero(a) sobre los eventos.

El pasado	El presente	El futuro
1.	1.	1.
2.	2.	2.
3.	3.	3.

modelo

Tú: *¿Fuiste a la fiesta del club de español en septiembre?*

Compañero(a): *Sí, me encantó. Comí…*

Imagínate que un personaje de este libro acaba de llamarte por teléfono. Explícales a tus compañeros(as) lo que dijo este personaje. Ellos(as) tienen que adivinar quién era.

modelo

Tú: *Dijo que ya no trabajaba como guía, pero que todavía le gustaba visitar los parques nacionales de su país.*

Compañero(a) 1: *¿Era Fernando?*

Tú: *No, no era Fernando.*

Compañero(a) 2: *¿Era Cecilia?*

Tú: *Sí, era Cecilia.*

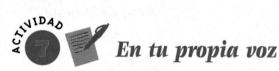

ACTIVIDAD 7 — En tu propia voz

ESCRITURA Imagínate que han pasado diez años y que le escribes una carta a tu profesor(a) de español. ¿Qué le dices? Incluye la siguiente información.

- Preséntate y descríbete.
- Describe tu trabajo.
- Explica cómo te preparaste para tu trabajo.
- Describe tus planes para el futuro.
- Termina la carta con un mensaje personal.

TÚ EN LA COMUNIDAD

Judy es una joven hispana que tiene diecisiete años y vive en Arkansas. Es estudiante del tercer año del colegio y es deportista. Le encanta jugar a todos los deportes, como el baloncesto, el golf y sobre todo el fútbol. Es la mejor jugadora de su equipo. Habla español en casa con su familia y cuando sale con sus amigos. Y claro, ¡le gusta hablar en español cuando juega al fútbol! ¿Cuándo y con quién te gusta hablar en español?

En resumen

YA SABES ♻

TALK ABOUT THE PRESENT

The Simple Present Tense

Isabel, tienes que graduarte del colegio primero.
Isabel está en la avenida Amazonas.

Isabel, you have to graduate from high school first.
Isabel is on Amazonas Avenue.

Ir a + *infinitive*

Claro que va a volver.

Of course she is going to return.

NARRATE IN THE PAST

The Preterite Tense

¿Cómo estuvo la entrevista?
Estuvo muy bien.

How was the interview?
It went well.

The Imperfect Tense

Dijo que buscaban un periodista para un contrato de seis meses y que necesitaban una persona con experiencia en otra revista.

He said that they were looking for a journalist for a six-month contract and that they needed a person with experience on another magazine.

GIVE COMMANDS

Ve a la cocina y trae el pastel.

Go to the kitchen and bring the cake.

USE THE SUBJUNCTIVE

¿Quieres que traiga también las cucharas?
¡Espero que vuelvas pronto!

Do you want me to bring the spoons, too?
I hope you come back soon!

TALK ABOUT THE FUTURE

The Future Tense

Ustedes se quedarán aquí, muy quietos.
Isabel, sabes que siempre tendrás aquí en Ecuador amigos que te quieren.

You will stay here and be very quiet.
Isabel, you know that here in Ecuador you will always have friends who love you.

The Conditional Tense

Sabes, el puesto sería perfecto para mí.
Me encantaría.

You know, the job would be perfect for me.
I would be delighted.

TALK ABOUT WHAT YOU HAVE DONE

The Present Perfect Tense

Isabel, ha sido un enorme placer llegar a conocerte.

Isabel, it has been an enormous pleasure getting to know you.

Juego

Lee y relee este trabalenguas en voz alta.
¿Cuántos cuentos cuentas?

Cuando cuentes cuentos,
cuenta cuántos cuentos cuentas,
porque si no cuentas
cuántos cuentos cuentas
nunca sabrás
cuántos cuentos sabes contar.

En tu propia voz

¡A trabajar!

Your family is going to live in a Spanish-speaking country for a semester and you have the opportunity to work while you're there. Write a cover letter to the placement agency that offers positions to foreign students.

Purpose: Apply for a job **Subject:** Employment
Audience: Potential employer **Structure:** Cover letter

PARA ESCRIBIR • STRATEGY: WRITING

State your message using a positive tone Most formal letters are effective because the writer uses a positive, polite, and businesslike tone. Make your cover letter effective by beginning with a strong opening statement. Then provide details that make clear your value as an employee. Conclude by reemphasizing your enthusiasm.

Modelo del estudiante

136 Berkeley Street
Boston, MA 02116
21 de abril

Sr. Ramón Unzueta, Director
Agencia de empleo Valdez
5 de Junio Nº 26
Quito, Ecuador

Estimado Sr. Unzueta:

> The writer makes a **strong opening statement** about his interests.

Como mi familia y yo vamos a vivir en Quito entre septiembre y enero del año que viene, me interesa mucho solicitar empleo en la Escuela Primaria Bilingüe. Mi área de interés es la enseñanza de niños.

> The writer adds information about his **skills.**

Me encanta mi trabajo en Boston como tutor de inglés para los niños recién llegados a Estados Unidos. Trabajo cinco horas a la semana en nuestro Centro de la Comunidad cerca de mi casa. Mis supervisores me han dicho que soy un maestro muy dedicado y que tengo un talento excepcional para enseñar.

> The final section shows the writer's enthusiasm and professional nature by **linking** the employment to his **future.**

Pienso estudiar la enseñanza en la universidad. La oportunidad de enseñarles inglés a los niños de Quito y prepararme para el futuro sería excelente. Además, podré entrenar a los estudiantes de mi ciudad para servir conmigo como tutores de inglés.

> Additional **examples** of employment qualifications are provided by the writer.

Atentamente,

Mark Benjamin
Mark Benjamin

Estrategias para escribir

Antes de escribir...

An impressive cover letter convinces your reader that you are an excellent, qualified candidate for a specific job. The letter gives clear examples of your suitability for the job. Before beginning the first draft of your cover letter, brainstorm the details using a word web like the one at the right.

Revisiones

Share your draft with a partner. Then ask

- *Did I state my purpose simply and concisely?*
- *Did I provide necessary details about my background?*
- *Did I convey my message in a positive manner?*

You can revise your draft based on your partner's responses to these questions.

La versión final

Before you write your final draft of your letter, carefully correct all errors using the proofreading symbols (p. 97). Look over your work with the following question in mind:

- *Did I remember special spellings of irregular past participles?*

Try this: Circle past participles used with *haber* and note if they are regular or irregular. Be sure you have used the correct forms.

 Share your writing on www.mcdougallittell.com

> Estimado Director:
>
> Mi familia y yo vamos a vivir 6 meses en Caracas. seis
> He (leído) mucho sobre los oportunidades que hay ~a~
> allá. Me gustaría solicitar trabajo como ayudante en el
> Centro Bilingüe de Computación
>
> Tengo mucha experiencia con las computadoras.
> He (usado) muchos programas diferentes y he (hacido) hecho
> algunos websites. Estoy preparada para ayudar a los
> estudiantes del centro

RECURSOS

1 ¿Quién es?

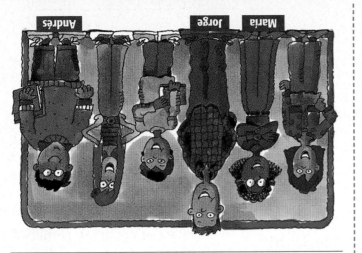

Estudiante A Es necesario identificar a las personas de la foto para el periódico de la escuela. Si no sabes un nombre, describe a la persona. *(Hint: Describe the people to find out their names.)*

modelo

Estudiante A: ¿Quién es baja y tiene una camisa azul?

Estudiante B: …

Estudiante B Es necesario identificar a las personas de la foto para el periódico de la escuela. Si no sabes un nombre, describe a la persona. *(Hint: Describe the people to find out their names.)*

modelo

Estudiante A: ¿Quién es baja y tiene una camisa azul?

Estudiante B: Pilar es baja y tiene una camisa azul.

---

2 Información sobre estudiantes

Estudiante A Tu profesor(a) busca información sobre los estudiantes de la clase. Completa la tabla con tu compañero(a). *(Hint: Complete the chart.)*

modelo

Estudiante A: ¿A qué hora almuerza Meche?

Estudiante B: Ella almuerza a las…

nombre	edad	almuerzo	talento
Meche	16		jugar al golf
Guillermo		11:15	
tú			
tu compañero(a)			

Estudiante B Tu profesor(a) busca información sobre los estudiantes de la clase. Completa la tabla con tu compañero(a). *(Hint: Complete the chart.)*

modelo

Estudiante A: ¿A qué hora almuerza Meche?

Estudiante B: Ella almuerza a las doce y diez.

nombre	edad	almuerzo	talento
Meche		12:10	
Guillermo	17		escribir
tú			
tu compañero(a)			

3 Unidad 1 Etapa 1 p. 43
El fin del verano

4 Unidad 1 Etapa 1 p. 43
¿Adónde?

Exercise 4 (right column)

Pistas sobre Juan	
Pasó por la aduana.	Buscó un libro.
Le dio información al agente.	Disfrutó con los amigos.

1. el aeropuerto
2. un café
3. una piscina
4. un campo de deportes
5. el cine
6. una clase de piano

Estudiante A: ¿Fue Raquel al aeropuerto?

Estudiante B: …

modelo

el aeropuerto

(*Hint: Ask if Raquel went to these places. Answer questions about Juan.*)

Estudiante A Quieres saber adónde fue Raquel. Hazle preguntas a tu compañero(a) para saber adónde fue. Luego usa las pistas para contestar sus preguntas sobre las actividades de Juan.

Estudiante B Quieres saber adónde fue Juan, y tu compañero(a) quiere saber adónde fue Raquel. Usa las pistas para contestar sus preguntas, y hazle preguntas para saber adónde fue Juan. (*Hint: Answer questions about Raquel. Ask if Juan went to these places.*)

modelo

el aeropuerto

Estudiante A: *¿Fue Raquel al aeropuerto?*

Estudiante B: *Sí, fue al aeropuerto.*

Pistas sobre Raquel	
Vio una película.	Jugó al fútbol.
Abordó un avión.	Tocó un instrumento musical.

7. una agencia de viajes
8. las montañas
9. una fiesta
10. otro país
11. un río
12. la biblioteca

Exercise 3 (left column)

bajar un río en canoa

tomar un curso de natación

tocar el piano

almorzar con amigos

jugar al ajedrez

(*Hint: Ask what Beatriz did. Tell what Armando did.*)

Estudiante A Usa estas expresiones para preguntarle a tu compañero(a) qué hizo Beatriz. Luego usa los dibujos para contestar sus preguntas sobre las actividades de Armando.

Estudiante B Usa los dibujos para contestar las preguntas de tu compañero(a) sobre las actividades de Beatriz. Luego usa las expresiones para preguntarle a tu compañero(a) qué hizo Armando. (*Hint: Tell what Beatriz did. Ask what Armando did.*)

acampar en las montañas

cantar en el coro

sacar fotos

estudiar las artes marciales

comer en un restaurante

5   Unidad 1 Etapa 2 p. 60
¿Qué pide?

Estudiante A Tu compañero(a) sabe qué pide Sabrina cuando va al centro, y tú lo quieres saber. Hazle preguntas, usando las expresiones útiles, para aprender qué pide Sabrina. *(Hint: Ask about Sabrina.)*

algo de beber	algo para leer
algo de comer	algo para manejar
algo para ponerse	algo para mirar

modelo

Estudiante A: *¿Pide algo de beber?*
Estudiante B: ...

---

6   Unidad 1 Etapa 2 p. 65
Una excursión

Estudiante A Sabes cuatro cosas que hicieron Iván y Linda ayer pero no sabes en qué orden las hicieron. En oraciones, dile a tu compañero(a) lo que sabes. Cambien de papel. Luego pongan en orden las ocho oraciones. Finalmente, completen la historia *(story)*. *(Hint: Make sentences and put them in order.)*

- (Venir) los padres de Linda a casa. (Ver) la vaca y...
- Linda (comprar) una escultura de una vaca.
- Ellos le (decir) a la vendedora: —Queremos una escultura.
- El sábado pasado, Linda (estar) sola en su casa, pensando en el arte.

Estudiante B
Tú sabes lo que pide Sabrina cuando va al centro, y tu compañero(a) lo quiere saber. Contesta las preguntas de tu compañero(a). *(Hint: Tell what Sabrina does.)*

modelo

Estudiante A: *¿Pide algo de beber?*
Estudiante B: *Sí, pide un refresco.*

Lo que pide Sabrina	
unos zapatos	una hamburguesa
una novela	un refresco
una pintura	

Estudiante B
Sabes cuatro cosas que hicieron Iván y Linda ayer pero no sabes en qué orden las hicieron. En oraciones, dile a tu compañero(a) lo que sabes. Cambien de papel. Luego pongan en orden las ocho oraciones. Finalmente, completen la historia *(story)*. *(Hint: Make sentences and put them in order.)*

- Ellos (llevar) la vaca a la casa de Linda.
- Iván y Linda (ir) a la tienda.
- (Llamar) a Iván por teléfono y lo (invitar) a ir de compras a la tienda de artesanía.
- De repente, (querer) comprar una escultura.

7 — Unas nacionalidades

Estudiante A En voz alta, lee estas selecciones de las noticias. Tu compañero(a) va a decirte las nacionalidades de las personas mencionadas. *(Hint: Find out the nationalities of the people in the news.)*

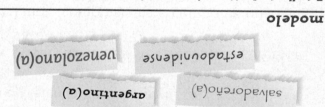

venezolano(a) estadounidense argentino(a) salvadoreño(a)

modelo

Estudiante A: *Una princesa nació en Madrid.*

Estudiante B: *La princesa es...*

1. En Madrid, un señor capturó a un ladrón.
2. Unos pintores hicieron una exposición en París.
3. En Toronto, dos señoras rescataron a un niño.
4. Todas las personas cantaron el himno nacional en Bogotá.

Estudiante B Escucha las selecciones de las noticias y dile a tu compañero(a) las nacionalidades de las personas. Luego léele tus selecciones para que las adivine. *(Hint: Tell the nationalities of the people in the news.)*

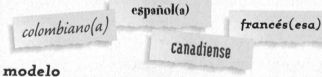

español(a) colombiano(a) francés(esa) canadiense

modelo

Estudiante A: *Una princesa nació en Madrid.*

Estudiante B: *La princesa es española.*

5. Unas escultoras mostraron sus obras en la galería de Boston.
6. Trajeron a las víctimas a un hospital de San Salvador.
7. El actor empezó su carrera en Caracas.
8. Susana de Silva abrió una tienda de arte en Buenos Aires.

8 — ¡Caramba!

Estudiante A Tú y tu compañero(a) hicieron actividades diferentes durante las vacaciones. Dile a tu compañero(a) qué hiciste. Tu compañero(a) va a decirte qué prefiere hacer. Cambien de papel. *(Hint: Tell what you did. Say what you like.)*

modelo

leer las noticias en el periódico

Estudiante A: *Leí las noticias en el periódico.*

Estudiante B: *...*

1. leer las noticias en el periódico
2. pedir un asiento de pasillo en el avión
3. dormir en un hotel lujoso
4. competir en un juego de tenis
5. comer la especialidad de la casa

Estudiante B Tú y tu compañero(a) hicieron actividades diferentes durante las vacaciones. Dile a tu compañero(a) qué hiciste. Tu compañero(a) va a decirte qué prefiere hacer. Cambien de papel. *(Hint: Tell what you did. Say what you like.)*

modelo

leer las tiras cómicas

Estudiante A: *Leí las noticias en el periódico.*

Estudiante B: *Prefiero leer las tiras cómicas.*

1. leer las tiras cómicas
2. pedir un asiento de ventanilla en el avión
3. dormir en las montañas
4. ver un juego de tenis
5. comer pollo asado

9 — ¿Son tuyos o suyos?

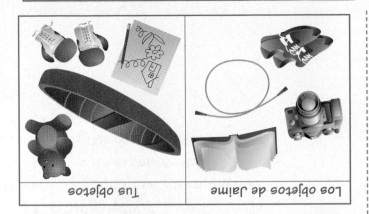

Los objetos de Jaime | **Tus objetos**

Estudiante A Imagínate que unos objetos son tuyos y otros son de Jaime. Dale pistas a tu compañero(a) para que adivine de quiénes son. *(Hint: Give clues for your partner to guess to whom each object belongs.)*

modelo

Estudiante A: *A mí me gusta pelear.*

Estudiante B: *¿Los guantes son tuyos?*

Estudiante A: *Sí, son míos.*

Estudiante B Todos los objetos son de Jaime o de tu compañero(a). Adivina de quién son según las pistas de tu compañero(a). *(Hint: Guess who owns these objects according to your partner's clues.)*

modelo

Estudiante A: *A mí me gusta pelear.*

Estudiante B: *¿Los guantes son tuyos?*

Estudiante A: …

10 — La niñez

Estudiante A Pregúntale a tu compañero(a) sobre la niñez de Nicolás utilizando los elementos de abajo. Luego contesta las preguntas de tu compañero(a). *(Hint: Take turns asking and answering questions.)*

modelo

ser obediente

Estudiante A: *¿Era obediente?*

Estudiante B: …

1. ser obediente
2. saltar la cuerda
3. tener un muñeco de peluche preferido
4. portarse mal en clase

Ahora contesta las preguntas de tu compañero(a).

5. Era muy sociable
6. No le gustaba estar en lugares altos.
7. Tenía miedo de los animales.
8. Era muy amable con su hermano.

Estudiante B Lee estas descripciones de la niñez de Nicolás y contesta las preguntas de tu compañero(a). Luego hazle tú otras preguntas. *(Hint: Take turns asking and answering questions.)*

modelo

No hacía lo que decían sus padres.

Estudiante A: *¿Era obediente?*

Estudiante B: *No, no era obediente. No hacía lo que decían sus padres.*

1. No hacía lo que decían sus padres.
2. Hacía actividades atléticas.
3. Siempre llevaba su gatito de peluche.
4. Escuchaba bien a sus maestros.

Ahora hazle otras preguntas a tu compañero(a).

5. ser tímido
6. trepar a los árboles
7. asustarse de los perros
8. pelearse con su hermano

11 — En la fiesta

Estudiante A Viste una foto de una fiesta y quieres saber qué estaban haciendo las personas. Pregúntale a tu compañero(a).
(Hint: Find out who was doing what.)

modelo

Estudiante A: *¿Quién estaba tocando la guitarra?*

Estudiante B: ...

Estudiante B Tu compañero(a) acaba de ver una foto de una fiesta tuya. Contesta las preguntas con los nombres de las personas.
(Hint: Identify who was doing each activity.)

modelo

Estudiante A: *¿Quién estaba tocando la guitarra?*

Estudiante B: *Diego estaba tocando la guitarra.*

Roberto Bárbara Diego Dani Carlota Micaela Jorge

12 — Mientras...

Estudiante A Pregúntale a tu compañero(a) qué hizo Roberto mientras Catalina hacía otra cosa.
(Hint: Ask your partner what Roberto did.)

modelo

jugar al tenis

Estudiante A: *¿Qué hizo Roberto mientras Catalina jugaba al tenis?*

Estudiante B: *Mientras Catalina jugaba al tenis, Roberto...*

1. jugar al tenis
2. buscar información en Internet
3. hacer un experimento
4. disfrutar con las amigas
5. leer su libro

Estudiante B Dile a tu compañero(a) qué hizo Roberto mientras Catalina hacía otra cosa. *(Hint: Tell your partner what Roberto did.)*

modelo

ganar un premio

Estudiante A: *¿Qué hizo Roberto mientras Catalina jugaba al tenis?*

Estudiante B: *Mientras Catalina jugaba al tenis, Roberto ganó un premio.*

1. ganar un premio
2. tener un accidente
3. ver el leopardo
4. oír música
5. comprar una limonada

13

5. Juan / gustar / la carne
4. Catalina / fascinar / los deportes
3. Jorge / molestar / las matemáticas
2. Ana / interesar / las noticias
1. Carlos / encantar / bailar

Estudiante B: …
Estudiante A: ¿A Carlos le encanta bailar?

modelo

Carlos / encantar / bailar

(*Hint: Ask your classmate about activities.*)

Estudiante A Pregúntale a tu compañero(a) si a estas personas les gusta hacer las siguientes cosas. Luego haz una lista de sus respuestas.

Estudiante B
Tu compañero(a) te va a preguntar si a unas personas les gusta hacer varias cosas. Contesta las preguntas y responde con los verbos de abajo. Luego haz una lista de sus respuestas. (*Hint: Answer your classmate about activities.*)

encantar   gustar   importar   interesar

modelo

Carlos va a la discoteca.

Estudiante A: ¿A Carlos le encanta bailar?

Estudiante B: Sí, le encanta bailar. Le gusta ir a la discoteca.

1. Carlos va a la discoteca.
2. Ana lee el periódico.
3. Jorge no estudia las matemáticas.
4. Catalina juega al fútbol.
5. Juan come muchas hamburguesas.

---

14 En tu restaurante preferido

	sí	no
1. pollo asado		
2. bistec		
3. pescado		
4. limonada		
5. leche		
6. plátanos		
7. papas fritas		
8. tacos		
9. pasta		
10. pan		

Estudiante B: …
Estudiante A: ¿Te sirven pollo asado en el restaurante?

modelo

Pirámide. (*Hint: Ask your partner if these foods are served.*)

Estudiante A Pregúntale a tu compañero(a) si le sirven estas comidas en el Restaurante

---

Estudiante B
Dile a tu compañero(a) si te sirven varias comidas en el Restaurante Pirámide. (*Hint: Tell your partner if these foods are served.*)

modelo

Estudiante A: ¿Te sirven pollo asado en el restaurante?

Estudiante B: Sí, me lo sirven.

MÁS COMUNICACIÓN

15 Unidad 3 Etapa 1 p. 182
¿Está haciéndolo?

Estudiante A María se prepara para la escuela. Pregúntale a tu compañero(a) si ella necesita hacer las siguientes actividades o si ya está haciéndolas. *(Hint: Find out if María is doing or needs to do the following activities.)*

modelo

maquillarse

Estudiante A: *¿Se está maquillando María?*

Estudiante B: …

1. maquillarse
2. arreglarse
3. lavarse
4. secarse el pelo
5. mirarse

Estudiante B María se prepara para la escuela. Dile a tu compañero(a) si María necesita hacer las actividades mencionadas o si ya está haciéndolas. *(Hint: Tell your partner if María is doing or needs to do certain things.)*

modelo

maquillarse

Estudiante A: *¿Se está maquillando María?*

Estudiante B: *No. Necesita maquillarse.*

16 Unidad 3 Etapa 1 p. 187
¿Ahora dónde estás?

Estudiante A Una persona famosa viene a tu escuela. Dale direcciones a las siguientes partes de la escuela. Tu compañero(a) (la persona famosa) va a adivinar el lugar. Cambien de papel. *(Hint: Use usted commands to give directions to the following places in your school. Identify places according to your partner's directions.)*

modelo

la clase de arte

Estudiante A: *Salga de la clase y doble a la izquierda. Camine hasta el auditorio, doble a la derecha y busque la próxima puerta.*

Persona famosa: *Es la clase de arte.*

1. el gimnasio
2. el auditorio
3. la biblioteca
4. el laboratorio de ciencias

Estudiante B Identifica los lugares de la lista de tu compañero(a) según sus direcciones. Luego cambien de papel y dale direcciones para ir a las siguientes partes de la escuela. *(Hint: Identify places in your school according to your partner's directions. Use usted commands to give directions to the places on your list.)*

modelo

la clase de arte

Estudiante A: *Salga de la clase y doble a la izquierda. Camine hasta el auditorio, doble a la derecha y busque la próxima puerta.*

Persona famosa: *Es la clase de arte.*

5. la cafetería
6. el estadio
7. la oficina
8. el salón de computadoras

17 ¿Qué recuerdas?

18 ¿Cómo?

Estudiante A Dile a tu compañero(a) que tiene que hacer las siguientes actividades. Él (Ella) te va a decir si es necesario hacerlas según el dibujo. *(Hint: Use tú commands to tell your partner to do these chores.)*

modelo

barrer el piso

Estudiante A: *Barre el piso.*

Estudiante B: …

1. barrer el piso
2. poner la mesa
3. sacar la basura
4. lavar los platos
5. quitar la mesa
6. pasar la aspiradora

Estudiante A ¿Cómo son estas personas en casa? Pregúntale a tu compañero(a) qué hacen, usando adverbios con **-mente**. *(Hint: Ask what people do.)*

modelo

Juana / inmediatamente

Estudiante A: *En casa, ¿qué hace Juana inmediatamente?*

Estudiante B: …

1. Juana / inmediatamente
2. Jorge / rápidamente
3. Catalina / tranquilamente
4. Andrés / normalmente
5. Alicia / lentamente
6. David / difícilmente

Estudiante B Dile a tu compañero(a) si es necesario hacer las actividades mencionadas según el dibujo. *(Hint: Decide if the chores should be done.)*

modelo

Estudiante A: *Barre el piso.*

Estudiante B: *No es necesario.*

Estudiante B Contesta las preguntas de tu compañero(a). *(Hint: Tell your partner what people do.)*

modelo

hacer la tarea

Estudiante A: *En casa, ¿qué hace Juana inmediatamente?*

Estudiante B: *Hace la tarea inmediatamente.*

1. hacer la tarea
2. estirarse
3. hacer la cama
4. leer el periódico
5. lavar los platos
6. acostarse temprano

19 Unidad 3 Etapa 3 p. 227 — En el consultorio

Estudiante A Una enfermera escribió la información en la tabla de abajo. ¿Cuánto tiempo hace que les afectan las situaciones a las personas? Habla con tu compañero(a) para completar la tabla. (*Hint: Complete the chart.*)

modelo

Estudiante A: ¿Cuánto tiempo hace que Andrés se lastimó?

Estudiante B: Hace... que se lastimó.

María	Le duelen los dientes.	2 meses
Andrés	Se lastimó.	
Julia	Se cortó el dedo.	3 horas
Pedro	Está resfriado.	
Pepa	Lleva yeso.	5 semanas
Paco	Tiene tos.	

Estudiante B Una enfermera escribió la información en la tabla de abajo. ¿Cuánto tiempo hace que les afectan las situaciones a las personas? Habla con tu compañero(a) para completar la tabla. (*Hint: Complete the chart.*)

modelo

Estudiante A: ¿Cuánto tiempo hace que Andrés se lastimó?

Estudiante B: Hace un año que se lastimó.

María	Le duelen los dientes.	
Andrés	Se lastimó.	1 año
Julia	Se cortó el dedo.	
Pedro	Está resfriado.	6 días
Pepa	Lleva yeso.	
Paco	Tiene tos.	1 semana

20 Unidad 3 Etapa 3 p. 231 — La telenovela

Estudiante A Imagínate que tu vida es como una telenovela y le vas a decir varias situaciones a tu compañero(a). Te va a responder con una expresión impersonal y su reacción. (*Hint: Tell your partner the following and listen for the response.*)

modelo

Estudiante A: Mi hermana se cayó cuando se ponía los pantalones y está en la sala de emergencia.

Estudiante B: ....

1. Mi hermana se cayó cuando se ponía los pantalones y está en la sala de emergencia.
2. Hubo un temblor y mi casa está destruida.
3. Mi profesor va a ser mi padrastro.
4. Acabo de darme cuenta de que tengo una gemela.
5. Hace mucho calor y no tengo desodorante.

Estudiante B Imagínate que la vida de tu compañero(a) es como una telenovela y te va a describir varias situaciones. Responde con una expresión impersonal y tu reacción. (*Hint: Listen to your partner's situations, and then react.*)

Es triste que…	Es ridículo que…
Es probable que…	Es importante que…
Es bueno que…	Es una lástima que…

modelo

Estudiante A: Mi hermana se cayó cuando se ponía los pantalones y está en la sala de emergencia.

Estudiante B: Es importante que tu hermana tenga cuidado cuando se pone los pantalones.

21 Unidad 4 Etapa 1 p. 257
Quiero que vayamos a…

8. ¿Tiene gimnasio?
7. ¿Tiene piscina?
6. ¿Tiene televisor en las habitaciones?
5. ¿Tiene cocinas en las habitaciones?

Estudiante B: Ojalá que nos hospedemos…
Estudiante A: Sí.
Estudiante B: ¿Tiene habitaciones hermosas?

modelo

Tu hotel tiene:
- baños grandes
- habitaciones
- muebles antiguos
- una vista del mar
- comida maravillosa
- hermosas

(*Hint: Ask and answer questions about a hotel.*)

Estudiante A Contesta preguntas sobre tu hotel. Luego hazle estas preguntas a tu compañero(a). Trata de convencerle de hospedarse en tu hotel.

Estudiante B Pregúntale a tu compañero(a) sobre su hotel y contesta preguntas sobre el tuyo. Luego trata de convencerle de hospedarse en tu hotel. (*Hint: Ask and answer questions about a hotel.*)

modelo

Estudiante B: ¿Tiene habitaciones hermosas?
Estudiante A: ….
Estudiante B: Ojalá que nos hospedemos…

1. ¿Tiene habitaciones hermosas?
2. ¿Tiene muebles antiguos o modernos?
3. ¿Tiene baños grandes?
4. ¿Tiene servicio excepcional?

Tu hotel tiene:
- una piscina grande
- aire acondicionado
- un gimnasio
- habitaciones con…
- cocinas
- televisores

22 Unidad 4 Etapa 1 p. 259
Siempre lo contrario

8. alquilar un video cómico
7. levantarse tarde
6. lavar el perro en el lavabo
5. ir al centro comercial
4. ir a la librería
3. dar una vuelta
2. poner la calefacción
1. preparar el almuerzo en el horno microondas

Estudiante B: …
Estudiante A: Ojalá que prepararemos el almuerzo en el horno microondas.

preparar el almuerzo en el horno microondas

modelo

tiene otra idea. (*Hint: Suggest activities.*)

Estudiante A Tú y tu compañero(a) no están de acuerdo hoy. Cuando tú sugieres algo, él (ella)

Estudiante B Tú y tu compañero(a) no están de acuerdo hoy. Cuando él (ella) sugiere algo, tú tienes otra idea. (*Hint: Suggest alternate activities.*)

modelo

usar la estufa

Estudiante A: Ojalá que prepararemos el almuerzo en el horno microondas.
Estudiante B: Prefiero que usemos la estufa.

- lavarlo en la bañera
- ir a un mercado
- usar un despertador
- usar la estufa
- sacar libros de la biblioteca
- alquilar uno de horror
- andar en bicicleta
- poner el aire acondicionado

Estudiante A Pregúntale a tu compañero(a) si quiere hacer las siguientes actividades. Luego cambien de papel y responde según la lista. Una contraseña (*check mark*) indica que sí quieres hacerlo. Si no hay contraseña, sugiere que otra persona lo haga. (*Hint: Find out if your partner wants to do the following.*)

modelo

hacer la limpieza

Estudiante A: *¿Te gustaría hacer la limpieza?*

Estudiante B: …

1. hacer la limpieza
2. ver la película _(nombre)_
3. ir a un partido de béisbol
4. revisar la tarea

Estudiante A Estás en la Plaza Mayor y quieres ir a otros lugares de Madrid. Pregúntale a tu compañero(a) cómo llegar. (*Hint: Ask for directions.*)

modelo

Estudiante A: ¿Cómo llego a la Puerta del Sol?

Estudiante B: Sugiero que sigas…

1. la Puerta del Sol
2. el Teatro Español
3. el Banco de España
4. las Cortes Españolas
5. la Catedral de San Isidro
6. la Academia de Bellas Artes

Estudiante B Estás en la Plaza Mayor y tu compañero(a) quiere ir a otros lugares de Madrid. Dale direcciones. (*Hint: Give directions to your partner.*)

modelo

Estudiante A: ¿Cómo llego a la Puerta del Sol?

Estudiante B: Sugiero que sigas esta calle hacia…

Estudiante B Tu compañero(a) quiere saber si te gustaría hacer las siguientes actividades. Responde según la siguiente lista. Una contraseña (*check mark*) indica que sí quieres hacerlo. Si no hay contraseña, sugiere que otra persona lo haga. Luego cambien de papel.
(*Hint: Say whether you want to do these activities or if you want someone else to.*)

modelo

hacer la limpieza

Estudiante A: ¿Te gustaría hacer la limpieza?

Estudiante B: No, sugiero que mi hermana la haga.

5. sacar la basura
6. divertirte en una fiesta
7. jugar al baloncesto
8. ir a la taquilla

25 Unidad 4 Etapa 3 p. 297
¿Qué compraste?

Estudiante A Imagínate que compraste las siguientes cosas. Compara lo que compraste con lo que compró tu compañero(a) para hacer oraciones utilizando las frases de abajo. *(Hint: Compare what you bought.)*

modelo

suéter / talla

Estudiante A: *Mi suéter es talla 14.*

Estudiante B: *…*

Estudiante A: *Mi suéter es más…*

suéter	talla 14	$38
chaleco	talla 10	$35
traje	talla 6	$127

1. suéter / talla
2. chaleco / talla
3. traje / precio

más grande
es tan grande como
cuesta tanto como

menos caro(a)
más pequeño(a)
más caro(a)

---

26 Unidad 4 Etapa 3 p. 303
Comprando ropa

Estudiante A Imagínate que eres un(a) cliente(a) en una tienda de ropa y tu compañero(a) es el (la) dependiente(a). Usa las siguientes oraciones para hacer una conversación. ¡Ojo! No están en orden. Tú empiezas. *(Hint: Create a conversation.)*

a. *(Te pones el chaleco.)* ¿Cómo me veo?

b. Dudo que haya lo que quiero. Busco un chaleco.

c. ¿Me puede atender?

d. Quiero uno que haga juego con estos pantalones.

e. Bueno, me lo llevo.

f. Sí, el color oscuro es perfecto, pero no creo que me quede bien.

Estudiante B Imagínate que compraste las siguientes cosas. Compara lo que compraste con lo que compró tu compañero(a) para hacer oraciones utilizando las frases de abajo.
(Hint: Compare what you bought.)

modelo

suéter / talla

Estudiante A: *Mi suéter es talla 14.*

Estudiante B: *Mi suéter es talla 16.*

Estudiante A: *Mi suéter es más pequeño.*

4. suéter / precio
5. chaleco / precio
6. traje / talla

suéter	talla 16	$38
chaleco	talla 12	$20
traje	talla 14	$96

más grande
es tan grande como
cuesta tanto como

menos caro(a)
más pequeño(a)
más caro(a)

Estudiante B Imagínate que eres un(a) dependiente(a) en una tienda de ropa. Y tu compañero(a) es el (la) cliente(a). Usa las siguientes oraciones para hacer una conversación. ¡Ojo! No están en orden. Tu compañero(a) empieza. *(Hint: Create a conversation.)*

a. Te ves fantástico(a).

b. Me alegro de que tengamos varios estilos… con rayas, oscuros… ¿Qué prefieres?

c. Sí, ¿en qué te puedo servir?

d. Recomiendo que te lo pongas.

e. Bueno, algo sencillo, entonces. ¿Te gusta éste?

f. Excelente, espero que te guste.

27 · Dibujos animados

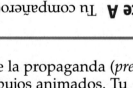

Estudiante A Tu compañero(a) vio la propaganda (*preview*) de un programa de dibujos animados. Pregúntale qué animales harán las siguientes actividades. Cambien de papel.

modelo

comer una salchicha

Estudiante A: ¿Qué animal comerá una salchicha?

Estudiante B: El león la comerá. (El león comerá una salchicha.)

1. bailar sobre una hoja
3. vestirse en ropa formal
5. beber un refresco
7. dormirse bajo el sol

Estudiante B Viste la propaganda (*preview*) de un programa de dibujos animados. Tu compañero(a) quiere saber qué animales harán las actividades mencionadas. Cambien de papel.

modelo

Estudiante A: ¿Qué animal comerá una salchicha?

Estudiante B: El león la comerá. (El león comerá una salchicha.)

2. escuchar música rock
4. reírse mucho
6. correr lejos
8. ser feroz

28 · ¡Vámonos!

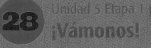

nadar

sacar unas fotos en el parque nacional

ponernos impermeables

hacer algo divertido

Estudiante A Dile las siguientes situaciones a tu compañero(a) a quien va a recomendar ciertas actividades que ustedes hagan. Cambien de papel.

modelo

Estoy cansado(a).

Estudiante A: Estoy cansado(a).

Estudiante B: …

1. Estoy cansado(a).
2. Me gusta la naturaleza.
3. Debemos ayudar el medio ambiente.
4. Me molesta la altitud.

Estudiante B Tu compañero(a) te va a describir varias situaciones. Para cada situación, sugiere una actividad que ustedes puedan hacer. Cambien de papel.

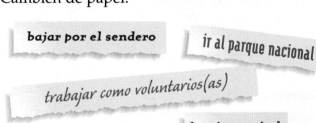

bajar por el sendero

ir al parque nacional

trabajar como voluntarios(as)

dormir una siesta

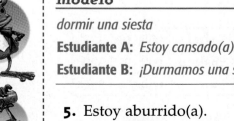

modelo

dormir una siesta

Estudiante A: Estoy cansado(a).

Estudiante B: ¡Durmamos una siesta!

5. Estoy aburrido(a).
6. Va a llover.
7. Tengo calor.
8. Quiero fotos de los animales.

29 (Estudiante A)

Estudiante A Estas personas describieron sus planes para diez años en el futuro. Habla con tu compañero(a) para completar la tabla.

modelo

Estudiante A: ¿Qué será Margarita?

Estudiante B: Margarita...

nombre	profesión	edad	pasatiempo
Margarita		31	
Andrés	profesor		viajar
Amanda		27	
Felipe	bombero		escalar montañas

30 (Estudiante A)

Estudiante A Tú y tu compañero(a) tienen información sobre el tiempo de algunos días de la semana. Túrnense con preguntas sobre el tiempo que no sepan. ¡Ojo! Hay un día en que ustedes tienen información diferente.

modelo

lunes

Estudiante A: ¿Hace buen tiempo el lunes?

Estudiante B: ...

lunes	
martes	llovizna
miércoles	
jueves	húmedo
viernes	relámpago
sábado	
domingo	nubes

Estudiante B (29)

Estudiante B Estas personas describieron sus planes para diez años en el futuro. Habla con tu compañero(a) para completar la tabla.

modelo

Estudiante A: ¿Qué será Margarita?

Estudiante B: Margarita será doctora.

nombre	profesión	edad	pasatiempo
Margarita	doctora		pescar
Andrés		24	
Amanda	escritora		montar a caballo
Felipe		19	

Estudiante B (30)

Estudiante B Tú y tu compañero(a) tienen información sobre el tiempo de algunos días de la semana. Túrnense con preguntas sobre el tiempo que no sepan. ¡Ojo! Hay un día en que ustedes tienen información diferente.

modelo

lunes

Estudiante A: ¿Hace buen tiempo el lunes?

Estudiante B: Sí, es un día caluroso.

lunes	caluroso
martes	
miércoles	neblina
jueves	huracán
viernes	
sábado	aguacero
domingo	

31 Adivina

Estudiante A Hazle a tu compañero(a) las siguientes preguntas. Tu compañero(a) va a dramatizar sus respuestas sin hablar. Adivina la actividad que preferiría hacer según sus acciones. Cambien de papel. Dramatiza lo que preferirías de las dos opciones.

acampar / sacar fotos
volar / manejar
ajedrez / voleibol

1. ¿Qué harías en el parque?
2. ¿Qué comprarías con veinte dólares?
3. ¿Qué animal preferirías tener?

modelo

¿Qué harías en el parque?

Estudiante A: ¿Qué harías en el parque?
Estudiante B: (Dramatiza la actividad.)
Estudiante A: (Adivina la actividad.)

Estudiante B Cuando tu compañero(a) te pregunte, dramatiza lo que preferirías de las dos opciones. ¡Ojo! No puedes hablar. Tu compañero(a) va a adivinarlo usando el condicional. Cambien de papel.

patinar / leer un libro
un disco compacto / una camiseta
un perro / un mono

modelo

patinar / leer un libro

Estudiante A: ¿Qué harías en el parque?
Estudiante B: (Dramatiza la actividad.)
Estudiante A: …

4. ¿Qué harías en un bosque?
5. ¿Cómo irías a otro país?
6. ¿A qué jugarías con tus amigos?

32 ¿Quién adivinó mejor?

Estudiante A Lee las siguientes preguntas y adivina cómo responderá tu compañero(a). Escribe tus respuestas. Luego túrnense para hacer y contestar preguntas. ¿Quién adivinó mejor?

esquiar mucho   nadar todos los días
comer «sushi»

1. Si fueras director(a) de la escuela, ¿qué harías?
2. Si estuvieras escuchando música, ¿qué harías?
3. Si pudieras cambiar el color de tus ojos, ¿qué harías?

modelo

Si fueras director(a) de la escuela, ¿qué harías?

Estudiante A: Si fueras director(a) de la escuela, ¿qué harías?
Estudiante B: …

Estudiante B Lee las siguientes preguntas y adivina cómo responderá tu compañero(a). Escribe tus respuestas. Luego túrnense para hacer y contestar preguntas. ¿Quién adivinó mejor?

modelo

hacer una fiesta cada viernes

Estudiante A: Si fueras director(a) de la escuela, ¿qué harías?
Estudiante B: Haría una fiesta cada viernes.

poner música de los años setenta
tener ojos marrones
hacer una fiesta cada viernes

4. Si estuvieras en un restaurante japonés, ¿qué harías?
5. Si estuvieras en una isla desierta, ¿qué harías?
6. Si estuvieras en las montañas, ¿qué harías?

33 Unidad 6 Etapa 1 p. 398
En su tiempo libre

Estudiante A Quieres saber qué hacen tres de estas personas en su tiempo libre. Pregúntale a tu compañero(a). Luego cambien de papel.

modelo

el operador

Estudiante A: ¿Qué hace el operador en su tiempo libre?

Estudiante B: …

el operador		
la artesana	jugar al fútbol	
el cartero		
el bombero		
la mecánica	escribir cartas	
el obrero	jugar al baloncesto	

Estudiante B Tu compañero(a) quiere saber qué hacen tres de estas personas en su tiempo libre. Contesta las preguntas. Luego cambien de papel.

modelo

el operador

Estudiante A: ¿Qué hace el operador en su tiempo libre?

Estudiante B: El operador lee.

el operador	leer
la artesana	
el cartero	nadar
el bombero	cocinar
la mecánica	
el obrero	

34 Unidad 6 Etapa 1 p. 403
Una solicitud

Estudiante A Tienes una solicitud que no está completa. Pregúntale a tu compañero(a) si tiene la información. Luego cambien de papel.

modelo

Estudiante A: ¿Cuál es el nombre de esta persona?

Estudiante B: …

Solicitud para empleo

Nombre _____

Dirección _____

Teléfono 555-98-80

Fecha de nacimiento _____

Ciudadanía Ecuatoriana

Horas disponibles (número total por semana) 10

Actividades _____

Firma _Carmen Julieta V._

Estudiante B Tienes una solicitud que no está completa. Pregúntale a tu compañero(a) si tiene la información. Luego cambien de papel.

modelo

Estudiante A: ¿Cuál es el nombre de esta persona?

Estudiante B: Su nombre es…

Solicitud para empleo

Nombre Carmen Julieta Vásquez

Dirección 4216 Contra Costa, Quito

Teléfono _____

Fecha de nacimiento 21 de marzo de 1984

Ciudadanía _____

Horas disponibles (número total por semana) _____

Actividades jugar al baloncesto, cantar en el coro

Firma _____

Estudiante A Dile a tu compañero(a) lo que hacía Timoteo cuando era niño. Tu compañero(a) sabe lo que hizo ayer. Túrnense con preguntas.

modelo

trepar a los árboles

Estudiante A: *Cuando era niño, Timoteo trepaba a los árboles todos los días. ¿Qué hizo ayer?*

Estudiante B: …

1. trepar a los árboles
2. saltar la cuerda
3. construir con bloques
4. jugar con sus primos
5. cantar

Estudiante B Tu compañero(a) sabe lo que hacía Timoteo cuando era niño. Dile qué hizo ayer. Túrnense con preguntas.

modelo

nadar en la piscina

Estudiante A: *Cuando era niño, Timoteo trepaba a los árboles todos los días. ¿Qué hizo ayer?*

Estudiante B: *Ayer Timoteo nadó en la piscina.*

1. nadar en la piscina
2. jugar al baloncesto
3. comer tacos
4. contarles cuentos a los niños
5. cantar en el coro

Estudiante A Eres el (la) entrevistador(a) y tu compañero(a) busca empleo. Hagan una conversación poniendo las oraciones en orden y conjugando los verbos en el presente perfecto. Tú empiezas.

a. Sí, la puntualidad es muy importante. ¿Por qué (buscar) un puesto con nuestra empresa?

b. Buenas tardes, señor (señorita). ¿Ya _____ (tener) otro empleo?

c. Bueno, yo (ver) su curriculum y estoy de acuerdo. ¿Sabe que el contrato es para seis meses?

d. ¿(Ver) los requisitos para este puesto?

e. Muy bien. ¿Qué (hacer) en el restaurante?

Estudiante B Tu compañero(a) es el (la) entrevistador(a) y tú buscas empleo. Hagan una conversación poniendo las oraciones en orden y conjugando los verbos en el presente perfecto. Tu compañero(a) empieza.

f. Sí, (tener) mucha experiencia. Generalmente soy puntual.

g. Pues, (trabajar) con dinero y (servir) comida.

h. Sí, (trabajar) en un restaurante por dos años.

i. Sí, (ver) el contrato y es perfecto porque salgo para la universidad en seis meses.

j. (Querer) trabajar aquí por mucho tiempo y creo que (demostrar) las habilidades que usted busca.

37 ¿Quién lo dijo?

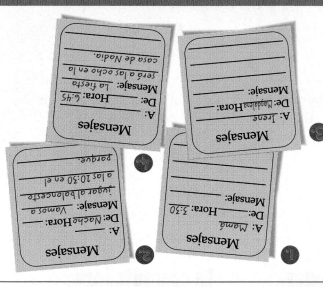

Estudiante A Tienes varios mensajes pero te falta información. Con tu compañero(a), completa los mensajes.

modelo

Estudiante A: ¿De quién es el primer mensaje? ¿Qué dijo?

Estudiante B: Es de... Dijo que necesitaría...

Estudiante B Tienes varios mensajes pero te falta información. Con tu compañero(a), completa los mensajes.

modelo

Estudiante A: ¿De quién es el primer mensaje? ¿Qué dijo?

Estudiante B: Es de Carlitos. Dijo que necesitaría dinero.

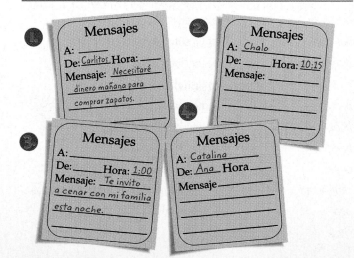

38 En el verano

1. **lunes**	5. **viernes**
2. **martes** ser voluntaria	6. **sábado** limpiar el cuarto
3. **miércoles** ir de compras	7. **domingo**
4. **jueves** jugar al voleibol	

Estudiante B: ...

Estudiante A: ¿Qué hará el lunes?

modelo

Conversa con tu compañero(a) para completar el horario.

Estudiante A Margarita ha planeado un horario para sus actividades este verano.

Estudiante B Margarita ha planeado un horario para sus actividades este verano. Conversa con tu compañero(a) para completar el horario.

modelo

Estudiante A: ¿Qué hará el lunes?

Estudiante B: Practicará las artes marciales.

1. **lunes** practicar las artes marciales	5. **viernes** tomar un curso de computadoras
2. **martes**	6. **sábado**
3. **miércoles**	7. **domingo** bajar el río en canoa
4. **jueves**	

Vocabulario adicional

Here is some additional vocabulary that you may want to use in conversation. If you do not find a word here, it may be listed in the glossaries.

Más clases

el alemán	German
la álgebra	algebra
el cálculo	calculus
la composición	writing
la contabilidad	accounting
la física	physics
la geografía	geography
la geometría	geometry
el latín	Latin
el ruso	Russian
la salud	health
la trigonometría	trigonometry

Otras expresiones

¿Cómo se dice… en español?	How do you say… in Spanish?
Con permiso.	Excuse me.
¿Cuál es la fecha de hoy?	What is today's date?
¿Cuál es la tarea para mañana?	What is tomorrow's homework?
¿Puede(s) repetir, por favor?	Would you please repeat that?
¿Qué hora es?	What time is it?

Más instrucciones

Abran los libros.	Open your books.
Cierren los libros.	Close your books.
Escriban…	Write…
Escuchen…	Listen (to)…
Lean…	Read…
Levanten la mano.	Raise your hand.
Miren el pizarrón.	Look at the chalkboard.
Saquen un lápiz.	Take out a pencil.
Siéntense.	Sit down.

Objetos de clase

el borrador	eraser
la calculadora	calculator
el cuaderno	notebook
el diccionario	dictionary
el escritorio	desk
el lápiz	pencil
el libro	book
la mochila	backpack
el papel	paper
el pizarrón	chalkboard
la pluma	pen
la tiza	chalk

La computadora

la computadora	computer
la impresora	printer
la pantalla	screen
el ratón	mouse
el teclado	keyboard

Profesiones

el (la) agente de bolsa	stockbroker
el (la) alcalde	mayor
el (la) asistente social	social worker
el (la) biógrafo(a)	biographer
el (la) ensayista	essayist
el (la) filósofo(a)	philosopher
el (la) funcionario(a)	civil servant
el (la) historiador(a)	historian
el (la) novelista	novelist
el (la) jefe(a) de producto	product manager
el (la) poeta	poet
el (la) representante	sales representative
el (la) vendedor(a)	salesperson

Instrumentos musicales

el acordeón	*accordion*
la armónica	*harmonica*
el arpa (fem.)	*harp*
el bajo	*bass*
la batería	*drum set*
el clarinete	*clarinet*
el corno francés	*French horn*
el corno inglés	*English horn*
la flauta	*flute*
la flauta dulce	*recorder*
el flautín	*piccolo*
la mandolina	*mandolin*
el oboe	*oboe*
el órgano	*organ*
la pandereta	*tambourine*
el saxofón	*saxophone*
el tambor	*drum*
el trombón	*trombone*
la trompeta	*trumpet*
la tuba	*tuba*
la viola	*viola*
el violín	*violin*
el violonchelo	*cello*
el xilófono	*xylophone*

Más animales

el buey	*ox*
el burro	*donkey*
el conejillo de Indias	*guinea pig*
el conejo	*rabbit*
el elefante	*elephant*
el gerbo	*gerbil*
el hámster	*hamster*
el hurón	*ferret*
la jirafa	*giraffe*
la lechuza	*barn owl*
el leopardo	*leopard*
el (la) oso(a)	*bear*
la oveja	*sheep*
la paloma	*pigeon*
el puma	*American panther*
la rata	*rat*
el ratón	*mouse*

Los deportes

el árbitro	*referee, umpire*
el arquero	*goalie*
el (la) bateador(a)	*batter*
el boxeo	*boxing*
el (la) campeón(ona)	*champion*
el campeonato	*championship*
la carrera	*race*
el cesto	*basket*
el (la) entrenador(a)	*trainer, coach*
el esquí	*ski*
la gimnasia	*gymnastics*
el golf	*golf*
los juegos olímpicos	*Olympics*
el (la) lanzador(a)	*pitcher*
el marcador	*scoreboard*
el palo	*stick, club*
el (la) parador(a)	*catcher*
la pista	*racetrack*
la red	*net*
la tabla hawaiana	*surfboard*
el trofeo	*trophy*
el uniforme	*uniform*

Más nacionalidades

africano(a)	*African*	egipcio(a)	*Egyptian*	israelita	*Israeli*
asiático(a)	*Asian*	escocés(esa)	*Scottish*	portugués(esa)	*Portuguese*
australiano(a)	*Australian*	europeo(a)	*European*	ruso(a)	*Russian*
brasileño(a)	*Brazilian*	griego(a)	*Greek*	sudafricano(a)	*South African*
camboyano(a)	*Cambodian*	holandés(esa)	*Dutch*	sueco(a)	*Swedish*
coreano(a)	*Korean*	indio(a)	*Indian*	suizo(a)	*Swiss*
danés(esa)	*Danish*	irlandés(esa)	*Irish*	turco(a)	*Turkish*
				vietnamita	*Vietnamese*

Juegos-respuestas

ETAPA PRELIMINAR

En resumen, p. 25: 9, 2, 2

UNIDAD 1

Etapa 1 **En uso,** p. 49: Pablo: acampar; Tania: ajedrez; Luis: coro; Josefa: artes marciales

Etapa 2 **En uso,** p. 71: El pato pintó un retrato del gato.

Etapa 3 **En acción,** p. 81: el inglés: pan francés; el francés: sándwich cubano; el mexicano: arroz mexicano; **En uso,** p. 95: una reportera

UNIDAD 2

Etapa 1 **En acción,** p. 112: 1. se sonríe 2. me divierto; 3. se aburren; 4. te caes; 5. se enoja Respuesta: me río; **En uso,** p. 121: un muñeco de peluche

Etapa 2 **En uso,** p. 143: el primero: Javier; el cuarto: Jorge; la tercera: Julia; el segundo: José

Etapa 3 **En uso,** p. 167: una obra de teatro

UNIDAD 3

Etapa 1 **En acción,** p. 182: Es mi trompeta. **En uso,** p. 193: Marta: el secador de pelo; Antonio: el reloj; Beatriz: el jabón

Etapa 2 **En uso,** p. 215: arena; protegernos; loción protectora

Etapa 3 **En uso,** p. 239: la muñeca

UNIDAD 4

Etapa 1 **En uso,** p. 265: detrás del televisor

Etapa 2 **En acción,** p. 274: 1. perdamos 2. cuesten 3. despierten 4. vuelvas; Respuesta: luna; **En uso,** p. 287: Busca su perro.

Etapa 3 **En uso,** p. 311: Sus zapatos son demasiado grandes, sus pantalones son flojos y su chaleco le queda apretado.

UNIDAD 5

Etapa 1 **En uso,** p. 337: el jaguar

Etapa 2 **En uso,** p. 359: saco de dormir; fogata; aguacero

Etapa 3 **En acción,** p. 373: c. Chile; **En uso,** p. 383: d. 3 horas

UNIDAD 6

Etapa 1 **En uso,** p. 409: el cartero

Etapa 2 **En uso,** p. 431: A través: 2. beneficios, 5. contrato, 6. habilidades, 8. educación, 11. meta; Abajo: 1. ventaja, 3. seguro, 4. empresa, 7. sueldo, 9. universidad, 10. currículum

Etapa 3 **En acción,** p. 442: a. el semáforo

Gramática—resumen

Grammar Terms

Adjective (pp. 7, 296, 401): a word that describes a noun

Adverb (p. 206): a word that modifies a verb, an adjective, or another adverb

Article (p. 7): a word that identifies the class of a noun: masculine or feminine, singular or plural

Command (pp. 182, 184, 202, 204, 328): a verb form used to tell someone to do something

Comparative (p. 296): a phrase that compares two different things

Conditional Tense (pp. 370, 442): a verb form that indicates that the action in a sentence could happen at a future time

Demonstrative (p. 82): an adjective or a pronoun that points out someone or something

Direct Object (pp. 152, 154, 157, 180, 184): a noun or pronoun that receives the action of the main verb in a sentence

Future Tense (pp. 324, 346, 440): a verb form that indicates that the action in a sentence will happen in the future

Gender (p. 7): a term that categorizes a noun or pronoun as masculine or feminine

Imperfect Tense (pp. 112, 134, 418): a verb form that indicates that an action in a sentence happened over an extended period of time or repeatedly in the past

Impersonal *se* (p. 399): the pronoun **se** used when the subject's identity is not important

Indirect Object (pp. 154, 157, 180, 184): a noun or pronoun that tells to whom/what or for whom/what the action in a sentence is done

Infinitive (pp. 5, 278): the basic form of a verb, ending in **-ar**, **-er**, or **-ir**

Interrogative (p. 13): a word that asks a question

Noun (p. 7): a word that names a person, an animal, a place, or a thing

Number (p. 7): a term that categorizes a noun or pronoun as singular or plural

Possessive (p. 108): an adjective or a pronoun that tells to whom the noun it describes belongs

Preposition (pp. 326, 350, 368): a word that shows the relationship between its object and another word in the sentence

Present Perfect Tense (pp. 420, 423): a verb form that indicates that the action in a sentence has been done in the past

Present Tense (p. 17): a verb form that indicates that the action in a sentence is happening now

Preterite Tense (pp. 36, 38, 40, 61, 84, 134, 418): a verb form that indicates that the action in a sentence happened at a particular time in the past

Progressive Tenses (p. 130): compound present and past tenses that indicate action going on at the time of the sentence

Pronoun (pp. 152, 154, 157, 180, 184): a word that takes the place of a noun

Reflexive Pronoun (p. 110): a pronoun that is used with reflexive verbs

Reflexive Verb (p. 110): a verb of which the subject receives the action

Subject (p. 10): the noun, pronoun, or noun phrase in a sentence that tells whom or what the sentence is about

Subjunctive Mood (pp. 226, 252, 255, 274, 276, 278, 298, 301): a form that indicates that a sentence expresses an opinion, a hope or wish, doubt, or emotion

Superlative (p. 296): a phrase that describes which item has the most or least of a quality

Verb (p. 9): a word that expresses action or a state of being

Nouns, Articles, and Pronouns

Nouns

Nouns identify people, animals, places, or things. Spanish nouns are either **masculine** or **feminine**. They are also either **singular** (identifying one thing) or **plural** (identifying more than one thing). **Masculine nouns** usually end in **-o** and **feminine nouns** usually end in **-a**.

To make a noun **plural**, add **-s** to a word ending in a vowel and **-es** to a word ending in a consonant.

Singular Nouns		Plural Nouns	
Masculine	**Feminine**	**Masculine**	**Feminine**
amigo	amiga	amigos	amigas
chico	chica	chicos	chicas
hombre	mujer	hombres	mujeres
suéter	blusa	suéteres	blusas
zapato	falda	zapatos	faldas

Articles

Articles identify the class of a noun: masculine or feminine, singular or plural. **Definite articles** are the equivalent of the English word *the*. **Indefinite articles** are the equivalent of *a*, *an*, or *some*.

Definite Articles	**Masculine**	**Feminine**
Singular	**el** amigo	**la** amiga
Plural	**los** amigos	**las** amigas

Indefinite Articles	**Masculine**	**Feminine**
Singular	**un** amigo	**una** amiga
Plural	**unos** amigos	**unas** amigas

GRAMÁTICA–RESUMEN

Nouns, Articles, and Pronouns cont.

Pronouns

A **pronoun** takes the place of a noun. The choice of pronoun is determined by how it is used in the sentence.

Subject Pronouns	
yo	nosotros(as)
tú	vosotros(as)
usted	ustedes
él, ella	ellos(as)

Pronouns Used After Prepositions	
de **mí**	de **nosotros(as)**
de **ti**	de **vosotros(as)**
de **usted**	de **ustedes**
de **él**, de **ella**	de **ellos(as)**

Direct Object Pronouns	
me	nos
te	os
lo, la	los, las

Indirect Object Pronouns	
me	nos
te	os
le	les

Reflexive Pronouns	
me	nos
te	os
se	se

Demonstrative Pronouns	
éste(a), esto	éstos(as)
ése(a), eso	ésos(as)
aquél(la), aquello	aquéllos(as)

Adjectives

Adjectives describe nouns. In Spanish, adjectives must match the **number** and **gender** of the nouns they describe. When an adjective describes a group containing both genders, the masculine form is used. To make an adjective plural, apply the same rules that are used for making a noun plural. Most adjectives are placed after the noun.

Adjectives	Masculine	Feminine
Singular	el chico **guapo**	la chica **guapa**
	el chico **paciente**	la chica **paciente**
	el chico **fenomenal**	la chica **fenomenal**
	el chico **trabajador**	la chica **trabajadora**
Plural	los chicos **guapos**	las chicas **guapas**
	los chicos **pacientes**	las chicas **pacientes**
	los chicos **fenomenales**	las chicas **fenomenales**
	los chicos **trabajadores**	las chicas **trabajadoras**

Adjectives cont.

Sometimes adjectives are placed **before** the noun and **shortened. Grande** is shortened before any singular noun. Several others are shortened before a masculine singular noun.

Shortened Forms			
alguno	**algún** chico	primero	**primer** chico
bueno	**buen** chico	tercero	**tercer** chico
malo	**mal** chico		
ninguno	**ningún** chico	grande	**gran** chico(a)

Possessive adjectives identify to whom something belongs. They agree in gender and number with the noun possessed, not with the person who possesses it.

Possessive Adjectives				
	Masculine		**Feminine**	
Singular	**mi** amigo	**nuestro** amigo	**mi** amiga	**nuestra** amiga
	tu amigo	**vuestro** amigo	**tu** amiga	**vuestra** amiga
	su amigo	**su** amigo	**su** amiga	**su** amiga
Plural	**mis** amigos	**nuestros** amigos	**mis** amigas	**nuestras** amigas
	tus amigos	**vuestros** amigos	**tus** amigas	**vuestras** amigas
	sus amigos	**sus** amigos	**sus** amigas	**sus** amigas

Demonstrative adjectives point out which noun is being referred to. Their English equivalents are *this, that, these,* and *those.*

Demonstrative Adjectives		
	Masculine	**Feminine**
Singular	**este** amigo	**esta** amiga
	ese amigo	**esa** amiga
	aquel amigo	**aquella** amiga
Plural	**estos** amigos	**estas** amigas
	esos amigos	**esas** amigas
	aquellos amigos	**aquellas** amigas

Interrogatives

Interrogative words are used to ask questions.

Interrogatives		
¿Adónde?	¿Cuándo?	¿Por qué?
¿Cómo?	¿Cuánto(a)? ¿Cuántos(as)?	¿Qué?
¿Cuál(es)?	¿Dónde?	¿Quién(es)?

Comparatives

Comparatives are used when comparing two different things.

Comparativos		
más (+) **más** interesante **que...** Me gusta correr **más que** nadar.	menos (−) **menos** interesante **que...** Me gusta nadar **menos que** correr.	tan(to) (=) **tan** interesante **como...** Me gusta leer **tanto como** escribir.

There are a few irregular comparatives. When talking about people, use **mayor** and **menor**. When talking about quality, use **mejor** and **peor**.

Age	Quality
mayor menor	mejor peor

When talking about numbers, **de** is used instead of **que**.

> **más de** cien...
> **menos de** cien...

Superlatives

Superlatives are used to distinguish one item from a group. They describe which item has the most or least of a quality.

The ending **-ísimo(a)** can be added to an adjective to form a superlative.

Superlatives		
	Masculine	**Feminine**
Singular	**el** chico **más** alto **el** chico **menos** alto	**la** chica **más** alta **la** chica **menos** alta
Plural	**los** chicos **más** altos **los** chicos **menos** altos	**las** chicas **más** altas **las** chicas **menos** altas
Singular	mole buen**ísimo**	pasta buen**ísima**
Plural	frijoles buen**ísimos**	enchiladas buen**ísimas**

Affirmative and Negative Words

Affirmative words are used to talk about something or someone, or to say that an event also or always happens. **Negative** words are used to refer to no one or nothing, or to say that events do not happen. Remember, to make a sentence negative, you must have **no** or another negative word before the verb.

Affirmative	Negative
algo	nada
alguien	nadie
algún (alguna)	ningún (ninguna)
alguno(a)	ninguno(a)
siempre	nunca
también	tampoco

GRAMÁTICA–RESUMEN

Adverbs

Adverbs modify a verb, an adjective, or another adverb. Many adverbs in Spanish are made by changing an existing adjective.

Adjective	→	Adverb
reciente	→	reciente**mente**
frecuente	→	frecuente**mente**
fácil	→	fácil**mente**
normal	→	normal**mente**
especial	→	especial**mente**
feliz	→	feliz**mente**
cuidadoso(a)	→	cuidadosa**mente**
rápido(a)	→	rápida**mente**
lento(a)	→	lenta**mente**
tranquilo(a)	→	tranquila**mente**

Verbs: Regular Verbs

Simple Tenses

		Indicative					Subjunctive	
		Present	**Imperfect**	**Preterite**	**Future**	**Conditional**	**Present**	**Commands**
Infinitive *Present Participle* *Past Participle*	habl**ar** habl**ando** habl**ado**	habl**o** habl**as** habl**a** habl**amos** habl**áis** habl**an**	habl**aba** habl**abas** habl**aba** habl**ábamos** habl**abais** habl**aban**	habl**é** habl**aste** habl**ó** habl**amos** habl**asteis** habl**aron**	hablar**é** hablar**ás** hablar**á** hablar**emos** hablar**éis** hablar**án**	hablar**ía** hablar**ías** hablar**ía** hablar**íamos** hablar**íais** hablar**ían**	habl**e** habl**es** habl**e** habl**emos** habl**éis** habl**en**	habl**a** **no** habl**es** habl**e** habl**emos** habl**en**
Infinitive *Present Participle* *Past Participle*	com**er** com**iendo** com**ido**	com**o** com**es** com**e** com**emos** com**éis** com**en**	com**ía** com**ías** com**ía** com**íamos** com**íais** com**ían**	com**í** com**iste** com**ió** com**imos** com**isteis** com**ieron**	comer**é** comer**ás** comer**á** comer**emos** comer**éis** comer**án**	comer**ía** comer**ías** comer**ía** comer**íamos** comer**íais** comer**ían**	com**a** com**as** com**a** com**amos** com**áis** com**an**	com**e** **no** com**as** com**a** com**amos** com**an**
Infinitive *Present Participle* *Past Participle*	viv**ir** viv**iendo** viv**ido**	viv**o** viv**es** viv**e** viv**imos** viv**ís** viv**en**	viv**ía** viv**ías** viv**ía** viv**íamos** viv**íais** viv**ían**	viv**í** viv**iste** viv**ió** viv**imos** viv**isteis** viv**ieron**	vivir**é** vivir**ás** vivir**á** vivir**emos** vivir**éis** vivir**án**	vivir**ía** vivir**ías** vivir**ía** vivir**íamos** vivir**íais** vivir**ían**	viv**a** viv**as** viv**a** viv**amos** viv**áis** viv**an**	viv**e** **no** viv**as** viv**a** viv**amos** viv**an**

Note: The following regular verbs have irregular past participles:
abrir→abierto, descubrir→descubierto, escribir→escrito, romper→roto

Compound Tenses

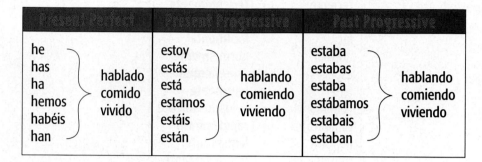

Present Perfect	Present Progressive	Past Progressive
he has ha hemos habéis han } hablado comido vivido	estoy estás está estamos estáis están } hablando comiendo viviendo	estaba estabas estaba estábamos estabais estaban } hablando comiendo viviendo

Stem-Changing Verbs

Infinitive in **-ar**	Present Indicative	Present Subjunctive
cerrar **e→ie**	c**ie**rro c**ie**rras c**ie**rra cerramos cerráis c**ie**rran	c**ie**rre c**ie**rres c**ie**rre cerremos cerréis c**ie**rren
probar **o→ue**	pr**ue**bo pr**ue**bas pr**ue**ba probamos probáis pr**ue**ban	pr**ue**be pr**ue**bes pr**ue**be probemos probéis pr**ue**ben
jugar **u→ue**	j**ue**go j**ue**gas j**ue**ga jugamos jugáis j**ue**gan	j**ue**gue j**ue**gues j**ue**gue juguemos juguéis j**ue**guen
like **cerrar:** comenzar, despertarse, empezar, merendar, nevar, pensar, recomendar, sentarse like **probar:** acostarse, almorzar, contar, costar, encontrar(se), mostrar, recordar, volar		

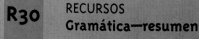

Infinitive in -er	Present Indicative	Present Subjunctive
perder e→ie	pierdo pierdes pierde perdemos perdéis pierden	pierda pierdas pierda perdamos perdáis pierdan
poder o→ue	puedo puedes puede podemos podéis pueden	pueda puedas pueda podamos podáis puedan

like **perder:** atender, entender, querer
like **poder:** devolver (past participle: **devuelto**), doler, llover, mover, resolver (past participle: **resuelto**), volver (past participle: **vuelto**)

Infinitive in -ir	Indicative		Subjunctive
	Present	**Preterite**	**Present**
pedir e→i, i present participle: pidiendo	pido pides pide pedimos pedís piden	pedí pediste pidió pedimos pedisteis pidieron	pida pidas pida pidamos pidáis pidan
dormir o→ue, u present participle: durmiendo	duermo duermes duerme dormimos dormís duermen	dormí dormiste durmió dormimos dormisteis durmieron	duerma duermas duerma durmamos durmáis duerman
sentir e→ie, i present participle: sintiendo	siento sientes siente sentimos sentís sienten	sentí sentiste sintió sentimos sentisteis sintieron	sienta sientas sienta sintamos sintáis sientan

like **pedir:** competir, conseguir, despedirse, repetir, seguir, servir, vestirse
like **dormir:** morir (past participle: **muerto**)
like **sentir:** divertirse, preferir, requerir, sugerir

Spell-Changing Verbs

buscar

Preterite: bus**qu**é, buscaste, buscó, buscamos, buscasteis, buscaron
Present Subjunctive: bus**que**, bus**qu**es, bus**que**, bus**que**mos, bus**qué**is, bus**que**n

like **buscar:** explicar, identificar, marcar, practicar, pescar, sacar, secar(se), tocar

conducir

Present Indicative: condu**z**co, conduces, conduce, conducimos, conducís, conducen
Preterite: condu**j**e, condu**j**iste, condu**j**o, condu**j**imos, condu**j**isteis, condu**j**eron
Present Subjunctive: condu**z**ca, condu**z**cas, condu**z**ca, condu**z**camos, condu**z**cáis, condu**z**can

like **conducir:** producir, reducir, traducir

conocer

Present Indicative: cono**z**co, conoces, conoce, conocemos, conocéis, conocen
Present Subjunctive: cono**z**ca, cono**z**cas, cono**z**ca, cono**z**camos, cono**z**cáis, cono**z**can

like **conocer:** crecer, nacer, ofrecer, pertenecer

construir

Present Indicative: constru**y**o, constru**y**es, constru**y**e, construimos, construís, constru**y**en
Preterite: construí, construiste, constru**y**ó, construimos, construisteis, constru**y**eron
Present Subjunctive: constru**y**a, constru**y**as, constru**y**a, constru**y**amos, constru**y**áis, constru**y**an
Present Participle: constru**y**endo

creer

Preterite: creí, creíste, cre**y**ó, creímos, creísteis, cre**y**eron
Present Participle: cre**y**endo
Past Participle: creído

like **creer:** leer

cruzar

Preterite: cru**c**é, cruzaste, cruzó, cruzamos, cruzasteis, cruzaron
Present Subjunctive: cru**c**e, cru**c**es, cru**c**e, cru**c**emos, cru**c**éis, cru**c**en

like **cruzar:** almorzar (o→ue), comenzar (e→ie), empezar (e→ie)

escoger

Present Indicative: esco**j**o, escoges, escoge, escogemos, escogéis, escogen
Present Subjunctive: esco**j**a, esco**j**as, esco**j**a, esco**j**amos, esco**j**áis, esco**j**an

like **escoger:** proteger

esquiar

Present Indicative: esqu**í**o, esqu**í**as, esqu**í**a, esquiamos, esquiáis, esqu**í**an
Present Subjunctive: esqu**í**e, esqu**í**es, esqu**í**e, esquiemos, esquiéis, esqu**í**en

llegar

Preterite: lle**gu**é, llegaste, llegó, llegamos, llegasteis, llegaron
Present Subjunctive: lle**gu**e, lle**gu**es, lle**gu**e, lle**gu**emos, lle**gu**éis, lle**gu**en

like **llegar:** apagar, jugar (u → ue), pagar

reunir

Present Indicative: re**ú**no, re**ú**nes, re**ú**ne, reunimos, reunís, re**ú**nen
Present Subjunctive: re**ú**na, re**ú**nas, re**ú**na, reunamos, reunáis, re**ú**nan

GRAMÁTICA—RESUMEN

Irregular Verbs

andar

Preterite: anduve, anduviste, anduvo, anduvimos, anduvisteis, anduvieron

caer

Present Indicative: caigo, caes, cae, caemos, caéis, caen
Preterite: caí, caíste, cayó, caímos, caísteis, cayeron
Present Subjunctive: caiga, caigas, caiga, caigamos, caigáis, caigan
Present Participle: cayendo
Past Participle: caído

dar

Present Indicative: doy, das, da, damos, dais, dan
Preterite: di, diste, dio, dimos, disteis, dieron
Present Subjunctive: dé, des, dé, demos, deis, den

decir

Present Indicative: digo, dices, dice, decimos, decís, dicen
Preterite: dije, dijiste, dijo, dijimos, dijisteis, dijeron
Future: diré, dirás, etc.
Conditional: diría, dirías, etc.
Present Subjunctive: diga, digas, diga, digamos, digáis, digan
Commands: di (tú), no digas (neg. tú), diga (Ud.), digamos (nosotros), digan (Uds.)
Present Participle: diciendo
Past Participle: dicho

estar

Present Indicative: estoy, estás, está, estamos, estáis, están
Preterite: estuve, estuviste, estuvo, estuvimos, estuvisteis, estuvieron
Present Subjunctive: esté, estés, esté, estemos, estéis, estén

haber

Present Indicative: he, has, ha, hemos, habéis, han
Preterite: hube, hubiste, hubo, hubimos, hubisteis, hubieron
Future: habré, habrás, etc.
Conditional: habría, habrías, etc.
Present Subjunctive: haya, hayas, haya, hayamos, hayáis, hayan

hacer

Present Indicative: hago, haces, hace, hacemos, hacéis, hacen
Preterite: hice, hiciste, hizo, hicimos, hicisteis, hicieron
Future: haré, harás, etc.
Conditional: haría, harías, etc.
Present Subjunctive: haga, hagas, haga, hagamos, hagáis, hagan
Commands: haz (tú), no hagas (neg. tú), haga (Ud.), hagamos (nosotros), hagan (Uds.)
Past Participle: hecho

ir

Present Indicative: voy, vas, va, vamos, vais, van
Imperfect: iba, ibas, iba, íbamos, ibais, iban
Preterite: fui, fuiste, fue, fuimos, fuisteis, fueron
Present Subjunctive: vaya, vayas, vaya, vayamos, vayáis, vayan
Commands: ve (tú), no vayas (neg. tú), vaya (Ud.), vamos (nosotros), vayan (Uds.)
Present Participle: yendo
Past Participle: ido

oír

Present Indicative: oigo, oyes, oye, oímos, oís, oyen
Preterite: oí, oíste, oyó, oímos, oísteis, oyeron
Present Subjunctive: oiga, oigas, oiga, oigamos, oigáis, oigan
Present Participle: oyendo
Past Participle: oído

reír (e→i, i)

Present Indicative: río, ríes, ríe, reímos, reís, ríen
Imperfect: reía, reías, reía, reíamos, reíais, reían
Preterite: reí, reíste, rió, reímos, reísteis, rieron
Present Subjunctive: ría, rías, ría, riamos, riáis, rían
Present Participle: riendo
Past Participle: reído

like **reír**: sonreír

poder

Present Indicative: puedo, puedes, puede, podemos, podéis, pueden
Preterite: pude, pudiste, pudo, pudimos, pudisteis, pudieron
Future: podré, podrás, etc.
Conditional: podría, podrías, etc.
Present Subjunctive: pueda, puedas, pueda, podamos, podáis, puedan
Present Participle: pudiendo

saber

Present Indicative: sé, sabes, sabe, sabemos, sabéis, saben
Preterite: supe, supiste, supo, supimos, supisteis, supieron
Future: sabré, sabrás, etc.
Conditional: sabría, sabrías, etc.
Present Subjunctive: sepa, sepas, sepa, sepamos, sepáis, sepan

poner

Present Indicative: pongo, pones, pone, ponemos, ponéis, ponen
Preterite: puse, pusiste, puso, pusimos, pusisteis, pusieron
Future: pondré, pondrás, etc.
Conditional: pondría, pondrías, etc.
Present Subjunctive: ponga, pongas, ponga, pongamos, pongáis, pongan
Commands: pon (tú), no pongas (neg. tú), ponga (Ud.), pongamos (nosotros), pongan (Uds.)
Past Participle: puesto

salir

Present Indicative: salgo, sales, sale, salimos, salís, salen
Future: saldré, saldrás, etc.
Conditional: saldría, saldrías, etc.
Present Subjunctive: salga, salgas, salga, salgamos, salgáis, salgan
Commands: sal (tú), no salgas (neg. tú), salga (Ud.), salgamos (nosotros), salgan (Uds.)

ser

Present Indicative: soy, eres, es, somos, sois, son
Imperfect: era, eras, era, éramos, erais, eran
Preterite: fui, fuiste, fue, fuimos, fuisteis, fueron
Present Subjunctive: sea, seas, sea, seamos, seáis, sean
Commands: sé (tú), no seas (neg. tú), sea (Ud.), seamos (nosotros), sean (Uds.)

querer

Present Indicative: quiero, quieres, quiere, queremos, queréis, quieren
Preterite: quise, quisiste, quiso, quisimos, quisisteis, quisieron
Future: querré, querrás, etc.
Conditional: querría, querrías, etc.
Present Subjunctive: quiera, quieras, quiera, queramos, queráis, quieran

GRAMÁTICA–RESUMEN

tener

Present Indicative: tengo, tienes, tiene, tenemos, tenéis, tienen
Preterite: tuve, tuviste, tuvo, tuvimos, tuvisteis, tuvieron
Future: tendré, tendrás, etc.
Conditional: tendría, tendrías, etc.
Present Subjunctive: tenga, tengas, tenga, tengamos, tengáis, tengan
Commands: ten (tú), no tengas (neg. tú), tenga (Ud.), tengamos (nosotros), tengan (Uds.)

like **tener:** mantener(se), obtener

venir

Present Indicative: vengo, vienes, viene, venimos, venís, vienen
Preterite: vine, viniste, vino, vinimos, vinisteis, vinieron
Future: vendré, vendrás, etc.
Conditional: vendría, vendrías, etc.
Present Subjunctive: venga, vengas, venga, vengamos, vengáis, vengan
Commands: ven (tú), no vengas (neg. tú), venga (Ud.), vengamos (nosotros), vengan (Uds.)
Present Participle: viniendo

traer

Present Indicative: traigo, traes, trae, traemos, traéis, traen
Preterite: traje, trajiste, trajo, trajimos, trajisteis, trajeron
Present Subjunctive: traiga, traigas, traiga, traigamos, traigáis, traigan
Present Participle: trayendo
Past Participle: traído

ver

Present Indicative: veo, ves, ve, vemos, veis, ven
Imperfect: veía, veías, veía, veíamos, veíais, veían
Preterite: vi, viste, vio, vimos, visteis, vieron
Present Subjunctive: vea, veas, vea, veamos, veáis, vean
Past Participle: visto

valer

Present Indicative: valgo, vales, vale, valemos, valéis, valen
Future: valdré, valdrás, etc.
Conditional: valdría, valdrías, etc.
Present Subjunctive: valga, valgas, valga, valgamos, valgáis, valgan
Commands: val *or* vale (tú), no valgas (neg. tú), valga (Ud.), valgamos (nosotros), valgan (Uds.)

GLOSARIO
español-inglés

This Spanish-English glossary contains all of the active vocabulary words that appear in the text as well as passive vocabulary from readings, culture sections, and extra vocabulary lists. Most inactive cognates have been omitted. The active words are accompanied by the number of the unit and etapa in which they are presented. For example, **el campamento** can be found in **5.2** (*Unidad* **5**, *Etapa* **2**). **EP** refers to the *Etapa preliminar*. Roman numeral **I** refers to words or expressions taught in Level 1. For verbs, stem changes are indicated: **dormir (ue, u)**, as are irregular **yo** forms: **hacer (hago)**.

a to, at **I**
  a continuación next **2.2**
  A la(s)… At … o'clock. **I**
  a la derecha (de)
    to the right (of) **I**
  a la izquierda (de)
    to the left (of) **I**
  a pie on foot **I**
  ¿A qué hora es…?
    (At) What time is…? **I**
  a tiempo on time **4.2**
  A todos nos toca…
    It is up to all of us… **5.3**
  a veces sometimes **I, 2.1**
abajo down **I, 4.2**
abierto(a) open **I, 4.3**
el (la) abogado(a) lawyer **6.1**
abordar to board (a plane) **1.1**
el abrazo hug **2.2**
el abrelatas can opener **5.2**
el abrigo coat **I**
abril April **I**
abrir to open **I**
la abuela grandmother **I**
el abuelo grandfather **I**
los abuelos grandparents **I**

aburrido(a) boring **I**
aburrir(se) to be bored **2.1**
acá here **I**
acabar de to have just **I, 3.2**
acampar en las montañas
    to camp in the mountains **1.1**
el aceite oil **I, 2.3**
las aceitunas olives **I**
la acera sidewalk **4.2**
aconsejar to advise **3.1**
acostarse (ue) to lie down,
    to go to bed **I, 3.1**
el actor actor **2.3**
la actriz actress **2.3**
la actuación performance **2.3**
actualmente nowadays **I**
Adiós. Good-bye. **I**
adivinar to guess
adónde (to) where **I**
los adornos decorations **2.2**
la aduana customs **1.1**
la aerolínea airline **1.1**
el aeropuerto airport **I**
afeitarse to shave oneself **I, 3.1**
el (la) agente de viajes
    travel agent **1.1**
agosto August **I**
agradecer (agradezco) to thank
el (la) agricultor(a) farmer **6.1**

el agua (fem.) water **I**
el agua de coco
    coconut milk **3.2**
el aguacero downpour **5.2**
ahora now **I**
  ¡Ahora mismo! Right now! **I**
ahuecado(a) hollowed out
el aire acondicionado
    air conditioning **4.1**
el ajedrez
  jugar (ue) al ajedrez
    to play chess **1.1**
al to the **I**
  al aire libre outdoors **I**
  al contrario
    on the contrary **2.2**
  al lado (de) beside, next to **I**
alegrarse de que
    to be happy that **4.3**
alegre happy **I**
alemán(ana) German **1.3**
algo something **I**
alguien someone **I**
  conocer a alguien to know,
    to be familiar with, or to
    meet someone **I, 1.3**
alguno(a) some **I**
la alimentación
    nourishment **3.1**

el alimento food **3.1**

allá there **I**

allí there **I**

la almohada pillow **5.2**

almorzar (ue) to eat lunch **I, 1.1**

el almuerzo lunch **I**

alquilar to rent **I**

  alquilar un video
    to rent a video **I**

alrededor (de) around **4.2**

alto(a) tall **I**

la altura altitude, height **5.1**

el aluminio aluminum **5.3**

amable nice **2.1**

el (la) amante lover

amarillo(a) yellow **I**

el ambiente atmosphere

la ambulancia ambulance **3.3**

el (la) amigo(a) friend **I**

la amistad acquaintance,
  friendship **2.1**

el amor love **2.2**

anaranjado(a) orange **I**

ancho(a) wide **I, 4.3**

andar to walk **1.2**

  andar en bicicleta
    to ride a bike **I**

  andar en patineta
    to skateboard **I**

el anillo ring **I**

animado(a) animated **2.1**

el animal animal **I**

el aniversario anniversary **2.2**

anoche last night **I, 2.2**

anteayer
  day before yesterday **I, 2.2**

antes (de) before **I**

antiguo(a) old **I, 1.2**

el anuncio commercial **1.3**

el año year **I**

  el año escolar
    the school year **EP**

  el año pasado last year **I**

  ¿Cuántos años tiene…?
    How old is…? **I**

  Tiene… años.
    He/She is… years old. **I**

apagar to turn off **I**

  apagar la luz
    to turn off the light **I**

el apartamento apartment **I**

aparte separate **I**

  Es aparte. Separate checks. **I**

el apellido
  last name, surname **I**

apenas scarcely **4.3**

el apoyo support

aprender to learn **I**

apretado(a) tight **4.3**

apuntar to note

los apuntes notes

aquel(la) that (over there) **I**

aquél(la) that one (over there) **I**

aquello that (over there) **I**

aquí here **I**

el árbol tree **I**

  trepar a un árbol
    to climb a tree **2.1**

la arena sand **3.2**

el arete earring **I**

argentino(a) Argentine **1.3**

el armario
  closet, wardrobe **I, 4.1**

el (la) arquitecto(a)
  architect **I, 6.1**

la arquitectura architecture **I**

el arrebato rage

arreglarse to get ready **3.1;**
  to get dressed up **4.3**

arriba up, above **I, 4.2**

el arroz rice **I**

el arroz con gandules
  rice with peas

el arte art **I**

la artesanía handicraft **I**

el (la) artesano(a) artisan **I, 6.1**

el artículo article **1.3**

los artículos de cuero
  leather goods **I**

el (la) artista artist **1.2**

el ascensor elevator **4.1**

el asiento seat **1.1**

así fue que
  and so it was that **2.2**

el (la) asistente assistant **6.1**

asistir (a) to attend **EP**

el asopao
  chicken and tomato soup

la aspiradora vacuum cleaner **I**

  pasar la aspiradora
    to vacuum **I**

la aspirina aspirin **3.3**

asustarse (de)
  to be scared (of) **2.1**

el atletismo athletics **3.1**

el atún tuna **1.2**

el auditorio auditorium **I**

aunque even though **2.2**

el autobús bus **I**

la autonomía
  autonomy, freedom

el (la) autor(a) author **1.3**

el (la) auxiliar de vuelo
  flight attendant **1.1**

la avenida avenue **I**

las aventuras adventures **2.3**

el avión airplane **I**

ayer yesterday **I, 2.2**

ayudar (a) to help **I**

  ¿Me ayuda a pedir? Could
    you help me order? **I**

el azúcar sugar **I**

azul blue **I**

bailar to dance **I**
el (la) bailarín/bailarina
dancer **6.1**
bajar (por)
to go down, to descend **4.2**
bajar un río en canoa to go
down a river by canoe **1.1**
bajo(a) short (height) **I**
balanceado(a) balanced **3.1**
el balde bucket **5.2**
el baloncesto basketball **I**
el banco bank **I**
bañarse to take a bath **I, 3.1**
la bañera bathtub **4.1**
el baño bathroom **I, 4.1**
barato(a) cheap, inexpensive **I**
el barco ship **I**
barrer to sweep **I**
barrer el piso
to sweep the floor **3.2**
bastante enough **2.3**
la basura trash **I**
sacar la basura
to take out the trash **I**
el basurero trash can **5.3**
el bate bat **I**
el batido milk shake **1.2**
el bebé baby **2.1**
beber to drink **I**
¿Quieres beber…?
Do you want to drink…? **I**
Quiero beber…
I want to drink… **I**
la bebida beverage, drink **I**
el béisbol baseball **I**
las bellas artes fine arts **1.2**
la belleza beauty **5.1**
los beneficios benefits **6.2**
el beso kiss **2.2**
la biblioteca library **I**
la bicicleta bike
andar en bicicleta
to ride a bike **I**

bien well **I**
(No muy) Bien, ¿y tú/usted?
(Not very) Well, and you? **I**
el bienestar well-being **3.1**
bienvenido(a) welcome **I**
el (la) bisabuelo(a)
great grandfather/
great grandmother **2.1**
el bistec steak **I**
blanco(a) white **I**
la blusa blouse **I**
la boca mouth **I**
la boda wedding **2.2**
la bola ball **I**
el boleto ticket **1.1**
boliviano(a) Bolivian **1.3**
la bolsa bag, handbag **I**
el bombero firefighter **I, 6.1**
bonito(a) pretty **I**
el borrador eraser **I**
el bosque forest **I**
el bosque nuboso
cloud forest
las botas boots **I**
el bote boat **3.2**
el bote de remos rowboat
la botella bottle **I, 5.3**
el brazo arm **I, 3.3**
el brindis toast
el bronceador suntan lotion **I**
bucear scuba diving
bucear con respiración
to snorkel
bueno(a) good **I**
Buenas noches.
Good evening. **I**
Buenas tardes.
Good afternoon. **I, EP**
Buenos días.
Good morning. **I, EP**
Es bueno que…
It's good that… **3.3, 4.2**
Hace buen tiempo.
It is nice outside. **I**
la bufanda scarf **I**
buscar to look for, to
search **I, 1.1**
el buzón mailbox **4.2**

el caballo horse **I**
la cabeza head **I, 3.3**
lavarse la cabeza
to wash one's hair **I**
cada each, every **I**
la cadena chain
caer (caigo) to fall **EP**
Me cae bien (mal). He/She
makes a good (bad)
impression on me. **6.2**
caerse (me caigo) to fall
down **2.1**
el café café; coffee **I**
la cafetería
cafeteria, coffee shop **I**
la caja registradora
cash register **4.3**
el (la) cajero(a) cashier **4.3**
el cajero automático ATM **4.3**
los calamares squid **I**
el calcetín sock **I**
la calculadora calculator **I**
la calefacción heat, heating **4.1**
la calidad quality **I**
caliente hot, warm **I**
¡Cállate! Be quiet! **I**
la calle street **I**
calor
Hace calor. It is hot. **I**
tener calor to be hot **I**
la caloría calorie **3.1**
la cama bed **I, 4.1**
hacer la cama
to make the bed **I**
la cámara camera **I, 1.3**
el camarón shrimp
cambiar
to change, to exchange **I**
el cambio
change, money exchange **I**
caminar to walk
caminar con el perro
to walk the dog **I**
el camino road **I**
la camisa shirt **I**

la camiseta T-shirt **I**
el campamento camp **5.2**
el campeón champion
el campo
    field; countryside, country **I**
canadiense Canadian **1.3**
el canal channel **1.3**
la cancha court **I**
la canoa canoe
cansado(a) tired **I**
cansarse to get tired **2.1**
el (la) cantante singer **2.3**
cantar to sing **I**
    cantar en el coro
        to sing in the chorus **1.1**
la capa de ozono
    ozone layer **5.3**
capacitado(a) qualified **6.1**
la cara face **I, 3.3**
el caracol shell **3.2**
la carne meat **I**
    la carne de res beef **I, 2.3**
la carnicería butcher's shop **I**
caro(a) expensive **I**
    ¡Es muy caro(a)!
        It's very expensive! **I**
la carrera career **6.1**
el carro car **I**
la carta letter **I**
    mandar una carta
        to send a letter **I**
la cartera wallet **I**
el (la) cartero(a)
    mail carrier **I, 6.1**
el cartón cardboard,
    cardboard box **5.3**
la casa house **I**
casarse (con) to get married
    (to) **2.2**
el casco helmet **I**
el casete cassette **I**
casi almost **2.2**
castaño(a) brown (hair) **I**
las cataratas waterfalls
catorce fourteen **I**
la causa cause **1.3**
el cebiche raw fish marinated
    in lemon juice
la cebolla onion **I, 2.3**

el cedro cedar
celebrar to celebrate **I**
la cena supper, dinner **I**
cenar to eat dinner **I, 2.3**
la ceniza ash
centígrado(a) centigrade **5.2**
el centro center, downtown **I**
    el centro comercial
        shopping center **I**
cepillarse el pelo
    to brush one's hair **3.1**
el cepillo brush;
    hairbrush **I, 3.1**
    el cepillo de dientes
        toothbrush **I, 3.1**
la cerámica ceramics **I**
la cerca fence **I**
cerca (de) near (to) **I**
el cerdo pig **I**
el cereal cereal **I, 1.2**
la cereza cherry **2.3**
cero zero **I**
cerrado(a) closed **I, 4.3**
cerrar (ie) to close **I**
el chaleco vest **4.3**
el champú shampoo **I, 3.1**
Chao. Good-bye. **EP**
la chaqueta jacket **I**
charlar to chat
los cheques checks **4.3**
    los cheques de viajero
        travelers' checks **4.3**
chévere awesome **I**
    ¡Qué chévere!
        How awesome! **I**
los chicharrones pork rinds **I**
    comer chicharrones
        to eat pork rinds **I**
el (la) chico(a) boy/girl **I**
chileno(a) Chilean **1.3**
los chiles rellenos stuffed
    chile peppers
chino(a) Chinese **1.3**
el choclo con queso corn on
    the cob with cheese
el chorizo sausage **I**
la chorreada a sweet dish from
    Costa Rica, made of corn and
    served with sour cream

los churros con chocolate
    sweet, fried dough served
    with hot chocolate
cien one hundred **I**
la ciencia ficción
    science fiction **2.3**
las ciencias science **I**
cierto(a) true
la cima peak
cinco five **I**
cincuenta fifty **I**
el cine movie theater **I**
    ir al cine
        to go to the movies **I**
el cinturón belt **I**
la cita appointment **I**
la ciudad city **I**
la ciudadanía citizenship **6.1**
claro
    ¡Claro que sí! Of course! **I**
la clase class, classroom **I**
el (la) cliente customer **4.3**
el clima climate **5.1**
el cocido madrileño a stew
    commonly served in Spain
la cocina kitchen **I, 4.1;** cuisine
cocinar to cook **I**
el coco coconut
el codo elbow **3.3**
el colibrí hummingbird
la colina hill **5.1**
el collar necklace **I**
colombiano(a) Colombian **1.3**
el color color **I**
    ¿De qué color…?
        What color…? **I**
el combustible fuel **5.3**
el (la) comediante
    comedian/comedienne **2.3**
el comedor dining room **I, 4.1**
comenzar (ie) to start **1.1**
comer to eat **I, 1.1**
    comer chicharrones
        to eat pork rinds **I**
    darle(s) de comer to feed **I**
    ¿Quieres comer…?
        Do you want to eat…? **I**
    Quiero comer…
        I want to eat… **I**

cómico(a) funny, comical **I**
la comida food, meal **I**
como like, as **I**
cómo how **I**
 ¿Cómo es?
  What is he/she like? **I**
 ¿Cómo está usted?
  How are you? (formal) **I**
 ¿Cómo estás?
  How are you? (familiar) **I**
 ¿Cómo me veo?
  How do I look? **4.3**
 ¡Cómo no! Of course! **I**
 ¿Cómo se llama?
  What is his/her name? **I**
 ¿Cómo se va a…?
  How do you get to…? **4.3**
 ¿Cómo te llamas?
  What is your name? **I**
 ¿Cómo te queda? How does
  it look on you? **4.3**
 Perdona(e), ¿cómo llego a…?
  Pardon, how do I get to…? **I**
cómodo(a) comfortable **3.3**
el (la) compañero(a)
 companion, classmate **2.1**
la compañía company **I**
competir (i, i) to compete **1.2, 1.3**
compartir to share **I**
 compartir con los demás
  sharing with others
complicado(a) complicated **5.2**
el compositor composer
comprar to buy **I**
comprender to understand **I**
la computación
 computer science **I**
la computadora computer **I**
común common **2.2**
la comunidad community **I**
con with **I**
 con rayas striped **I**
 Con razón. That's why. **I**
el concierto concert **I**
el concurso contest **I, EP**
conducir (conduzco)
 to drive **1.2**

el (la) conductor(a) driver **4.2**
el congelador freezer **I, 4.1**
el conjunto group (musical)
conmigo with me **I**
conocer (conozco) to know, to
 be familiar with, to meet **I, 1.3**
 conocer a alguien
  to know, to be familiar
  with, to meet someone **I**
conseguir (i, i) (consigo)
 to obtain **6.2**
el (los) consejo(s) advice **3.1**
conservar to conserve **5.1**
construir to construct **2.1**
la consulta consultation **3.3**
el consultorio
 office (doctor's) **3.3**
el (la) contador(a) accountant **6.1**
la contaminación pollution **5.3**
 la contaminación del aire
  air pollution **I**
contaminar to pollute **5.3**
contar (ue)
 to count, to tell or retell **I**
 contar chistes to tell jokes **2.1**
el contenido table of contents
contento(a)
 content, happy, pleased **I**
contestar to answer **I**
contigo with you **I**
el contrabajo bass
el contrato contract **6.2**
el corazón heart **I**
el corral corral, pen **I**
corregir (i, i) (corrijo) to correct
el correo post office **I**
correr to run **I**
cortar el césped
 to cut the grass **3.2**
cortarse to cut oneself **3.3**
corto(a) short (length) **I**
la cosa thing **I**
costar (ue) to cost **I**
 ¿Cuánto cuesta(n)…?
  How much is (are)…? **I**
costarricense Costa Rican **1.3**
crear to create **5.2**
crecer (crezco) to grow **3.1**

creer to think, to believe **I, 1.3**
 Creo que sí/no.
  I think/don't think so. **I**
 ¿Tú crees?
  Do you think so? **1.3**
la crema cream **I, 1.2**
la crítica criticism **1.3**
el cruce crossing **4.2**
cruzar to cross **I**
el cuaderno notebook **I**
la cuadra city block **I**
cuadriculado(a) square
cuál(es) which (ones), what **I**
 ¿Cuál es la fecha?
  What is the date? **I**
 ¿Cuál es tu teléfono?
  What is your phone
  number? **I, EP**
cuando when, whenever **I**
 cuando era niño(a) when
  I/he/she was young **2.1**
cuándo when **I**
cuánto how much **I**
 ¿A cuánto está(n)…?
  How much is (are)…? **I**
 ¿Cuánto cuesta(n)…?
  How much is (are)…? **I**
 ¿Cuánto es?
  How much is it? **I**
 ¿Cuánto le doy de propina?
  How much do I tip? **I**
 ¿Cuánto tiempo hace que…?
  How long is it since…? **I**
cuántos(as) how many **I**
 ¿Cuántos años tiene…?
  How old is…? **I**
cuarenta forty **I**
cuarto(a) quarter, fourth **I, 2.2**
 y cuarto quarter past **I**
el cuarto room **I**
 limpiar el cuarto
  to clean the room **I**
el cuatro guitar
 un cuatro templado
  a tuned guitar
cuatro four **I**
cuatrocientos(as)
 four hundred **I**

cubano(a) Cuban **1.3**
los cubiertos utensils **2.3**
la cuchara spoon **I**
el cuchillo knife **I**
el cuello neck **3.3**
la cuenta bill, check **I, 2.3**
   la cuenta de ahorros
     savings account **4.3**
   La cuenta, por favor.
     The check, please. **I**
la cuerda rope
   saltar la cuerda to jump
     rope **2.1**
el cuero leather **I**
   los artículos de cuero
     leather goods **I**
el cuerpo body **I, 3.3**
la cueva cave
cuidado
   tener cuidado to be careful **I**
cuidadosamente carefully **I**
cuidadoso(a) careful **I**
cuidar to take care of **I**
la cumbre summit (meeting)
el cumpleaños birthday **I**
el (la) cuñado(a) brother-in-law, sister-in-law **2.1**
la cuota fee
el currículum resumé, **6.2**

dañar
   dañarla damaging it
dar (doy) to give **I**
   dar una vuelta to take a
     walk, stroll, or ride **2.3**
   darle(s) de comer to feed **I**
   darse cuenta de to realize **2.1**
los datos facts; information **6.1**
de of, from **I**
   de buen humor
     in a good mood **4.3**
   de cuadros
     plaid, checked **I**

de la mañana
   in the morning **I**
de la noche at night **I**
de la tarde in the afternoon **I**
de mal humor
   in a bad mood **4.3**
de maravilla marvelous **2.2**
De nada. You're welcome. **I**
de repente suddenly
¿De veras? Really?
de vez en cuando
   once in a while **I**
debajo de underneath **I, 4.2**
deber should, ought to **I**
decidir to decide **I**
la décima ballad
décimo(a) tenth **I, 2.2**
decir (digo) to say, to tell **I, 1.2**
la decoración interior decor
los dedos fingers, toes **3.3**
dejar to leave (behind) **I**
   dejar la propina
     to leave the tip **2.3**
   dejar un mensaje
     to leave a message **I**
   Deje un mensaje después
     del tono. Leave a message
     after the tone. **I**
   Le dejo… en…
     I'll give… to you for… **I**
   Quiero dejar un mensaje
     para… I want to leave a
     message for… **I**
del from the **I**
delante de in front of **I, 4.2**
delgado(a) thin **I**
delicioso(a) delicious **I**
demasiado(a) too much **I, 2.3**
dentro de inside **I**
el (la) dependiente(a)
   salesperson **4.3**
el deporte sport **I**
   practicar deportes
     to play sports **I**
el (la) deportista sportsman/
   sportswoman **6.1**
deprimido(a) depressed **I**

la derecha right **I**
   a la derecha (de)
     to the right (of) **I**
derecho straight ahead **I**
desafortunadamente
   unfortunately **3.2**
desarrollar to develop
el desarrollo development **5.1**
desayunar to have breakfast **I**
el desayuno breakfast **I**
descansar to rest **I**
descubrir to discover **5.1**
desde from **I**
   desde allí from there **4.2**
desear to desire **1.2, 4.1**
el desfile parade **I**
el desierto desert **I**
el desodorante deodorant **3.1**
despedirse (i, i)
   to say good-bye **2.1**
el despertador
   alarm clock **I, 4.1**
despertarse (ie)
   to wake up **I, 3.1**
después (de) after, afterward **I**
la destrucción destruction **5.3**
destruido(a) destroyed
la desventaja disadvantage **6.2**
el detalle detail **1.3**
detener to detain
detrás (de) behind **I**
devolver (ue)
   to return (an item) **I**
el día day **I**
   Buenos días.
     Good morning. **I**
   ¿Qué día es hoy?
     What day is today? **I**
   Tal vez otro día.
     Maybe another day. **I**
   todos los días every day **I**
diario(a) daily **2.2**
dibujar to draw **2.1**
el diccionario dictionary **I**
diciembre December **I**
diecinueve nineteen **I**
dieciocho eighteen **I**

dieciséis sixteen I

diecisiete seventeen I

el diente tooth I, 3.3

  lavarse los dientes
    to brush one's teeth I

la dieta diet 3.1

diez ten I

difícil difficult, hard I

el dinero money I

la dirección address, direction I

el disco compacto
  compact disc I

disculparse to apologize 2.1

  Discúlpeme. Excuse me. 4.2

el discurso speech

disfrazar

  disfrazado(a) de
    disguised as

disfrutar con los amigos
  to enjoy time with friends 1.1

la distancia distance 4.2

diverso(a) diverse 5.1

divertido(a) enjoyable, fun,
  entertaining I, 2.1

divertirse (ie, i)
  to enjoy (oneself) 2.1

doblar to turn I

doce twelve I

la docena dozen I

el (la) doctor(a) doctor 1.1

el dólar dollar I

doler (ue) to hurt 3.3

el dolor de cabeza
  headache 3.3

domingo Sunday I

dominicano(a) Dominican 1.3

el dominó dominoes

don/doña Don/Doña (titles of
  respect) **EP, 2.1**

dónde where I

  ¿De dónde eres?
    Where are you from? I

  ¿De dónde es?
    Where is he/she from? I

  ¿Dónde tiene lugar? Where
    does it take place? **EP**

dormir (ue, u) to sleep I, 1.3

dormirse (ue, u) to fall asleep I

dos two I

doscientos(as) two hundred I

ducharse to take a shower I, 3.1

dudar que…
  to doubt that… 4.3

el (la) dueño(a) owner 6.1

dulce sweet I

durante during I

duro(a) hard, tough I

E

echar to throw out 5.3

  echa humo emits smoke

  Échate una siesta. Take a nap.

ecuatoriano(a) Ecuadorian 1.3

la edad age I

la edición edition 1.3

el edificio building I

el (la) editor(a) editor I, 1.3

la educación education 6.2

  la educación física
    physical education I

el efectivo cash I

los efectos effects 5.3

el ejercicio exercise I

  hacer ejercicio to exercise I

él he, him I

la electricidad electricity 4.1

elegante elegant 4.3

ella she, her I

ellos(as) they I

emocionado(a) excited I

la empanada a stuffed pastry

empezar (ie) to begin I, 1.1

el empleo
  employment, job 6.1

la empresa
  business, company 6.2

en in I

  en cuanto a as for

  en seguida at once 2.2

  en vez de instead of I

enamorarse (con)
  to fall in love (with) 2.2

encantar to delight 2.3

  Encantado(a). Delighted/
    Pleased to meet you. I

la enchilada enchilada I

encima de on top of I, 4.2

encontrar (ue) to find, to meet I

el encuentro meeting I

la energía energy 3.1

enero January I

la enfermedad sickness 3.3

el (la) enfermero(a) nurse 3.3

enfermo(a) sick I

enfrente (de) facing I

enojado(a) angry I

enojarse con
  to get angry with 2.1

enorme huge, enormous I, 1.2

la ensalada salad I

enseñar to teach I

entender (ie) to understand I

entonces then, so I

entrar (a, en) to enter I

entre between I

el entrenamiento training 6.2

entrenarse to train 3.1

la entrevista interview I, 6.2

el (la) entrevistador(a)
  interviewer 6.2

el equipaje luggage 1.1

el equipo team I

el equipo de sonido
  sound equipment

escalar montañas
  to climb mountains 5.2

la escalera stairs 4.1

la escena scene 2.3

escoger (escojo) to choose 4.3

esconderse to hide 2.1

escribir to write I, 1.1

  fue escrita was written

el (la) escritor(a) writer I, 1.3

el escritorio desk I

la escritura writing

escuchar to listen (to) I

la escuela school I

el (la) escultor(a) sculptor 1.2

la escultura sculpture 1.2

ese(a) that **I**
ése(a) that one **I**
esencial
 Es esencial que…
  It's essential that… **3.3**
eso that **I**
el español Spanish **I**
español(a) Spaniard **1.3**
especial special **I**
la especialidad de la casa
 specialty of the house **1.2**
especialmente specially,
 especially **I, 3.2**
el espejo mirror **I, 4.1**
esperar to wait for, to expect,
 to hope **I, 4.1, 4.3**
 esperar que…
  to hope that… **4.3**
la esposa wife **I**
el esposo husband **I**
esquiar to ski **I**
la esquina corner **4.1**
la estación de autobuses
 bus station **I**
el estacionamiento
 parking space **4.2**
las estaciones seasons **I**
la estadidad statehood
el estadio stadium **I**
estadounidense
 of the United States **1.3**
estar to be **I, EP, 1.2**
 ¿A cuánto está(n)…?
  How much is (are)…? **I**
 ¿Cómo está usted?
  How are you? (formal) **I**
 ¿Cómo estás?
  How are you? (familiar) **I**
 ¿Está incluido(a)…?
  Is… included? **I**
 estar a favor de
  to be in favor of **5.2**
 estar bien informado(a)
  to be well informed **1.3**
 estar de acuerdo
  to agree **I, 1.2**

estar en contra de
 to be against **5.3**
estar resfriado(a)
 to have a cold **3.3**
la estatura height **6.1**
este(a) this **I**
éste(a) this one **I**
el este east **4.2**
estirarse to stretch **3.1**
esto this **I**
el estómago stomach **I, 3.3**
estrecho(a) narrow **I, 4.3**
la estrella star **I**
el estreno new release **2.3**
el estrés stress **3.1**
el (la) estudiante student **I**
estudiar to study **I**
 estudiar las artes marciales
  to study martial arts **1.1**
los estudios sociales
 social studies **I**
la estufa stove **I, 4.1**
la etapa step
el examen test **I**
el exceso de equipaje
 excess luggage **1.1**
exclamar to exclaim **2.2**
el éxito hit
explicar to explain **1.1**
la exposición exhibit **1.2**
el (la) extranjero(a)
 foreigner **4.1**

fácil easy **I**
fácilmente easily **I, 3.2**
la falda skirt **I**
falso(a) false
faltar to lack **2.3**
la familia family **I**
la farmacia
 pharmacy, drugstore **I**
fascinar to fascinate **2.3**
favorito(a) favorite **I**
febrero February **I**

la fecha date **I**
 ¿Cuál es la fecha?
  What is the date? **I**
 la fecha de nacimiento
  date of birth **6.1**
la felicidad happiness **2.2**
felicidades congratulations **I**
feliz happy **I**
felizmente happily **I**
feo(a) ugly **I**
feroz ferocious **5.1**
la fiebre fever **3.3**
la fiesta party **I, 2.2**
el fin end **I**
 el fin de semana weekend **I**
la firma signature **6.1**
firmar to sign
el flan caramel custard **I**
la flauta de pan panpipe
flojo(a) loose **4.3**
la flor flower **I**
la fogata campfire **5.2**
formal formal **I, 1.2**
el fósforo match **5.2**
la foto photo, picture **I**
 sacar fotos
  to take photos, pictures **I**
el (la) fotógrafo(a)
 photographer **I, 1.3**
el francés French
francés(esa) French **1.3**
frecuente frequent **I**
frecuentemente often,
 frequently **I, 3.2**
la frente forehead
frente a in front of, opposite **4.2**
la fresa strawberry **1.2**
el frigorífico refrigerator **I**
los frijoles beans **2.3**
frío
 Hace frío. It is cold. **I**
 tener frío to be cold **I**
la fruta fruit **I**
fue cuando it was when **2.2**
el fuego fire **I**
fuera de outside **I**
fuerte strong **I**

funcionar to work, to run **4.1**
el fútbol soccer **I**
el fútbol americano football **I**

las gafas de sol sunglasses **I**
la galería gallery **1.2**; mall
la galleta cookie, cracker **I, 1.2**
la gallina hen **I**
el gallo rooster **I**
el gallo pinto a Costa Rican breakfast dish of beans, rice, and eggs
el (la) ganadero(a) farmer **I**
el (la) ganador(a) winner **I**
ganar to win **I**
  ganarse la vida
    to earn a living **6.1**
la ganga bargain **4.2**
el garaje garage **4.1**
la garganta throat **3.3**
la gasolina gasoline **5.3**
gastar to spend **4.3**
los gastos expenses **4.3**
el (la) gato(a) cat **I**
los (las) gemelos(as) twins **2.1**
la gente people **I**
el (la) gerente manager **I, 6.1**
el gimnasio gymnasium **I**
girar to turn **4.2**
el (la) gitano(a) gypsy
el gitano
    Romany Gypsy dialect
los globos balloons **2.2**
el gobierno government
el gol goal **I**
el golf golf
gordo(a) fat **I**
la gorra baseball cap **I**
el gorro cap **I**
la gota drop
la grabadora tape recorder **I**
Gracias. Thank you. **I, 1.1**
  Gracias, pero no puedo.
    Thanks, but I can't. **I**
el grado degree **I**

el gramo gram **I**
grande big, large; great **I**
la granja farm **I**
la gripe flu **3.3**
gritar to scream **3.3**
el guante glove **I**
guapo(a) good-looking **I**
guardar to hold, to keep **I, 4.3**
guatemalteco(a)
    Guatemalan **1.3**
la guía telefónica
    phone directory **I**
la guitarra guitar **I**
  tocar la guitarra
    to play the guitar **I**
gustar to like **I, EP, 4.3**
  Le gusta… He/She likes… **I**
  ¿Le gusta…?
    Does he/she like…? **I**
  Me gusta… I like… **I**
  Me gustaría…
    I would like… **I**
  Te gusta… You like… **I**
  ¿Te gusta…?
    Do you like…? **I**
  ¿Te gustaría…?
    Would you like…? **I**
el gusto pleasure **I**
  El gusto es mío. The pleasure is mine. **I**
  Mucho gusto.
    Nice to meet you. **I**

haber to have
  ha sido has been
  ha tenido has had
había there was, there were **2.1**
las habichuelas coloradas
    red beans **1.2**
las habilidades capabilities **6.2**
la habitación bedroom, room **I, 4.1**
hablar to talk, to speak **I, 1.1**
  ¿Puedo hablar con…?
    May I speak with…? **I**

hacer (hago)
  to make, to do **I, 1.1**
  Hace buen tiempo.
    It is nice outside. **I**
  Hace calor. It is hot. **I**
  Hace fresco. It is cool. **I**
  Hace frío. It is cold. **I**
  Hace mal tiempo.
    It is bad outside. **I**
  ¿Hace… que…? How long has it been since…? **3.3**
  Hace sol. It is sunny. **I**
  Hace viento. It is windy. **I**
  hacer ejercicio to exercise **I**
  hacer juego con…
    to match with… **4.3**
  hacer la cama
    to make the bed **I**
  hacer la limpieza
    to do the cleaning **3.2**
  hacer las maletas
    to pack one's suitcases
  ¿Qué tiempo hace?
    What is the weather like? **I**
hacia toward **4.2**
la hamburguesa hamburger **I**
la harina flour **I, 2.3**
hasta until, as far as **I, 4.2**
  Hasta luego. See you later. **I**
  Hasta mañana.
    See you tomorrow. **I**
hay there is, there are **I**
  hay que
    one has to, one must **I**
  Hay sol. It's sunny. **I**
  Hay viento. It's windy. **I**
el hecho fact **1.3**
la heladería ice-cream parlor **4.2**
el helado ice cream **I, 1.2**
el helado de paila ice cream made in a large copper pan
el helecho fern
el (la) hermanastro(a)
    stepbrother/stepsister **2.1**
el (la) hermano(a)
    brother/sister **I**
los hermanos
    brother(s) and sister(s) **I**

el héroe hero **1.3**
la heroína heroine **1.3**
el hielo ice **I**
   sobre hielo on ice **I**
la hija daughter **I**
el hijo son **I**
los hijos son(s) and
   daughter(s), children **I**
el hipermercado superstore
los hispanohablantes
   speakers of Spanish
la historia history, story **I, 2.2**
el hockey hockey **I**
la hoja leaf **5.1**
Hola. Hello. **I**
el hombre man **I**
el hombre de negocios
   businessman **I, 6.1**
el hombro shoulder **3.3**
hondureño(a) Honduran **1.3**
honrar to honor
   honra (it) honors
la hora hour **I**
   ¿A qué hora es...?
     (At) What time is...? **I**
   ¿Qué hora es?
     What time is it? **I**
el horario schedule **I**
la horchata a sweet beverage
   commonly served in Spain
la hormiga ant
el horno oven **I, 4.1**
el horno microondas
   microwave oven **4.1**
el horror horror **2.3**
hospedarse (en) to stay (at) **4.1**
el hotel hotel **I**
hoy today **I**
   Hoy es... Today is... **I**
   ¿Qué día es hoy?
     What day is it? **I**
hubo there was, there were **1.3**
el (la) huésped(a) guest **4.1**
el huevo egg **I, 1.2**
húmedo(a) humid **5.2**
el huracán hurricane **5.2**

la ida y vuelta round trip **4.2**
la identificación
   identification **1.1**
la iglesia church **I**
Igualmente. Same here. **I**
el imán magnet
impaciente impatient **2.1**
el imperativo
   imperative verb form
el impermeable raincoat **I**
importante important
   Es importante que... It's
     important that... **3.3, 4.2**
importar to be important **2.3**
la impresora printer **I**
incluido(a) included **I**
   ¿Está incluido(a)...?
     Is... included? **I**
increíble incredible **5.3**
la infección infection **3.3**
informal informal **I**
informar to inform
   estar bien informado(a)
     to be well informed **1.3**
el (la) ingeniero(a) engineer **6.1**
el inglés English **I**
inglés(esa) English **1.3**
inmediatamente
   immediately **3.2**
insistir (en) to insist **4.1**
instalarse
   se instala is set up
inteligente intelligent **I**
interesante interesting **I**
interesar to interest **2.3**
internacional international **1.3**
inútil useless **5.3**
el invierno winter **I**
la invitación invitation **I, 2.2**
invitar to invite **I**
   Te invito. I'll treat you.
     I invite you. **I**
la inyección injection **3.3**

ir to go **I, EP, 1.1**
   ir a... to be going to... **I**
   ir al cine
     to go to the movies **I**
   ir al supermercado
     to go to the supermarket **I**
   ir de compras to go
     shopping **I**
   Vamos a... Let's... **I**
iridiscente iridescent
irse to leave, to go away **I**
la isla island **5.1**
italiano(a) Italian **1.3**
la izquierda left **I**
   a la izquierda (de)
     to the left (of) **I**

el jabón soap **I, 3.1**
el jaguar jaguar **5.1**
el jamón ham **I, 1.2**
japonés(esa) Japanese **1.3**
el jardín garden **I, 4.1**
la jarra pitcher **I**
los jeans jeans **I**
el (la) jefe(a) boss **I, 6.1**
joven young **I**
el (la) joven young person
las joyas jewelry **I**
la joyería jewelry store **I**
el juego game
   los juegos mecánicos
     amusement rides
jueves Thursday **I**
el (la) juez(a) judge **6.1**
jugar (ue) to play **I, 1.1, 1.2**
   jugar al ajedrez
     to play chess **1.1**
el jugo juice **1.2**
el juguete toy **I, 2.1**
la juguetería toy store **4.2**
julio July **I**
junio June **I**
junto a next to **4.2**
juntos together **I**

el kilo kilogram I

lacio straight (hair) 3.1
el lado side I
  al lado (de) beside, next to I
el (la) ladrón(ona) thief 1.3
el lago lake I
la laguna lake
  la laguna caliente hot lake
la lámpara lamp I, 4.1
la lana wool I
lanzar to hurl
  se lanzó al abismo hurled
    himself into the abyss
el lápiz pencil I
largo(a) long I
la lástima shame I
  Es una lástima que…
    It's a shame that… 3.3, 4.2
  ¡Qué lástima!
    What a shame! I
lastimarse to hurt oneself 3.3
la lata can I, 5.3
el lavabo bathroom sink 4.1
el lavaplatos dishwasher I, 4.1
lavar to wash I
  lavar los platos
    to wash the dishes I, 3.2
lavarse to wash oneself I, 3.1
  lavarse la cabeza
    to wash one's hair I
  lavarse los dientes to brush
    one's teeth I, 3.1
la lección lesson I
la leche milk I, 1.2
el lechón hornado roasted pig
la lechuga lettuce I
la lectura reading
leer to read I, 1.3

lejos (de) far (from) I
  ¿Queda lejos? Is it far? I
la lengua language I
lentamente slowly I, 3.2
lento(a) slow I
la leña firewood 5.2
el león lion 5.1
el letrero sign 1.1
levantar to lift I
  levantar pesas
    to lift weights I
levantarse to get up I, 3.1
  (sin) levantarte
    (without) getting out
libre free I
  el tiempo libre free time I
la librería bookstore I
el libro book I
ligero(a) light
la limonada lemonade I
limpiar to clean I
  limpiar el cuarto
    to clean the room I, 3.2
limpio(a) clean I, 3.2
la linterna flashlight 5.2
listo(a) ready I
la literatura literature I
el litro liter I
la llama llama I
la llamada call I
llamar to call I
  Dile/Dígale que me llame.
    Tell (familiar/formal) him
    or her to call me. I
  llama la atención
    catches your eye
  Me llamo… My name is… I
  Se llama…
    His/Her name is… I
la llave key I, 4.1
la llegada arrival 1.1
llegar to arrive I, 1.1
llenar to fill up 2.3
lleno(a) full 2.3
llevar to wear, to carry;
  to take along I

llevarse bien
  to get along well 2.2
llorar to cry 3.3
llover (ue) to rain I
la llovizna drizzle 5.2
la lluvia rain I
Lo siento. I'm sorry. I
el lobo wolf 5.1
local local 1.3
la loción after-shave lotion 3.1
la loción protectora
  suntan lotion 3.2
loco(a) crazy I
lógico
  Es lógico que…
    It's logical that… 3.3, 4.2
el loro parrot 5.1
los demás
  the rest of the people 2.2
luego later I
  Hasta luego. See you later. I
el lugar place I
lujoso(a) luxurious I, 1.2
lunes Monday I
la luz light I, 5.2
  apagar la luz
    to turn off the light I

la madrastra stepmother 2.1
la madre mother I
los madrileños
  people from Madrid
el (la) maestro(a) teacher I
el maíz corn
la maleta suitcase 1.1
el (la) maletero(a) porter 4.1
malo(a) bad I
  Es malo que…
    It's bad that… 3.3, 4.2
  Hace mal tiempo.
    It is bad outside. I
  Lo malo es que…
    The trouble is that… 5.3

mañana tomorrow **I**
 Hasta mañana.
  See you tomorrow. **I**
 Mañana es…
  Tomorrow is… **I**
la mañana morning **I**
 de la mañana
  in the morning **I**
 por la mañana
  during the morning **I**
mandar to send **I**
 mandar una carta
  to send a letter **I**
el mandato command
manejar to drive **I**
la mano hand **I, 3.3**
manso(a) tame
la manta blanket **I, 5.2**
el mantel tablecloth **2.3**
mantener
 mantener limpio(a)
  to keep clean **5.3**
mantenerse sano(a)
 to be healthy **3.1**
la mantequilla butter **I, 1.2**
la mantequilla de cacahuate
 peanut butter **1.2**
la manzana apple **2.3**
el mapa map **I**
el maquillaje makeup **3.1**
maquillarse
 to put on makeup **I, 3.1**
la máquina contestadora
 answering machine **I**
el mar sea **I**
marcar to dial **I**
la marioneta marionette **2.1**
la mariposa butterfly **5.1**
marrón brown **I**
martes Tuesday **I**
marzo March **I**
mas but
más more **I**
 más de more than **I**
 más que more than **I, 4.3**
las matemáticas mathematics **I**
la materia subject **I**

mayo May **I**
mayor older **I**
 mayor que older than **4.3**
la mayoría majority **2.2**
el (la) mecánico(a)
 mechanic **6.1**
la medianoche midnight **I**
la medicina medicine **3.3**
medio(a) half **I**
 la media hermana
  half-sister **I**
 el medio hermano
  half-brother **I**
el medio ambiente
 environment **5.1**
el mediodía noon **I**
mejor better **I**
 Es mejor que… It's better
  that… **3.3, 4.2, 4.3**
el melón melon **1.2**
menor younger **I**
 menor que younger than **4.3**
menos to, before (time); less **I**
 menos de less than **I**
 menos… que less… than **I**
el mensaje message **I**
 dejar un mensaje
  to leave a message **I**
 Deje un mensaje después
  del tono. Leave a message
  after the tone. **I**
 Quiero dejar un mensaje
  para… I want to leave a
  message for… **I**
la mentira lie **2.2**
el menú menu **I**
el mercado market **I**
merendar (ie) to have a snack **I**
la merienda snack **I**
el mes month **I**
 el mes pasado last month **I**
la mesa table **I, 4.1**
 poner (pongo) la mesa
  to set the table **I**
 quitar la mesa
  to clear the table **I**

el (la) mesero(a) waiter
 (waitress) **I**
la meta goal **6.2**
el metro subway **I**
mexicano(a) Mexican **1.3**
mi my **I**
el microondas microwave **I**
miedo fear **I**
 tener miedo
  to be afraid **I, 4.3**
mientras while **2.2**
 mientras que while
miércoles Wednesday **I**
mil one thousand **I**
un millón one million **I**
mirar to watch, to look at **I**
mismo(a) same **I**
la mochila backpack **I**
moderno(a) modern **I, 1.2**
mojado(a) wet **2.3**
molestar to bother **2.3, 4.3**
el momento moment **I**
 Un momento. One moment. **I**
la moneda currency
el mono monkey **5.1**
la montaña mountain **I**
el montañismo
 mountaineering **5.2**
morado(a) purple **I**
moreno(a) dark (hair and skin) **I**
morir (ue, u) to die **1.3**
el mostrador counter **1.1**
mostrar (ue) to show **1.2**
la moto(cicleta) motorcycle **I**
mover (ue) to move **I**
 mover los muebles
  to move the furniture **I**
la muchacha girl **I**
el muchacho boy **I**
mucho often **I**
mucho(a) much, many **I**
los muebles furniture **I, 4.1**
 mover los muebles
  to move the furniture **I**
la mujer woman **1.1**
 la mujer de negocios
  businesswoman **I, 6.1**

el mundo world **I**
la muñeca doll **2.1**; wrist **3.3**
el muñeco de peluche stuffed
 animal **2.1**
el murciélago bat
el museo museum **I**
la música music **I**
el musical musical **2.3**
el (la) músico(a) musician **6.1**
muy very **I**

nacer to be born
nada nothing **I**
 De nada.
  You're welcome. **1.1**
nadar to swim **I**
nadie no one **I**
la nariz nose **I, 3.3**
las natillas custard
la naturaleza nature **5.1**
la navaja jackknife **5.2**
la neblina mist, fog **5.2**
necesario necessary
 Es necesario que…
  It's necessary that… **3.3**
necesitar to need **I, 4.1**
negociar to negotiate
 negoció (he/she) negotiated
negro(a) black **I**
nervioso(a) nervous **I**
nevar (ie) to snow **I**
la neverita cooler **3.2**
ni nor, neither, not even **4.2**
nicaragüense Nicaraguan **1.3**
la nieta granddaughter **I**
el nieto grandson **I**
la nieve snow **I**
ninguno(a) none, not any **I**
la niña girl **I**
el (la) niñero(a)
 child-care provider **6.1**

el niño boy **I**
no no, not **I**
 ¡No digas eso!
  Don't say that!
 No es cierto que…
  It is not certain that… **I**
 ¡No me digas!
  Don't tell me!
 no sólo not only
 ¡No te preocupes!
  Don't worry! **I**
la noche night, evening **I**
 Buenas noches.
  Good evening. **I**
 de la noche at night **I**
 por la noche
  during the evening **I**
el nombre name, first name **I**
normal normal **I**
normalmente normally **I, 3.2**
el norte north **4.2**
nosotros(as) we **I**
la nota grade **I**
 sacar una buena nota
  to get a good grade **I**
las noticias news **1.3**
el noticiero news program **1.3**
novecientos(as) nine hundred **I**
la novela novel **I**
noveno(a) ninth **I, 2.2**
noventa ninety **I**
noviembre November **I**
el (la) novio(a) boyfriend/
 girlfriend; groom/bride **2.1**
la nube cloud **5.2**
nublado cloudy **I**
 Está nublado. It is cloudy. **I**
nuestro(a) our **I**
nueve nine **I**
nuevo(a) new **I**
el número
 number **I**; shoe size **4.3**
nunca never **I**
nutritivo(a) nutritious **3.1**

o or **I**
obediente obedient **2.1**
la obra work of art **1.2**
 la obra de teatro
  theatrical production **2.3**
el (la) obrero(a) worker **6.1**
la obsidiana
 hard, black volcanic rock
obtener to obtain, to get **4.2**
el océano ocean **3.2**
ochenta eighty **I**
ocho eight **I**
ochocientos(as) eight hundred **I**
octavo(a) eighth **I, 2.2**
octubre October **I**
ocupado(a) busy **I**
ocurrir to occur **2.2**
el oeste west **4.2**
la oficina office **I**
ofrecer (ofrezco) to offer **I, 2.3**
 Le puedo ofrecer…
  I can offer you… **I**
 ¿Se le(s) ofrece algo más?
  Can I offer you anything
  more? **I**
el oído inner ear **3.3**
oír (oigo) to hear **I, 1.3**
ojalá que I hope that **4.1**
el ojo eye **I**
la ola wave **3.2**
la olla pot **I**
olvidar to forget **I**
 ya olvidada
  already forgotten
once eleven **I**
el (la) operador(a)
 operator **I, 6.1**
la oración sentence
ordenar (las flores, los libros)
 to arrange (flowers, books) **I**
ordinario(a) ordinary **I**
la oreja ear **I, 3.3**
la orilla edge, shore **3.2**
el oro gold **I**

oscuro(a) dark **4.3**
el otoño fall **I**
otro(a) other, another **I**

paciente patient **I**
pacífico(a) peaceful
el padrastro stepfather **2.1**
el padre father **I**
los padres parents **I**
pagar to pay **I, 1.1**
el país country **I**
el paisaje landscape
el pájaro bird **I**
la palabra word
la palma palm tree **3.2**
el palmar palm tree grove **3.2**
el pan bread **I, 2.3**
   el pan dulce sweet roll **I**
la panadería bread bakery **I**
panameño(a) Panamanian **1.3**
la pantalla screen **I**
los pantalones pants **I**
   los pantalones cortos shorts **I**
el pañuelo scarf **4.3**
la papa potato **I, 2.3**
   las papas fritas french fries **I**
el papel paper **I**; role **2.3**
la papelería stationery store **I**
el paquete package **I**
para for, in order to **I**
   para empezar to begin with **I**
la parada stop, stand **4.2**
el paraguas umbrella **I**
paraguayo(a) Paraguayan **1.3**
parar to stop **4.2**
parecido(a) similar
la pared wall **I, 4.1**
el (la) pariente(a) relative **2.1**
el parque park **I**
el partido game **I**
los partidos political parties
el (la) pasajero(a) passenger **1.1**
el pasaporte passport **1.1**

pasar to happen, to pass,
   to pass by **I**
   pasar la aspiradora
      to vacuum **I, 3.2**
   pasar un rato con los amigos
      to spend time with friends **I**
el pasatiempo hobby, pastime
pasear to go for a walk **I**
el paseo walkway **4.1**
el pasillo aisle **1.1**
el paso step
la pasta pasta **I, 2.3**
la pasta de dientes
   toothpaste **I, 3.1**
la pasta de guayaba
   guava paste
el pastel cake **I**; tamale-like
   mixture of plantain, yucca,
   and meat
la pastelería pastry shop **I**
la pastilla pill **3.3**
el (la) pastor(a) shepherd(ess) **I**
la patata potato **I**
patinar to skate **I**
los patines skates **I**
la patineta skateboard **I**
   andar en patineta
      to skateboard **I**
el peatón pedestrian **4.2**
el pedazo piece **I**
pedir (i, i) to ask for,
   to order **I, 1.2, 1.3**
   ¿Me ayuda a pedir? Could
     you help me order? **I**
peinarse
   to comb one's hair **I, 3.1**
el peine comb **I, 3.1**
pelearse to fight **2.1**
la película movie **I**
peligroso(a) dangerous **I, 5.1**
   Es peligroso que... It's
     dangerous that... **3.3, 4.2**
el (la) pelirrojo(a) redhead **I**
el pelo hair **I**
la pelota baseball **I**
el (la) peluquero(a)
   barber, hairstylist **6.1**

pensar (ie) to think, to plan **I**
la pensión boarding house **4.1**
peor worse **I**
   peor que worse than **4.3**
pequeño(a) small **I**
la pera pear **2.3**
perder (ie) to lose **I**
Perdona(e)... Pardon... **I**
   Perdona(e), ¿cómo llego a...?
     Pardon, how do I get to...? **I**
perezoso(a) lazy **I**
perfecto(a) perfect **I**
el perfume perfume **3.1**
el periódico newspaper **I**
el periodismo journalism **1.3**
el (la) periodista journalist **1.3**
el permiso permission **5.2**
permitir to permit **5.2**
el pernil cut of pork
pero but **I**
el (la) perro(a) dog **I**
   caminar con el perro
     to walk the dog **I**
pertenecer (pertenezco)
   to belong, to pertain **5.2**
peruano(a) Peruvian **1.3**
la pesa weight **I**
   levantar pesas
     to lift weights **I**
el pescado fish **I, 2.3**
el pescador fisherman **3.2**
pescar to fish **5.2**
el pez fish **I**
el piano piano **I**
   tocar el piano
     to play the piano **I**
picante spicy **I**
el pie foot **I, 3.3**
   a pie on foot **I**
la piedra stone **5.1**
la piel skin **3.2**
la pierna leg **I, 3.3**
el piloto pilot **1.1**
la pimienta pepper **I, 2.3**
pintar to paint **I**
el (la) pintor(a) painter **1.2**
pintoresco(a) picturesque

la **pintura** painting **1.2**
pisar
    pisarlas to step on them
la **piscina** swimming pool **I**
el **piso** floor, story **4.1**
el **pizarrón** chalkboard **I**
la **pizza** pizza
el **placer** pleasure **I**
    Es un placer.
      It's a pleasure. **I**
el **plan maestro** master plan
planchar (la ropa)
    to iron (the clothes) **I, 3.2**
el **planeta** planet **5.3**
la **planta** plant **I**
    la planta silvestre
      wild plant **5.1**
la **planta baja** ground floor **4.1**
la **plata** silver **I**
el **plátano verde** plantain **1.2**
el **plato** plate **I**
la **playa** beach **I**
la **plaza** town square **I**
la **pluma** pen **I**
la **población** population **5.1**
pobre poor **2.1**
la **pobreza** poverty **5.3**
poco a little **I**
poder (ue) to be able, can **I, 1.2**
    Gracias, pero no puedo.
      Thanks, but I can't. **I**
    Le puedo ofrecer…
      I can offer you… **I**
    ¿Me puede atender? Can
      you help (wait on) me? **4.3**
    ¿Puedes (Puede usted)
      decirme dónde queda…?
      Could you tell me
      where… is? **I**
    ¿Puedo hablar con…?
      May I speak with…? **I**
el **poema** poem **I**
la **poesía** poetry **I**
el (la) **policía** police officer **1.1**
el **pollo** chicken **I**
    el pollo asado barbecued
      chicken **1.2**

el **polvo** dust **I**
    quitar el polvo to dust **I, 3.2**
poner (pongo) to put **I, EP, 1.2**
    poner la mesa
      to set the table **I**
    ponerse la ropa
      to get dressed **I, 3.1**
por for, by, around **I**
    por eso that's why
    por favor please **I**
    por fin finally **I**
    por la mañana
      during the morning **I**
    por la noche
      during the evening **I**
    por la tarde
      during the afternoon **I**
    ¿por qué? why? **I**
    por todas partes
      all around **5.1**
porque because **I**
portarse bien/mal
    to behave well/badly **2.1**
posible
    Es posible que…
      It's possible that… **3.3, 4.2**
el **postre** dessert **I**
el **pozole** corn and meat stew
practicar to play, to
    practice **I, 1.1**
    practicar deportes
      to play sports **I**
el **precio** price **I**
preferir (ie, i)
    to prefer **I, 1.3, 4.1**
la **pregunta** question
preguntar to ask
preocupado(a) worried **I**
preocuparse por
    to be worried about **2.1**
preparar to prepare **I**
presentar to introduce **I**
    Te/Le presento a…
      Let me introduce you
      (familiar/formal) to… **I**
preservar to preserve **5.1**
el **préstamo** loan **4.3**

prestar to lend **4.3**
la **primavera** spring **I**
primero first **I**
el **primero** first of the month **I**
primero(a) first **I, 2.2**
el (la) **primo(a)** cousin **I**
prisa
    tener prisa to be in a hurry **I**
probable
    Es probable que…
      It's probable that… **3.3, 4.2**
el **problema** problem **I, 5.3**
producir (produzco)
    to produce **1.2**
la **profesión** profession **I, 6.1**
el **programa** program **1.3**
el **pronóstico** report **5.2**
pronto soon **I**
la **propina** tip **I**
    ¿Cuánto le doy de propina?
      How much do I tip? **I**
proteger (protejo) to protect **3.2**
    proteger las especies
      to protect the species **5.3**
la **prueba** quiz **I**
el **pueblo** town, village **I**
el **puente** bridge **4.2**
el **puerco** pork **I**
la **puerta** door **I, 4.1**
puertorriqueño(a)
    Puerto Rican **1.3**
pues well **I**
el **puesto** position **6.1**
la **pulsera** bracelet **I**
la **puntualidad** punctuality **6.2**
¡Pura vida! Doing great!
¡Puro juego! Real fun!

qué what? **I**
    ¿A qué hora es…?
      (At) What time is…? **I**
    ¿Qué desea(n)?
      What would you like? **I**
    ¿Qué día es hoy?
      What day is today? **I**

¡Qué (divertido)! How (fun)! **I**

¿Qué hora es?
What time is it? **I**

¡Qué lástima! What a shame! **I**

¿Qué lío! What a mess! **5.3**

¿Qué lleva?
What is he/she wearing? **I**

¿Qué me recomienda? What
do you recommend? **2.3**

¿Qué pasa?
What's happening?

¿Qué tal? How is it going?
How are you? **I, EP**

¿Qué tiempo hace?
What is the weather like? **I**

quedar (en) to stay, to be (in a
specific place); to agree on **I**

**¿Puedes (Puede usted)
decirme dónde queda…?**
Could you tell me
where…is? **I**

¿Queda lejos? Is it far? **I**

los quehaceres chores **I, 3.2**

quemado(a) burned

la quemadura burn **3.2**

quemar to burn **3.2**

la quena cane, reed

querer (ie) to want **I, 1.2**

¿Quieres beber…?
Do you want to drink…? **I**

¿Quieres comer…?
Do you want to eat…? **I**

Quiero beber…
I want to drink… **I**

Quiero comer…
I want to eat… **I**

**Quiero dejar un mensaje
para…** I want to leave a
message for… **I**

el queso cheese **I**

Quetzalcóatl an Aztec god

¿quién(es)? who? **I**

¿De quién es…?
Whose is…? **I**

¿Quién es? Who is it? **I**

¿Quiénes son?
Who are they? **I**

los químicos chemicals **5.3**

quince fifteen **I**

quinientos(as) five hundred **I**

quinto(a) fifth **I, 2.2**

el quiosco kiosk **4.2**

Quisiera… I would like… **I**

quitar
quitar el polvo to dust **I, 3.2**
quitar la mesa
to clear the table **I**
quitarse la ropa
to take off one's clothes **3.1**

quizás maybe **4.3**

el radio radio **I**

el radiocasete
radio-tape player **I**

la radiografía x-ray **3.3**

la raíz
las raíces roots

la rana frog **5.1**
**las ranas venenosas
fosforescentes** neon-
colored poison dart frogs

rápidamente quickly **I, 3.2**

rápido(a) fast, quick **I**

la raqueta racket **I**

rara vez rarely **I**

raro(a) rare, strange **1.2**
Es raro que…
It's rare that… **3.3**

las rayas stripes **4.3**

el rayo thunderbolt, flash of
lightning **5.2**

la razón reason **I**
Con razón. That's why. **I**
tener razón to be right **I**

la rebaja sale **4.2**

la recepción
reception/front desk **4.1**

el (la) recepcionista
receptionist **I**

el receso break **I**

la receta prescription **3.3**

recibir to receive **I**

el reciclaje recycling **5.3**

reciclar to recycle **5.3**

reciente recent **I**

recientemente
lately, recently **I, 3.2**

las recomendaciones
recommendations **6.2**

recomendar (ie)
to recommend **1.2**

recordar (ue) to remember **I**

recuperarse to get better **3.3**

el recurso resource

los recursos naturales
natural resources **5.3**

reducir (reduzco) to reduce **5.3**

el refrán saying

el refresco soft drink **I**

el refrigerador refrigerator **4.1**

el refugio de aves
bird sanctuary

el regalo gift **I**

regatear to bargain **I**

regresar
to return, to go back **I, 4.2**
Regresa más tarde.
He/She will return later. **I**

Regular. So-so. **I**

reírse (i, i) to laugh **2.1**

relajarse to relax **3.1**

el relámpago lightning **5.2**

el relieve relief, projection

el reloj clock, watch **I**

remar to row **5.2**

renovar
se renueva is renewed

el repaso review

repetir (i, i) to repeat **1.2, 1.3**

el reportaje report **1.3**

el (la) reportero(a) reporter **1.3**

requerir (ie, i) to require **6.2**

el requisito requirement **6.2**

el resbaladilla waterslide

rescatar to rescue **1.3**

el rescate rescue **1.3**

la reserva reservation **4.1**

resolver (ue) to resolve **5.3**

respirar to breathe 3.3
la respuesta answer
el restaurante restaurant I
el resumen summary
el retrato portrait 1.2
la reunión gathering 2.2
reunirse to get together 2.1
revelar to develop
revisar to review, to check 4.2
la revista magazine I
rico(a) tasty I; rich 2.1
ridículo
    Es ridículo que...
        It's ridiculous that... 3.3
el río river I
riquísimo(a) very tasty I
la risa laugh, laughter 2.1
rizado curly (hair) 3.1
robar to steal 1.3
el robo robbery 1.3
rodear
    rodean surround
la rodilla knee 3.3
rojo(a) red I
romántico(a) romantic 2.3
romper
    romper la piñata
        to break the piñata 2.2
la ropa clothing 1.2
    ponerse la ropa
        to get dressed 2.2
rosado(a) pink I
rubio(a) blond I

S

sábado Saturday I
la sábana sheet 5.2
saber (sé) to know I, 1.2, 1.3
el sabio sage, wise man
el sabor flavor, taste 1.2
sabroso(a) tasty I, 1.2
sacar to take I, 1.1
    sacar fotos to take
        photos/pictures I

sacar la basura
    to take out the trash I, 3.2
sacar una buena nota
    to get a good grade I
el saco de dormir
    sleeping bag 5.2
la sal salt I, 2.3
la sala living room I, 4.1
la sala de emergencia
    emergency room 3.3
la salchicha
    sausage I; hot dog 2.3
la salida departure 1.1
salir (salgo)
    to go out, to leave I
la salsa salsa I
saltar to jump
    saltar la cuerda
        to jump rope 2.1
¡Salud! Cheers! 2.3
saludable healthy 3.1
saludar to greet
el saludo greeting
salvadoreño(a) Salvadorian 1.3
salvaje wild 5.1
las sandalias sandals 3.2
la sangre blood 3.3
el secador de pelo
    hair dryer I, 3.1
secarse to dry oneself I, 3.1
seco(a) dry 2.3
el (la) secretario(a)
    secretary I, 6.1
seguir (i, i) (sigo)
    to follow, to continue 4.2
según according to
segundo(a) second I, 2.2
    de segunda mano
        used, secondhand
la seguridad security 1.1
el seguro insurance 6.2
seis six I
seiscientos(as) six hundred I
la selva jungle 5.1
el semáforo
    traffic light/signal 4.2

la semana week I
    la semana pasada
        last week I
el semestre semester I
sencillo(a) simple, plain I, 4.3
el sendero path, trail 5.1
sentar(se) (ie) to sit down 2.1
el señor Mr. I
la señora Mrs. I
la señorita Miss I
separar to separate 5.3
septiembre September I
séptimo(a) seventh I, 2.2
ser to be I, EP
    Es la.../Son las...
        It is... o'clock. I
    ser de... to be from... I
el ser humano human being 5.3
la serie series 2.3
serio(a) serious I
la serpiente snake 5.1
los servicios bathrooms 4.1
la servilleta napkin 2.3
servir (i, i) to serve I, 1.2, 1.3
sesenta sixty I
setecientos(as) seven hundred I
setenta seventy I
sexto(a) sixth I, 2.2
los shorts shorts I
si if I, 5.3
Si estuviera...
    If I/you/he/she were... 5.3
Si fuera...
    If I/you/he/she were... 5.3
Si pudieras... If you could... 5.3
sí yes I
    ¡Claro que sí! Of course! I
    Sí, me encantaría.
        Yes, I would love to. I
siempre always I
siete seven I
el siglo century
    del siglo III o IV
        third or fourth century
siguiente next 2.2
la silla chair I, 4.1
el sillón armchair I, 4.1

simpático(a) nice **I**
sin without **I**
sino también but also
la situación situation **5.3**
el smog smog **5.3**
sobre on, about **4.2**
  sobre hielo on ice **I**
el (la) sobrino(a)
  nephew/niece **2.1**
sociable sociable **2.1**
¡Socorro! Help! **3.3**
el sofá sofa, couch **I, 4.1**
el sol sun **I**
  las gafas de sol sunglasses **I**
  Hace sol. It's sunny. **I**
  Hay sol. It's sunny. **I**
  tomar el sol to sunbathe **I**
soleado(a) sunny **5.2**
solicitar
  to request, to apply for **6.1**
la solicitud application **6.1**
sólo only **I**
solo(a) alone **I**
la sombra
  darkness, shade, shadow **5.1**
el sombrero hat **I**
la sombrilla de playa
  beach umbrella **3.2**
sonreírse (i, i) to smile **2.1**
la sopa soup **I**
sorprender to surprise **I, 4.3**
la sorpresa surprise **I, 2.2**
su your (formal), his, her, its,
  their **I**
subir
  subir por to go up, to climb **4.2**
sucio(a) dirty **I, 3.2**
la sucursal
  sucursales branches
sudar to sweat **3.1**
el sueldo salary **6.2**
el suelo floor **I, 4.1**
  barrer el suelo
    to sweep the floor **I**
sueño sleep; dream
  felices sueños sweet dreams
  tener sueño to be sleepy **I**

suerte luck **I**
  tener suerte to be lucky **I**
el suéter sweater **I**
suficiente enough **4.3**
la sugerencia suggestion
sugerir (ie, i) to suggest **4.1**
el supermercado supermarket **I**
  ir al supermercado
    to go to the supermarket **I**
el sur south **4.2**
el surfing surfing **I**

tacaño(a) stingy **4.3**
el taco taco **2.3**
tal vez maybe **I, 4.3**
  Tal vez otro día.
    Maybe another day. **I**
el talento talent **1.2**
la talla size (clothing) **4.3**
el taller workshop **I**
los tamales cornmeal dough
  and filling wrapped in corn
  husks and steamed
también also, too **I**
también se dice you can also say
tampoco neither, either **I**
tan as **I**
  tan… como as… as **I, 4.3**
tanto as much **I**
  tanto como as much as **I, 4.3**
las tapas appetizers **I**
la taquería taco restaurant **2.3**
la taquilla box office **4.2**
tarde late **I**
  Regresa más tarde.
    He/She will return later. **I**
la tarde afternoon **I**
  Buenas tardes.
    Good afternoon. **I**
  de la tarde in the afternoon **I**
  por la tarde
    during the afternoon **I**
la tarea homework **I**

la tarjeta de crédito
  credit card **I**
el taxi taxi, cab **I**
el (la) taxista taxi driver **I, 6.1**
la taza cup **I**
el té tea **I**
el teatro theater **I**
el teclado keyboard **I**
teclear
  ¡A teclear! Let's key in!
el (la) técnico(a) technician **6.1**
el teleférico aerial tram
el teléfono telephone **I**
  ¿Cuál es tu teléfono? What is
    your phone number? **I, EP**
la telenovela soap opera **2.3**
el (la) televidente viewer **1.3**
la televisión television **I**
  ver la televisión
    to watch television **I**
el televisor television set **I**
el tema theme **2.3**
el temblor earthquake
la temperatura temperature **3.3**
temprano early **I**
el tenedor fork **I**
tener to have **I, EP, 1.2**
  ¿Cuántos años tiene…?
    How old is…? **I**
  tener calor to be hot **I**
  tener cuidado
    to be careful **I, 2.1**
  tener envidia
    to be envious **2.1**
  tener éxito
    to be successful **2.1**
  tener frío to be cold **I**
  tener ganas de…
    to feel like… **I**
  tener hambre to be hungry **I**
  tener miedo to be afraid **I**
  tener prisa to be in a hurry **I**
  tener que to have to **I**
  tener razón to be right **I**
  tener sed to be thirsty **I**
  tener sueño to be sleepy **I**
  tener suerte to be lucky **I**

tener vergüenza
  to be ashamed **2.1**
Tiene… años.
  He/She is… years old. **I**
el tenis tennis **I**
tercero(a) third **I, 2.2**
terminar to finish **I**
la terraza terrace **I**
terrible terrible, awful **I**
la tía aunt **I**
el tiempo time; weather **I**
  Hace buen tiempo.
    It is nice outside. **I**
  Hace mal tiempo.
    It is bad outside. **I**
  ¿Qué tiempo hace?
    What is the weather like? **I**
  el tiempo libre free time **I**
la tienda store **I**
  la tienda de deportes
    sporting goods store **I**
  la tienda de música y videos
    music and video store **I**
la tienda de campaña tent **5.2**
la tierra land, earth **5.1**
las tijeras scissors **I, 5.2**
tímido(a) shy **2.1**
la tintorería dry cleaner **4.2**
el tío uncle **I**
los tíos uncle(s) and aunt(s) **I**
típicamente typically **3.2**
la tira cómica comic strip **1.3**
el titular headline **1.3**
la tiza chalk **I**
la toalla towel **I, 3.2**
el tobillo ankle **3.3**
tocar to play (an
  instrument) **I, 1.1**
  tocar el piano
    to play the piano **I**
  tocar la guitarra
    to play the guitar **I**
todavía still, yet **I**
todo(a) all **I**
  todo el mundo everyone **2.2**
  todos los días every day **I**

tomar to take, to eat, to drink **I**
  tomar el sol to sunbathe **I**
  tomar un curso de natación
    to take a swimming class **1.1**
el tomate tomato **I, 2.3**
la tormenta storm **I**
el toro bull **I, 6.2**
la torta sandwich (sub) **I, 2.3**
la tortilla española
  potato omelet **I**
la tortuga turtle **5.1**
la tos cough **3.3**
los tostones fried plantains **1.2**
trabajador(a) hard-working **I**
trabajar to work **1.1**
tradicional traditional **I, 1.2**
traducir (traduzco)
  to translate **1.2**
traer (traigo) to bring **I, 1.2**
  ¿Me trae…?
    Could you bring me…? **I**
el tráfico traffic **I**
el traje suit **4.3**
  el traje de baño
    bathing suit **I**
tranquilamente calmly **I, 3.2**
tranquilo(a) calm **I**
tratar to treat **3.3**
trece thirteen **I**
treinta thirty **I**
el tren train **I**
trepar
  trepar a un árbol
    to climb a tree **2.1**
tres three **I**
trescientos(as) three hundred **I**
triste sad **I**
  Es triste que…
    It's sad that… **3.3, 4.2**
la tristeza sadness **2.2**
el trueno thunder **5.2**
tu your (familiar) **I**
tú you (familiar singular) **I**
el tucán toucan **5.1**
el turismo tourism **4.1**

último(a) last **I**
un millón one million **I**
un par de a pair of **4.3**
la unidad unit
unir
  une combines
unirse
  se unen unite
la universidad university **6.2**
uno one **I**
uruguayo(a) Uruguayan **1.3**
usar to use **I**; to wear, to take
  a size **4.3**
el uso use .
usted you (formal singular) **I**
ustedes you (formal plural) **I**
útil useful **5.3**
la uva grape **1.2**

la vaca cow **I**
vacío(a) empty **2.3**
valer (valgo) to be worth **4.3**
el valle valley **5.1**
valorar to appreciate **5.1**
el vaso glass **I**
  el vaso de glass of **I**
el vecindario neighborhood **4.2**
el (la) vecino(a) neighbor **I**
vegetariano(a) vegetarian **I**
veinte twenty **I**
veintiuno twenty-one **I**
las velas candles **2.2**
el velo
  el velo bordado a mano
    handmade veil
el venado deer **5.1**
vender to sell **I**
venezolano(a) Venezuelan **1.3**

venir to come **I, 1.2**

la ventaja advantage **6.2**

la ventana window **I, 4.1**

la ventanilla window **1.1**

ver (veo) to see **I, 1.1**

 ¿Me deja ver…?

  May I see…? **I**

 Nos vemos. See you later. **I**

 ver la televisión

  to watch television **I**

el verano summer **I**

la verdad truth **I**

 ¿De veras? Really? **1.3**

 Es verdad. It's true. **I**

 No es verdad que…

  It's not true that… **4.3**

verde green **I**

la verdura vegetable **I, 2.3**

el vestido dress **I**

vestirse (i, i)

 to dress oneself **4.3**

el (la) veterinario(a)

 veterinarian **6.1**

viajar to travel **I**

el viaje trip **I, 1.1**

los viajeros travelers

la vida life **I**

el video video **I**

 alquilar un video

  to rent a video **I**

la videograbadora VCR **I**

el videojuego video game **I**

el vidrio glass **5.3**

viejo(a) old **I**

el viento wind **I**

 Hace viento. It's windy. **I**

 Hay viento. It's windy. **I**

viernes Friday **I**

violento(a) violent **5.2**

visitar to visit **I**

vivir to live **I, 1.1**

 Vive en…

  He/She lives in… **I**

 Vivo en… I live in… **I**

vivo(a) alive

volar (ue) to fly **5.1**

el voleibol volleyball **I**

el (la) voluntario(a)

 volunteer **6.1**

volver (ue)

 to return, to come back **I**

vosotros(as)

 you (familiar plural) **I**

la voz voice

el vuelo flight **1.1**

vuestro(a)

 your (familiar plural) **I**

y and **I**

 y cuarto quarter past **I**

 y media half past **I**

ya already, now **3.2**

 ¡Ya lo sé! I already know. **I**

 ya no no longer **I**

el yeso cast **3.3**

yo I **I**

el yogur yogurt **I, 1.2**

la zanahoria carrot **I, 2.3**

la zapatería shoe store **I**

el zapato shoe **I**

el zapato de tacón

 high-heeled shoe **4.3**

el zumo juice **I**

GLOSARIO
inglés-español

This English–Spanish glossary contains all of the active vocabulary words that appear in the text as well as passive vocabulary from readings, culture sections, and extra vocabulary lists.

to be able poder (ue) **I, 1.2**
about sobre **4.2**
above arriba **4.2**
according to según
accountant
   el (la) contador(a) **I, 6.1**
acquaintance la amistad **2.1**
actor el actor **2.3**
actress la actriz **2.3**
address la dirección **I**
adventures las aventuras **2.3**
advice el (los) consejo(s) **3.1**
to advise aconsejar **3.1**
aerial tram el teleférico
after después (de) **I**
afternoon la tarde **I**
   during the afternoon
     por la tarde **I**
   Good afternoon.
     Buenas tardes. **I, EP**
   in the afternoon de la tarde **I**
after-shave lotion la loción **3.1**
afterward después **I**
against
   to be against
     estar en contra de **5.2**
age la edad **I**

to agree (on) quedar (en) **I**;
   estar de acuerdo **I, 1.2**
air conditioning
   el aire acondicionado **4.1**
airline la aerolínea **1.1**
airplane el avión **I**
airport el aeropuerto **I**
aisle el pasillo **1.1**
alarm clock el despertador **4.1**
alive vivo(a)
all todo(a) **I**
   all around
     por todas partes **5.1**
   It is up to all of us…
     A todos nos toca… **5.3**
almost casi **2.2**
alone solo(a) **I**
already ya **3.2**
also también **I**
altitude la altura **5.1**
aluminum el aluminio **5.3**
always siempre **I**
ambulance la ambulancia **3.3**
ancient antiguo(a) **I**
and y **I**
   and so it was that
     así fue que **2.2**
angry enojado(a) **I**
   to get angry with
     enojarse con **2.1**
animal el animal **I**

animated animado(a) **2.1**
ankle el tobillo **3.3**
anniversary el aniversario **2.2**
another otro(a) **I**
answer la respuesta
to answer contestar **I**
answering machine
   la máquina contestadora **I**
ant la hormiga
apartment el apartamento **I**
to apologize disculparse **2.1**
appetizers las tapas **I**
apple la manzana **2.3**
application la solicitud **6.1**
to apply for solicitar **6.1**
appointment la cita **I**
to appreciate valorar **5.1**
April abril **I**
architect
   el (la) arquitecto(a) **I, 6.1**
architecture la arquitectura **I**
Argentine argentino(a) **1.3**
arm el brazo **I, 3.3**
armchair el sillón **I, 4.1**
armoire el armario **4.1**
around alrededor (de) **4.2;** por **I**
to arrange (flowers, books)
   ordenar (las flores,
   los libros) **I**
arrival la llegada **1.1**
to arrive llegar **I, 1.1**

art el arte **I**
article el artículo **1.3**
artisan el (la) artesano(a) **I**
artist el (la) artista **1.2**
as como **I**
   as… as tan… como **I, 4.3**
   as far as hasta **I**
   as for en cuanto a
   as much as tanto como **I, 4.3**
ash la ceniza
to ask preguntar
to ask for pedir (i, i) **I, 1.2, 1.3**
aspirin la aspirina **3.3**
assistant el (la) asistente **6.1**
at a **I**
   At… o'clock. A la(s)… **I**
   at once en seguida **2.2**
athletics el atletismo **3.1**
ATM el cajero automático **4.3**
atmosphere el ambiente
to attend asistir a
auditorium el auditorio **I**
August agosto **I**
aunt la tía **I**
author el (la) autor(a) **1.3**
autonomy la autonomía
avenue la avenida **I**
awesome chévere **I**
   How awesome!
     ¡Qué chévere! **I**
awful terrible **I**
Aztec
   an Aztec god Quetzalcóatl

baby el bebé **2.1**
backpack la mochila **I**
bad malo(a) **I**
   It is bad (weather) outside.
     Hace mal tiempo. **I**
   It's bad that…
     Es malo que… **3.3, 4.2**
bag la bolsa **I**
balanced balanceado(a) **3.1**

ball la bola, la pelota **I**
ballad la décima
balloons los globos **2.2**
bank el banco **I**
barbecued chicken
   el pollo asado **1.2**
barber el (la) peluquero(a) **6.1**
bargain la ganga **4.2**
to bargain regatear **I**
baseball (sport) el béisbol **I**
baseball cap la gorra **I**
basketball el baloncesto **I**
bass el contrabajo
bat el bate **I**; el murciélago
to bathe bañarse **I, 3.1**
bathing suit el traje de baño **I**
bathroom el baño **I, 4.1**
bathrooms los servicios **4.1**
bathtub la bañera **4.1**
to be estar **I, EP, 1.2;**
   ser **I, EP, 1.1**
   to be worth valer (valgo) **4.3**
beach la playa **I**
   beach umbrella
     la sombrilla de playa **3.2**
beans los frijoles **2.3**
beauty la belleza **5.1**
because porque **I**
bed la cama **I, 4.1**
   to go to bed acostarse (ue) **I**
   to make the bed
     hacer la cama **I**
bedroom la habitación **I**
beef la carne de res **I, 2.3**
before antes (de) **I**
to begin empezar (ie) **I, 1.1**
to behave well/badly
   portarse bien/mal **2.1**
behind detrás (de) **I**
to believe creer **I, 1.3**
to belong
   pertenecer (pertenezco) **5.2**
belt el cinturón **I**
benefits los beneficios **6.2**
beside al lado (de) **I**
better mejor **I**

It's better that…
   Es mejor que… **3.3, 4.2**
between entre **I**
beverage la bebida **I**
big grande **I**
bike la bicicleta
   to ride a bike
     andar en bicicleta **I**
bill la cuenta **I, 2.3**
bird el pájaro **I**
   bird sanctuary
     el refugio de aves
birthday el cumpleaños **I**
black negro(a) **I**
blanket la manta **I, 5.2**
blond rubio(a) **I**
blood la sangre **3.3**
blouse la blusa **I**
blue azul **I**
to board (a plane) abordar **1.1**
boarding house la pensión **4.1**
boat el bote **3.2**
   rowboat el bote de remos
body el cuerpo **I, 3.3**
Bolivian boliviano(a) **1.3**
book el libro **I**
bookstore la librería **I**
boots las botas **I**
bored
   to be bored aburrirse **2.1**
boring aburrido(a) **I**
born
   to be born nacer
boss el (la) jefe(a) **I, 6.1**
to bother molestar **2.3, 4.3**
bottle la botella **I, 5.3**
box office la taquilla **4.2**
boy el chico; el muchacho;
   el niño **I**
boyfriend el novio **2.1**
bracelet la pulsera **I**
branch la sucursal
   branches las sucursales
bread el pan **I, 2.3**
bread bakery la panadería **I**
break el receso **I**

to break the piñata
romper la piñata 2.2
breakfast el desayuno I
to have breakfast
desayunar I
to breathe respirar 3.3
bride la novia 2.1
bridge el puente 4.2
to bring traer (traigo) I, 1.2
Could you bring me…?
¿Me trae…? I
brother el hermano I
brother(s) and sister(s)
los hermanos I
brother-in-law el cuñado 2.1
brown marrón I
brown (hair) castaño(a) I
brush el cepillo I, 3.1
to brush one's teeth
lavarse los dientes I, 3.1
bucket el balde 5.2
building el edificio I
bull el toro I
burn la quemadura 3.2
to burn quemar 3.2
bus el autobús I
bus station
la estación de autobuses I
business la empresa 6.2
businessman
el hombre de negocios I, 6.1
businesswoman
la mujer de negocios I, 6.1
busy ocupado(a) I
but pero I; mas
but also sino también
butcher's shop la carnicería 4.1
butter la mantequilla I, 1.2
butterfly la mariposa 5.1
to buy comprar I
by por I

cab el taxi I
café el café I
cafeteria la cafetería I
cake el pastel I
calculator la calculadora I
call la llamada I
to call llamar I
Tell him or her to call me.
Dile/Dígale que me
llame. I
calm tranquilo(a) I
calmly tranquilamente I, 3.2
calorie la caloría 3.1
camera la cámara I, 1.3
camp el campamento 5.2
to camp in the mountains
acampar en las montañas 1.1
campfire la fogata 5.2
can la lata I, 5.3
can opener el abrelatas 5.2
can poder (ue) I, 1.2
**Can (May) I offer you
anything more?** ¿Se les
ofrece algo más? 2.3
Can you help (wait on) me?
¿Me puede atender? 4.3
I can offer you…
Le puedo ofrecer… I
Thanks, but I can't.
Gracias, pero no puedo. I
Canadian canadiense 1.3
candles las velas 2.2
cane el quena
canoe la canoa
cap el gorro I
baseball cap la gorra I
capabilities las habilidades 6.2
car el carro I
cardboard, cardboard box
el cartón 5.3
career la carrera 6.1

careful cuidadoso(a) I
to be careful tener cuidado I
carefully cuidadosamente I
carrot la zanahoria I, 2.3
to carry llevar I
carton el cartón 5.3
cash el efectivo I
cash register
la caja registradora 4.3
cashier el (la) cajero(a) 4.3
cassette el casete I
cast el yeso 3.3
cat el (la) gato(a) I
to catch
catches your eye
llama la atención
cause la causa 1.3
cave la cueva
cedar el cedro
to celebrate celebrar I
center el centro I
shopping center
el centro comercial I
centigrade centígrado(a) 5.2
century el siglo
third or fourth century
del siglo III o IV
ceramics la cerámica I
cereal el cereal I, 1.2
certain
It is not certain that…
No es cierto que… 4.3
chain la cadena
chair la silla I, 4.1
chalk la tiza I
chalkboard el pizarrón I
champion el campeón
change el cambio I
to change cambiar I
has changed se ha cambiado
channel el canal 1.3
character el personaje
to chat charlar
cheap barato(a) I

check la cuenta **I**
   Separate checks. Es aparte. **I**
   The check, please.
      La cuenta, por favor. **I**
checked de cuadros **I**
checks los cheques **4.3**
Cheers! ¡Salud! **2.3**
cheese el queso **I**
chemicals los químicos **5.3**
chemistry la química **I**
cherry la cereza **2.3**
chess
   to play chess
      jugar (ue) al ajedrez **1.1**
chicken el pollo **I**
child-care provider
   el (la) niñero(a) **6.1**
Chilean chileno(a) **1.3**
Chinese chino(a) **1.3**
to choose escoger (escojo) **4.3**
chores los quehaceres **I, 3.2**
church la iglesia **I**
citizenship la ciudadanía **6.1**
city la ciudad **I**
city block la cuadra **I**
class la clase **I**
classmate
   el (la) compañero(a) **2.1**
classroom la clase **I**
clean limpio(a) **I, 3.2**
to clean limpiar **I**, hacer la
   limpieza **3.2**
   to clean the room
      limpiar el cuarto **I, 3.2**
climate el clima **5.1**
to climb subir por **4.2**
   to climb a tree
      trepar a un árbol **2.1**
   to climb mountains
      escalar montañas **5.2**
clock el reloj **I**
to close cerrar (ie) **I**
closed cerrado(a) **I, 4.3**
closet el armario **I**
clothing la ropa **I**

cloud la nube **5.2**
cloudy nublado **I**
   It is cloudy. Está nublado. **I**
coat el abrigo **I**
coconut milk
   el agua de coco **3.2**
coffee el café **I**
coffee shop la cafetería **I**
cold
   to be cold tener frío **I**
   It is cold. Hace frío. **I**
Colombian colombiano(a) **1.3**
color el color **I**
   What color…?
      ¿De qué color…? **I**
comb el peine **I, 3.1**
to comb one's hair
   peinarse **I, 3.1**
to combine unir
   combines une
to come venir (ie) **I, 1.2**
to come back volver (ue) **I**
comedian, comedienne
   el (la) comediante **2.3**
comfortable cómodo(a) **3.3**
comic strip la tira cómica **1.3**
comical cómico(a) **I**
command el mandato
commercial el anuncio **1.3**
common común **2.2**
community la comunidad **I**
compact disc
   el disco compacto **I**
companion
   el (la) compañero(a) **2.1**
company la compañía **I**
company (business)
   la empresa **6.2**
to compete competir (i, i)
   1.2, 1.3
complicated complicado(a) **5.2**
composer el compositor
computer la computadora **I**
computer science
   la computación **I**

concert el concierto **I**
congratulations felicidades **I**
to conserve conservar **5.1**
to construct construir **2.1**
consultation la consulta **3.3**
content contento(a) **I**
contest el concurso **I**
to continue
   seguir (i, i) (sigo) **4.2**
contract el contrato **6.2**
contrary
   on the contrary
      al contrario **2.2**
to cook cocinar **I**
cookie la galleta **I, 1.2**
cool fresco(a)
   It is cool. Hace fresco. **I**
cooler la neverita **3.2**
corn el maíz
corner la esquina **4.1**
corral el corral **I**
to correct corregir (i, i) (corrijo)
to cost costar (ue) **I**
Costa Rican costarricense **1.3**
couch el sofá **I**
cough la tos **3.3**
to count contar (ue) **I**
counter el mostrador **1.1**
country el país; el campo **I**
countryside el campo **I**
court la cancha **I**
cousin el (la) primo(a) **I**
cow la vaca **I**
cracker la galleta **5.3**
crazy loco(a) **I**
cream la crema **I, 1.2**
to create crear **5.2**
credit card
   la tarjeta de crédito **I**
criticism la crítica **1.3**
to cross cruzar **I**
crossing el cruce **4.2**
to cry llorar **3.3**

cuatro guitar
  a tuned guitar
    un cuatro templado
Cuban cubano(a) **1.3**
cuisine la cocina
cup la taza **I**
curly (hair) rizado **3.1**
currency la moneda
curriculum vitae
  el currículum **6.2**
customer el (la) cliente **4.3**
customs la aduana **1.1**
to cut cortar
  to cut oneself cortarse **3.3**
  to cut the grass cortar
    el césped **3.2**

daily diario(a) **2.2**
damage
  damaging it dañarla
to dance bailar **I**
dancer
  el (la) bailarín/bailarina **6.1**
danger el peligro **I**
dangerous peligroso(a) **I, 5.1**
  It's dangerous that…
    Es peligroso que… **3.3, 4.2**
dark oscuro(a) **4.3**
  dark hair and skin
    moreno(a) **I**
darkness la sombra **5.1**
date la fecha **I**
  date of birth
    la fecha de nacimiento **6.1**
  What is the date?
    ¿Cuál es la fecha? **I**
daughter la hija **I**
day el día **I**
  day before yesterday
    anteayer **I, 2.2**
  What day is today?
    ¿Qué día es hoy? **I**

December diciembre **I**
to decide decidir **I**
decor
  interior decor la decoración
decorations los adornos **2.2**
deer el venado **5.1**
degree el grado **I**
delicious delicioso(a) **I**
to delight encantar **2.3**
Delighted to meet you.
  Encantado(a). **I**
deodorant el desodorante **3.1**
departure la salida **1.1**
depressed deprimido(a) **I**
to descend bajar (por) **4.2**
desert el desierto **I**
to desire desear **1.2, 4.1**
desk el escritorio **I**
dessert el postre **I**
destroyed destruido(a)
destruction la destrucción **5.3**
detail el detalle **1.3**
to detain detener
to develop desarrollar; revelar
development el desarrollo **5.1**
to dial marcar **I**
dictionary el diccionario **I**
to die morir (ue, u) **1.3**
diet la dieta **3.1**
difficult difícil **I**
dining room el comedor **I, 4.1**
dinner la cena **I**
  to have dinner cenar **I**
direction la dirección **I**
dirty sucio(a) **I, 3.2**
disadvantage la desventaja **6.2**
to discover descubrir **5.1**
disguised as disfrazado(a) de
dishwasher el lavaplatos **I, 4.1**
distance la distancia **4.2**
diverse diverso(a) **5.1**
to do hacer (hago) **I, 1.1**
doctor el (la) doctor(a) **I**
dog el (la) perro(a) **I**
  to walk the dog
    caminar con el perro **I**

doll la muñeca **2.1**
dollar el dólar **I**
Dominican dominicano(a) **1.3**
dominoes el dominó
door la puerta **I, 4.1**
to doubt dudar **4.3**
down abajo **I, 4.2**
downpour el aguacero **5.2**
downtown el centro **I**
dozen la docena **I**
to draw dibujar **2.1**
dream
  sweet dreams felices sueños
dress el vestido **I**
to dress oneself vestirse (i, i) **4.3**
  to get dressed
    ponerse la ropa **I**
  to get dressed up
    arreglarse **4.3**
drink la bebida **I**
to drink beber; tomar **I**
  Do you want to drink…?
    ¿Quieres beber…? **I**
  I want to drink…
    Quiero beber… **I**
to drive conducir (conduzco)
  1.2; manejar **I**
driver el (la) conductor(a) **4.2**
drizzle la llovizna **5.2**
drop la gota
drugstore la farmacia **I**
dry seco(a) **2.3**
dry cleaner la tintorería **4.2**
to dry oneself secarse **I, 3.1**
during durante **I**
dust el polvo **I**
to dust quitar el polvo **I, 3.2**

each cada **I**
ear la oreja **I, 3.3**
early temprano **I**
to earn a living
  ganarse la vida **6.1**

earring el arete **I**
earthquake el temblor
easily fácilmente **I, 3.2**
east el este **4.2**
easy fácil **I**
to eat comer; tomar **I, 1.1**
  Do you want to eat…?
    ¿Quieres comer…? **I**
  to eat breakfast desayunar **I**
  to eat dinner cenar **2.3**
  to eat lunch
    almorzar (ue) **I, 1.1**
  I want to eat…
    Quiero comer… **I**
Ecuadorian ecuatoriano(a) **1.3**
edge la orilla **3.2**
edition la edición **1.3**
editor el (la) editor(a) **I, 1.3**
education la educación **6.2**
effects los efectos **5.3**
egg el huevo **I, 1.2**
eight ocho **I**
eight hundred ochocientos(as) **I**
eighteen dieciocho **I**
eighth octavo(a) **I, 2.2**
eighty ochenta **I**
elbow el codo **3.3**
electricity la electricidad **4.1**
elegant elegante **4.3**
elevator el ascensor **4.1**
eleven once **I**
emergency room
  la sala de emergencia **3.3**
to emit
  emits smoke echa humo
employment el empleo **6.1**
empty vacío(a) **2.3**
enchilada la enchilada **I**
energy la energía **3.1**
engineer el (la) ingeniero(a) **6.1**
English inglés(esa) **1.3;**
  el inglés **I**
to enjoy
  to enjoy oneself
    divertirse (ie, i) **2.1**

to enjoy time with friends
  disfrutar con
  los amigos **1.1**
enjoyable divertido(a) **I, 2.1**
enormous enorme **I, 1.2**
enough
  bastante **2.3;** suficiente **4.3**
to enter entrar (a, en) **I**
entertaining divertido(a) **2.1**
environment
  el medio ambiente **5.1**
equipment
  sound equipment
    el equipo de sonido
eraser el borrador **I**
especially especialmente **I, 3.2**
essential
  It's essential that…
    Es esencial que… **3.3**
even though aunque **2.2**
evening la noche **I**
  during the evening
    por la noche **I**
  Good evening.
    Buenas noches. **I**
every cada **I**
every day todos los días **I**
everyone todo el mundo **2.2**
excess luggage
  el exceso de equipaje **1.1**
to exchange cambiar **I**
excited emocionado(a) **I**
to exclaim exclamar **2.2**
Excuse me. Discúlpeme. **4.2**
to exercise hacer ejercicio **I**
exhibit la exposición **1.2**
to expect esperar **I**
expenses los gastos **4.3**
expensive caro(a) **I**
  It's very expensive!
    ¡Es muy caro(a)! **I**
to explain explicar **1.1**
eye el ojo **I**

face la cara **I, 3.3**
facing enfrente (de) **I**
fact el hecho **1.3**
facts los datos **6.1**
fall el otoño **I**
to fall asleep dormirse (ue, u) **I**
to fall caer (caigo) **EP**
to fall down
  caerse (me caigo) **2.1**
to fall in love (with)
  enamorarse (con) **2.2**
false falso(a)
family la familia **I**
far (from) lejos (de) **I**
  Is it far? ¿Queda lejos? **I**
farm la granja **I**
farmer el (la) agricultor(a) **6.1**
to fascinate fascinar **2.3**
fast rápido(a) **I**
fat gordo(a) **I**
father el padre **I**
favor
  to be in favor of estar a
    favor de **5.2**
favorite favorito(a) **I**
February febrero **I**
fee la cuota
to feed darle(s) de comer **I**
to feel like tener ganas de **I**
fence la cerca **I**
fern el helecho
ferocious feroz **5.1**
fever la fiebre **3.3**
field el campo **I**
fifteen quince **I**
fifth quinto(a) **I, 2.2**
fifty cincuenta **I**
to fight pelearse **2.1**
to fill up llenar **2.3**
finally por fin **I, 2.2**
to find encontrar (ue) **I**

fine arts las bellas artes **1.2**
fingers los dedos **3.3**
to finish terminar **I**
fire el fuego **5.2**
firefighter el bombero **I**
fireman el bombero **6.1**
firewood la leña **5.2**
first primero(a) **I, 2.2**
first name el nombre **EP**
fish el pescado **I, 2.3;** el pez **I**
to fish pescar **5.2**
fisherman el pescador **3.2**
five cinco **I**
five hundred quinientos(as) **I**
flash (of lightning) el rayo **5.2**
flashlight la linterna **5.2**
flavor el sabor
flight el vuelo **1.1**
  flight attendant
    el (la) auxiliar de vuelo **1.1**
floor el suelo **1, 4.1;** el piso **4.1**
flour la harina **I, 2.3**
flower la flor **I**
flu la gripe **3.3**
to fly volar (ue) **5.1**
fog la neblina **5.2**
to follow seguir (i, i) (sigo) **4.2**
food el alimento **3.1;**
    la comida **I**
foot el pie **I, 3.3**
  on foot a pie **I**
football el fútbol americano **I**
for por; para **I**
forehead la frente
foreigner el (la) extranjero(a) **4.1**
forest el bosque **I**
  cloud forest
    el bosque nuboso
to forget olvidar **I**
  already forgotten
    ya olvidada
  have been forgotten
    se han olvidado
fork el tenedor **I**
formal formal **I, 1.2**

forty cuarenta **I**
four cuatro **I**
four hundred cuatrocientos(as) **I**
fourteen catorce **I**
fourth cuarto(a) **I, 2.2**
free time el tiempo libre **I**
freedom la autonomía
freezer el congelador **I, 4.1**
French
    francés(esa) **1.3;** el francés
french fries las papas fritas **I**
frequent frecuente **I**
frequently
    frecuentemente **I, 3.2**
Friday viernes **I**
friend el (la) amigo(a) **I**
  to spend time with friends
      pasar un rato con los
      amigos **I**
friendship la amistad **2.1**
frog la rana **5.1**
  neon-colored poison dart
      frogs las ranas venenosas
      fosforescentes
from de; desde **I**
  from there desde allí **4.2**
fruit la fruta **I**
fuel el combustible **5.3**
full lleno(a) **2.3**
fun divertido(a) **I, 2.1**
funny cómico(a) **I**
furniture los muebles **I, 4.1**

gallery la galería **1.2**
game el partido **I;** el juego
garage el garaje **4.1**
garden el jardín **I, 4.1**
gasoline la gasolina **5.3**
gathering la reunión **2.2**
German alemán(ana) **1.3**
to get along well
    llevarse bien **2.2**

to get better recuperarse **3.3**
to get dressed
    ponerse la ropa **3.1**
to get hurt lastimarse **3.3**
to get out levantarse
  (without) getting out
      (sin) levantarte
to get up levantarse **I, 3.1**
gift el regalo **I**
girl la chica; la muchacha;
    la niña **I**
girlfriend la novia **2.1**
to give dar **I, 1.1**
  I'll give.... to you for...
      Le dejo… en… **I**
glass el vaso **I;** el vidrio **5.3**
  glass of el vaso de **I**
glove el guante **I**
go ir **I, 1.1**
  to be going to... ir a… **I**
  to go away irse **I**
  to go back regresar **4.2**
  to go down bajar (por) **4.2**
  to go down a river in a canoe
      bajar un río en canoa **1.1**
  to go for a walk pasear **I**
  to go out salir (salgo) **I**
  to go shopping
      ir de compras **I**
  to go to a movie theater
      ir al cine **I**
  to go to bed
      acostarse (ue) **I, 3.1**
  to go to the supermarket
      ir al supermercado **I**
  to go up subir por **4.2**
goal el gol **I;** la meta **6.2**
gold el oro **I**
golf el golf
good bueno(a) **I**
  Good afternoon.
      Buenas tardes. **I, EP**
  Good evening.
      Buenas noches. **I**
  Good morning.
      Buenos días. **I, EP**

It's good that…
    Es bueno que… **3.3, 4.2**
Good-bye. Adiós. **I;** Chao. **EP**
good-looking guapo(a) **I**
government el gobierno **I**
grade la nota **I**
    to get a good grade
        sacar una buena nota **I**
gram el gramo **I**
grandchildren los nietos **I**
granddaughter la nieta **I**
grandfather el abuelo **I**
    great grandfather
        el bisabuelo **2.1**
grandmother la abuela **I**
    great grandmother
        la bisabuela **2.1**
grandparents los abuelos **I**
grandson el nieto **I**
grape la uva **1.2**
gray gris **I**
great grande **I**
green verde **I**
to greet saludar **I**
greeting el saludo
groom el novio **2.1**
ground floor la planta baja **4.1**
group (musical) el conjunto
to grow crecer (crezco) **3.1**
Guatemalan
    guatemalteco(a) **1.3**
to guess adivinar
guest el (la) huésped(a) **4.1**
guitar la guitarra **I**
    to play the guitar tocar la
        guitarra **I,** el cuatro
gymnasium el gimnasio **I**
gypsy el (la) gitano(a)

hair el pelo **I**
hair dryer
    el secador de pelo **I, 3.1**

hairbrush el cepillo **I, 3.1**
hairstylist
    el (la) peluquero(a) **6.1**
half medio(a) **I**
    half past y media **I**
    half-brother
        el medio hermano **I**
    half-sister
        la media hermana **I**
ham el jamón **I, 1.2**
hamburger la hamburguesa **I**
hand la mano **I, 3.3**
handbag la bolsa **I**
handicraft la artesanía **I**
to happen pasar **I**
happily felizmente **I**
happiness la felicidad **2.2**
happy
    alegre; contento(a); feliz **I**
    to be happy that
        alegrarse de que **4.3**
hard difícil; duro(a) **I**
hard-working trabajador(a) **I**
hat el sombrero **I**
to have tener **I, EP, 1.2, 1.3**
    to have a cold
        estar resfriado(a) **3.3**
    to have a snack
        merendar (ie) **I**
    to have just… acabar de… **I**
    to have to tener que **I**
    one has to hay que **I**
to have haber
    has had ha tenido
    has been ha sido
he él **I**
head la cabeza **I, 3.3**
headache el dolor de cabeza **3.3**
headline el titular **1.3**
healthy saludable **3.1**
    to be healthy
        mantenerse sano(a) **3.1**
to hear oír **I, 1.3**
heart el corazón **I**
heat la calefacción **4.1**
heating la calefacción **4.1**

height la altura **5.1;**
    la estatura **6.1**
Hello. Hola. **I**
helmet el casco **I**
to help ayudar (a) **I**
    Could you help me order?
        ¿Me ayuda a pedir? **I**
Help! ¡Socorro! **3.3**
hen la gallina **I**
her su **I**
here acá; aquí **I**
hero el héroe **1.3**
heroine la heroína **1.3**
to hide esconderse **2.1**
hill la colina **5.1**
his su **I**
history la historia **I**
hit el éxito
hobby el pasatiempo
hockey el hockey **I**
hold guardar **4.3**
hollowed out ahuecado(a)
homework la tarea **I**
Honduran hondureño(a) **1.3**
to honor honrar
    (it) honors honra
to hope esperar **I, 4.1, 4.3**
horror el horror **2.3**
horse el caballo **I**
hot caliente **I**
    to be hot tener calor **I**
    It is hot. Hace calor. **I**
hot dog la salchicha **2.3**
hotel el hotel **I**
house la casa **I**
how cómo **I**
    How are you? (familiar)
        ¿Cómo estás?; ¿Qué tal? **I**
    How are you? (formal)
        ¿Cómo está usted? **I**
    How awesome!
        ¡Qué chévere! **I**
    How do I look?
        ¿Cómo me veo? **4.3**
    How do you get to…?
        ¿Cómo se va a …? **4.2**

How does it look on you?
    ¿Cómo te queda? **4.3**
How is it going? ¿Qué tal? **I**
How long has it been
    since… ¿Hace… que…?;
    ¿Cuánto tiempo hace
    que…? **3.3**
    Pardon, how do I get to…?
    Perdona(e), ¿cómo llego
    a…? **I**
how much cuánto **I**
    How much do I tip?
    ¿Cuánto le doy de
    propina? **I**
    How much is (are)…?
    ¿Cuánto cuesta(n)…?;
    ¿A cuánto está(n)…? **I**
    How old is…?
    ¿Cuántos años tiene…? **I**
hug el abrazo **2.2**
huge enorme **I**
human being
    el ser humano **5.3**
humid húmedo(a) **5.2**
hummingbird el colibrí
to be hungry tener hambre **I**
to hurl lanzar
    hurled himself into the abyss
    se lanzó al abismo
hurricane el huracán **5.2**
hurry
    to be in a hurry tener prisa **I**
to hurt doler (ue) **3.3**
to hurt oneself lastimarse **3.3**
husband el esposo

I yo **I**
ice el hielo
    on ice sobre hielo **I**
ice cream el helado **I, 1.2**
ice-cream parlor
    la heladería **4.2**

identification
    la identificación **1.1**
if si **I, 5.3**
immediately
    inmediatamente **3.2**
impatient impaciente **2.1**
important importante
    to be important importar **2.3**
    It's important that… Es
    importante que… **3.3, 4.2**
impression
    He/She makes a good (bad)
    impression on me Me cae
    bien (mal). **6.2**
in en **I**
    in a bad mood
    de mal humor **4.3**
    in a good mood
    de buen humor **4.3**
    in front of delante de **4.2**;
    frente a **I, 4.2**
    in order to para **I**
included incluido(a)
    Is… included?
    ¿Está incluido(a)…? **I**
incredible increíble **5.3**
inexpensive barato(a) **I**
infection la infección **3.3**
to inform informar
    to be well informed estar
    bien informado(a) **1.3**
informal informal **I**
information los datos **6.1**
injection la inyección **3.3**
inner ear el oído **3.3**
inside (of) dentro de **I**
to insist insistir **4.1**
insurance el seguro **6.2**
intelligent inteligente **I**
to interest interesar **2.3**
interesting interesante **I**
international internacional **1.3**
interview la entrevista **I, 6.2**
interviewer
    el (la) entrevistador(a) **6.2**
to introduce presentar

Let me introduce you
    (familiar/formal) to…
    Te/Le presento a… **I**
invitation la invitación **I, 2.2**
to invite invitar
    I invite you. Te invito. **I**
iridescent iridiscente
to iron (the clothes)
    planchar (la ropa) **I, 3.2**
island la isla **5.1**
Italian italiano(a) **1.3**
its su **I**

jacket la chaqueta **I**
jackknife la navaja **5.2**
jaguar el jaguar **5.1**
January enero **I**
Japanese japonés(esa) **1.3**
jeans los jeans **I**
jewelry las joyas **I**
jewelry store la joyería **I**
job el empleo **6.1**
journalism el periodismo **1.3**
journalist
    el (la) periodista **I, 1.3**
judge el (la) juez(a) **6.1**
juice el jugo **1.2**; el zumo **I**
July julio **I**
to jump saltar
    to jump rope
    saltar la cuerda **2.1**
June junio **I**
jungle la selva **5.1**

to keep guardar **4.3**
to keep clean
    mantener limpio(a) **5.3**
key la llave **I, 4.1**
keyboard el teclado **I**

INGLÉS–ESPAÑOL

kilogram el kilo **I**
kiosk el quiosco **4.2**
kiss el beso **2.2**
kitchen la cocina **I, 4.1**
knee la rodilla **3.3**
knife el cuchillo **I**
to know
    conocer (conozco) **I, 1.3;**
    saber (sé) **I, 1.2, 1.3**
    to know someone
        conocer a alguien **I**

to lack faltar **2.3**
lake el lago **I**; laguna
    hot lake la laguna caliente
lamp la lámpara **I, 4.1**
land la tierra **5.1**
landscape el paisaje
language la lengua **I**
large grande **I**
last último(a) **I**
last month el mes pasado **I**
last name el apellido **I**
last night anoche **I, 2.2**
last week la semana pasada **I**
last year el año pasado **I, 2.2**
late tarde **I**
lately recientemente **I**
later luego **I**
    See you later.
        Hasta luego.; Nos vemos. **I**
laugh la risa **2.1**
to laugh reírse (i, i) **2.1**
laughter la risa **2.1**
lawyer el (la) abogado(a) **6.1**
lazy perezoso(a) **I**
leaf la hoja **5.1**
to learn aprender **I**
leather goods
    los artículos de cuero **I**
to leave salir; irse **I**
    to leave behind dejar **I**

to leave a message
    dejar un mensaje **I**
Leave a message after the
    tone. Deje un mensaje
    después del tono. **I**
    to leave the tip
        dejar la propina **2.3**
left la izquierda **I**
    to the left (of)
        a la izquierda (de) **I**
leg la pierna **I, 3.3**
lemonade la limonada **I**
to lend prestar **4.3**
less menos **I**
    less than menos de **I;**
        menos que **I, 4.3**
lesson la lección **I**
Let's… Vamos a… **I**
letter la carta **I**
    to send a letter
        mandar una carta **I**
lettuce la lechuga **I**
library la biblioteca **I**
lie la mentira **2.2**
to lie down acostarse (ue) **3.1**
life la vida **I**
to lift levantar **I**
    to lift weights
        levantar pesas **I**
light la luz **5.2**
light ligero(a)
lightning el relámpago **5.2**
like como **I**
to like gustar **I, EP, 4.3**
    Do you like…?
        ¿Te gusta…? **I**
    Does he/she like…?
        ¿Le gusta…? **I**
    He/She likes… Le gusta… **I**
    I like… Me gusta… **I**
    I would like…
        Me gustaría… **I**
    Would you like…?
        ¿Te gustaría…? **I**
    You like… Te gusta… **I**

lion el león **5.1**
to listen (to) escuchar **I**
liter el litro **I**
literature la literatura **I**
to live vivir **I, 1.1**
living room la sala **I, 4.1**
llama la llama **I**
loan el préstamo **4.3**
local local **1.3**
logical
    It's logical that…
        Es lógico que… **3.3, 4.2**
long largo(a) **I**
to look at mirar **I, 1.1**
to look for buscar **I, 1.1**
loose flojo(a) **4.3**
to lose perder (ie) **I**
love el amor **2.2**
to love querer (ie) **I, 1.2**
lover el (la) amante
lucky
    to be lucky tener suerte **I**
luggage el equipaje **1.1**
lunch el almuerzo **I**
    to eat lunch almorzar (ue) **I**
luxurious lujoso(a) **I, 1.2**

Madrid
    people from Madrid
        los madrileños
magazine la revista **I**
magnet el imán
mail carrier
    el (la) cartero(a) **I, 6.1**
mailbox el buzón **4.2**
majority la mayoría **2.2**
to make hacer (hago) **I, 1.1**
    to make the bed
        hacer la cama **I**
makeup el maquillaje **3.1**
    to put on makeup
        maquillarse **I, 3.1**

mall la galería
man el hombre **I**
manager el (la) gerente **I, 6.1**
many mucho(a) **I**
map el mapa **I**
March marzo **I**
marionette la marioneta **2.1**
market el mercado **I**
to marry
  to get married casarse **2.2**
marvelous de maravilla **2.2**
match el fósforo **5.2**
to match with
  hacer juego con **4.3**
mathematics las matemáticas **I**
May mayo **I**
maybe tal vez **I, 4.3;** quizás **4.3**
  Maybe another day.
    Tal vez otro día. **I**
meal la comida **I**
meat la carne **I**
mechanic el (la)
  mecánico(a) **6.1**
medicine la medicina **3.3**
to meet encontrar (ue) **I,**
  conocer (conozco) **1.3**
meeting el encuentro **I**
melon el melón **1.2**
menu el menú **I**
message el mensaje **I**
  I want to leave a message
    for… Quiero dejar un
    mensaje para… **I**
  to leave a message
    dejar un mensaje **I**
  Leave a message after the
    tone. Deje un mensaje
    después del tono. **I**
Mexican mexicano(a) **1.3**
microwave el microondas **I**
microwave oven
  el horno microondas **4.1**
midnight la medianoche **I**
milk la leche **I, 1.2**
milk shake el batido **1.2**

million un millón **I**
mirror el espejo **I, 4.1**
Miss la señorita **I**
mist la neblina **5.2**
modern moderno(a) **I, 1.2**
moment el momento **I**
  One moment.
    Un momento. **I**
Monday lunes **I**
money el dinero **I**
money exchange el cambio **I**
monkey el mono **5.1**
month el mes **I**
more más **I**
  more than
    más de **I;** más que **I, 4.3**
morning la mañana **I**
  during the morning
    por la mañana **I**
  Good morning.
    Buenos días. **I**
  in the morning
    de la mañana **I**
mother la madre **I**
motorcycle la moto(cicleta) **I**
mountain la montaña **I**
mountaineering
  el montañismo **5.2**
mouth la boca **I**
to move mover (ue) **I**
  to move the furniture
    mover los muebles **I**
movie la película **I**
movie theater el cine **I**
  to go to a movie theater
    ir al cine **I**
Mr. el señor **I;** don
Mrs. la señora **I;** doña
much mucho(a) **I**
  as much as tanto como **I**
museum el museo **I**
music la música **I**
  music and video store la
    tienda de música y
    videos **I**

musical el musical **2.3**
musician el (la) músico(a) **6.1**
must
  one must hay que **I**

name el nombre **I, EP**
  His/Her name is… Se
    llama… **I, EP**
  My name is…
    Me llamo… **I, EP**
  What is his/her name?
    ¿Cómo se llama? **I, EP**
  What is your name?
    ¿Cómo te llamas? **I, EP**
nap
  take a nap échate una siesta
napkin la servilleta **2.3**
narrow estrecho(a) **I, 4.3**
natural resources
  los recursos naturales **5.3**
nature la naturaleza **5.1**
near (to)
  cerca (de) **I;** junto(a) **4.2**
necessary
  It's necessary that…
    Es necesario que… **3.3**
neck el cuello **3.3**
necklace el collar **I**
to need necesitar **I, 4.1**
to negotiate negociar
  (he/she) negotiated negoció
neighbor el (la) vecino(a) **I**
neighborhood el vecindario **4.2**
neither tampoco **I;** ni **4.2**
nephew el sobrino **2.1**
nervous nervioso(a) **I**
never nunca **I**
new nuevo(a) **I**
new release el estreno **2.3**
news las noticias **1.3**
news program el noticiero **1.3**

newspaper el periódico **I**
next to al lado de **I**; junto(a) **4.2**
Nicaraguan nicaragüense **1.3**
nice amable **2.1**; simpático(a) **I**
   It's nice outside.
      Hace buen tiempo. **I**
   Nice to meet you.
      Mucho gusto. **I, EP**
niece la sobrina **2.1**
night la noche **I**
   at night de noche **I**
nine nueve **I**
nine hundred novecientos(as) **I**
nineteen diecinueve **I**
ninety noventa **I**
ninth noveno(a) **I, 2.2**
no no **I**
no longer ya no **I**
no one nadie **I**
none ninguno(a) **I**
noon el mediodía **I**
nor ni **4.2**
normal normal **I**
normally normalmente **I, 3.2**
north el norte **4.2**
nose la nariz **I, 3.3**
not no **I**
not even ni **4.2**
not only no sólo **I**
to note apuntar
notebook el cuaderno **I**
notes los apuntes
nothing nada **I**
nourishment
   la alimentación **3.1**
novel la novela **I**
November noviembre **I**
now ahora **I**; ya **3.2**
   Right now! ¡Ahora mismo! **I**
nowadays actualmente **I**
number el número **I**
   What is your phone number?
      ¿Cuál es tu teléfono? **I, EP**
nurse el (la) enfermero(a) **3.3**
nutritious nutritivo(a) **3.1**

obedient obediente **2.1**
obtain conseguir (i, i) (consigo)
   6.2; obtener **4.2**
to occur ocurrir **2.2**
ocean el océano **3.2**
October octubre **I**
of de **I**
   Of course!
      ¡Claro que sí!; ¡Cómo no! **I**
to offer ofrecer (ofrezco) **I, 2.3**
office la oficina **I**
office (doctor's)
   el consultorio **3.3**
often mucho; frecuentemente **I**
oil el aceite **I, 2.3**
old antiguo(a) **I, 1.2**; viejo(a) **I**
   How old is…?
      ¿Cuántos años tiene…? **I**
older mayor **I**
   older than mayor que **4.3**
olives las aceitunas **I**
on sobre **I, 4.2**
   on ice sobre hielo **I**
   on time a tiempo **4.2**
   on top of encima de **I, 4.2**
once in a while
   de vez en cuando **I**
one uno **I**
one hundred cien **I**
onion la cebolla **I, 2.3**
only sólo **I**
open abierto(a) **I, 4.3**
to open abrir **I**
operator
   el (la) operador(a) **I, 6.1**
opposite frente a **4.2**
or o **I**
orange anaranjado(a) **I**
to order pedir (i, i) **I**
   Could you help me order?
      ¿Me ayuda a pedir? **I**

ordinary ordinario(a) **I**
other otro(a) **I**
ought to deber **I**
our nuestro(a) **I**
outdoors al aire libre **I**
outside (prep.) fuera **I**
oven el horno **I, 4.1**
owner el (la) dueño(a) **6.1**
ozone layer
   la capa de ozono **5.3**

to pack one's suitcases
   hacer las maletas
package el paquete **I**
to paint pintar **I**
painter el (la) pintor(a) **1.2**
palm tree la palma **3.2**
palm tree grove el palmar **3.2**
Panamanian panameño(a) **1.3**
panpipe la flauta de pan
pants los pantalones **I**
paper el papel **I**
parade el desfile **I**
Paraguayan paraguayo(a) **1.3**
Pardon… Perdona(e)… **I**
   Pardon, how do I get to…?
      Perdona(e), ¿cómo llego
      a…? **I**
parents los padres **I**
park el parque **I**
parking space
   el estacionamiento **4.2**
parrot el loro **5.1**
party la fiesta **I, 2.2**
to pass (by) pasar **I**
passenger el (la) pasajero(a) **1.1**
passport el pasaporte **1.1**
pasta la pasta **I, 2.3**
pastime el pasatiempo
pastry shop la pastelería **I**
path el sendero **5.1**

INGLÉS–ESPAÑOL

patient paciente **I**
to pay pagar **I, 1.1**
peaceful pacífico(a)
peak la cima
peanut butter la mantequilla
   de cacahuate **1.2**
pear la pera **2.3**
pedestrian el peatón **4.2**
pen el corral **I;** la pluma **I**
pencil el lápiz **I**
people la gente **I**
pepper la pimienta **I, 2.3**
perfect perfecto(a) **I**
performance la actuación **2.3**
perfume el perfume **3.1**
permission el permiso **5.2**
to permit permitir **5.2**
to pertain
   pertenecer (pertenezco) **5.2**
Peruvian peruano(a) **1.3**
pharmacy la farmacia **I**
phone directory
   la guía telefónica **I**
photo la foto **I**
   to take photos/pictures
      sacar fotos **I**
photographer
   el (la) fotógrafo(a) **I, 1.3**
physical education
   la educación física **I**
piano el piano **I**
   to play the piano
      tocar el piano **I**
picture la foto **I;** la pintura **1.2**
picturesque pintoresco(a)
piece el pedazo **I**
pig el cerdo **I**
pill la pastilla **3.3**
pillow la almohada **5.2**
pilot el piloto **1.1**
pink rosado(a) **I**
pitcher la jarra **I**
pizza la pizza
place el lugar **I**
plaid de cuadros **I**

plain sencillo(a) **I**
plan
   master plan el plan maestro
to plan pensar (ie) **I**
planet el planeta **5.3**
plant la planta **I**
plantain el plátano verde **1.2**
   fried plantains
      los tostones **1.2**
plate el plato **I**
to play jugar (ue) **I, 1.1, 1.2;**
   practicar; **(an instrument)**
   tocar **I**
   to play chess
      jugar al ajedrez **1.1**
   to play the guitar
      tocar la guitarra **I**
   to play the piano
      tocar el piano **I**
   to play sports
      practicar deportes **I**
please por favor **I**
pleased contento(a) **I**
   Pleased to meet you.
      Encantado(a). **I**
pleasure
   It's a pleasure.
      Es un placer. **I**
   The pleasure is mine.
      El gusto es mío. **I**
poem el poema **I**
poetry la poesía **I**
police officer el (la) policía **I**
political parties los partidos
to pollute contaminar **5.3**
pollution la contaminación **5.3**
poor pobre **2.1**
population la población **5.1**
pork el puerco **I**
pork rinds los chicharrones **I**
   to eat pork rinds
      comer chicharrones **I**
porter el (la) maletero(a) **4.1**
portrait el retrato **1.2**
position el puesto **6.1**

possible
   It's possible that…
      Es posible que… **3.3, 4.2**
post office el correo **I**
pot la olla **I**
potato la patata **I;** la papa **2.3**
poverty la pobreza **5.3**
to practice practicar **I, 1.1**
to prefer
   preferir (ie, i) **I, 1.3, 4.1**
to prepare preparar **I**
prescription la receta **3.3**
to preserve preservar **5.1**
pretty bonito(a) **I**
price el precio **I**
printer la impresora **I**
probable
   It's probable that…
      Es probable que… **3.3, 4.2**
problem el problema **I, 5.3**
to produce
   producir (produzco) **1.2**
profession la profesión **I, 6.1**
program el programa **1.3**
projection el relieve
to protect proteger (protejo) **3.2**
   to protect the species
      proteger las especies **5.3**
Puerto Rican
   puertorriqueño(a) **1.3**
punctuality la puntualidad **6.2**
purple morado(a) **I**
to put poner (pongo) **I, EP, 1.2**
   to put on (clothes)
      ponerse **I, 3.1**
   to put on makeup
      maquillarse **I, 3.1**

qualified capacitado(a) **6.1**
quality la calidad **I**
quarter cuarto(a) **I**
   quarter past y cuarto **I**

question la pregunta
quick rápido(a) I
quickly rápidamente I, 3.2
quiet
    Be quiet. ¡Cállate! I
quiz la prueba I

racket la raqueta I
radio el radio I
radio-tape player
    el radiocasete I
rage el arrebato
rain la lluvia I
to rain llover (ue) I
raincoat el impermeable I
rare raro(a) 1.2
    It's rare that… Es raro
        que… 3.3
rarely rara vez I
to read leer I, 1.3
reading la lectura
ready listo(a) I
    to get ready (dressed)
        arreglarse 3.1
to realize darse cuenta de 2.1
Really? ¿De veras? 1.3
reason la razón I
to receive recibir I
recent reciente I
recently recientemente I, 3.2
reception desk la recepción 4.1
receptionist
    el (la) recepcionista I
recipe la receta I
to recommend
    recomendar (ie) 1.2
recommendations
    las recomendaciones 6.2
to recycle reciclar 5.3
recycling el reciclaje 5.3
red rojo(a) I

red beans
    las habichuelas coloradas 1.2
redhead pelirrojo(a) I
reduce reducir (reduzco) 5.3
reed la quena
refrigerator el frigorífico I; el
    refrigerador 4.1
relative el (la) pariente(a) 2.1
to relax relajarse 3.1
relief (map) el relieve
to remember recordar (ue) I
to rent alquilar I
    to rent a video
        alquilar un video I
to renew renovarse (ue)
    is renewed se renueva
to repeat repetir (i, i) 1.2, 1.3
report el reportaje 1.3;
    el pronóstico 5.2
reporter el (la) reportero(a) 1.3
to request solicitar 6.1
to require requerir (ie, i) 6.2
requirement el requisito 6.2
rescue el rescate 1.3
to rescue rescatar 1.3
reservation la reserva 4.1
to resolve resolver (ue) 5.3
resource el recurso
to rest descansar I
rest of the people
    los demás 2.2
restaurant el restaurante I
resumé el currículum 6.2
to retell contar (ue) I
to return regresar; volver (ue) I
    to return (an item)
        evolver (ue) I
    He/She will return later.
        Regresa más tarde. I
review el repaso
to review revisar 4.2
rice el arroz I
rich rico(a) 2.1

ride
    amusement rides
        los juegos mecánicos
ridiculous
    It's ridiculous that…
        Es ridículo que… 3.3
right
    to be right tener razón I
    to the right (of)
        a la derecha (de) I
ring el anillo I
river el río I
road el camino I
roasted asado(a) I
robbery el robo 1.3
role el papel 2.3
romantic romántico(a) 2.3
Romany Gypsy dialect
    el gitano
room el cuarto I;
    la habitación 4.1
rooster el gallo I
root la raíz
    roots las raíces
rope la cuerda
    to jump rope saltar
        la cuerda 2.1
round trip la ida y vuelta 4.2
to row remar 5.2
to run correr I

sad triste I
    It's sad that…
        Es triste que… 3.3, 4.2
    It's a pity that… Es una
        lástima que… 3.3, 4.2
sadness la tristeza 2.2
sage el sabio
salad la ensalada I
salary el sueldo 6.2
sale la rebaja 4.2

salesperson
el (la) dependiente(a) **4.3**
salsa la salsa **I**
salt la sal **I, 2.3**
Salvadorian salvadoreño(a) **1.3**
same mismo(a) **I**
sand la arena **3.2**
sandals las sandalias **3.2**
sandwich (sub) la torta **I, 2.3**
Saturday sábado **I**
sausage
el chorizo; la salchicha **I**
to save guardar **4.3**
savings account
la cuenta de ahorros **4.3**
to say decir (digo) **I, 1.2**
Don't say that!
¡No digas eso! **I**
to say good-bye
despedirse (i, i) **2.1**
saying el refrán
scarcely apenas **4.3**
scared
to be scared tener miedo **4.3**
to be scared (of)
asustarse (de) **2.1**
scarf
la bufanda **I**; el pañuelo **4.3**
scene la escena **2.3**
schedule el horario **I**
school la escuela **I**
science las ciencias **I**
science fiction
la ciencia ficción **2.3**
scissors las tijeras **I, 5.2**
to scream gritar **3.3**
screen la pantalla **I**
to scuba-dive bucear
sculptor el (la) escultor(a) **1.2**
sculpture la escultura **1.2**
sea el mar **I**
to search buscar **I, 1.1**
seasons las estaciones **I**
seat el asiento **1.1**
second segundo(a) **I, 2.2**

secondhand de segunda mano
secretary
el (la) secretario(a) **I, 6.1**
security la seguridad **1.1**
to see ver **I, 1.1**
May I see…?
¿Me deja ver…? **I**
to sell vender **I**
semester el semestre **I**
to send mandar **I**
to send a letter
mandar una carta **I**
sentence la oración
to separate separar **5.3**
September septiembre **I**
series la serie **2.3**
serious serio(a) **I**
to serve servir (i, i) **I, 1.2, 1.3**
to set
to set the table
poner la mesa **I**
to set up instalarse
is set up se instala
seven siete **I**
seven hundred
setecientos(as) **I**
seventeen diecisiete **I**
seventh séptimo(a) **I, 2.2**
seventy setènta **I**
shade la sombra **5.1**
shadow la sombra **5.1**
shame la lástima **I**
What a shame!
Qué lástima! **I**
shampoo el champú **I, 3.1**
to share compartir **I**
sharing with others
compartir con los demás
to shave afeitarse **I, 3.1**
she ella **I**
sheet la sábana **5.2**
shell el caracol **3.2**
shepherd(ess) el (la) pastor(a) **I**
ship el barco **I**
shirt la camisa **I**

shoe el zapato **I**
high-heeled shoe
el zapato de tacón **4.3**
shoe size el número **4.3**
shoe store la zapatería **I**
shopping
to go shopping
ir de compras **I**
shopping center
el centro comercial **I**
shore la orilla **3.2**
short (height) bajo(a);
(length) corto(a) **I**
shorts los shorts; los
pantalones cortos **I**
should deber **I**
shoulder el hombro **3.3**
to show mostrar (ue) **1.2**
shower
to take a shower
ducharse **I, 3.1**
shy tímido(a) **2.1**
sick enfermo(a) **I**
sickness la enfermedad **3.3**
sidewalk la acera **4.2**
sign el letrero **1.1**
to sign firmar
signature la firma **6.1**
silver la plata **I**
similar parecido(a)
simple sencillo(a) **I, 4.3**
to sing cantar **I**
to sing in the chorus
cantar en el coro **1.1**
singer el (la) cantante **2.3**
sink (bathroom) lavabo **4.1**
sister la hermana **I**
sister-in-law la cuñada **2.1**
to sit down sentarse (ie) **2.1**
situation la situación **5.3**
six seis **I**
six hundred seiscientos(as) **I**
sixteen dieciséis **I, EP**
sixth sexto(a) **I, 2.2**
sixty sesenta **I**

size (clothing) la talla **4.3**
to skate patinar **I**
skateboard la patineta **I**
to skateboard
   andar en patineta **I**
skates los patines **I**
to ski esquiar **I**
skin la piel **3.2**
skirt la falda **I**
to sleep dormir (ue, u) **I, 1.3**
sleeping bag
   el saco de dormir **5.2**
sleepy
   to be sleepy tener sueño **I**
slow lento(a) **I**
slowly lentamente **I, 3.2**
small pequeño(a) **I**
to smile sonreírse (i, i) **2.1**
smog el smog **5.3**
smoke
   emits smoke echa humo
snack la merienda **I**
to snack merendar (ie) **I**
snake la serpiente **5.1**
to snorkel
   bucear con respiración
snow la nieve **I**
to snow nevar (ie) **I**
so entonces **I**
So-so. Regular. **I**
soap el jabón **I, 3.1**
soap opera la telenovela **2.3**
soccer el fútbol **I**
sociable sociable **2.1**
social studies
   los estudios sociales **I**
sock el calcetín **I**
sofa el sofá **I**
soft drink el refresco **I**
some alguno(a) **I**
someone alguien **I**
   to know (be familiar with)
     someone conocer a
     alguien **I**
something algo **I**

sometimes a veces **I, 2.1**
son el hijo **I**
   son(s) and daughter(s)
     los hijos **I**
soon pronto **I**
sorry
   I'm sorry. Lo siento. **I**
soup la sopa **I**
south el sur **4.2**
Spaniard español(a) **1.3**
Spanish el español **I**
   speakers of Spanish
     los hispanohablantes
to speak hablar **I, 1.1**
   May I speak with…?
     ¿Puedo hablar con…? **I**
special especial **I**
specially especialmente **I**
specialty of the house
   la especialidad de la casa **1.2**
speech el discurso
to spend gastar **4.3**
spicy picante **I**
spoon la cuchara **I**
sport el deporte **I**
   to play sports
     practicar deportes **I**
sporting goods store
   la tienda de deportes **I**
sportsman, sportswoman
   el (la) deportista **6.1**
spring la primavera **I**
square cuadriculado(a)
squid los calamares **I**
stadium el estadio **I**
stairs la escalera **4.1**
star la estrella **I**
to start comenzar (ie) **1.1**
statehood la estadidad
stationery store la papelería **I**
to stay (at) hospedarse (en) **4.1;**
   quedar (en) **I**
steak el bistec **I**
to steal robar **1.3**
step el paso

to step on them pisarlas
stepbrother
   el hermanastro **2.1**
stepfather el padrastro **2.1**
stepmother la madrastra **2.1**
stepsister la hermanastra **2.1**
still todavía **I**
stingy tacaño(a) **4.3**
stomach el estómago **I, 3.3**
stone la piedra **5.1**
to stop parar **4.2**
store la tienda **I**
storm la tormenta **I**
story la historia **2.2**
stove la estufa **I, 4.1**
straight ahead derecho **I**
straight (hair) lacio **3.1**
strange raro(a) **1.2**
strawberry la fresa **1.2**
street la calle **I**
stress el estrés **3.1**
to stretch estirarse **3.1**
striped con rayas **I**
stripes las rayas **4.3**
strong fuerte **I**
student el (la) estudiante **I**
to study estudiar **I**
   to study martial arts
     estudiar las artes
     marciales **1.1**
stuffed animal
   el muñeco de peluche **2.1**
subject la materia **I**
subway el metro **I**
suddenly de repente **1.3**
to suffer doler (ue) **3.3**
sugar el azúcar **I**
to suggest sugerir (ie) **4.1**
suggestion la sugerencia
suit el traje **4.3**
suitcase la maleta **1.1**
summary el resumen
summer el verano **I**
summit (meeting) la cumbre
sun el sol **I**

to sunbathe tomar el sol **I**
Sunday domingo **I**
sunglasses las gafas de sol **I**
sunny soleado **5.2**
   It is sunny.
     Hace sol.; Hay sol. **I**
suntan lotion el bronceador **I**;
  la loción protectora **3.2**
supermarket el supermercado **I**
  to go to the supermarket
    ir al supermercado **I**
superstore el hipermercado
supper la cena **I**
  to have supper cenar **I**
surfing el surfing **I**
surname el apellido **I**
surprise la sorpresa **I, 2.2**
to surprise sorprender **I, 4.3**
to surround rodear
  (they) surround rodean
to sweat sudar **3.1**
sweater el suéter **I**
to sweep barrer **I**
  to sweep the floor
    barrer el piso **4.1**
sweet dulce **I**
  sweet roll el pan dulce **I**
to swim nadar **I**
swimming pool la piscina **I**

T-shirt la camiseta **I**
table la mesa **I, 4.1**
  to clear the table
    uitar la mesa **I**
  to set the table
    poner la mesa **I**
tablecloth el mantel **2.3**
taco el taco **2.3**
taco restaurant la taquería **2.3**
to take tomar **I**; sacar **I, 1.1**
  to take along llevar **I**
  to take a bath bañarse **I, 3.1**

to take care of cuidar (a) **I**
to take off one's clothes
  quitarse la ropa **3.1**
to take out the trash
  sacar la basura **I, 3.2**
to take photos/pictures
  sacar fotos **I**
to take a shower
  ducharse **I, 3.1**
to take a size usar **4.3**
to take a swimming class
  tomar un curso de
  natación **1.1**
to take a walk, stroll, or ride
  dar una vuelta **2.3**
talent el talento **1.2**
to talk hablar **I**
tall alto(a) **I**
tame manso(a)
tape recorder la grabadora **I**
taste el sabor **1.2**
tasty rico(a), sabroso(a) **I**
taxi el taxi **I**
taxi driver el (la) taxista **I**
tea el té **I**
to teach enseñar **I**
teacher el (la) maestro(a) **I**
team el equipo **I**
technician el (la) técnico(a) **6.1**
telephone el teléfono **I**
  What is your phone number?
    ¿Cuál es tu teléfono? **I**
television la televisión **I**
  to watch television
    ver la televisión **I**
television set el televisor **I**
to tell decir (digo) **I, 1.2;**
  contar (ue) **I**
  Don't tell me!
    ¡No me digas! **1.3**
  Tell him or her to call me.
    Dile/Dígale que me
    llame. **I**
  to tell jokes
    contar (ue) chistes **2.1**

temperature la temperatura **I**
ten diez **I**
tennis el tenis **I**
tent la tienda de campaña **5.2**
tenth décimo(a) **I, 2.2**
terrace la terraza
terrible terrible **I**
test el examen **I**
to thank agradecer (agradezco)
Thank you. Gracias. **I**
that ese(a), eso **I**
  that (over there)
    aquel(la); aquello **I**
  that one ése(a) **I**
  that one (over there)
    aquél(la) **I**
theater el teatro **I**
theatrical production
  la obra de teatro **2.3**
their su **I**
theme el tema **2.3**
then entonces **I**
there allá/allí **I**
there is/are hay **I**
there was/were
  había **2.1;** hubo **1.3**
they ellos(as) **I**
thief el (la) ladrón(ona) **1.3**
thin delgado(a) **I**
thing la cosa **I**
to think pensar (ie); creer **I**
  Do you think so?
    ¿Tú crees? **1.3**
  I think so. / I don't think so.
    Creo que sí/no. **I**
third tercero(a) **I, 2.2**
thirsty
  to be thirsty tener sed **I**
thirteen trece **I**
thirty treinta **I**
this este(a); esto **I**
this one éste(a) **I**
thousand mil **I**
three tres **I**
three hundred trescientos(as) **I**

throat la garganta **3.3**
to throw out echar **5.3**
thunder el trueno **5.2**
thunderbolt el rayo **5.2**
Thursday jueves **I**
ticket el boleto **1.1**
tight apretado(a) **4.3**
time el tiempo
   free time el tiempo libre **I**
   to spend time with friends
      pasar un rato con los
      amigos **I**
   (At) What time is…?
      ¿A qué hora es…? **I**
   What time is it?
      ¿Qué hora es? **I**
tip la propina **I**
   How much do I tip?
      ¿Cuánto le doy de
      propina? **I**
tired cansado(a) **I**
   to get tired cansarse **2.1**
to a **I**
   to the left (of)
      a la izquierda (de) **I**
   to the right (of)
      a la derecha (de) **I**
toast el brindis
today hoy **I**
   Today is… Hoy es… **I**
   What day is today?
      ¿Qué día es hoy? **I**
toes los dedos **3.3**
together juntos **I**
   to get together reunirse **2.1**
tomato el tomate **I, 2.3**
tomorrow mañana **I**
   See you tomorrow.
      Hasta mañana. **I**
   Tomorrow is…
      Mañana es… **I**
too también **I**
too much demasiado(a) **I, 2.3**
tooth el diente **I, 3.3**

toothbrush
   el cepillo de dientes **I, 3.1**
toothpaste
   la pasta de dientes **I, 3.1**
toucan el tucán **5.1**
to touch tocar **1.1**
tough duro(a) **I**
tourism el turismo **4.1**
toward hacia **4.2**
towel la toalla **I, 3.2**
town el pueblo **I**
town square la plaza **I**
toy el juguete **2.1**
toy store la juguetería **4.2**
traditional tradicional **I, 6.1**
traffic el tráfico **I**
traffic light/signal
   el semáforo **4.2**
trail el sendero **5.1**
train el tren **I**
to train entrenarse **3.1**
training el entrenamiento **6.2**
to translate
   traducir (traduzco) **1.2**
trash la basura **I**
trash can el basurero **5.3**
to travel viajar **I**
travel agent
   el (la) agente de viajes **1.1**
travelers' checks
   los cheques de viajero **4.3**
to treat tratar **3.3**
   I'll treat you. Te invito. **I**
treble guitar el tiple
tree el árbol **I**
trip el viaje **I, 1.1**
trouble
   The trouble is that…
      Lo malo es que… **5.3**
true cierto(a)
truth la verdad **I**
   It's not true that…
      No es verdad que… **4.3**
   It's true. Es verdad. **I**

Tuesday martes **I**
tuna el atún **1.2**
to turn doblar **I**; girar **4.2**
to turn off apagar **I**
   to turn off the light
      apagar la luz **I**
turtle la tortuga **I, 5.1**
twelve doce **I**
twenty veinte **I**
twenty-one veintiuno **I**
twins los (las) gemelos(as) **2.1**
two dos **I**
two hundred doscientos(as) **I**
typically típicamente **3.2**

U.S. citizen estadounidense **1.3**
ugly feo(a) **I**
umbrella el paraguas **I**
   beach umbrella
      la sombrilla de playa **3.2**
uncle el tío **I**
uncle(s) and aunt(s) los tíos **I**
under debajo (de) **I**
underneath debajo (de) **I, 4.2**
to understand
   comprender; entender (ie) **I**
unfortunately
   desafortunadamente **3.2**
to unite unirse
   (they) unite se unen
university la universidad **6.2**
until hasta **I, 4.2**
up arriba **I**
Uruguayan uruguayo(a) **1.3**
to use usar **I, 4.3**
used de segunda mano
useful útil **5.3**
useless inútil **5.3**
utensils los cubiertos **2.3**

to vacuum
pasar la aspiradora **I, 3.2**
vacuum cleaner la aspiradora **I**
valley el valle **5.1**
to value (to be worth)
valer (valgo) **4.3**
VCR la videograbadora **I**
vegetable la verdura **I, 2.3**
vegetarian vegetariano(a) **I**
veil el velo
handmade veil
el velo bordado a mano
Venezuelan venezolano(a) **1.3**
very muy **I**
vest el chaleco **4.3**
veterinarian el (la)
veterinario(a) **6.1**
video el video **I**
to rent a video
alquilar un video **I**
video game el videojuego **I**
viewer el (la) televidente **1.3**
village el pueblo **I**
violent violento(a) **5.2**
to visit visitar **I**
volleyball el voleibol **I**
volunteer
el (la) voluntario(a) **6.1**

to wait for esperar **I**
waiter el mesero **I**
waitress la mesera **I**
to wake up
despertarse (ie) **I, 3.1**
to walk andar **1.2**
to walk the dog
caminar con el perro **I**

walkway el paseo **4.1**
wall la pared **I, 4.1**
wallet la cartera **I**
to want querer (ie) **I, 1.2**
Do you want to drink…?
¿Quieres beber…? **I**
Do you want to eat…?
¿Quieres comer…? **I**
I want to drink…
Quiero beber… **I**
I want to eat…
Quiero comer… **I**
**I want to leave a message
for…** Quiero dejar un
mensaje para… **I**
wardrobe el armario **I, 4.1**
warm caliente **I**
to wash lavar **I**
to wash the dishes
lavar los platos **I, 3.2**
to wash one's hair lavarse la
cabeza **I**
to wash oneself lavarse **I, 3.1**
watch el reloj **I**
to watch mirar **I**
to watch television
ver la televisión **I**
water el agua (fem.) **I**
waterfalls las cataratas
waterslide la resbaladilla
wave la ola **3.2**
we nosotros(as) **I**
to wear llevar **I;** usar **4.3**
What is he/she wearing?
¿Qué lleva? **I**
weather el tiempo **I**
What is the weather like?
¿Qué tiempo hace? **I**
wedding la boda **2.2**
Wednesday miércoles **I**
week la semana **I**
weekend el fin de semana **I**
weights las pesas **I**
to lift weights
levantar pesas **I**

welcome bienvenido(a) **I**
You're welcome. De nada. **I**
well bien; pues **I**
well-being el bienestar **3.1**
west el oeste **4.2**
wet mojado(a) **2.3**
what cuál(es); qué **I**
What (fun)!
¡Qué (divertido)! **I**
What a mess! ¡Qué lío! **5.3**
What a shame!
¡Qué lástima! **I**
What day is today?
¿Qué día es hoy? **I**
What do you recommend?
¿Qué me (nos)
recomienda? **2.3**
What is he/she like?
¿Cómo es? **I**
What is your phone number?
¿Cuál es tu teléfono? **I, EP**
What would you like?
¿Qué desean? **2.3**
when cuando; cuándo **I**
it was when fue cuando **2.2**
when I/he/she was young
cuando era niño(a) **2.1**
When will it take place?
¿Cuándo tiene lugar? **EP**
whenever cuando **I**
where dónde; adónde **I**
**Could you tell me
where…is?** ¿Puedes
(Puede usted) decirme
dónde queda…? **I**
Where are you from?
¿De dónde eres? **I, EP**
Where is he/she from?
¿De dónde es? **I**
Where will it take place?
¿Dónde tiene lugar? **EP**
which (ones) cuál(es) **I**
while
mientras **2.2;** mientras que
white blanco(a) **I**

who quién(es) **I**
> **Who are they?**
>> ¿Quiénes son? **I**
> **Who is it?** ¿Quién es? **I**

Whose is…? ¿De quién es…? **I**
why por qué **I**
> **That's why.** Con razón. **I**

wide ancho(a) **I, 4.3**
wife la esposa
wild salvaje **5.1**
wild plant
> la planta silvestre **5.1**

to win ganar **I**
wind el viento **I**
windy
> **It is windy**.
>> Hace viento.; Hay viento. **I**

window la ventana **I, 4.1;** la
> ventanilla **1.1**

winner el (la) ganador(a) **I**
winter el invierno **I**
wise man el sabio
with con **I**
> **with me** conmigo **I**
> **with you** contigo **I**

without sin **I**
wolf el lobo **5.1**
woman la mujer **I**
wool la lana **I**
word la palabra
to work
> trabajar **1.1;** funcionar **4.1**

work of art la obra **1.2**
worker el (la) obrero(a) **6.1**
workshop el taller **I**
world el mundo **I**
worried preocupado(a) **I**
to worry preocuparse **2.1**
> **Don't worry!**
>> ¡No te preocupes! **I**

worse peor **I**
> **worse than** peor que **4.3**

wrist la muñeca **3.3**
to write escribir **I**
> **was written** fue escrita

writer el (la) escritor(a) **I, 1.3**
writing la escritura

x-ray la radiografía **3.3**

year el año **I**
> **He/She is…years old.**
>> Tiene… años. **I**
> **school year** el año escolar **EP**

yellow amarillo(a) **I**
yes sí **I**
> **Yes, I would love to.**
>> Sí, me encantaría. **I**

yesterday ayer **I, 2.2**
yet todavía **I**
yogurt el yogur **I, 1.2**
you tú **(familiar singular),**
> usted **(formal singular),**
> ustedes **(formal plural),**
> vosotros(as)
> **(familiar plural) I**

young joven **I**
young person el (la) joven
younger menor **I**
> **younger than** menor que **4.3**

your su **(formal),** tu **(familiar),**
> vuestro(a) **(plural familiar) I**

zero cero **I**

Índice

Créditos

Acknowledgments

Excerpted material from page 6TV of *El Nuevo Herald* del Domingo 7 al Sábado 13 de Junio de 1998. Copyright © 1998. Used with the permission of *El Nuevo Herald*, Miami, FL.

The words *vamos a bailar* from *The Best of the Gipsy Kings*. Used with the permission of Nonesuch Records, a Warner Music Group Company, New York, NY.

Material from a brochure entitled "El Morro" used with the permission of the Puerto Rico Tourism Company, Old San Juan, Puerto Rico.

Material from a brochure entitled "Jardín Botánico" used with the permission of The University of Puerto Rico, San Juan, Puerto Rico.

Excerpts from an issue of *La Voz Mundial*, a student newspaper, used with the permission of Miami Springs High School, Miami Springs, FL.

Photography

i RMIP/Richard Haynes (b); **iii** Steve Ogilvy/Picture It Corporation (l); PhotoDisc (tr); Jon Chomitz (br); **v** Tom Stack & Associates (t); Kactus Foto, Santiago, Chile/Superstock (br); **vi** Victor Ramos/Liaison Agency (b); **vii** School Division, Houghton Mifflin Company (r); **viii** Robert & Linda Mitchell Photography (b); **ix** Robert Frerck/Odyssey Productions/Chicago (t); **x** E. R. Degginger/ Photo Researchers, Inc. (t); **xii** Ken O'Donoghue (t); Suzanne Murphy-Larronde (cl); Puerto Rico Industrial Development Company (bl); **xvii** Michael Fogden/Animals Animals (t); **xix** Nebinger/Sichov/Gromik/Sipa Press (t); David Fritts/Tony Stone Images/PNI (br); **xxiii** Superstock; **xxxiii** Nebinger/Sichov/Gromik/Sipa Press (cr); **xxxiv** PhotoDisc (inset); Steve Ogilvy/Picture It Corporation (+); **2** Steve Ogilvy/Picture It Corporation (t, b); **3** Jon Chomitz; **4** Steve Ogilvy/Picture It Corporation (+); **6** Steve Ogilvy/Picture It Corporation (+); **8** Jon Chomitz; **9** Steve Ogilvy/Picture It Corporation; **10** Steve Ogilvy/Picture It Corporation; **11** Alan Schein/ The Stock Market (l); Steve Ogilvy/Picture It Corporation (r); **12** F. B. Grunzweia/Photo Researchers (+); Jon Chomitz (inset); **13** Jon Chomitz (inset); **14** Jon Chomitz; **16** Jon Chomitz (+); **19** Jon Chomitz (l); **20** Jon Chomitz (+); **22** Peter Gridley/FPG International (bl); Walter Bibikow/FPG International (bc); J. Dunn/Monkmeyer Press (br); **26** Peter Menzel/Stock Boston (t); Liaison Agency (br); **27** Tom Stack and Associates (t); Nebinger/Sichov/Gromik/Sipa Press (bl); Courtesy of Univision (br); **30** Dana White/PhotoEdit (br); **31** DeRichemond/The Image Works (t); John Neubauer/FPG International (bl); George Haling/Photo Researchers, Inc. (br); **37** Tommy Dodson/Unicorn Stock Photos; **38** Dario Perla/International Stock Photo (tr); Dave G. Houser (cr); **42** Robin J. Dunitz; **43** Bruce Fier/Liaison Agency (tl); Nik Wheeler (tr); Tom McHugh/Photo Researchers (bl); Tony Freeman/PhotoEdit (br); **44** Sylvain Grandadam/Tony Stone Images (tr); Dave G. Houser (bl); Michael Newman/PhotoEdit (br); Ken O'Donoghue (background +); **45** David Young-Wolff/PhotoEdit (tl); Eric Sander/Liaison Agency (tc); Michael Newman/PhotoEdit (tr); Cesar Vera/Leo de Wys Inc. (c); **48** Bob Daemmrich Photography (r); **52** Kactus Foto, Santiago, Chile/Superstock (br); **53** School Division, Houghton Mifflin Company (cr); **60** School Division, Houghton Mifflin Company; **66** Courtesy Alejandro Romero (cr); Vic Bider/PhotoEdit (+); **68** School Division, Houghton Mifflin Company; **74** Ryan Williams/International Stock Photo (br); **75** Martin Venegad/Allsport (tr); Dusty Willison/International Stock Photo (bl); School Division, Houghton Mifflin Company (br); **81** Herve Donnezan/Photo Researchers, Inc. (bl); **88** Jeff Greengold/Unicorn Stock Photos (bl); **89** Jeff Greengold/Unicorn Stock Photos (l); **90** Victor Ramos/ Liaison Agency (t); Mauro Petrini/ Liaison Agency (c); Tom Stack and Associates (b); **91** John Boykin/The Picture Cube, Inc. (tl); Tanya Braganti/Tom Keller & Associates (tc); Tom Stack and Associates (tr); Susan Watts/Retna Ltd. (b); **95** Tony Freeman/Photo Edit; **98** Bob Daemmrich Photography (tr); **99** Owen Franken/Stock Boston (tl); North Wind Picture Archives (bl); Timothy Greenfield-Sanders/Outline Press (c); San Francisco Museum of Modern Art/ Albert M. Bender Collection/ Gift of Albert M. Bender (br); **102** RMIP/Richard Haynes (+); **103** Robert Frerck/Odyssey Productions/Chicago (br); **106** Robert Frerck/Odyssey Productions/Chicago; **109** School Division, Houghton Mifflin Company (t, cl, br, b); **110** RMIP/Richard Haynes; **113** J. P. Courau/ DDB Stock Photo; **115** C. R. Sharp/DDB Stock Photo; **118** Bob Daemmrich/Stock Boston; **120** School Division, Houghton Mifflin Company; **121** School Division, Houghton Mifflin Company; **128** Robert Frerck/Odyssey Productions/Chicago; **138** Barbara Cerva/ DDB Stock Photo (+); **139** Robert Frerck/Odyssey Productions/Chicago (tr); Jack Novak/Photri, Inc. (r); **140** School Division, Houghton Mifflin Company; PhotoDisc (r); **141** Robert & Linda Mitchell Photography; **142** Nicolas Sapieha/Art Resource, NY; **147** DDB Stock Photo (bc); **151** Tony Freeman/PhotoEdit (b); **153** Ken O'Donoghue; **160** N. Frank/Viesti Associates, Inc.; **161** Robert & Linda Mitchell Photography (t); Robert Frerck/Odyssey Productions/Chicago (cr); **162** Patricia A. Eynon (bl); **163** Ken O'Donoghue; **164** Ken O'Donoghue; **166** Robert Frerck/Odyssey Productions/Chicago (br); **167** PhotoDisc; **170** David Parker/Science Photo Library/Photo Researchers (t);

171 The Granger Collection (tl); Francisco Oller/Museo de Arte de Ponce (tr); Pam Francis/Liaison Agency (bl); E. R. Degginger/hoto Researchers (br); **172** Uniphoto (inset); **174** School Division, Houghton Mifflin Company (c); **180** W. Lynn Seldon Jr. (b); **185** Ken O'Donoghue (b); **186** Ulrike Welsch; **188** John F. Mason/The Stock Market (+); **189** Tom Stack and Associates (r); **192** Richard Rowan/Photo Researchers, Inc.; **197** David Matherly/Visuals Unlimited (tr); **208** W. Gregory Brown/ Animals Animals; **210** Thomas R. Fletcher/Stock Boston (+); Wolfgang Kaehler (tc); **211** Mark Bacon (bl); Fran Hall/Photo Researchers (tr); **214** Van Bucher/Photo Researchers (br); **222** Courtesy The Miami Herald (bl); **223** David Young-Wolff/PhotoEdit (t); Tom Stewart (cr); **225** Suzanne Murphy-Larronde; **229** School Division, Houghton Mifflin Company (t); Michael Newman/PhotoEdit (b); **231** Robert Frerck/Odyssey Productions/Chicago (cl); Kate Raisz/Seattle Filmworks (b); **232** Courtesy of the Honorable Carlos Romero Barcelo (cr); AP/Wide World (bc); **233** Andrew Lichtenstein/Impact Visuals/PNI (b); **234** Suzanne Murphy-Larronde (tr, bl); Courtesy of Puerto Rico Industrial Development Company (tc); Antonio E. Amador (br); Tom Bean/DRK Photo (+); **242** Robert Frerck/Odyssey Productions/Chicago (tc); P.G. Sclarandia/Black Star (bl); Superstock (br); **243** P. Villard-P. Aslan/SIPA Press (tr); Liaison Agency (br); El Greco/Metropolitan Museum of Art, New York/Superstock (br); **254** RMIP/Richard Haynes (t); Ken O'Donoghue (c); Eric Roth/The Picture Cube, Inc. (b); **257** Ken Straiton/The Stock Market (tl); Robert Essel/The Stock Market (tr); Anthony Albarello/FPG International (bl); Tom Carroll/FPG International (br); **260** Deborah Davis/PhotoEdit (bl); Jeff Greenberg/ Visuals Unlimited (bc); **261** Daniel Aubry (tl); Paul Redman/Tony Stone Images (tr); Daniel Aubry (background); **263** RMIP/Richard Haynes; **264** Diego Rodriguez Velasquez/Museo del Prado, Madrid, Spain/Bridgeman Art Library, London/SuperStock; **272** Vladimir Pcholkin/FPG International (bl); **273** Michael P. Gadomski/Dembinsky Photo Association (tr); Tim Hunt/McDougal Littell, Houghton Mifflin Company (br); **279** A.G.E. FotoStock; **282** Jose L. Pelaez/The Stock Market (bl); Peter Langone/International Stock (+); **283** TJ Collection/Shooting Star (t); Fotex/Jens Meyer/Shooting Star (b); **286** Jon Chomitz; **295** Ken O' Donoghue (l); Stock Montage (br); **297** Stephen Simpson/FPG International (tl); SuperStock (tr); Archive Photos (bl, br); **304** Robert Frerck/Odyssey Productions/Chicago (br); **305** Macduff Everton (tr); Courtesy of Museo Nacional Centro de Arte Reina Sofia (bl); **306** Jose Luis Banus/FPG International (tr); Daniel Aubry (cl); Robert Frerck/Woodfin Camp & Associates (bl); Jim Harrison/Stock Boston (+); **307** Daniel Aubry (cl); Jeff Greenberg/International Stock Photo (bl); Ubero/The Image Works (cr); **310** C/B Productions/ The Stock Market (br); **314** UPI/Corbis-Bettmann (tr); **315** Courtesy of Prospect Place Fine Art (tc); Michael Fogden/Animals Animals (tr); Kent Gilbert/AP Photo (b); **318** Michael Fogden/Animals Animals (t,c); Michael Fogden/DRK Photo (cl); Stephen J. Kraseman/ DRK Photo (b); **319** James Beveridge/Visuals Unlimited (tl); Tom Boyden (t); Roy Fontaine/Photo Researchers, Inc. (tc); Gregory Dimijian/Photo Researchers, Inc. (tr); Ken Lucas/Visuals Unlimited (c); Jay Ireland & Georgienne Bradley/Earth Images (b); **323** Peter Weiman/Animals Animals (t); Tom Boyden (tl); Stephen J. Kraseman/DRK Photo (tr); Ken Lucas/Visuals Unlimited (cl); Jay Ireland and Georgienne Bradley/Earth Images (cr); L. M. Crowhurst/Animals Animals (bl); Juan Rafael Renjifo/Animals Animals (br); **325** Jose Azel/Aurora and Quanta/PNI (tr); Kirk Condyles/Impact Visuals/PNI (c); **327** North Wind Picture Archives; **328** Jay Ireland & Georgienne Bradley/Earth Images (tl); James Beveridge/Visuals Unlimited (bl); **330** James Beveridge/Visuals Unlimited (br); **332** Patricia A. Eynon (+); **333** UPI/Corbis-Bettmann (b); **335** School Division, Houghton Mifflin Company (t); Marshall Prescott/Unicorn Stock Photos (tr); Rich Baker/Unicorn Stock Photos (l); Galen Rowell/Peter Arnold, Inc. (cr); Kevin Schafer (b); **341** School Division, Houghton Mifflin Company (t); SuperStock (cl); Greg Johnston/International Stock Photo (cr); Roy Morsch/The Stock Market (b); **344** School Division, Houghton Mifflin Company; **347** Jay Ireland & Georgienne Bradley/Earth Images (br); **350** Ulf Sjostedt/FPG International (l); Kent Wood/Photo Researchers, Inc. (cl); Jose L. Pelaez/The Stock Market (cr); Max & Bea Hunn/ Visuals Unlimited (r); **351** RMIP/Richard Haynes (br); **352** Carlos Humberto/Contact Press/PNI (l); Davis/Tony Stone Images/PNI (c); Robert Ginn/PhotoEdit (r); **354** Tom Boyden (l); Bill Bachmann/PhotoEdit (tr); Gregory G. Dimijian/Photo Researchers, Inc. (b); **355** Jay Ireland & Georgienne E. Bradley/Earth Images (c); **357** Michael Fogden/Bruce Coleman (tl); Kevin Shafer/Tony Stone Images/PNI (tr); **358** Bob Daemmrich/Stock Boston (br); **362** Wally Eberhart/Visuals Unlimited (cl); **363** Jay Ireland & Georgienne Bradley/Earth Images (b); **367** Steve McCutcheon/Visuals Unlimited (tl); Wally Eberhart/Visuals Unlimited (tr); RMIP/Richard Haynes (bl); Wally Eberhart/Visuals Unlimited (br); **369** Alan Cave/DDB Stock Photo; **370** Martin Bond/Science Photo Library/ Photo Researchers, Inc. (tr); **373** School Division, Houghton Mifflin Company (l); Peter Essick/Aurora & Quanta (r); **374** Peter Weiman/Animals Animals (t); Gary Conner/PhotoEdit (tr); Jan Butchofsky/Dave G. Houser (cr); Gabe Palmer/The Stock Market (br); **376** Tom Boyden; **378** Kevin Schafer (tr); **386** School Division, Houghton Mifflin Company (tr); Michio Hoshino/Minden Pictures (br); **387** Mark Richards/PhotoEdit (cl); Wolfgang Kaehler (br); **388** School Division, Houghton Mifflin Company (c); **395** Mark E. Gibson/Visuals Unlimited (tl); Robert Fried/Stock Boston (cl); Dennis MacDonald/Unicorn Stock Photos (cr); Ken Gallard/ International Stock (bl); Bonnie Kamin/PhotoEdit (bc); Richard Hutchings/ PhotoEdit (br); **398** George Dillon/Stock Boston (t); David Young-Wolff/PhotoEdit (tl); Jeff Greenberg/Unicorn Stock Photo (tr); Lawrence Migdale/Stock Boston (cl); Michelle Bridwell/PhotoEdit (cr); Martin R. Jones/Unicorn Stock Photo (bl); Mary Kate Denny/ PhotoEdit (br); **404** Barbara Cushman Rowell/PNI Ltd (+); **405** Castellazo/Latin Stock/DDB Stock Photo (t); Dotte Larson/Bruce Coleman, Inc. (tr); David Fritts/Tony Stone Images/PNI (c); **408** Tom Van Sant/The Geosphere Project/The Stock Market (b); **413** School Division, Houghton Mifflin Company (c); **422** Spencer Grant/PhotoEdit (t); Aneal Vohra/Unicorn Stock Photos (c); **430** School Division, Houghton Mifflin Company; **440** Jose L. Pelaez/The Stock Market (tl); Bob Daemmrich (cl); Gabe Palmer/The Stock Market (cr); David Young-Wolff/PhotoEdit (br); **441** Walt Anderson/Visuals Unlimited (b); **442** PhotoDisc, Inc.(b); **445** RMIP/Richard Haynes (t); **450** Carolina Biological Supply Company/Phototake NYC (+); **454** James H. Simon/The Picture Cube (br).

All other photography: Martha Granger/EDGE Productions

Illustration

Lisa Adams **46, 143**

Gary Antonetti/Ortelius Design **xxvi - xxxi, 434–435**

Fian Arroyo **25, 65** (b), **71, 87, 159, 168, 251, 259, 287, 303** (b), **311, 425, R14**

Susan M. Blubaugh **174, 175, 337, 372, R2**

Neverne Covington **236, 341**

Christine Czernota **444**

Jim Deigan **35, 390, 391**

Veronique Deiss **88**

Mike Dietz **274, 281**

Elissé Goldstein **52, 53**

Nenad Jakesevic **124** (+), **290** (+)

Catherine Leary **43, 65** (t), **137, 209, 265, 353, 359, 383, 455, R1, R6, R8, R9**

Jared D. Lee **115, 203, 409, 417**

John Lyttle **190, 347**

Patrick O'Brien **318, 319, 376, 377**

Gail Piazza **111, 142, 303**

Mathew Pippin **30** (+), **146** (+), **246** (+), **268** (+), **412** (+)

Rick Powell **57, 107, 133, 201, 382, 402, 420**

Donna Ruff **83**

School Division, Houghton Mifflin Company **181, R5**

Stacey Schuett **218** (+), **331, 362** (+), **375**

Jim Trusillo **74** (+)

Fabricio Vanden Broeck **116–117, 448, 449**

Randy Verougstraete **187, 231, 239, 308, 403, 447**

Wood Ronsaville Harlin, Inc. **196** (+)